SANTIDADE

J. C. RYLE

SANTIDADE

SEM A QUAL NINGUÉM
VERÁ O SENHOR

FIEL
Editora

R994s Ryle, J. C. (John Charles), 1816-1900
Santidade : sem a qual ninguém verá o senhor / J. C. Ryle ; [tradução: João Bentes & Waleria Coicev]. – 2. ed., 5. reimpr. – São José dos Campos, SP : Fiel, 2016.

413 p.
Tradução de: Holiness: its nature, hindrances, difficulties, and roots.
ISBN 9788599145616

1. Santidade – Cristianismo. I. Título.

CDD: 234.8

Catalogação na publicação: Mariana C. de Melo Pedrosa – CRB07/6477

Santidade
Sem a qual ninguém verá ao Senhor
Traduzido do original em inglês
Holiness – Its nature, hindrances, difficulties, and roots, by J. C. Ryle
Primeira edição em inglês: 1879

•

Traduzido com permissão de Evangelical Press
Faverdale North - Darlington
DL3 0PH – England

•

1ª Edição em Português: 1987
2ª Edição em Português: 2009

•

Diretor: Tiago J. Santos Filho
Editor: Tiago J. Santos Filho
Tradução: João Bentes & Waleria Coicev
Revisão: Marilene L. Paschoal
Diagramação: Edvânio Silva e Wirley Correa
Capa: Edvânio Silva
ISBN impresso: 978-85-99145-61-6
ISBN e-book: 978-85-8132-086-1

FIEL Editora

Caixa Postal 1601 | CEP 12230-971
São José dos Campos-SP
PABX.: (12) 3919-9999
www.editorafiel.com.br

Índice

Índice

Prefácio Lloyd-Jones

Um dos sinais mais encorajadores e promissores que já observei, após muitos anos nos círculos evangélicos, foi o interesse renovado e crescente pelos escritos do bispo J. C. Ryle.

Em sua época, ele era famoso, notável e amado como um campeão e expositor da fé evangélica reformada. Por alguma razão, entretanto, suas obras não são conhecidas pelos evangélicos modernos. Seus livros, acredito, estão esgotados neste país e, com dificuldade, são obtidos de segunda mão.

As diferentes sortes sofridas pelo bispo Ryle, nessa questão, e por seu quase contemporâneo, bispo Moule, sempre foram para mim pontos de grande interesse. Todavia, o bispo Ryle, está sendo redescoberto, havendo um novo empenho para a publicação de suas obras.

Todos quantos já têm lido suas obras sentir-se-ão gratos por esta nova edição de seu grande livro sobre a "Santidade". Jamais me esquecerei da satisfação espiritual e mental com que o li, vinte anos atrás, após tê-lo encontrado, por acaso, em um sebo.

De fato, o livro não requer prefácio ou palavra de apresentação. Tudo quanto farei é estimular todos vocês a lerem a própria introdução do bispo Ryle. Ela é valiosíssima porque fornece o contexto em que ele se sentiu impulsionado a produzir esta obra.

As características do método de apresentação e do estilo do bispo Ryle são óbvias. Acima de tudo, e sempre, ele é bíblico e prega de forma expositiva. Nunca parte de uma teoria dentro da qual tenta ajustar vários textos das Escrituras. Sempre começa pela Palavra, e, então, a expõe. E a sua exposição é o que há de mais excelente e elevado. Ela é sempre clara e lógica, e invariavelmente leva a uma declaração distinta da doutrina. Sua exposição é poderosa, vigorosa e inteiramente isenta do sentimentalismo que, com freqüência, tem sido descrito como "devocional".

O bispo Ryle fartou-se profundamente das fontes dos grandes escritores puritanos clássicos do século XVII. De fato, seria correto dizer que seus livros destilam a verdadeira teologia puritana, apresentada de forma moderna e de fácil leitura.

Ryle, tal qual seus grandes mestres, não nos oferece um caminho fácil para a santidade e nenhum método "patenteado" pelo qual ela possa ser atingida. Antes, ele produz invariavelmente aquela "fome e sede de justiça" que é a única condição indispensável para que alguém seja "saciado".

Que este livro seja amplamente lido, e que o nome de Deus seja crescentemente honrado e glorificado.

D. M. Lloyd-Jones
Westminster Chapel

Prefácio do Autor

O volume que agora se encontra em suas mãos é uma versão ampliada de um pequeno trabalho que foi publicado há dois anos, o qual foi bem recebido pelo público cristão. O presente volume contém muitos outros assuntos adicionais, o que fez com que ficasse com o dobro do tamanho de seu antecessor. Na verdade, este trabalho é parcialmente novo.

Aventuro-me a pensar que as matérias contidas neste volume serão úteis para todos aqueles que têm interesse no assunto da santidade nas Escrituras. Estou certo de que elas iluminarão amplamente as questões sobre a natureza real da santidade e sobre as tentações e as dificuldades que acompanham a todos quantos seguem a santidade. Acima de tudo, espero que essas matérias levem os leitores a considerarem a suprema verdade de que a união com Cristo é a raiz da santidade e que mostrem aos crentes novos o grande encorajamento que Cristo concede a todos quantos se esforçam para viver em santidade.

Em relação à corrente posição sobre o tema da santidade entre os cristãos ingleses, tenho pouco a acrescentar à introdução que aparece na edição original, a qual vem logo após este prefácio. Quanto mais envelheço, mais me convenço de que a verdadeira prática da santidade não recebe a atenção que merece e que, lamentavelmente, existe um padrão de vida cristã muito baixo entre muitos mestres ilustres da religião em nosso país. Ao mesmo tempo, estou cada vez mais convencido de que o esforço zeloso de algumas pessoas bem-intencionadas em promover padrões mais elevados de vida espiritual não é feito "com entendimento" e provavelmente causa mais dano do que benefício. Deixe-me explicar o que quero dizer.

É fácil reunir multidões para os chamados encontros de "vida elevada" ou "consagração". Qualquer um que tenha observado a natureza humana, tenha lido as descrições dos acampamentos americanos e estudado o curioso fenômeno das "afeições religiosas" sabe disso.[1] Discursos sensacionais e empolgantes de pregadores estranhos ou de mulheres, música alta, salões quentes, barracas lotadas, rostos com a expressão de fortes sentimentos semi-religiosos durante vários dias, dormir tarde da noite, reuniões demoradas, confissão pública de experiências – todas essas coisas juntas são bem interessantes e parecem benéficas. Mas será que esse benefício é real, tem raízes profundas, é sólido e duradouro? Essa é a questão, e gostaria de fazer algumas perguntas em relação a isso.

Aqueles que freqüentam esses encontros transformam-se em pessoas mais santas, mais humildes, mais altruístas, mais bondosas, mais calmas, mais abnegadas e mais semelhantes a Cristo em seus lares? Tornam-se mais contentes com a sua própria posição econômica e ficam mais livres dos desejos impacientes de obter coisas diferentes daquelas que Deus lhes tem dado? Seus pais, mães, maridos, parentes e amigos percebem que eles estão se tornando mais agradáveis e mais fáceis de lidar? Essas pessoas conseguem desfrutar de um domingo tranqüilo e dos meios tranqüilos da graça, sem barulho, emoções intensas ou agitação? E, acima de tudo, estão crescendo no amor, especialmente no amor para com aqueles que não concordam com eles em cada pormenor de sua religião?

Estas são perguntas sérias e perscrutadoras e merecem ser consideradas com seriedade. Espero estar tão ansioso para promover a santidade prática quanto qualquer outro neste país. Admiro e reconheço, de boa vontade, o zelo e a seriedade de muitos, com os quais não posso cooperar, que estão tentando promover a santidade. Mas não posso negar minha crescente suspeita de que esses grandes "movimentos de massa" do momento, apesar do objetivo aparente de promover a vida espiritual, não tendem a promover a religião em casa, a leitura pessoal da Bíblia, a oração pessoal, a aplicação particular da Bíblia e um caminhar pessoal e diário com Deus. Se eles possuem algum valor real, deveriam levar as pessoas a serem melhores maridos e esposas, melhores pais e mães, melhores filhos e filhas, melhores irmãos e irmãs, melhores patrões e patroas e melhores empregados. Entretanto, gostaria de provas evidentes de que eles têm feito isso. Só sei que é bem mais fácil ser cristão em um recinto bíblico em meio às canções, às orações e a outros cristãos simpáticos, do que ser um cristão consistente em um lar sem harmonia, sem diálogo, afastado da cidade e longe de recursos. No primeiro caso, temos as disposições naturais a nosso favor, no segundo, não podemos ser crentes comprometidos sem a graça de Deus. Infelizmente, muitos dos que hoje em dia falam sobre "consagração" parecem ignorar os princípios elementares dos oráculos de Deus sobre a "conversão".

Encerro este prefácio com o triste sentimento de que muitos daqueles que o lerem, provavelmente, não concordarão comigo. Compreendo que os grandes ajuntamentos do chamado movimento de "vida espiritual" são muito atraentes, especialmente para os jovens. Estes, naturalmente gostam de fervor, agitação e entusiasmo; eles perguntam: "Que mal há nisso?" É preciso aceitar que existem opiniões diferentes. Quando eu era jovem como eles, talvez pensasse da mesma maneira. Quando eles forem velhos como eu, é provável que concordem comigo. Concluo dizendo a cada um de meus leitores: exercitemos o amor ao julgarmos uns aos outros. Em relação àqueles que pensam que a santidade deve ser promovida a partir do chamado movimento "de vida espiritual" moderno, não tenho outro sentimento, senão amor. Se eles trouxerem algum benefício, ficarei grato. Em relação a mim mesmo e àqueles que concordam comigo, peço-lhes que retribuam os opositores com amor. O último dia nos dirá quem está certo e quem está errado. Por enquanto, estou bem certo de que demonstrar amargura e frieza em relação àqueles que, por motivo de consciência, recusam-se a trabalhar conosco é provar que somos ignorantes na questão da santidade verdadeira.

J. C. Ryle

Stradbroke
Outubro de 1879

Introdução

Nestas páginas, o leitor pouco encontrará do que seja controvérsia direta. Abstive-me cuidadosamente de nomear autores modernos e livros recentes. Contentei-me em expor o resultado de meus próprios estudos da Bíblia, minhas próprias meditações, minhas orações pedindo por iluminação e minhas leituras dos sábios do passado. Se continuo errando em alguma coisa, espero que isso me seja mostrado antes de deixar este mundo. Todos nós vemos em parte e temos um tesouro em vasos de barro. Creio que estou disposto a aprender.

Desde muitos anos, tenho a profunda convicção de que a santidade prática e a inteira autoconsagração a Deus não são suficientemente seguidas pelos crentes modernos. A política, ou a controvérsia, ou o espírito de partidarismo, ou o mundanismo têm corroído o cerne da piedade viva em muitos dentre nós. O assunto da santidade pessoal tem retrocedido lamentavelmente para o segundo plano. O padrão de vida tem-se tornado dolorosamente baixo em muitos círculos. Tem sido por demais negligenciada a imensa importância de ornar "em todas as coisas, a doutrina de Deus, nosso Salvador" (Tt 2.10), tornando-a bela e atraente mediante nossos hábitos diários e nosso temperamento. As pessoas do mundo queixam-se, com razão, de que aqueles que são chamados de "religiosos" não são tão amáveis, altruístas e dotados de boa natureza como as outras pessoas que não professam ter religião. Contudo, a santificação, em seu devido lugar e proporção, é algo tão importante quanto a justificação. A sã doutrina protestante e evangélica será inútil, se não for acompanhada por uma vida santa. Ou pior do que inútil, será prejudicial. Será desprezada pelos homens sagazes e perspicazes deste mundo como algo irreal e vazio, o que faz com que a religião cristã seja lançada no opróbrio. Tenho a firme impressão de que queremos um completo reavivamento acerca da santidade bíblica, e sinto-me profundamente grato pela atenção que está sendo dada a este tema.

Entretanto, é da maior importância que todo o assunto seja posto em seus corretos alicerces, e que o movimento acerca dele não seja danificado por declarações cruas, desproporcionais e unilaterais. Se tais declarações proliferam, isso não deveria nos surpreender. Satanás conhece bem o poder da verdadeira santidade e o imenso prejuízo que o seu reino sofreria, se déssemos uma crescente atenção a essa doutrina. É do interesse dele, portanto, promover o conflito e a controvérsia sobre esse aspecto da verdade de Deus. Assim como no passado ele conseguiu mistificar e confundir as mentes humanas acerca da justificação, nos nossos dias, ele está labutando para fazer os homens obscurecerem os desígnios de Deus "com palavras sem conhecimento" (Jó 38.2). Que o Senhor o repreenda! Todavia, não posso desistir da esperança de que o bem redundará do mal; de que a discussão chegará à verdade; e de que a variedade de opiniões nos levará a pesquisar mais as Escrituras, a orar mais, a nos tornar mais diligentes na tentativa de descobrir qual seja "a mente do Espírito" (Rm 8.27).

Sinto que é meu dever, ao lançar a público este volume, apresentar algumas sugestões introdutórias àqueles cuja atenção tem se voltado especialmente para o tema da santidade nestes nossos dias. Sei que o faço sob o risco de parecer presunçoso e, talvez, até ofenda a alguém. Porém, é preciso arriscar alguma coisa em prol dos interesses da verdade de Deus. Por conseguinte, vou expor essas sugestões sob a forma de perguntas e pedirei que meus leitores as aceitem como precauções próprias da época, sobre o assunto da santidade.

1. Em primeiro lugar, pergunto se é sábio falar da fé como a única coisa necessária e requerida, conforme muitos fazem atualmente, quando manuseiam a doutrina da santidade. Será sábio proclamar de forma tão direta, crua e sem qualificação, conforme muitos estão fazendo, que a santidade das pessoas convertidas dá-se pela fé somente e de maneira alguma pelo esforço pessoal? Isto está em har-

monia com a Palavra de Deus? Eu duvido.

Que a fé em Cristo é a raiz de toda a santidade; que o primeiro passo em direção a uma vida santa é confiar em Cristo: que, enquanto não cremos, não temos o menor sinal de santidade; que a união com Cristo mediante a fé é o segredo tanto do início como da continuação na santidade; que a vida que vivemos na carne deve ser vivida pela fé no Filho de Deus; que a fé purifica o coração; que a fé é a vitória que vence o mundo; que pela fé os antigos obtiveram bom nome — são verdades que um crente bem-instruído jamais pensaria em negar. Mas, as Escrituras certamente nos ensinam que para seguir a santidade, o verdadeiro crente precisa exercer esforço pessoal e trabalho tanto quanto a fé. O mesmo apóstolo que diz: "Esse viver que, agora, tenho na carne, vivo pela fé no Filho de Deus", disse também em outra passagem: "Assim corro... assim luto... esmurro o meu corpo". Em outros trechos, ele diz: "Purifiquemo-nos de toda impureza... esforcemo-nos, pois, por entrar... desembaraçando-nos de todo peso" (Gl 2.20; 1 Co 9.26; 2 Co 7.1; Hb 4.11 e 12.1). Outrossim, a Bíblia em parte alguma ensina que a fé nos *santifica* no mesmo sentido e da mesma maneira como a fé nos *justifica*! A fé justificadora é uma graça que "não trabalha", mas que simplesmente confia, descansa e se apóia em Cristo (Rm 4.5). A fé santificadora é uma graça cuja própria existência consiste em ação, porquanto "atua pelo amor" e, à semelhança de uma mola-mestra, impulsiona totalmente o homem interior (Gl 5.6). Afinal de contas, a expressão "santificados pela fé" encontra-se apenas uma vez em todo o Novo Testamento. O Senhor Jesus disse a Saulo de Tarso: "Para os quais eu te envio, para lhes abrires os olhos e os converteres das trevas para a luz e da potestade de Satanás para Deus, a fim de que recebam eles remissão de pecados e herança entre os que são santificados pela fé em mim". Contudo, nesse caso, concordo com Alford que as palavras "pela fé" pertencem à sentença toda, não modificando apenas a palavra "santificados". O verdadeiro sentido da frase é: "A fim de que, pela fé em mim, recebam eles remissão de pecados e herança entre os que são santificados" (comparar Atos 26.17-18 com Atos 20.32).

Quanto à expressão "santidade pela fé" não a encontrei sequer uma vez em todo o Novo Testamento. Sem a menor controvérsia, na questão de nossa justificação diante de Deus, a fé em Cristo é a única coisa necessária. Todos quantos simplesmente crêem são justificados. A retidão é imputada "ao que não trabalha, porém crê" (Rm 4.5). É inteiramente bíblico e correto dizer: "A fé somente justifica". Porém, não é igualmente bíblico e correto dizer: "A fé somente santifica". Esta declaração requer muitos qualificativos. Que um fato seja suficiente: Paulo com freqüência ensina que "o homem é justificado pela fé, independentemente das obras da lei" (Rm 3.28). Mas nem por uma vez é dito que somos santificados pela fé independentemente das obras da lei. Pelo contrário, Tiago nos ensina expressamente que a fé pela qual somos justificados, de forma visível e prática, diante dos homens, é a fé que, "se não tiver obras, por si só está morta"[1] (Tg 2.17). Naturalmente, alguém poderia replicar que ninguém está tentando desconsiderar as "obras" como uma parte essencial da vida santa. Porém, é aconselhável que essa questão seja mais esclarecida do que vem sendo por muitos pregadores nestes dias.

2. Em segundo lugar, pergunto se é sábio dar tão pouco valor, como alguns parecem dar, às muitas exortações práticas em relação à santidade na vida diária que se acham no sermão do monte e na porção final da maioria das cartas de Paulo. Isto está de acordo a Palavra de Deus? Duvido.

Repito que nenhum filho de Deus que tenha sido bem ensinado sonhará em questionar que uma vida de autoconsagração diária e de companheirismo constante com Deus deve ser o alvo de todo aquele que se professa crente, e que devemos nos esforçar por formar o hábito de nos dirigir ao Senhor Jesus Cristo a respeito de tudo quanto seja uma carga, quer grande quer pequena, deixando-a sob os cuidados dEle. Mas, por certo, o Novo Testamento ensina-nos que precisamos de algo mais do que meras generalidades sobre a vida santa, as quais com freqüência não acusam nossa consciência nem nos deixam ofendidos. Os detalhes e os ingredientes particulares, que compõem a santidade na vida diária, deveriam ser amplamente expostos e impostos aos crentes por todos quantos manuseiam esse assunto. A verdadeira santidade não consiste apenas em crer e sentir, mas em realizar e suportar, em uma demonstração prática da graça ativa e passiva. Nosso linguajar, nosso temperamento, nossas paixões e inclinações naturais, nossa conduta como pais e filhos, como patrões e empregados, como esposos e esposas, como governantes e cidadãos, nossa maneira de vestir, o uso que fazemos do tempo, nossa conduta nos negócios, nosso comportamento na saúde e na enfermidade, na riqueza e na pobreza; tudo, tudo faz parte daquilo que os escritores impelidos pelo Espírito trataram. Eles não se contentaram em falar de modo geral sobre como devemos crer e sentir ou como devemos

1 "Deus nos confere uma dupla justificação: uma autoritativa e a outra declarativa ou demonstrativa!" A primeira é o escopo do apóstolo Paulo, quando fala sobre a justificação pela fé, independentemente das obras da lei. A segunda é o escopo de Tiago, quando ele fala em justificação pelas obras. (GOODWIN, Thomas. "Gospel Holiness". *The Works of Thomas*. Edinburg: James Nichol, 1863. v. 7, p. 181.)

ter as raízes da santidade implantadas em nosso coração, mas cavaram mais fundo do que isso, entrando em pormenores. Especificaram minuciosamente o que um homem santo deve fazer e ser no seio de sua família, dentro do seu lar, quando ele permanece em Cristo. Tenho dúvidas de que esse tipo de ensino esteja sendo devidamente considerado nos dias atuais. Quando as pessoas falam que receberam uma "tão grande bênção", que encontram a "vida superior", isso após ouvirem algum fervoroso advogado da "santidade pela fé e pela autoconsagração", enquanto os seus familiares e amigos não vêem qualquer melhoria e nenhum crescimento em santidade na sua conduta e no seu temperamento, faz-se um dano imenso contra a causa de Cristo. A verdadeira santidade, jamais devemos esquecer, não consiste meramente em sensações e impressões internas. Ela envolve muito mais do que lágrimas, suspiros e demonstração física, um pulso acelerado e um apego apaixonado aos nossos pregadores favoritos, ou ao nosso próprio grupo religioso, ou, ainda, uma prontidão para debater com qualquer pessoa que não concorde conosco. Antes, ela é algo da "imagem de Cristo", que pode ser visto e observado por outras pessoas em nossa vida particular, em nossos hábitos, em nosso caráter e em nossas ações (Rm 8.29).

3. Em terceiro lugar, pergunto se é sábio usar uma linguagem vaga a respeito da *perfeição*, compelindo os crentes a buscarem um *padrão de santidade* inatingível neste mundo, mas para o qual não encontramos qualquer sanção nas Escrituras ou na nossa própria experiência. Também duvido disso.

Nenhum leitor cuidadoso da Bíblia pensaria em negar que os crentes são exortados a aperfeiçoar a "santidade no temor de Deus", a deixarem-se levar "para o que é perfeito" e a aperfeiçoarem-se (2 Co 7.1; Hb 6.1 e veja também 2 Co 13.11). Mas ainda não encontrei ao menos um trecho na Bíblia que ensine que a perfeição literal, a total e completa liberdade da presença do pecado em pensamento, em palavra ou ação, seja um alvo atingível ou já atingido por algum filho de Adão neste mundo. Uma perfeição comparativa, uma maturidade no conhecimento, uma coerência abrangente em todas as relações da vida, uma lealdade cabal em cada ponto de doutrina — isso pode ser visto ocasionalmente em alguns dos que crêem em Deus. Porém, no que concerne à absoluta e literal perfeição, os mais eminentes santos de Deus de todos os séculos foram sempre os últimos a reivindicar tal santidade para si mesmos! Pelo contrário, eles sempre tiveram o mais profundo senso de sua total indignidade e imperfeição. Quanto maior a iluminação espiritual que desfrutavam, tanto mais percebiam seus incontáveis defeitos e debilidades. Quanto maior graça receberam, tanto mais foram cingidos "de humildade" (1 Pe 5.5).

Que santo pode ser citado dentro da Palavra de Deus, do qual muitos detalhes de sua vida foram registrados, que tenha sido absoluta e literalmente perfeito? Qual dentre eles, ao escrever sobre si mesmo, falou sobre sentir-se isento de imperfeições? Ao contrário disso, homens como Davi, Paulo e João declararam, na linguagem mais vigorosa, que percebiam debilidades e pecado em seus próprios corações. Os homens mais santos dos nossos dias sempre foram notados por uma profunda humildade. Por acaso já vimos homens mais santos do que o martirizado John Bradford, ou Hooker, ou Usher, ou Baxter, ou Rutherford ou M'Cheyne? No entanto, ninguém pode ler os escritos e as cartas desses homens sem perceber que se sentiam "endividados à misericórdia e à graça", todos os dias, e que nunca reivindicaram para si a perfeição!

Em face desses fatos, devo protestar contra a linguagem usada em muitos círculos, nestes últimos dias, a respeito da *perfeição*. Sinto-me forçado a pensar que aqueles que a usam sabem pouquíssimo sobre a natureza do pecado ou sobre os atributos de Deus, ou sobre os seus próprios corações, ou sobre a Bíblia, ou sobre o significado de tais palavras. Quando um crente professo me diz friamente que ultrapassou o sentido de hinos como aquele que diz "Tal qual estou", e que esses hinos estão abaixo de sua atual experiência, embora se ajustassem a eles quando inicialmente se converteram, fico pensando que a alma desse crente não está em bom estado de saúde! Quando um homem fala friamente sobre a possibilidade de "viver sem pecado", estando ainda no corpo, e pode dizer que ele "não teve qualquer pensamento mau por três meses", só posso dizer que, na minha opinião, ele é um crente muito ignorante! Protesto contra um ensino como esse, pois não somente não faz o bem, como é extremamente prejudicial. Tal ensino desagrada e aliena da religião cristã os homens perspicazes do mundo, os quais estão cientes de que tal opinião é incorreta e inverídica. Tal ensino deprime alguns dos melhores filhos de Deus, que sentem jamais poderão atingir uma "perfeição" dessa ordem. Tal ensino ensoberbece a muitos irmãos fracos, os quais imaginam ser alguma coisa, quando nada são. Em suma, esse ensino é uma perigosa ilusão.

4. Em quarto lugar, será sábio afirmar de forma tão categórica e violenta, conforme alguns fazem, que Romanos 7 não descreve a experiência de cristãos maduros e sim a do homem não-regenerado ou do crente fraco que ainda não se firmou? Duvido disso.

Admito plenamente que esse assunto tem sido discutido por dezoito séculos, na verdade, desde os dias do apóstolo Paulo. Admito plenamente que cristãos eminentes como João e Carlos Wesley, e Fletcher, cem anos atrás, para nada dizer sobre alguns hábeis escritores de nossa própria época, mantiveram a firme posição de que Paulo não estava descrevendo sua própria presente experiência quando escreveu Romanos 7. Admito plenamente que muitos não podem perceber o que eu e muitos outros percebemos, a saber, que Paulo nada afirma nesse capítulo que não esteja precisamente de acordo com as experiências registradas dos mais eminentes santos de todos os séculos e que ele diz várias coisas que o homem não-regenerado ou um crente fraco jamais pensaria em dizer, e nem mesmo poderia dizer. Pelo menos, isso é o que me parece. Porém, não quero entrar em qualquer discussão mais detalhada sobre esse capítulo.

O que quero salientar é o fato indiscutível de que os melhores expositores de todas as eras da Igreja sempre aplicaram Romanos 7 a crentes maduros. Os expositores que não assumiram essa posição, com algumas pouquíssimas exceções, foram os romanistas, os socinianos e os arminianos. Contra eles, lançamos o juízo de quase todos os reformadores, de quase todos os puritanos e dos melhores eruditos evangélicos modernos. Naturalmente, replicar-me-ão que ninguém é infalível; e que os reformadores, os puritanos e os eruditos modernos, a que me reporto, poderiam estar inteiramente equivocados; e que os romanistas, socinianos e arminianos podem estar com toda a razão! Sem dúvida, nosso Senhor ensinou que a ninguém chamemos mestre. Porém, se não peço que alguém chame de "mestres" aos reformadores e aos puritanos, peço que as pessoas leiam o que eles disseram sobre esse assunto e que respondam aos argumentos deles, se puderem. Isso até hoje não foi feito! Dizer, como alguns dizem, que eles não querem "dogmas" e "doutrinas" de origem humana não serve de réplica. A questão em jogo é esta: "Qual é o sentido desta passagem das Escrituras? Como devemos interpretar Romanos 7? Qual é o verdadeiro sentido de suas palavras?" Seja como for, lembremo-nos de que há um fato importantíssimo que não podemos negligenciar. De um lado avultam as opiniões e interpretações dos reformadores e puritanos e, do outro, as opiniões e interpretações dos romanistas, socinianos e arminianos. Que isso seja claramente compreendido pelos leitores.

Diante de tais fatos, devo protestar contra a linguagem zombeteira, desprezadora e escarnecedora que com freqüência tem sido usada ultimamente por alguns advogados do que devo chamar de "posição arminiana" sobre Romanos 7 ao aludirem às opiniões de seus oponentes. Para dizer o mínimo, essa linguagem é indecorosa e só frustra seus próprios fins. Uma causa defendida por tal linguagem só merece suspeita. Se não pudermos concordar com os homens, não precisamos falar sobre seus pontos de vista com descortesia e menosprezo. Uma opinião apoiada em homens como dos melhores reformadores e puritanos pode não ser convincente para muitos de nossa época, mas pelo menos merece o nosso respeito.

5. Em quinto lugar, será aconselhável usar a linguagem que com freqüência se usa no presente sobre a doutrina de "Cristo em nós"? Duvido muito. Essa doutrina não é geralmente exaltada a uma posição que ela não ocupa nas Escrituras? Temo que sim. Que o verdadeiro crente está unido a Cristo e Cristo a ele, nenhum leitor cuidadoso do Novo Testamento pensaria em negar, nem por um momento. Sem dúvida, há uma união mística entre Cristo e o crente. Com Ele morremos, com Ele fomos sepultados, com Ele ressuscitamos e com Ele nos assentamos nos lugares celestiais. Há cinco textos onde somos claramente ensinados que Cristo está "em nós" (Rm 8.10; Gl 2.20; 4.19; Ef 3.17 e Cl 3.11). Porém, devemos ter o cuidado de entender o que significa tal expressão. Que Cristo habita em nosso coração pela fé, e efetua sua obra interna por seu Espírito, é uma idéia clara e distinta. Mas, se quisermos dizer que além e acima disso há alguma misteriosa habitação de Cristo no crente, devemos tomar cuidado com o que estamos dizendo. A menos que tenhamos cuidado, terminaremos ignorando a obra do Espírito Santo. Esqueceremos que, na economia divina, a eleição para a salvação do homem é obra especial de Deus Pai; que a expiação, a mediação e a intercessão é obra especial de Deus Filho e, que a santificação é a obra especial de Deus Espírito Santo. Também esqueceremos de que nosso Senhor disse que, quando se fosse do mundo, nos enviaria um outro Consolador que estaria "para sempre" conosco ou, por assim dizer, tomaria o lugar de Cristo (Jo 14.16). Em suma, sob a idéia de que estamos honrando a Cristo, poderemos descobrir que estamos desonrando seu dom especial e peculiar – o Espírito Santo. Sem dúvida, visto que Cristo é Deus, Ele está em todos os lugares – em nosso coração, no céu, no lugar onde dois ou três estiverem reunidos em seu nome. Entretanto, não podemos esquecer que Cristo, na qualidade de nosso Cabeça e Sumo Sacerdote ressurreto, está *especialmente* à destra de Deus, intercedendo por nós até que retorne à terra e, também, que Cristo leva avante a sua obra nos corações de seu povo, mediante a atuação especial do seu Espírito, o qual prometeu enviar quando deixasse este mundo (Jo 15.26). O exame dos versículos nove e dez de Romanos 8 parece demonstrar isso claramente. Isso me convence de que "Cristo está nós" significa Cristo em nós "por seu Espírito". As palavras de João são claras e distintas: "E nisto conhecemos que ele permanece em nós, pelo Espírito que nos deu" (1 Jo 3.24).

Ao dizer isso, espero que ninguém me entenda mal. Não afirmo que a expressão "Cristo em nós" não é bíblica. Mas digo que vejo grande perigo, se prestarmos uma importância extravagante e não-bíblica à idéia contida nessa expressão. E receio que muitos a estejam usando atualmente sem saber exatamente o que significa, chegando a desonrar involuntariamente a poderosa obra do Espírito Santo. Se qualquer leitor pensar que estou sendo por demais escrupuloso sobre a questão, recomendo que examine um curioso livro de Samuel Rutherford, autor das bem conhecidas cartas, intitulado *The Spiritual Antichrist* (O Anticristo Espiritual). Verá, então, que há três séculos surgiram as mais fantásticas heresias do ensino extravagante sobre essa doutrina do "Cristo residente" nos crentes. Verá que Saltmarsh, Dell, Towne e outros falsos mestres, contra quem o piedoso Rutherford contendeu, começaram com estranhas noções sobre o "Cristo em nós", passando então a defender a doutrina antinomiana e um fanatismo da pior tendência e vil descrição. Eles ensinaram que a vida pessoal e separada do crente desaparecia de tal modo que era Cristo vivendo nele que se arrependia, cria e agia! A raiz desse erro colossal era a interpretação forçada e antibíblica de textos como este: "Já não sou eu quem vive, mas Cristo vive em mim" (Gl 2.20). O resultado natural disso foi que muitos membros infelizes dessa escola chegaram à cômoda conclusão de que os crentes não são responsáveis pelo que quer que façam! Supostamente, os crentes estariam mortos e sepultados; somente Cristo viveria neles, *fazendo* tudo por eles! A conseqüência final foi que alguns deles pensaram poder prosseguir seguramente em sua carnalidade, sem qualquer responsabilidade pessoal, podendo cometer qualquer pecado sem o menor receio! Nunca nos esqueçamos de que a verdade, uma vez distorcida e exagerada, pode tornar-se a origem das mais perigosas heresias. Quando falarmos sobre "Cristo em nós", tenhamos o cuidado de entender bem o que estamos querendo dizer. Temo que alguns estejam negligenciando isso em nossos dias.

6. Em sexto lugar, será aconselhável traçar tão profunda, larga e distinta linha de separação entre a conversão e a *consagração* ou, segundo ela é chamada, *a vida superior,* conforme muitos fazem em nossos dias? Isso está de acordo com o ensino da Palavra de Deus? Duvido.

Inquestionavelmente, nada há de novidade nesse ensino. Sabe-se que os escritores romanistas com freqüência dizem que a Igreja está dividida em três classes – pecadores, penitentes e santos. Os modernos mestres dizem que os crentes professos cabem dentro de três categorias – os não-convertidos, os convertidos e os participantes da "vida superior" de total consagração; parece-me que estes mestres ocupam exatamente o mesmo terreno que aqueles. Mas, sem importar se a idéia é antiga ou recente, se é romana ou inglesa, não consigo ver que a mesma seja ensinada nas Escrituras. A Palavra de Deus sempre alude a duas grandes divisões na humanidade, e duas somente. Fala sobre os vivos e os mortos no pecado, os crentes e os incrédulos, os convertidos e os não-convertidos, os que percorrem o caminho estreito e os que andam pelo caminho largo, os sábios e os insensatos, os filhos de Deus e os filhos do diabo. *Dentro* de cada uma dessas duas grandes classes, sem dúvida, cabem várias medidas de pecaminosidade e de graça. *Entre* essas duas grandes classes há um enorme abismo; elas são tão distintas como a vida e a morte, a luz e as trevas, o céu e o inferno. Porém, a Palavra de Deus faz total silêncio sobre uma divisão em três classes! Ponho em dúvida a sabedoria de criar divisões extrabíblicas, e desagrada-me totalmente a idéia de uma segunda conversão.

Que há uma vasta diferença entre um grau de graça e outro, que a vida espiritual admite crescimento e que os crentes deveriam ser exortados a fazer de tudo para crescer na graça – tudo isso admito plenamente. Porém, a teoria de uma misteriosa e súbita transição do crente para um estado de bem-aventurança e *inteira consagração,* em um salto prodigioso, é algo que não percebo na Bíblia. Parece-me uma invenção humana e não vejo um único texto bíblico que comprove tal conceito. O crescimento gradual na graça, no conhecimento, na fé, no amor, na santificação, na humildade e na mente espiritual – tudo isso vejo claramente ensinado na Bíblia e claramente exemplificado nas vidas de muitos santos de Deus. Porém, saltos súbitos e instantâneos da conversão para a *consagração,* não percebo nas Escrituras. Realmente duvido que tenhamos qualquer base para dizer que um homem pode *converter-se* sem que se consagre a Deus! Mais consagrado, sem dúvida, ele pode ser, e isso sucederá à medida que a graça divina opere nele. Mas, se ele não se consagrou a Deus no dia em que se converteu e nasceu de novo, então, já não sei o que significa a conversão. Os homens não estão em perigo de subestimar e desvalorizar a imensa bênção da conversão? Quando instam com os crentes acerca da "vida superior" como sendo uma segunda experiência de conversão, não estarão subestimando o comprimento, a largura, a profundidade e a altura daquela primeira grandiosa transformação que a Bíblia denomina novo nascimento, nova criação e ressurreição espiritual? Talvez eu esteja enganado. Mas, algumas vezes tenho pensado, nos últimos anos, enquanto leio a estranha linguagem usada por muitos acerca da "consagração", que aqueles que a usam devem ter tido um ponto de vista muito baixo e inadequado da "conversão" anteriormente, se é que chegaram a experimentá-la. Em suma, quase tenho suspeitado de que quando se "consagraram", na verdade, estavam se "convertendo" pela primeira vez!

Francamente, confesso que prefiro as antigas veredas. Penso que é mais sábio e seguro impressionar todos os convertidos sobre a possibilidade de um contínuo "crescimento" na graça, e sobre a absoluta necessidade de avançar, desenvolvendo-se cada vez mais em espírito, alma e corpo na causa de Cristo. Esforcemo-nos por ensinar que há uma santificação mais profunda a ser atingida, um pouco mais do céu a ser usufruído na terra do que a maioria dos crentes tem experimentado atualmente. Porém, jamais direi a uma pessoa convertida que ela precisa de uma "segunda conversão" e que, qualquer dia desses, ela poderá dar um imenso passo e passar para o estado de inteira consagração. Recuso-me a ensinar tal coisa, pois não vejo apoio para esse ensino na Bíblia. Recuso-me a transmitir tal doutrina porque penso que a sua tendência é inteiramente enganadora e deprimente para os mansos e dotados de mente humilde; ao mesmo tempo em que ensoberbece os superficiais, os ignorantes, os cheios de si a um ponto perigosíssimo.

7. Em sétimo e último lugar, será sábio ensinar aos crentes que eles não devem pensar tanto em lutar contra o pecado, e sim, que devem *entregar-se a Deus,* ficando passivos nas mãos de Cristo? Isso está de acordo com o ensino da Palavra de Deus? Duvido.

É fato incontestável que a expressão "oferecei-vos" é encontrada somente em um trecho do Novo Testamento como um dever imposto aos crentes. Esse lugar é Romanos 6; e ali, em seis versículos, a expressão ocorre por cinco vezes (Rm 6.13-19). Porém, nem mesmo ali a palavra tem o sentido de "entregar-se passivamente nas mãos de outrem". Qualquer estudante do grego pode dizer que o sentido é o de "apresentar-se" ativamente para uso, emprego e serviço (Rm 12.1). Tal expressão, portanto, aparece isolada. Por outro lado, não seria difícil apontar pelo menos vinte e cinco ou trinta passagens nas epístolas onde os crentes são claramente ensinados a se esforçarem pessoalmente e de forma ativa; sendo considerados responsáveis para fazer, com energia, aquilo que Cristo quer que eles façam, e não ensinados a "se entregar passivamente" como agentes inativos. Antes, compete-lhes levantarem-se e trabalharem. Uma santa impetuosidade, um conflito, uma guerra, uma luta, a vida de um soldado, uma competição esportiva – são quadros que caracterizam a vida do verdadeiro crente. O ensino sobre "a armadura de Deus", em Efésios 6, segundo se pensaria dá solução ao problema. Mas, uma vez mais, seria fácil mostrar que a doutrina da santificação sem qualquer esforço pessoal, mediante a simples "entrega a Deus", é precisamente a doutrina dos fanáticos antinomianos do século XVII, à qual já me referi, descrita no livro de Rutherford, *The Spiritual Antichrist* (O Anticristo

Espiritual), cuja tendência é extremamente prejudicial. Além disso, seria fácil demonstrar que tal doutrina subverte totalmente o ensino de livros testados e aprovados como *O Peregrino*.[2] Se aceitarmos tal ensino, melhor seria jogarmos no fogo o antigo livro de João Bunyan! Se o *peregrino* cristão simplesmente *se entregasse a Cristo*, sem nunca lutar ou combater, então eu teria lido em vão a famosa alegoria. A verdade absoluta, porém, é que os homens persistem em confundir duas coisas que diferem entre si, ou seja, a justificação e a santificação. Na justificação, a palavra a ser dirigida ao homem é "crê, simplesmente crê". Na santificação, a mensagem deve ser "vigia, ora e luta". Aquilo que Deus separou, não devemos misturar e confundir.

Deixo neste ponto a minha introdução a fim de apressar-me a uma conclusão. Confesso que deixo a caneta de lado com um senso de tristeza e ansiedade, pois na atitude dos crentes professos de nossos dias há muita coisa que me enche de preocupação e que me deixa pasmo quanto ao futuro.

Há uma imensa ignorância das Escrituras entre muitos e conseqüentemente a falta de uma religião sólida e bem firmada. De nenhuma outra maneira posso explicar a facilidade com que as pessoas, tal como crianças, são levadas ao redor "por todo vento de doutrina" (Ef 4.14). Por toda parte nota-se um amor pela novidade, uma aversão doentia por tudo quanto é antigo e regular e que segue a trilha batida e experimentada de nossos antepassados espirituais. Milhares de pessoas reúnem-se para ouvir uma nova voz e uma nova doutrina, sem considerar, por um momento sequer, se o que estão ouvindo é verdade. Há um anelo crescente por qualquer ensino sensacional e excitante que desperte as emoções. Há um apetite nada saudável pelo tipo de cristianismo convulsivo e histérico. A vida religiosa de muitos é pouco melhor do que o folguedo da bebedeira, sendo inteiramente esquecido o "espírito manso e tranqüilo" que Pedro recomendou (1 Pe 3.4). Multidões, clamores, salões barulhentos, cânticos envolventes e o incessante despertar das emoções, são as únicas coisas que atraem a muitos. A incapacidade de distinguir diferenças doutrinárias está se propagando por toda parte e, contanto que um pregador se mostre "brilhante" e "intenso", centenas de pessoas parecem pensar que tudo vai bem, apelidando de "mente fechada" e de "desamorosos" aqueles que se opõem a esse estilo duvidoso! Moody e Haweis, Dean Stanley e Cannon Liddon, Mackonochie e Pearsall Smith parecem ser iguais aos olhos de tais pessoas. Tudo isso é triste, muito triste. Mas, se em

2 Uma edição do livro "O Peregrino" foi publicada pela Editora Fiel. BUNYAN, John. *O Peregrino*, com notas de estudo e ilustrações. Editora Fiel. São José dos Campos, SP. 2005.

adição a isso os advogados sinceros da santidade crescente forem caindo pelo caminho, compreendendo mal uns aos outros, a situação tornar-se-á ainda mais lamentável. Então, estaremos realmente em má situação.

Quanto a mim, estou cônscio de que não sou mais um jovem ministro. Talvez minha mente tenha se cristalizado e não possa receber facilmente qualquer doutrina nova. "O antigo é melhor!" Suponho que pertenço à antiga escola de teologia evangélica e estou satisfeito com o ensino sobre a santificação que encontro em obras como *Life of Faith*, de Sibbes e Manton, ou *The life, Walk and Triumph of Faith*, de William Romaine. Porém, devo expressar a esperança de que meus irmãos mais jovens que têm assumido novos pontos de vista sobre a santidade tenham o cuidado de não provocar divisões sem causa. Pensam eles que um padrão de vida cristã mais elevado é necessário nestes nossos dias? Eu também penso. Pensam eles que um ensino mais claro, mais definido e mais completo sobre a santidade é necessário? Assim penso eu. Pensam eles que Cristo deveria ser mais exaltado como a raiz e o autor da santificação tanto quanto da justificação? Eu também penso assim. Pensam eles que os crentes deveriam ser mais e mais exortados a viverem pela fé? Outro tanto penso eu. Pensam eles que um andar íntimo com Deus deveria ser estimulado como dever dos crentes, como o segredo da felicidade e da utilidade nas mãos do Senhor? Assim também penso. Concordamos quanto a todos esses pontos. Porém, se eles quiserem ir mais além, então, peço que tenham cuidado sobre onde pisam, explicando clara e distintamente o que querem dizer.

Finalmente, cumpre-me lamentar, e faço-o com amor, o uso de frases e termos toscos e da última moda quando eles ensinam sobre a santificação. Afirmo que um movimento em favor da santidade não pode ser estimulado mediante fraseologia recém-cunhada ou por declarações desproporcionais e unilaterais; ou exagerando e isolando textos particulares; ou exaltando uma verdade bíblica em detrimento de outras; ou alegorizando e acomodando textos das Escrituras, espremendo deles sentidos que o Espírito Santo nunca tencionou que ali estivessem; ou falando de modo desprezível e amargo sobre aqueles que não vêem as coisas pelo mesmo prisma que eles; que não trabalham exatamente como eles trabalham. Essas coisas não contribuem para a paz. Pelo contrário, repelem a muitos e os conservam à distância. A causa da verdadeira santificação não é ajudada e sim prejudicada por armas desse tipo. Um movimento em prol da santidade que produz conflito entre os filhos de Deus é algo suspeito. Por amor a Cristo e em nome da verdade, e do amor, esforcemo-nos por seguir tanto a paz quanto a santificação. "Aquilo que Deus ajuntou, não o separe o homem"!

É desejo do meu coração e minha oração diária a Deus que Ele aumente grandemente a santidade pessoal entre os crentes professos do mundo inteiro. Mas também espero que todos aqueles que estão se esforçando por promovê-la, conforme as Escrituras, possam distinguir cuidadosamente as coisas que diferem entre si, separando "o precioso do vil" (Jr 15.19).

Capítulo 1

Pecado

O pecado é a transgressão da lei.
1 João 3.4

Aquele que desejar ter pontos de vista corretos sobre a santidade cristã terá de começar examinando o vasto e solene assunto do *pecado*. Terá de cavar bem fundo, se quiser construir um edifício bem alto. Um equívoco quanto a esse particular é extremamente prejudicial. Conceitos errôneos sobre a santidade geralmente advêm de idéias distorcidas quanto à corrupção humana. Não me desculpo por começar estes estudos acerca da santidade com algumas firmes declarações a respeito do *pecado*.

A verdade absoluta é que o correto conhecimento do pecado jaz à raiz de todo o cristianismo salvífico. Sem ele, doutrinas como justificação, conversão e santificação serão apenas "palavras e nomes" que não transmitem qualquer sentido à nossa mente. Portanto, a primeira coisa que Deus faz quando quer tornar alguém em uma nova criatura em Cristo é iluminar-lhe o coração, mostrando-lhe que ele é um pecador culpado. A criação material, segundo o livro de Gênesis, começou com a "luz"; isso também acontece no caso da criação espiritual. Deus mesmo "resplandeceu em nosso coração" mediante a obra do Espírito Santo, e então, a vida espiritual teve seu início (2 Co. 4.6). Pontos de vista mal definidos acerca do pecado são a origem da maioria dos erros, das heresias e das doutrinas falsas de nossos dias. Se um homem não percebe a natureza perigosa da doença de sua alma, ninguém poderá admirar-se de que ele se contente com remédios falsos ou imperfeitos. Acredito que uma das principais necessidades da igreja, neste nosso século, tem sido e continua sendo um ensino mais claro e completo sobre o pecado.

1. Começarei o assunto fornecendo uma *definição* de pecado. Naturalmente, todos estamos familiarizados com os termos "pecado" e "pecadores". Com freqüência, dizemos que o "pecado" está no mundo e que os homens cometem "pecados". Porém, o que queremos dizer com essas palavras e frases? Sabemos realmente? Temo que há muita nebulosidade e confusão mental quanto a esse particular. Permita-me tentar suprir a resposta da forma mais breve possível.

Afirmo, pois, que "pecado", falando de modo geral, conforme declara o artigo nono da confissão de fé da nossa igreja, é "a falha e a corrupção da natureza de cada ser humano, naturalmente produzidas pela natureza de Adão em nós, pelas quais o homem muito se afasta da retidão original, pois faz parte de sua natureza inclinar-se para o erro, de tal modo que a carne sempre milita contra o espírito; e, assim sendo, o pecado merece a ira e a condenação de Deus em cada pessoa que nasce neste mundo". Em suma, o pecado é aquela vasta enfermidade moral que afeta a raça humana inteira, em todas as classes e níveis, nas nações, povos e línguas — uma enfermidade da qual apenas um único homem nascido de mulher esteve isento. Preciso dizer que esse único Homem foi o Senhor Jesus Cristo?

Digo, ademais, que "um pecado", falando mais particularmente, consiste em praticar, dizer, pensar ou imaginar qualquer coisa que não esteja em perfeita conformidade com a mente e a lei de Deus. Em resumo, segundo as Escrituras, "o pecado é a transgressão da lei" (1 Jo 3.4). O menor desvio interno ou externo de um absoluto paralelismo matemático com a vontade e o caráter revelados de Deus constitui um pecado e, imediatamente, nos torna culpados aos olhos de Deus.

Naturalmente, não preciso dizer, a qualquer um que lê a sua Bíblia com atenção, que um homem pode quebrar a lei de Deus em seu coração e em seus pensamentos, mesmo quando não há qualquer ato externo e visível de iniqüidade. Nosso Senhor resolveu a questão sem deixar dúvidas, ao proferir o Sermão do Monte (Mt 5.21-28). Até mesmo um de nossos poetas disse, com toda a verdade: "Um homem pode sorrir, sorrir e ainda ser um vilão".

Novamente, não preciso dizer a um estudante cuidadoso da Bíblia que há pecados de omissão tanto quanto de comissão, e que pecamos, tal como diz o nosso livro de oração, ao "deixarmos de fazer as coisas que deveríamos fazer" tanto quanto ao "fazermos aquilo que não deveríamos". As solenes palavras do Mestre, no evangelho de Mateus, também deixam a questão sem sombras de dúvidas. Ali se acha escrito: "Apartai-vos de mim, malditos, para o fogo eterno, preparado para o diabo e seus anjos. Porque tive fome e não me destes de comer; tive sede e não me destes de beber" (Mt 25.41-42). Foi uma declaração profunda e bem pensada do santo arcebispo Usher, pouco antes de sua morte: "Senhor, perdoa-me de todos os meus pecados, sobretudo dos meus pecados de omissão".

Porém, penso que é necessário relembrar aos leitores que um homem pode cometer um pecado e, no entanto, fazê-lo por ignorância, julgando-se inocente, quando na realidade é culpado. Não consigo perceber qualquer garantia bíblica para a moderna afirmativa de que "o pecado não é pecado, enquanto não o percebermos e tomarmos consciência dele". Pelo contrário, nos capítulos quarto e quinto daquele livro muito negligenciado, Levítico, bem como em Números 15, vejo Israel sendo distintamente instruído de que havia pecados de *ignorância* que tornavam as pessoas imundas e que precisavam ser expiados (Lv 4.1-35; 5.14-19; Nm. 15.25-29). E também encontro o Senhor ensinando expressamente que o servo que não soube da vontade do seu senhor, e não agiu conforme essa vontade, não será desculpado pela sua ignorância, mas castigado (Lc 12.48). Faríamos bem em relembrar que, ao fazer de nosso conhecimento e de nossa consciência miseravelmente imperfeitos a medida de nossa pecaminosidade, estamos pisando em terreno perigoso. Um estudo mais profundo do livro de Levítico nos faria muito bem.

2. Concernente à *origem e fonte* dessa vasta enfermidade moral chamada "pecado" também me sinto na obrigação de dizer algo. Temo que as idéias de muitos crentes professos quanto a esse particular, são tristemente defeituosas e doentias. Não ouso passar adiante sem um comentário a respeito. Portanto, fixemos em nossa mente que a pecaminosidade de um homem não começa pelo lado de fora e sim pelo lado de dentro. Também não resulta de mau treinamento nos primeiros anos de vida. Não se adquire com más companhias e maus exemplos, conforme alguns crentes fracos costumam dizer. Não! Trata-se de uma enfermidade de família, que herdamos dos nossos primeiros pais, Adão e Eva, e com a qual todos já nascemos. Criados "à imagem de Deus" e inocentes a princípio, nossos pais caíram da justiça original e tornaram-se pecaminosos e corruptos. E, desde aquele dia, homens e mulheres nascem segundo a imagem de Adão e Eva decaídos, herdando um coração e uma natureza inclinados ao pecado – "por um só homem entrou o pecado no mundo"; "o que é nascido da carne é carne"; "éramos, por natureza, filhos da ira"; "o pendor da carne é inimizade contra Deus"; "do coração dos homens é

que procedem [naturalmente, como de uma fonte] os maus desígnios, a prostituição, os furtos". (Rm 5.12; Jo 3.6; Ef 2.3; Rm 8.7; Mc 7.21). O mais lindo bebê do mundo, que se tornou o raio-de-sol de uma família, não é, como sua mãe o chama com muito amor, um "anjinho" ou um "inocentinho", e sim um "pecadorzinho". Infelizmente, enquanto jaz sorrindo no seu berço, a criaturinha leva em seu coração as sementes de todo tipo de iniqüidade! Basta que a observemos com cuidado, conforme cresce em estatura e sua mente se desenvolve, e descobriremos nela uma incessante tendência para o que é mau, e uma grande hesitação quanto ao que é bom. Poderemos ver nela os botões e os germens do engano, do mau temperamento, do egoísmo, da voluntariedade, da obstinação, da cobiça, da inveja, do ciúme, da paixão – tudo o que, se alimentado e deixado à vontade, prolifera com dolorosa rapidez. Quem ensinou essas coisas à criança? Onde as aprendeu? Só a Bíblia pode responder a essas perguntas! Dentre todas as coisas tolas que os pais dizem sobre seus filhos nenhuma é pior do que a declaração comum: "No fundo, meu filho tem um bom coração. Ele não é o que deveria ser; apenas caiu em más companhias. As escolas são lugares ruins. Os professores negligenciam as crianças. Contudo, no fundo, ele tem um bom coração". A verdade, infelizmente, é exatamente o contrário. A primeira causa de todo pecado jaz na corrupção natural do próprio coração da criança e não na escola.

3. No tocante à extensão dessa vasta enfermidade moral do homem, chamada pecado, cuidemos para não errar. A única base segura é aquela dada pelas Escrituras. "Viu o SENHOR que a maldade do homem se havia multiplicado na terra e que era continuamente mau todo desígnio do seu coração"; "Enganoso é o coração, mais do que todas as coisas, e desesperadamente corrupto" (Gn 6.5; Jr 17.9). O pecado é um mal que permeia e percorre todas as partes de nossa constituição moral, bem como cada faculdade de nossa mente. A compreensão, os afetos, o poder de raciocínio, a vontade; tudo está, em certa medida, infeccionado pelo pecado. A própria consciência está tão cega que dela não se pode depender como guia seguro. Ela tanto pode conduzir o homem para o erro quanto para o que é certo, a menos que seja iluminada pelo Espírito Santo. Em suma, "Desde a planta do pé até à cabeça não há nele cousa sã, senão feridas, contusões e chagas inflamadas" (Is 1.6). O mal pode ser velado sob uma fina cortina de cortesia, polidez, boas maneiras ou decoro exterior; mas jaz profundamente em nossa constituição.

Admito plenamente que o homem tenha ainda qualidades grandes e nobres e que demonstre imensa capacidade nas artes, ciências e literatura. Porém, permanece o fato de que nas coisas espirituais o homem está totalmente "morto", destituído de qualquer conhecimento, amor ou temor a Deus. As excelências do homem estão de tal modo entremeadas e mescladas com a corrupção que o contraste somente põe em destaque a verdade e a extensão da queda. Que uma e a mesma criatura seja tão elevada em algumas coisas e tão vil em outras; tão grande, mas tão pequena; tão nobre, mas também tão envilecida; tão notável em sua concepção e execução de coisas materiais, mas tão baixa e rasteira em seus afetos; capaz de planejar e erigir edifícios como aqueles de Carnaque e Luxor, no Egito ou o Partenon de Atenas e, no entanto, adorar deuses e deusas imorais, pássaros, feras e répteis; que possa produzir tragédias como as de Ésquilo e Sófocles e histórias como as de Tucídides, e, no entanto, ser escrava de vícios abomináveis como aqueles descritos no primeiro capítulo da epístola aos Romanos. Tudo isso tem servido de profunda perplexidade para aqueles que zombam da "Palavra escrita de Deus", escarnecendo de nós como "bibliólatras". Porém, esse é um nó que podemos desatar com a Bíblia na mão. Podemos reconhecer que o homem tem todos os sinais de um templo majestoso em sua pessoa; um templo no qual Deus antes habitou, mas que agora jaz em completa ruína; um templo no qual uma janela despedaçada aqui ou uma entrada acolá, ou uma coluna derrubada ali adiante ainda nos dá uma pálida idéia da magnificência do plano original, embora, de uma extremidade à outra, tenha perdido a sua glória e decaído de seu exaltado estado anterior. De modo que afirmamos que coisa alguma soluciona o complicado problema da condição humana, senão a doutrina do pecado original ou inato e os esmagadores efeitos da queda.

Ademais, lembremo-nos de que cada parte do mundo dá testemunho do fato que o pecado é a enfermidade universal de toda a humanidade. Pesquisemos o globo de leste a oeste e de um pólo ao outro, rebusquemos todas as nações de todos os climas, nos quatro quadrantes da terra, procuremos em cada classe e nível social de nosso próprio país, do mais elevado ao mais humilde, sob cada circunstância e condição; o relatório será sempre o mesmo. As mais remotas ilhas no oceano Pacífico, completamente separadas da Europa, da Ásia, da África e da América, fora do alcance do luxo oriental e da arte e literatura ocidentais; ilhas habitadas por povos que ignoram livros, dinheiro, vapor e eletricidade; não contaminados pelos vícios da civilização moderna – existentes nestas ilhas remotas, quando descobertas, têm sido encontradas as piores formas de concupiscência, de crueldade, de engodo e de superstição. Se seus habitantes não conhecem outra coisa, pelo menos conhecem o pecado! Por toda a parte, o coração humano é enganoso "mais do que todas as coisas, e desesperadamente corrupto" (Jr 17.9). Da minha parte, desconheço prova mais decisiva da inspiração do livro de Gênesis e do relato mosaico sobre a origem do homem do que o poder, a extensão e a universalidade do pecado. Se admitirmos que a humanidade inteira deriva-se de um único casal e que esse casal caiu no pecado, conforme nos diz Gênesis 3, o estado da natureza humana por toda parte pode ser facilmente explicado. Mas, se negarmos esse fato, conforme muitos o fazem, imediatamente nos veremos envolvidos com dificuldades inexplicáveis. Em suma, a uniformidade e a universalidade da corrupção humana supre uma das mais incontestáveis instâncias das enormes dificuldades que os incrédulos têm de enfrentar.

Afinal, estou convencido de que a maior prova da extensão e do poder do pecado é a persistência com que ele se apega ao homem, mesmo depois deste ser convertido e tornar-se alvo das operações do Espírito Santo. Usando a linguagem do artigo nono: "Essa infecção da natureza permanece – sim, mesmo nos regenerados". Tão profundamente implantadas estão as raízes da corrupção humana que, mesmo depois de termos sido regenerados, renovados, lavados, santificados e justificados, feitos membros vivos de Cristo, essas raízes permanecem vivas no fundo de nosso coração. Tal qual o mofo nas paredes de uma casa, nunca nos livraremos delas, enquanto não for dissolvida esta casa terrestre deste nosso tabernáculo. Sem dúvida, o pecado não mais exerce domínio no coração do crente. Está contido, controlado, mortificado e crucificado pelo poder expulsivo do novo princípio da graça divina. A vida do crente é uma vida de vitória e não de fracasso. Mas os próprios conflitos que continuam em seu peito, a luta na qual ele se vê empenhado a cada dia, a vigilância que ele é forçado a exercer sobre seu homem interior, a guerra entre a carne e o espírito, os "gemidos" íntimos que ninguém conhece, senão aquele que os experimenta – tudo isso testifica da mesma grande verdade, tudo mostra o enorme poder e a vitalidade do pecado. Poderoso, de fato, deve ser o adversário que mesmo depois de crucificado, continua vivo! Feliz é o crente que compreende isso e não tem confiança na carne enquanto se regozija em Cristo Jesus; e ao mesmo tempo em que diz: "Graças a Deus que nos dá a vitória", nunca se esquece de vigiar e ora para não cair em tentação!

4. Acerca da *culpa, da vileza e da ofensa* do pecado aos olhos de Deus, minhas palavras serão poucas. Digo "poucas" prudentemente. Não penso que, devido à natureza dessas coisas, o homem mortal possa perceber toda a imensa pecaminosidade do pecado aos olhos do Deus santo e perfeito, a quem teremos de prestar contas. Por um lado, Deus é o Ser eterno que "aos seus anjos atribui imperfeições", em cuja vista "nem os céus são puros". Ele é Aquele que lê os pensamentos e os motivos, e não só as ações, e que requer "a verdade no íntimo" (Jó 4.18; 15.15; Sl

51.6). Nós, por outro lado – criaturas pobres e cegas, hoje aqui e amanhã acolá, nascidos no pecado, cercados de pecadores, vivendo em uma constante atmosfera de fraqueza, enfermidade e imperfeição – não podemos formar senão os mais inadequados conceitos sobre a hediondez do pecado. Não dispomos de prumo para sondá-lo, e nenhuma medida pela qual possamos aquilatá-lo. Um cego não pode ver a diferença entre uma obra prima de Ticiano ou de Rafael e uma efígie de um presidente no verso de uma moeda. Um surdo não pode distinguir entre um apito soprado por uma criança e um órgão de catedral. Os próprios animais, cujo odor é bastante ofensivo, não têm a menor noção de que são tão mau-cheirosos e nem parecem tais uns para com os outros. E o homem, o homem caído, segundo creio, não tem noção do quão vil é o pecado aos olhos de Deus, cujas obras são absolutamente perfeitas – perfeitas sem importar se as examinamos pelo telescópio ou pelo microscópio; perfeitas tanto na formação de um gigantesco planeta como Júpiter, com seus satélites, que marca o tempo em até milésimos de segundo enquanto gira em torno do sol quanto na formação do mais minúsculo inseto que se arrasta pelo chão. Não obstante, fixemos na mente, com firmeza, que o pecado é aquela "coisa abominável" a qual Deus aborrece e que Deus é "tão puro de olhos que não pode ver o mal"; e que qualquer que tropeçar "em um só ponto" da lei de Deus "se torna culpado de todos"; e que "a alma que pecar, essa morrerá"; e que "o salário do pecado é a morte"; e que Deus julgará "os segredos dos homens"; e que há um lugar onde nunca "morre o verme, nem o fogo se apaga"; e que "os perversos serão lançados no inferno"; e que "irão estes para o castigo eterno", porquanto nos céus "nunca jamais penetrará coisa alguma contaminada, nem o que pratica abominação e mentira" (Jr 44.4; Ha 1.13; Tg 2.10; Ez 18.4; Rm 6.23; 2.16; Mc 9.44; Sl 9.17; Mt 25.46 e Ap 21.27). Essas são, realmente, palavras tremendas, quando consideramos que foram escritas no Livro do Deus misericordiosíssimo!

Afinal de contas, nenhuma prova da amplidão do pecado é tão avassaladora e incontestável como a cruz da paixão de nosso Senhor Jesus Cristo, bem como toda a doutrina de sua substituição e expiação. Terrivelmente grave deve ser a culpa que não pode ser satisfeita por coisa alguma, senão pelo sangue do Filho de Deus. Pesadíssima deve ser a carga do pecado humano que fez Jesus gemer e suar gotas de sangue na agonia do Getsêmani, e clamar no Gólgota: "Deus meu, Deus meu, por que me desamparaste?" (Mt 27.46). Estou convencido de que nada nos espantará tanto, quando despertarmos no dia da ressurreição, quanto a visão que teremos do pecado e o retrospecto que nos será dado de nossos próprios incontáveis defeitos e delitos. Somente quando Cristo vier pela segunda vez, perceberemos realmente a "pecaminosidade do pecado". Com razão terá dito George Whitefield: "O hino no céu será: Que coisas tem feito Deus!" (Nm 23.23).

5. Resta apenas um ponto a ser considerado sobre o assunto do pecado, o qual não ouso esquecer. Esse ponto é a sua *propensão para enganar.* Trata-se de algo de capital importância e aventuro-me a pensar que não tem recebido a atenção que merece. Podemos ver esse engano na espantosa inclinação dos homens para considerarem o pecado como menos pecaminoso e perigoso do que ele é à vista de Deus e em sua prontidão para tentar suavizá-lo, apresentando justificativas minimizantes de sua culpa – "É apenas um pecadinho! Deus é misericordioso! Deus não é tão severo que venha a cobrar pelo que for feito de errado! Nossa intenção era boa! Ninguém pode ser assim tão exigente! Onde está o grande prejuízo causado? Estamos agindo como todo mundo!" Quem não está familiarizado com essa linguagem? Podemos vê-la na longa lista de palavras e frases suaves que os homens têm cunhado para designar as coisas que Deus chama claramente de iníquas e ruinosas para a alma. O que significam palavras como "precipitado", "festeiro", "extravagante", "inconstante", "impensado" e "folgado"? Elas demonstram que os homens procuram enganar-se, crendo que o pecado não é tão pecaminoso quanto Deus afirma. Podemos ver isso até mesmo na tendência que os crentes têm de permitir que seus filhos se ocupem com práticas duvidosas, fechando os olhos para as inevitáveis conseqüências do amor ao dinheiro, da falta de seriedade diante da tentação e da permissão de baixos padrões de vida cristã. Temo que não percebemos de modo suficiente a extrema sutileza da nossa doença de alma. Somos rápidos em esquecer que a tentação do pecado raramente se apresenta diante de nós em suas verdadeiras cores, dizendo-nos: "Sou o teu inimigo mortal e quero arruinar-te para sempre no inferno". Oh, não! O pecado aproxima-se de nós à semelhança de Judas, com um beijo ou como Joabe, com a mão espalmada e palavras de lisonja. O fruto proibido pareceu tão bom e desejável para Eva e, no entanto, fê-la ser expulsa do Éden. Ficar andando ociosamente no pátio de seu palácio parecia algo inocente para Davi, mas terminou em adultério e homicídio. O pecado raramente parece ser pecado quando está no início. Por esta razão, vigiemos e oremos para que não caiamos em tentação. Podemos disfarçar a iniqüidade com nomes suaves, mas não podemos alterar sua natureza e caráter aos olhos de Deus. Lembremo-nos das palavras do escritor sagrado: "Pelo contrário, exortai-vos mutuamente cada dia, durante o tempo que se chama Hoje, a fim de que nenhum de vós seja endurecido pelo engano do pecado" (Hb 3.13). É sábia aquela oração que diz: "Senhor, livra-nos dos enganos do mundo, da carne e do diabo".

Agora, antes de prosseguir, permita-me mencionar de modo breve, dois pensamentos que surgiram em minha mente a respeito desse assunto com uma força irresistível .

Peço que meus leitores observem as profundas razões que temos para nos *humilhar e nos rebaixar*. Sentemo-nos diante do quadro do pecado que a Bíblia exibe diante de nós, e consideremos quão culpadas, vis e corruptas criaturas todos nós somos aos olhos de Deus. Quão grande é a necessidade que temos daquela total mudança de coração chamada regeneração, novo nascimento ou conversão! Que massa de fraqueza e imperfeição apega-se ao melhor do nosso ser quando nos mostramos mais excelentes! Quão solene é o pensamento: "A santificação, sem a qual ninguém verá o Senhor" (Hb 12.14). Quantos motivos temos para clamar, tal qual o publicano, a cada noite de nossa vida, quando pensamos em nossos pecados de omissão tanto quanto nos de comissão: "Ó Deus, sê propício a mim, pecador!" (Lc 18.13). Quão admiravelmente apropriados são os textos do livro de orações a respeito da real condição de todos os crentes professos! Quão adequada é a linguagem do nosso livro de orações para o membro de igreja, quando se aproxima da mesa da ceia do Senhor: "A memória de nossos maus feitos nos enche de pesar; a carga é intolerável. Tem misericórdia de nós, tem misericórdia de nós, misericordiosíssimo Pai; por teu Filho, nosso Senhor Jesus Cristo, perdoa-nos todo o nosso passado". Quão verdadeiro é que o mais aperfeiçoado santo, aos seus próprios olhos, pareça um miserável pecador, um devedor diante da misericórdia e da graça, até o último momento de sua existência!

De todo coração aprovo aquela passagem no sermão de Hooker sobre a justificação, na qual ele começa dizendo: "Que consideremos as melhores e mais santas coisas que praticamos. Nunca nos sentimos mais próximos de Deus do que quando oramos; mas, quando oramos, por quantas vezes nossa atenção é distraída! Quão pequena reverência mostramos diante da grandiosa majestade do Deus com Quem falamos! Quão pouco remorso sentimos por nossas misérias! Quão pouco provamos da doce influência de suas ternas compaixões! Ao orar, não hesitamos muitas vezes em começar, e freqüentemente nos alegramos por terminar, como que dizendo: "Deus nos impôs uma tarefa muito cansativa quando recomendou que clamássemos a Ele?" Aquilo que vou dizer poderá parecer um exagero para alguns. Portanto, que cada um julgue-o em seu próprio coração e não de outro modo qualquer; farei apenas uma exigência! Se Deus se aproximasse de nós, não como fez com Abraão – se cinqüenta, quarenta, trinta, vinte ou se dez pessoas boas pudessem ser encontradas em uma cidade, ela não seria destruída por causa dessas dez. Mas, se Ele nos fizesse uma ampla proposta assim: Rebuscai todas as gerações dos homens, desde a queda de vosso antepassado Adão e se encontrardes um único homem que tenha feito uma só ação realmente pura, sem qualquer mancha ou defeito e a conseqüência dessa única ação será que nem homens e nem anjos terão de experimentar os tormentos preparados para ambos. O leitor pensa que esse resgatador capaz de livrar homens e anjos poderia ser encontrado entre os filhos dos homens? Até nas melhores coisas feitas pelos homens existem impurezas que carecem de ser perdoadas".[1] Esse testemunho é verdadeiro. De minha parte, estou persuadido de que quanto maior luz recebemos, tanto mais percebemos nossa própria pecaminosidade. Quanto mais nos avizinhamos do céu, tanto mais somos revestidos de humildade. Em todas as eras da Igreja, se estudarmos as biografias, será encontrada uma verdade: a de que os santos mais eminentes – homens como Bradford, Rutherford e M'Cheyne – sempre foram os mais humildes entre os homens.

Novamente, peço que meus leitores observem *quão profundamente deveríamos ser gratos pelo glorioso evangelho da graça de Deus.* Há um remédio revelado como específico para a necessidade humana, tão abrangente, extenso e profundo quanto a doença do homem. Não precisamos temer olhar para o pecado estudando a sua natureza, origem, poder, extensão e vileza, se ao menos contemplarmos, ao mesmo tempo, a todo-poderosa medicação que nos foi provida na salvação que há em Cristo Jesus. Embora o pecado tenha abundado, a graça superabundou. Sim, há um remédio pleno, perfeito e completo para a horrenda enfermidade do pecado no eterno pacto da redenção, do qual participaram o Pai, o Filho e o Espírito Santo; no Mediador desse pacto, Jesus Cristo, o justo, Deus perfeito e Homem perfeito em uma única pessoa; na obra por Ele realizada ao morrer pelos nossos pecados e ao ressuscitar, tendo em vista a nossa justificação; nos ofícios por Ele ocupados como o nosso Sacerdote, Substituto, Médico, Pastor e Advogado; no precioso sangue por Ele vertido, que pode purificar-nos de todo pecado; na retidão eterna que Ele nos trouxe; na perpétua intercessão da qual Ele se ocupa, como nosso Representante, à destra de Deus; em seu poder de salvar até na hora derradeira ao pior dos pecadores; em sua disposição de acolher e perdoar o mais vil e de dar apoio ao mais fraco; na graça do Espírito Santo que Ele implanta nos corações de todos quantos fazem parte de seu povo, renovando-os, santificando-os e fazendo as coisas antigas passarem – tudo se torna novo. Sim, em tudo isso Ele se destaca;

1 Extraído de HOOKER, Richard. *Learned Discourse on Justification* (Discurso Erudito sobre a Justificação), In: *A learned discourse of justification, works, and how the foundation of faith is overthrown*, Oxford: Oxford University, 1836.

e quão breve e incompleto é o esboço aqui traçado! Sem dúvida alguma, horrível e tremenda é a visão correta do pecado; mas ninguém precisa desesperar dela, se, ao mesmo tempo, contemplar a Jesus Cristo como deve. Não é de se admirar que o antigo Flavel termine numerosos capítulos de sua admirável obra *Fountain of Life* (Fonte de vida), com estas tocantes palavras: "Bendito seja Deus por causa de Jesus Cristo".

Ao abordarmos este importante assunto, sinto que apenas toquei em sua superfície. Esse é um tema que não pode ser completamente manuseado em um volume como este. Aquele que quiser vê-lo exposto completa e exaustivamente, deve examinar os mestres da teologia experimental como Owen, Burgess, Manton e Charnock, bem como outros gigantes da escola puritana. Em assuntos como esses, não há escritores que se comparem aos puritanos. Resta-me apenas salientar alguns usos práticos que podemos fazer da completa doutrina do pecado de modo proveitoso para estes nossos dias.

a. Em primeiro lugar, afirmo que o ponto de vista bíblico sobre o pecado é *um dos melhores antídotos para aquele tipo vago, nebuloso e indefinido de teologia* tão dolorosamente popular nesta nossa época. É inútil fechar os olhos para o fato de que há um cristianismo muito abundante em nossos dias que não pode ser tido como declaradamente distorcido, mas que, a despeito disso, não oferece boa medida e peso certo de mil gramas por quilo. Trata-se de um cristianismo no qual, inegavelmente, há "algo de Cristo, algo da graça, algo da fé, algo do arrependimento e algo da santificação", mas que não é a "mercadoria legítima", conforme encontramos na Bíblia. As coisas encontram-se fora de lugar e fora de proporções.

Conforme diria o idoso Latimer, trata-se de uma espécie de "mistura arruinadora" que não traz nenhum bem. Não exerce influência sobre a conduta diária, não consola a vida e nem confere paz por ocasião da morte. Aqueles que a defendem, com freqüência despertam tarde demais para descobrir que nada têm de sólido sob os pés. Ora, acredito que a maneira mais certa de curar e de corrigir essa modalidade defeituosa de religião consiste em destacar com maior proeminência as antigas verdades bíblicas sobre a pecaminosidade do pecado. As pessoas jamais voltarão o rosto decisivamente para o céu, vivendo como peregrinas neste mundo, enquanto realmente não sentirem que correm perigo de ir para o inferno. Procuremos todos reavivar o antigo ensino bíblico sobre o pecado, nas escolas, nos ginásios e nas universidades. Não nos esqueçamos de que "a lei é boa, se alguém dela se utiliza de modo legítimo" e de que "pela lei vem o pleno conhecimento do pecado" (1 Tm 1.8; Rm 3.20 e 7.7). Ponhamos a lei de Deus em evidência e requeiramos que os homens lhe dêem atenção. Exponhamos e salientemos os Dez Mandamentos e mostremos o comprimento, a largura, a profundidade e a altura de suas exigências. Assim fez nosso Senhor no Sermão do Monte. Não podemos fazer melhor do que copiar o seu método. Cumpre-nos depender do fato de que os homens jamais virão a Jesus e com Ele ficarão, vivendo para Ele, a menos que realmente saibam por qual motivo vieram, e qual é a grande necessidade deles. Aqueles que são atraídos a Jesus pelo Espírito são aqueles a quem o Espírito Santo convenceu de pecado. Sem uma completa convicção de pecado, pode parecer que os homens estejam vindo a Jesus, seguindo-O durante certo período de tempo, mas não demorarão a voltar-Lhe as costas, retornando ao mundo.

b. Em segundo lugar, o ponto de vista bíblico sobre o pecado é *o melhor antídoto para a teologia extravagantemente liberal e permissiva* que está tão em voga na nossa época. A tendência do pensamento moderno é rejeitar os dogmas, os credos, bem como toda forma de religião que imponha obrigações. Muitos pensam que não condenar a opinião de quem quer que seja reflete grandeza de espírito e definem todos os mestres vibrantes e hábeis como dignos de confiança, por mais heterogêneas e destrutivas que sejam as suas opiniões. Tudo é considerado verdadeiro, e nada é falso! Todos estão certos e ninguém incorre em erro! Todos, provavelmente, serão salvos, e ninguém se perderá! A expiação e a substituição de Cristo, a personalidade de Satanás, o elemento miraculoso das Escrituras, a realidade e eternidade da punição eterna, todas essas poderosas pedras de alicerce são friamente lançadas fora como refugo, a fim de aliviar a carga do navio da cristandade, permitindo-lhe manter o ritmo junto à ciência moderna. Se você tomar posição como defensor dessas grandiosas verdades, será taxado de mente fechada, intolerante, antiquado e fóssil teológico! Basta que você cite algum texto bíblico para que lhe digam que a verdade toda não está confinada às páginas de um antigo livro judaico e que a livre investigação tem descoberto muitas coisas desde que aquele Livro foi terminado! Ora, não conheço outra coisa tão capaz de contrabalançar essa moderna praga como as declarações a respeito da natureza, realidade, vileza, poder e culpabilidade do pecado.

Precisamos impressionar as consciências dos homens com esses *amplos* pontos de vista, requerendo respostas claras para perguntas claras. Precisamos pedir-lhes para dizer-nos com toda a honestidade se as suas opiniões favoritas consolam-nos no dia da enfermidade, na hora da morte, à beira do leito de pais moribundos, ao lado do sepulcro de uma esposa ou de um filho amado. Precisamos perguntar-lhes se um zelo *nebuloso,* sem qualquer doutrina definida, é capaz de infundir-lhes paz em ocasiões como essas. Precisamos desafiá-los a dizer se algumas vezes não sentem "algo" que os rói por dentro e que toda a livre investigação, filosofia e ciência do mundo não conseguem satisfazer-lhe. Então, precisamos informá-los que esse "algo" que os rói por dentro é o senso de pecado, de culpa e de corrupção que estão deixando fora de seus cálculos. E, acima de tudo, devemos dizer-lhes que coisa alguma será capaz de lhes conferir descanso, senão a submissão às antigas doutrinas da ruína humana e da redenção que há em Cristo, acompanhada pela fé simples e singela nEle.

c. Em terceiro, o correto ponto de vista sobre o pecado é *o melhor antídoto para aquele tipo de cristianismo sensitivo, cerimonial e formal* que tem varrido a nossa terra como um dilúvio nestes últimos vinte e cinco anos, levando tantos consigo. Posso acreditar que há muito de atrativo nesse sistema de religião para certos tipos de mentalidade, enquanto a consciência ainda não for plenamente iluminada. Porém, quando essa admirável porção de nossa constituição, chamada consciência, realmente é despertada e reavivada, acho difícil crer que um cristianismo sensitivo e cerimonial seja capaz de satisfazer-nos inteiramente. Uma criança pequena com facilidade é aquietada com brinquedos coloridos e atraentes, com bonecas e chocalhos, enquanto ela não sente fome. Porém, uma vez que ela sinta no estômago as exigências da natureza, poderá se satisfazer somente com alimento. Sucede exatamente isso às almas humanas. Música, flores, velas, incenso, pendões, cortejos, belas vestimentas, confessionários e cerimônias arquitetadas pelo homem podem servir de paliativos sob certas circunstâncias e condições. Porém, uma vez que o indivíduo "desperte e se levante dentre os mortos", nunca mais se contentará com essas coisas. Elas lhe parecerão baboseiras solenes e um grande desperdício de tempo. Uma vez que o homem enxergue o seu *pecado,* só se aquietará ante a visão do *Salvador.* Ele se sente ferido por uma doença mortal e coisa alguma é capaz de satisfazê-lo, senão o Grande Médico da alma. Ele tem fome e sede e exige nada menos do que o Pão da vida. Talvez eu pareça exagerado, mas aventuro-me intrepidamente a dizer que quatro quintos do semi-romanismo deste mais de um século jamais se teria imposto sobre o povo da Inglaterra, se ela tivesse sido ensinada de forma plena e clara sobre a natureza, vileza e pecaminosidade do pecado.

d. O próximo ponto: um correto ponto de vista sobre o pecado é *o melhor antídoto para as teorias forçadas do perfeccionismo*, acerca das quais tanto ouvimos falar nestes últimos tempos. Direi pouco a esse respeito, e espero não ofender ninguém com isso. Se aqueles que tanto frisam a perfeição nada mais querem do que chegar a uma posição coerente, dando cuidadosa atenção a todas as graças que compõem o caráter cristão, então não somente deveríamos tolerá-los, mas também concordar com eles em tudo. Que os nossos alvos sejam elevados, a qualquer custo. Mas, se os homens apenas querem dizer que neste mundo um crente pode atingir total isenção de pecado, vivendo durante anos em ininterrupta e inquebrável comunhão com Deus, passando meses sem ter ao menos um único mau pensamento, então, terei de dizer honestamente que essa opinião me parece totalmente destituída de base bíblica. E vou além. Afirmo que tal opinião é perigosa para aquele que a defende, tendendo a deprimir, desencorajar e impedir a aproximação de pessoas interessadas na salvação. Não encontro o menor apoio para essa idéia na Palavra de Deus, como se perfeição dessa natureza tivesse de ser esperada enquanto vivemos neste corpo. Considero como verazes as palavras do décimo-quinto artigo da confissão de fé de nossa igreja: "Só Cristo não tem pecado; e todos nós, os demais, embora regenerados e batizados em Cristo, erramos em muitas coisas e, se dissermos que não temos pecado, estaremos nos enganando a nós mesmos e a verdade não estará em nós". Usando a linguagem de nossa primeira homilia: "Há imperfeições em nossas melhores obras; não amamos a Deus como estamos na obrigação de fazê-lo, com todo o coração, mente e forças; não tememos a Deus como deveríamos fazê-lo; não oramos a Deus senão com muitas e grandes imperfeições. Damos, perdoamos, cremos, vivemos e temos esperança de modo imperfeito; falamos, pensamos e agimos imperfeitamente; lutamos contra o diabo, o mundo e a carne de maneira imperfeita. Portanto, não nos envergonhemos de confessar abertamente o nosso estado de imperfeição". Uma vez mais, afirmo que a melhor prevenção contra essa ilusão a respeito da perfeição, a qual perturba muitas mentes, é uma compreensão clara, completa e distinta sobre a natureza, pecaminosidade e caráter enganador do pecado.

e. Em último lugar, o ponto de vista bíblico sobre o pecado mostra ser *um admirável antídoto para os conceitos inferiores de santidade pessoal* que tanto prevalecem nestes últimos dias na Igreja. Sei que esse é um assunto extremamente doloroso e delicado, mas não ouso evitá-lo. Há muito tem sido minha triste convicção, que o padrão de vida diária entre os cristãos professos está baixando cada vez mais. Temo que amor cristão, delicadeza, bondade, altruísmo, mansidão, gentileza, benignidade, abnegação, zelo pelo bem e separação do mundo são muito menos apreciados hoje em dia do que deveriam ser e do que costumavam ser nos dias dos nossos antepassados.

Não posso penetrar nas causas dessas coisas com grande profundidade e só posso sugerir conjecturas para a nossa consideração. É possível que professar uma certa religião esteja em voga, sendo comparativamente fácil assumi-la nestes dias, de tal modo que as correntezas antes estreitas e profundas, agora se têm tornado largas e rasas; e que ganhamos em aparência externa aquilo que perdemos em qualidade. É possível que a vasta multiplicação das riquezas materiais, nestes últimos decênios, tenha introduzido, de modo imperceptível para nós, a praga do mundanismo, da auto-indulgência e do amor ao lazer na vida social. Aquilo que antes era considerado um luxo, agora são confortos e necessidades e em conseqüência disso, a autonegação e a perseverança nas aflições são virtudes quase desconhecidas. Também é possível que as muitas controvérsias que assinalam a nossa época tenham ressecado sensivelmente a nossa vida espiritual. Com demasiada freqüência, temos nos contentado com o zelo pela ortodoxia, negligenciando as sóbrias realidades da piedade prática na vida diária. Sejam quais forem as causas, devo declarar que minha própria crença é que o resultado está aí. Nos últimos anos, tem havido um rebaixamento dos padrões de santidade pessoal entre os crentes em relação ao que se via nos dias de nossos pais. O resultado disso é que o Espírito Santo está entristecido e essa questão exige de nossa parte muita humilhação e sondagem de coração. Quanto ao melhor remédio para esse estado de coisas que tenho mencionado, aventurar-me-ei a dar uma opinião. Outras escolas de pensamento, nas várias denominações cristãs, julguem por si mesmas. Estou convicto de que a cura para os membros de igrejas evangélicas deve ser encontrada em uma apreensão mais lúcida da natureza e da pecaminosidade do pecado. Não precisamos voltar ao Egito ou emprestar práticas semi-romanistas a fim de dar novo impulso à nossa vida espiritual. Não precisamos restaurar o confessionário, nem retroceder para o monasticismo ou para o ascetismo. Nada de coisas dessa ordem! Tão-somente devemos nos arrepender e praticar as primeiras obras. Precisamos regressar aos nossos princípios fundamentais. Devemos retornar às "veredas antigas". Precisamos assentar-nos humildemente na presença de Deus, considerando toda a questão, examinando claramente aquilo que o Senhor Jesus intitula de pecado, bem como aquilo que Ele chama de "fazer a sua vontade". Em seguida, cumpre-nos procurar perceber que é *terrivelmente possível* a um crente viver de modo descuidado, sem vigilância, "namorando" o mundo ao mesmo tempo em que defende princípios evangélicos e se considera parte do povo evangélico! Uma vez que sejamos levados a perceber o pecado como muito mais vil, e a compreender que ele está muito mais apegado a nós do que supúnhamos, seremos igualmente levados a confiar, a crer e a nos aproximar mais de Jesus. Uma vez que nos tenhamos achegado a Cristo, haveremos de sorver mais profundamente de sua plenitude, aprendendo melhor como o crente vive "a vida de fé" em Cristo, conforme Paulo exemplificou. Uma vez que aprendamos a viver a vida de fé em Jesus, bem como a permanecer nEle, haveremos de produzir mais fruto, nos encontraremos mais dispostos e preparados para o cumprimento dos nossos deveres, mais pacientes sob as provas, mais vigilantes acerca de nosso pobre e fraco coração e mais parecidos com nosso Mestre em todos os pormenores de nossa vida. Na proporção em que percebermos o quanto Cristo tem feito por nós, faremos um maior esforço para realizar mais em favor de Cristo. Tendo sido muito perdoados, amaremos muito. Em suma, será conforme diz o apóstolo: "Com o rosto desvendado, contemplando, como por espelho, a glória do Senhor, somos transformados de glória em glória, na sua própria imagem, como pelo Senhor, o Espírito" (2 Co 3.18).

Não importa o que alguns queiram pensar ou dizer, não há dúvidas de que o senso crescente por santidade é um dos sinais dos tempos. Conferências que promovem a "vida espiritual" tornam-se cada vez mais comuns hoje em dia. O tema da "vida espiritual" é tratado em congressos a cada ano. A atenção geral tem sido despertada por todo o país, pelo que deveríamos ser gratos. Qualquer movimento que exalte os princípios do espírito, que ajude a aprofundar a nossa visão espiritual e a aumentar a nossa santidade pessoal será uma verdadeira bênção para toda a igreja. Isso contribuirá muito para estreitar os nossos laços e para curar as infelizes divisões existentes entre nós. Poderá trazer novos derramamentos da graça do Espírito e ser "vida dentre os mortos" nestes últimos tempos. Porém, também tenho a certeza, conforme disse no início deste capítulo, de que devemos começar com humildade, se quisermos edificar alto. Estou convencido de que o primeiro passo para quem quer atingir um elevado padrão de santidade é perceber plenamente a tremenda pecaminosidade do pecado.

Capítulo 2

Santificação

Santifica-os na verdade; a tua palavra é a verdade.
João 17.17
Pois esta é a vontade de Deus, a vossa santificação.
1 Tessalonicenses 4.3

Receio que o tema da santificação seja excessivamente repelido por muitos. Alguns chegam a evitá-lo com menosprezo e desdém. A última coisa que gostariam de ser é um "santo", uma pessoa "santificada". No entanto, o assunto não merece ser tratado dessa maneira. Não se trata de um inimigo e sim de um amigo.

Esse é um assunto de máxima importância para a nossa alma. Se a Bíblia diz a verdade, então, é certo que a menos que nos "santifiquemos", não seremos salvos. Há três coisas que, de acordo com a Bíblia, são absolutamente necessárias para a salvação de todo homem e mulher na cristandade. Essas três coisas são justificação, regeneração e santificação. Todas se encontram em todo filho de Deus: ele igualmente nasceu de novo, está justificado e está santificado. Aquele a quem falta qualquer dessas três coisas não é um verdadeiro crente aos olhos de Deus e, assim, quem for achado nessa condição não será encontrado no céu e nem será glorificado no último dia.

Esse é um assunto peculiarmente apropriado nestes nossos dias. Ultimamente têm aparecido doutrinas muito estranhas acerca da santificação. Alguns parecem confundi-la com justificação. Outros reduzem-na a nada, alegando ser zelosos defensores da livre graça; negligenciam-na inteiramente. Outros temem tanto que as "obras" tornem-se uma parte da justificação que quase nem encontram lugar para elas em sua religião. Outros ainda estabelecem diante dos seus olhos algum padrão errôneo de santificação e, não conseguindo atingir esse padrão, passam a vida transferindo-se de uma igreja para outra, de um templo para outro, de uma seita para outra, na vã esperança de que encontrarão o que desejam. Em dias como os nossos, examinar com calma esse assunto, como uma das grandes doutrinas básicas do evangelho, pode ser de grande utilidade para a nossa alma.

1. Consideremos, em primeiro lugar, a verdadeira natureza da santificação.
2. Consideremos, em segundo lugar, os sinais visíveis da santificação.
3. E, em último lugar, no que a justificação e a santificação concordam e se assemelham, e no que diferem e são distintas entre si.

Se, lamentavelmente, o leitor destas páginas é uma daquelas pessoas que só se interessa por coisas deste mundo e não se professa religioso, não posso esperar que se interesse muito por aquilo que estou escrevendo. Provavelmente você pensará que se trata de uma questão de "nomes e palavras" ou de questões minuciosas sobre as quais pouco importa o que você acredita e defende. Entretanto, se você é um crente meditativo, razoável e sensível, então, aventuro-me a dizer que você perceberá que vale a pena ter idéias claras sobre a santificação.

1. A NATUREZA DA SANTIFICAÇÃO

Em primeiro lugar, precisamos considerar a natureza da santificação. O que a Bíblia quer dizer quando fala de homem "santificado"?

A santificação é aquela operação espiritual interna que o Senhor Jesus Cristo realiza em uma pessoa pelo Espírito Santo, quando Ele a chama para ser um crente verdadeiro. Ele não somente a lava dos seus pecados, mediante o seu próprio sangue, como também a separa de seu apego natural ao pecado e ao mundo, colocando um novo princípio em seu coração e tornando-a piedosa na vida prática. O instrumento mediante o qual o Espírito efetua essa obra geralmente é a Palavra de Deus, embora algumas vezes use as aflições e as visitas providenciais "sem palavra alguma" (1 Pe 3.1). O beneficiário dessa operação de Cristo, mediante o seu Espírito, é chamado nas Escrituras de homem "santificado".[1]

1 "A Bíblia menciona uma dupla santificação e, portanto, uma dupla santidade. A primeira é comum às pessoas e às coisas, consistindo em dedicação peculiar, consagração e separação delas para o serviço de Deus, por

Aquele que supõe que Jesus Cristo viveu, morreu e ressuscitou somente para prover justificação e perdão de pecados para o seu povo ainda tem muito a aprender. Consciente disso ou não, ele está desonrando o nosso bendito Senhor, transformando-O em um meio-Salvador apenas. O Senhor Jesus realizou tudo quanto é necessário para as almas de seu povo; não somente para livrá-los da culpa do pecado, mediante a sua morte expiatória, mas também para livrá-los do domínio dos seus pecados, conferindo o Espírito Santo aos seus corações; não somente para justificá-los, mas também para santificá-los. Portanto, Ele não é apenas a sua "justiça" mas também é a sua "santificação" (1 Co 1.30). Ouçamos o que a Bíblia tem a dizer: "E a favor deles eu me santifico a mim mesmo, para que eles também sejam santificados na verdade"; "Cristo amou a igreja e a si mesmo se entregou por ela, para que a santificasse, tendo-a purificado"; "Cristo Jesus, o qual a si mesmo se deu por nós, a fim de remir-nos de toda iniqüidade e purificar, para si mesmo, um povo exclusivamente seu, zeloso de boas obras"; "Carregando ele mesmo em seu corpo, sobre o madeiro, os nossos pecados, para que nós, mortos aos pecados, vivamos para a justiça"; "Vos reconciliou no corpo da sua carne, mediante a sua morte, para apresentar-vos perante Ele santos, inculpáveis e irrepreensíveis" (Jo 17.19; Ef 5.25,26; Tt 2.14; 1 Pe 2.24; Cl 1.22). Que o significado desses cinco textos seja cuidadosamente considerado. Se estas palavras possuem algum significado, elas ensinam que Cristo realiza tanto a santificação quanto a justificação do seu povo crente. Ambos aspectos são cobertos pelas provisões daquele "pacto eterno, firme e bem ordenado em todas as coisas", do qual Cristo é o Mediador. De fato, Cristo é chamado de "o que santifica" e seu povo é denominado "os que são santificados" (Hb 2.11).

O assunto que ora consideramos é de tão profunda e vasta importância que requer ser cuidado, resguardado, aclarado e definido em cada uma das suas facetas. Uma doutrina necessária à salvação jamais pode ser desenvolvida de forma exagerada; jamais pode ser iluminada em excesso. Esclarecer a confusão entre doutrinas e doutrinas – infelizmente, algo tão comum entre os evangélicos – e

---

sua própria determinação e, através disto, se tornam santas. Assim, os sacerdotes e levitas antigos, a arca, o altar, o tabernáculo e o templo eram santificados. De fato, em toda santidade há uma dedicação peculiar e uma separação para Deus. Mas, no sentido mencionado, isso era um ato isolado. Nada mais estava envolvido nessa sagrada separação e nem havia qualquer outro efeito dessa santificação. Porém, em segundo lugar, há um outro tipo de santificação e santidade em que essa separação para Deus não é a primeira coisa feita e tencionada, e sim um efeito e uma conseqüência dessa própria santificação. Trata-se de algo real e interno, que comunica às nossas naturezas um princípio de santidade, acompanhado por seu exercício sob a forma de atos e deveres de santa obediência a Deus. É por este efeito que anelamos." (OWEN, John. "The Holy Spirit". In: *The Works of John Owen*, Edinburg: Banner of Truth Trust, 1977. v. 3, p. 370.)

mapear a relação exata entre as verdades da religião é uma das maneiras de atingirmos a exatidão em nossa teologia. Portanto, não hesitarei em apresentar uma série de proposições ou declarações correlacionadas, extraídas das Escrituras, as quais, conforme penso, serão úteis para definir a natureza precisa da santificação.

1. A santificação, pois, é o invariável resultado da união vital com Cristo, que a verdadeira fé confere a um crente: "Quem permanece em mim, e eu, nele, esse dá muito fruto" (Jo 15.5). O ramo que não produz fruto não faz parte da videira como uma porção viva. A união com Cristo que não produz qualquer efeito sobre o coração e a vida não passa de uma união meramente formal, indigna diante de Deus. A fé que não envolve uma influência santificadora sobre o caráter da pessoa não é melhor que a fé dos demônios. Antes, é uma fé morta, por estar sozinha. Não é o dom de Deus. Não é a fé dos eleitos de Deus.

Em suma, onde não há santificação da vida, não há fé real em Cristo.

A verdadeira fé opera através do amor. Ela constrange o homem a viver para o Senhor, movido por profundo senso de gratidão pela redenção recebida. Ela faz com que ele sinta que nunca poderá fazer demais por Aquele que deu a vida por ele. Sendo muito perdoado, muito ama. Aquele que é purificado pelo sangue de Cristo anda na luz. Aquele que tem uma esperança real e viva em Cristo purifica-se a si mesmo, assim como Ele é puro (Tg 2.17-20; Tt 1.1; Gl 5.6; 1 Jo 1.7; 3.3).

2. A santificação, uma vez mais, é o resultado e a conseqüência inseparável da regeneração. Aquele que nasceu de novo e foi feito uma nova criatura, recebe uma nova natureza e um novo princípio, e passa a viver uma nova vida. Uma regeneração que permite que um homem viva descuidadamente no pecado ou no mundanismo é uma regeneração inventada por teólogos sem inspiração, mas jamais mencionada nas Escrituras. Pelo contrário, o apóstolo João expressamente diz que "todo aquele que permanece nele não vive pecando", "pratica a justiça", "ama a seu irmão", "vence o mundo" (1 Jo 3.6; 2.29; 3.9-14; 5.4-18). Resumindo, onde não há santificação, também não há regeneração, e onde não há vida santa, também não há novo nascimento. Sem dúvida, essa é uma declaração dura, segundo muitos pensam; no entanto, dura ou não, essa é a verdade da Bíblia. Ficou claramente registrado que aquele que nasceu de Deus é aquele em quem permanece "a divina semente; ora, esse não pode viver pecando, porque é nascido de Deus" (1 Jo 3.9).

3. A santificação, uma vez mais, é a única evidência indiscutível da presença habitadora do Espírito Santo, algo essencial à salvação. "E se alguém não tem o Espírito de Cristo, esse tal não é dele" (Rm 8.9). O Espírito nunca jaz dormente e ocioso numa alma; mas sempre torna a sua presença conhecida pelo fruto que

faz brotar no coração, no caráter e na vida. Diz o apóstolo Paulo: "Mas o fruto do Espírito é: amor, alegria, paz, longanimidade, benignidade, bondade, fidelidade, mansidão, domínio próprio" (Gl 5.22,23). Sempre que essas virtudes se fazem presentes, ali está o Espírito; onde essas virtudes não aparecem, os homens estão mortos diante de Deus. O Espírito é comparado ao vento e tal como o vento, não pode ser visto por nossos olhos físicos. Porém, da mesma maneira que sabemos que o vento existe através dos efeitos produzidos sobre as ondas, as árvores e a fumaça, assim também podemos saber que o Espírito está em um homem através dos efeitos que produz em sua conduta. É insensatez imaginar que temos o Espírito, se também não estamos andando "no Espírito" (Gl 5.25). Podemos depender dessa verdade com uma certeza positiva de que não há viver santo onde não há o Espírito Santo. O selo estampado sobre o povo de Deus, pelo Espírito Santo, é a santificação. Todos quantos realmente "são guiados pelo Espírito de Deus", esses são "filhos de Deus" (Rm 8.14).

4. Além disso, a santificação é o único sinal seguro da eleição divina. Sem dúvida, os nomes e o número dos eleitos são segredos, os quais Deus, sabiamente, reservou para a sua própria autoridade, não os revelando ao homem. Não nos é concedido neste mundo estudar as páginas do livro da vida a fim de verificar se os nossos nomes estão ali. Mas se há algo claro e indubitavelmente ensinado acerca da eleição é o seguinte: as mulheres e os homens eleitos podem ser conhecidos e distinguidos por suas vidas santas. Está expressamente escrito que eles foram "eleitos, segundo a presciência de Deus Pai, em santificação do Espírito"; "desde o princípio para a salvação, pela santificação do Espírito"; "também os predestinou para serem conformes à imagem de seu Filho"; "nos escolheu nele antes da fundação do mundo, para sermos santos e irrepreensíveis perante ele". Por conseguinte, quando o apóstolo Paulo percebeu a "fé" atuante, o "amor" operante e a "esperança" paciente dos crentes de Tessalônica, disse: "reconhecendo, irmãos, amados de Deus, a vossa eleição" (1 Pe 1.2; 2 Ts 2.13; Rm 8.29; Ef 1.4; 1 Ts 1.3-4). Aquele que se orgulha de ser um dos escolhidos de Deus enquanto voluntária e habitualmente vive em pecado; está apenas enganando a si mesmo e proferindo ímpias blasfêmias. Naturalmente, é difícil saber o que as pessoas realmente são; e muitos daqueles que exibem religiosidade externamente, na realidade podem ser hipócritas de corações apodrecidos. Mas, onde não há pelo menos alguma aparência de santificação, podemos ter boa margem de certeza de que também não há eleição. O catecismo da nossa igreja ensina, de forma correta e sábia, que o Espírito Santo "santifica todos os eleitos de Deus".

5. A santificação, por semelhante modo, é algo que sempre será visto. À semelhança do grande Cabeça da Igreja, de onde ela emana, a santificação não pode ser ocultada. Toda árvore é reconhecida pelo seu próprio fruto (Lc 6.44). Uma pessoa verdadeiramente santificada pode ser tão humilde que nada veja em si mesma, senão fraqueza e defeitos. Tal como Moisés, ao descer do monte, pode não ter consciência de que o seu rosto resplandece. À semelhança dos justos, na tremenda parábola das ovelhas e dos bodes, pode não perceber que tem feito alguma coisa digna da atenção e do elogio do seu Senhor: "Senhor, quando foi que te vimos com fome e te demos de comer?" (Mt 25.37). Mas, independentemente de ter consciência disso ou não, os outros sempre verão nele um tom, um gosto, um caráter e um hábito de vida diferente dos outros homens. A própria idéia de que um homem pode estar "santificado", enquanto não se pode ver santificação em sua vida não passa de franca insensatez, de abuso de palavras. A luz pode brilhar muito debilmente; mas, se ao menos houver um feixe de luz em uma sala escura, ele será visto. A vida pode ser muito frágil, mas se o pulso bate, embora fraco, será sentido. O mesmo acontece com o indivíduo santificado; a sua santificação será algo percebido e visto, embora ele mesmo talvez não a compreenda. Um "santo" em quem coisa alguma pode ser vista, senão mundanismo ou pecado, é uma espécie de monstro que a Bíblia não aprova!

6. A santificação, além disso, é algo pelo qual todo crente é responsável. Ao assim dizer, não quero ser mal entendido. Afirmo, com toda firmeza quanto qualquer outro, que todo homem sobre a terra é responsável diante de Deus e que todos os perdidos ficarão mudos e sem desculpas naquele último dia. Toda pessoa tem a capacidade de "perder a sua alma" (Mt 16.26). Mas, enquanto afirmo isso, mantenho a idéia de que os crentes são eminente e particularmente responsáveis, estando sob uma obrigação toda especial de viverem vidas santas. Eles não são como os outros: mortos, cegos e não renovados espiritualmente; mas estão vivos para Deus; são possuidores de luz e de conhecimento, dispondo de um novo princípio que atua no seu interior. Se eles não forem santos, de quem será a culpa, senão deles mesmos? Se não estiverem santificados, sobre quem podem lançar a acusação, senão sobre si mesmos? Deus, que lhes conferiu graça e um novo coração, bem como uma nova natureza, privou-os de toda a possibilidade de desculpa, se não estiverem vivendo para seu louvor. Esse é um ponto que anda por demais esquecido. O homem que professa ser um verdadeiro crente, enquanto se contenta com um baixíssimo grau de santificação, se é que tem algum, e que friamente diz que "nada pode fazer", exibe um quadro lamentável, além de ser um homem

muito ignorante. Vigiemos e estejamos em guarda contra tal ilusão. A Palavra de Deus sempre dirige os seus preceitos a crentes, considerando-os responsáveis, como quem prestará contas de suas próprias vidas. Se o Salvador dos pecadores nos proporciona a graça renovadora, chamando-nos através do seu Espírito, podemos estar certos de que Ele espera de nós a utilização da sua graça, a fim de que não caiamos na indiferença. O esquecimento de tal princípio leva muitos crentes a "entristecer o Espírito Santo", tornando-os crentes inúteis, que se sentem mal consigo mesmos.

7. A santificação é algo que admite crescimento e graus de intensidade. Um homem pode seguir um passo após o outro em sua santidade, estando muito mais santificado em um período de sua vida do que em outro. Entretanto, ele não pode ser mais perdoado e mais justificado do que quando creu no princípio, embora possa sentir mais intensamente. Porém, certamente ele pode ser mais santificado, porque cada graça em seu novo caráter pode ser fortalecida, ampliada e aprofundada. Esse é o sentido óbvio da última oração de nosso Senhor em favor de seus discípulos, quando usou as palavras "santifica-os" (Jo 17.17). É também o sentido da oração de Paulo pelos tessalonicenses: "O mesmo Deus de paz vos santifique em tudo" (1 Ts 5.23). Em ambos os casos, a expressão claramente dá a entender a possibilidade de uma crescente santificação. Ao mesmo tempo, uma expressão como "justifica-os" nunca é empregada nas Escrituras acerca dos crentes, porque um crente não pode ser mais justificado do que já o foi. Não encontro qualquer apoio nas Escrituras para a doutrina da "santificação imputada". Para mim, essa parece ser uma doutrina que confunde coisas que diferem entre si e leva à péssimas conseqüências. Não menos importante, essa é uma doutrina frontalmente contradita pela experiência de todos crentes santificados. Se há um ponto em torno do qual os mais dedicados santos de Deus concordam, esse é o seguinte: eles percebem mais, conhecem mais, sentem mais, fazem mais, arrependem-se mais e crêem mais à medida que prosseguem na vida espiritual e na proporção em que se aproximam de Deus em sua caminhada cristã. Em suma, eles "crescem na graça", conforme o apóstolo Pedro exorta os crentes a fazerem; e conforme diz o apóstolo Paulo, eles continuam "progredindo cada vez mais" na santificação (2 Pe 3.18; 1 Ts 4.1).

A santificação também é algo que depende em muito do uso diligente dos meios bíblicos. Quando falo em "meios", tenho em vista a leitura da Bíblia, a oração privada, a freqüência regular à adoração pública, o ouvir constante da Palavra de Deus e a participação regular na Ceia do Senhor. Afirmo como fato que ninguém que se descuida quanto a esses exercícios pode conseguir grande progresso no caminho da santificação. Não tenho descoberto registro de qualquer grande santo de Deus que se tenha mostrado negligente para com estes assuntos. Essas disciplinas são canais determinados, através dos quais o Espírito Santo transmite sempre novos suprimentos da graça à alma crente, fortalecendo a obra que Ele já iniciara no homem interior. Que os homens chamem isso de doutrina legal, se assim quiserem fazê-lo, mas jamais deixarei de declarar a minha crença de que "sem esforço não há avanço espiritual". Esperar que um crente possa adquirir uma boa medida de santidade, quando não se mostra diligente na leitura da Bíblia, na oração e no uso apropriado do domingo seria o mesmo que esperar que um agricultor possa prosperar, contentando-se em semear o seu campo, sem nunca se importar com ele até ao tempo da colheita. Deus opera através de meios e Ele nunca abençoará uma alma que finja ser tão elevada e espiritual que possa dispensar esses exercícios, como se eles fossem desnecessários.

A santificação, por igual modo, é algo que não impede que um homem experimente intenso conflito espiritual interior. Por conflito entendo aquela luta no íntimo, no coração, entre as naturezas antiga e nova, a carne e o espírito, as quais podem ser encontradas juntas em todo crente (Gl 5.17). Um profundo senso desse conflito, acompanhado por grande desconforto mental, não é prova de que um homem não esteja santificado. Antes, acredito que isso seja um sintoma saudável da nossa condição espiritual, mostrando que não estamos mortos, mas sim vivos. O verdadeiro crente é alguém que não apenas desfruta de paz em sua consciência, como também experimenta guerra no seu interior. Ele pode ser conhecido tanto por seus conflitos quanto por sua paz. Ao assim afirmar, não me esqueço de que estou contradizendo os pontos de vista de alguns crentes bem intencionados, mas que ensinam a doutrina denominada "perfeição impecável". Nada posso fazer quanto a isso. Creio que aquilo que afirmo é confirmado pela linguagem do apóstolo Paulo, em Romanos 7. Recomendo que os meus leitores façam um estudo cuidadoso desse capítulo de Romanos. Satisfaço-me em pensar que ali não é descrita a experiência de um homem não-convertido, ou de um crente ainda jovem e inexperiente, e sim a de um santo antigo e experimentado, em íntima comunhão com Deus. Pois ninguém, senão um homem assim, poderia declarar: "No tocante ao homem interior, tenho prazer na lei de Deus" (Rm 7.22). Além disso, creio que aquilo que estou dizendo é comprovado na experiência de todos os mais eminentes servos de Cristo. A prova definitiva desse fato pode ser vista em seus diários, autobiografias e vidas. Por conseguinte, acreditando nisso, não hesitarei jamais em dizer às pessoas que o conflito interior não serve de prova de que eles não estejam santificados, somente porque não se sentem inteiramente libertos da luta interna. Tal liberdade, não há dúvida, haveremos de desfrutar lá no céu; mas nunca poderemos usufruir dela neste mundo. O coração do mais piedoso crente, em seus melhores momentos, é um campo ocupado por duas forças rivais. Que as palavras dos artigos treze e quinze da nossa confissão de fé sejam bem consideradas por todos os membros de igreja: "Embora nascidos em Cristo e batizados, erramos em muitas coisas; e, se dissermos que não temos pecado, enganamos a nós mesmos, e a verdade não está em nós".[2]

10. A santificação, igualmente, é algo que não pode justificar a um homem, apesar de agradar a Deus. Isso pode parecer inacreditável e, no entanto, é verdadeiro. As mais santas ações dos homens mais santos que já viveram são cheias de defeitos e imperfeições, em maior ou menor grau. Ou eles estão equivocados quanto aos seus motivos, ou mostram-se defeituosos na concretização dos seus atos e em si mesmos; eles não são mais do que "esplêndidos pecadores", nada merecendo, senão a ira e a condenação de Deus. Supor que tais ações possam resistir à severidade do julgamento divino, expiar o pecado e merecer o céu é uma idéia simplesmente absurda; "Ninguém será justificado diante dele por obras da lei"; "Concluímos, pois, que o homem é justificado pela fé, independentemente das obras da lei" (Rm 3.20 e 28). A única retidão com a qual podemos comparecer diante de Deus é a retidão de Outrem – a perfeita retidão de nosso Substituto e Representante, Jesus Cristo, o Senhor. A nossa única garantia de ingresso no céu é a obra dEle, e não a nossa. Essa é uma verdade que, para preservá-la, devemos estar dispostos até mesmo a morrer. A despeito disso, as Escrituras nos ensinam distintamente que as santas ações de uma pessoa santificada, embora imperfeitas, são agradáveis a Deus; "Pois, com tais sacrifícios, Deus se compraz" (Hb 13.16); "Filhos, em tudo obedecei a vossos pais; pois fazê-lo é grato diante do Senhor" (Cl 3.20); "Fazemos diante dele o que lhe é agradável" (1 Jo 3.22). Que esse ponto jamais seja esquecido, porquanto é uma doutrina muito consoladora. Tal como um pai alegra-se diante dos atos de seu filhinho, que deseja agradá-lo, embora se trate apenas do ato de apanhar uma flor ou do esforço de dar os primeiros passos, assim também nosso Pai celeste se agrada diante das pobres realizações de seus

2 "A guerra do diabo é melhor do que a paz do diabo. Suspeite da santidade muda. Quando um cão é guardado fora de casa, ele uiva ao ser trazido de novo para dentro!" "A união de elementos opostos, como fogo e água, entram em conflito entre si". "Quando Satanás encontra um coração santificado, tenta-o com grande importunação. Onde há muito de Deus e de Cristo, há fortes assaltos e brasas lançadas contra as janelas, o que leva alguns de grande fé a serem tentados a duvidar!" (RUTHERFORD, Samuel. *The Trial and Triumph of Faith*, Glasgow : William Collins and Co., 1945.)

filhos crentes. Ele leva em conta o motivo, o princípio e a intenção dos atos deles, e não meramente a quantidade ou a qualidade deles. Pois, o Pai considera os crentes membros de seu próprio Filho querido e por causa dEle, sempre que houver sinceridade, Deus se agradará dos atos deles. Aqueles eclesiásticos que põem em dúvida essa questão, deveriam estudar o décimo-segundo artigo da nossa confissão de fé.

11. Novamente, a santificação é algo que será absolutamente necessário como testemunha de nosso caráter no grande dia do juízo. Será perfeitamente inútil afirmarmos que cremos em Cristo, a menos que a nossa fé demonstre santificação em nossas vidas. Evidência, evidência, evidência será a única prova aceita perante o grande trono branco, quando os livros forem abertos, quando os túmulos entregarem seus ocupantes, quando os mortos forem convocados ao tribunal de Deus. Sem alguma evidência de que a nossa fé em Cristo era real e genuína, ressuscitaremos apenas para sermos condenados. Não posso ver qualquer outra evidência que seja aceita naquele dia, além da santificação. A questão não será como falamos e o que professamos, e sim como vivemos e o que fizemos. Que ninguém se engane quanto a esse assunto. Se há algo certo sobre o futuro, é que haverá um julgamento; e se há algo certo acerca do julgamento, é que as "obras" e os "feitos" dos homens serão considerados e examinados (Jo 5.29; 2 Co 5.10; Ap 20.13). Aquele que pensa que as obras não têm importância, visto que não podem nos justificar, é um crente extremamente ignorante. A menos que abra os olhos, descobrirá para sua própria perda que, se ele chegar diante do tribunal de Deus sem alguma evidência da graça divina, melhor lhe seria nunca haver nascido.

12. A santificação, em último lugar, é absolutamente necessária para nos treinar e nos preparar para o céu. A maioria dos homens espera chegar ao céu quando morrerem; mas bem poucos, o que é de se temer, preocupam-se em considerar se conseguirão apreciar o céu, se ali chegarem. O céu é essencialmente um lugar santo; seus habitantes são todos santos; suas atividades são todas santas. Se tivermos de ser felizes no céu, então é claro e patente que teremos de ser, pelo menos em parte, treinados e preparados para o céu enquanto ainda estamos na terra. A noção de um purgatório após a morte, capaz de transformar pecadores em santos, é uma invenção mentirosa dos homens e em parte alguma é ensinada na Bíblia. Teremos de ser santos antes de morrer, se quisermos ser santos quando estivermos na glória. A idéia favorita de muitos, de que os moribundos de nada mais precisam senão da absolvição e perdão de pecados, a fim de prepará-los para a grande mudança, é uma profunda ilusão. Carecemos tanto da atuação do Espírito Santo quanto da obra de Cristo: precisamos ter o coração renovado, bem como a expiação pelo

sangue; precisamos tanto ser justificados, quanto santificados. É comum ouvir as pessoas dizerem em seu leito de morte: "Quero apenas que o Senhor me perdoe os pecados e me leve para o descanso eterno". Porém, aqueles que dizem tais coisas esquecem-se do fato de que o descanso celestial seria inteiramente inútil para nós, se não possuíssemos um coração capaz de desfrutar do céu! O que faria um homem não-santificado no céu, se, porventura, conseguisse chegar lá? Consideremos essa questão com toda a franqueza e respondamos com honestidade. Ninguém pode se sentir feliz em um lugar onde não se encontra à vontade, onde tudo ao seu redor não combina com os seus gostos, caráter e hábitos. Quando uma águia sentir-se feliz em uma gaiola de ferro, quando uma ovelha sentir-se feliz dentro da água, quando uma coruja sentir-se feliz sob o resplendente sol do meio-dia, quando um peixe sentir-se feliz em terra seca – então, mas não antes disso, admitirei que um homem não-santificado poderá sentir-se feliz no céu.[3]

Tenho afirmado essas doze proposições a respeito da santificação com a firme convicção de que elas dizem a verdade e solicito a todos quantos as lerem, que ponderem detidamente a respeito delas. Cada uma dessas proposições poderia ser expandida e manuseada de forma mais plena, e todas elas merecem um tratamento e uma consideração ainda maiores. Algumas serão discutidas e combatidas; mas duvido muito que qualquer uma delas possa ser derrubada ou reconhecida como falsa. Somente peço um ouvir atento e razoável em relação a elas. Na minha consciência, creio que elas servirão para ajudar as pessoas a terem uma compreensão mais clara sobre a santificação.

2. OS SINAIS VISÍVEIS DA SANTIFICAÇÃO

Abordo, agora, o segundo ponto que me propus a considerar, o qual trata das evidências visíveis da santificação. Em uma palavra, quais são os sinais visíveis de um homem santificado? O que poderíamos esperar ver nele?

Essa é uma área muito ampla e difícil do nosso assunto. Por ser ampla, requer a menção de muitos detalhes que não podem ser plenamente tratados dentro dos limites de uma obra como esta. Por ser difícil, não podemos abordá-la sem ofender

3 "Não há idéia mais tola e perniciosa, capaz de entorpecer os homens, do que esta – que pessoas não purificadas, não santificadas, cujas vidas não são santas, supostamente possam ser levadas àquele estado de bem-aventurança que consiste no aprazimento de Deus. Tais pessoas nem desfrutariam de Deus e nem Deus seria uma recompensa para elas. A santidade, na verdade, será aperfeiçoada no céu, mas a sua origem invariavelmente está confinada a este mundo." (OWEN, John. "The Holy Spirit". In: *The Works of John Owen*, Edinburg: Banner of Truth Trust, 1977. v. 3, p. 574-575.)

a alguns. Porém, a verdade deve ser dita, sem importar quais sejam os riscos; e existem aspectos da verdade que precisam ser especialmente frisados nos dias em que vivemos.

A verdadeira santificação, pois, não consiste em conversar sobre assuntos religiosos. Esse é um ponto que jamais deveria ser esquecido por nós. A grande intensificação do ensino e da pregação, nestes últimos dias, torna absolutamente necessário que ergamos a voz em tom de advertência. As pessoas ouvem a verdade do evangelho de forma tão contínua que contraem uma familiaridade doentia com suas palavras e expressões, chegando, algumas vezes, a falar tão fluentemente sobre as suas doutrinas que até poderíamos pensar que elas são crentes autênticos. De fato, é causa de desgosto e aversão ouvir a linguagem fria e impudente com que muitos falam sobre "a conversão, o Salvador, o evangelho, a busca pela paz, a graça gratuita" e outros temas similares, enquanto estão notoriamente servindo ao pecado e vivendo para o mundo. Poderíamos duvidar que tal conversação seja abominável aos olhos de Deus, sendo apenas pouco melhor do que as maldições, os juramentos falsos e o uso do nome de Deus em vão? A língua não é o único membro do corpo que Cristo requer que ponhamos a seu serviço. Deus não quer que o seu povo seja apenas como vasos vazios, como o bronze que soa ou címbalos que retinem. É mister que sejamos santificados não somente "de palavra, nem de língua, mas de fato e de verdade" (1 Jo 3.18).

2. A verdadeira santificação não consiste em sentimentos religiosos passageiros. Novamente, esse é um ponto a respeito do qual se faz grandemente necessária uma certa palavra de cautela. A atividade missionária e as reuniões de reavivamento estão atraindo grande atenção em todas as regiões do país, produzindo uma imensa sensação. A Igreja de nossos dias parece haver recebido um novo influxo de vida, exibindo uma atividade renovada; e deveríamos agradecer a Deus por isso. Essas coisas, porém, se fazem acompanhar de perigos tanto quanto de certas vantagens. Sempre que o trigo é plantado, o diabo certifica-se de semear o joio. Muitos, poderíamos recear, parecem sentir-se tocados, sensibilizados e despertados sob a pregação do evangelho, quando, na realidade, os seus corações em coisa alguma foram transformados. Uma espécie de emoção animal, baseada no contágio de ver outras pessoas chorando, regozijando-se ou sendo afetadas é a verdadeira explicação do que lhes acontece. Suas feridas são superficiais e a paz que professam sentir também é superficial. À semelhança dos ouvintes que são comparados ao solo rochoso, eles recebem a Palavra "com alegria" (Mt 13.20). Entretanto, após algum tempo, desviam-se e retornam ao mundo, tornando-se mais endurecidos

e piores do que antes. Tal como a planta de Jonas, eles aparecem subitamente em uma noite e, na noite seguinte, perecem. Essas realidades não deveriam ser esquecidas. Tenhamos cuidado, durante estes dias de curas superficiais, para não clamarmos "Paz, paz", quando não há paz. Requeiramos da parte de todos aqueles que demonstram um renovado interesse pela religião cristã que nunca se contentem com menos do que a obra profunda, sólida e santificadora do Espírito Santo. As conseqüências de um emocionalismo falso tornam-se uma doença mortífera da alma. Quando o diabo é expulso de uma vida apenas temporariamente, devido ao calor de algum reavivamento, mas pouco a pouco retorna à sua habitação, o último estado daquele homem torna-se pior do que o primeiro. É mil vezes melhor começar com lentidão e, então, continuar com perseverança "na Palavra", do que começar precipitadamente, sem calcular o custo, e no final olhar para trás, como fez a esposa de Ló e, assim, retornar ao mundo. Declaro que desconheço estado de alma mais perigoso do que imaginar que nascemos de novo e que estamos sendo santificados pelo Espírito Santo, simplesmente por havermos sentido algumas poucas sensações religiosas.

3. A verdadeira santificação não consiste em formalismo externo ou em devoção exterior. Essa é uma enorme ilusão, embora, infelizmente, seja bastante comum. Milhares de pessoas parecem imaginar que a verdadeira santidade manifesta-se em grande demonstração de religiosidade corporal, como na freqüência constante aos cultos da Igreja; na participação na Ceia do Senhor; na observância de dias santos e de jejuns; nas multiplicadas reverências, gesticulações e posturas durante a adoração pública; na austeridade auto-imposta e nas autonegações caprichosas; no uso de vestes peculiares e no emprego de santinhos e crucifixos. Admito prontamente que algumas pessoas aceitam essas coisas por motivo de consciência, acreditando que elas realmente possam ajudar as suas almas. Porém, receio que, em muitos casos, essa *religiosidade externa* apenas substitui a santidade interna e estou perfeitamente certo de que ela fica muito aquém da santificação do coração. Acima de tudo, quando noto que muitos seguidores desse estilo externo, sensorial e formal de cristianismo vivem absorvidos pelo mundanismo, jogando-se em sua exuberância e vaidade, sem qualquer senso de pudor, sinto que há grande necessidade de falarmos claramente sobre o assunto. Pode haver muito "serviço corporal" ao mesmo tempo em que não há uma fagulha sequer de autêntica santificação.

4. A santificação não consiste em nos retirarmos de nossas ocupações comuns da vida, renunciando aos nossos deveres sociais. Seguir essa linha de pensamento na busca pela santidade tem servido de armadilha para muitos em cada época.

Centenas de eremitas têm se confinado em algum deserto, e milhares de homens e mulheres têm se enclausurado dentro das muralhas dos mosteiros e dos conventos, laborando sob a vã noção de que, ao assim fazerem, poderão escapar do pecado, tornando-se notavelmente santos. Esses têm se esquecido de que nenhum ferrolho ou tranca pode manter fora o diabo e que, por onde quer que andemos, levamos conosco aquela raiz de todos os males, o nosso próprio coração. Tornar-se monge ou freira, ou unir-se à casa de misericórdia, não é o caminho mais direto para a santificação. A verdadeira santificação não leva o crente a evitar as dificuldades, antes, leva-o a enfrentá-las e conquistá-las. Cristo queria que o seu povo mostrasse que a sua graça não é como uma planta de estufa, que só pode desenvolver-se sob abrigo; antes, queria que mostrássemos que a graça divina é algo forte e vigoroso, que pode florescer sob quaisquer relações da vida diária. A santificação consiste em cumprirmos os nossos deveres, nas circunstâncias em que fomos chamados por Deus – como o sal em meio à corrupção ou a luz em meio às trevas – o que é um dos elementos primordiais da santificação. O tipo bíblico do homem santificado não é o homem que se oculta em uma caverna, mas o que glorifica a Deus sendo senhor ou servo, sendo pai ou filho, na família ou nas ruas, no mundo dos negócios ou no comércio. Nosso Senhor mesmo disse em sua última oração: "Não peço que os tires do mundo; e, sim, que os guardes do mal" (Jo 17.15).

5. A santificação não consiste na casual realização de ações corretas. Antes, é a operação habitual de um novo princípio celestial que atua no íntimo, influenciando toda a conduta diária de uma pessoa, tanto nas grandes quanto nas pequenas coisas. A sua sede é o coração e, tal como o coração físico, exerce uma influência regular sobre cada aspecto do caráter de uma pessoa. Não se assemelha a uma bomba de água, que só fornece água quando alguém a aciona; mas parece-se mais com uma fonte perpétua, de onde a torrente jorra perene e espontaneamente, com naturalidade. O próprio Herodes ouvia João Batista "de boa mente", enquanto o seu coração era inteiramente mau aos olhos de Deus (Mc 6.20). Por semelhante modo, há centenas de pessoas hoje em dia que parecem ter ataques espasmódicos de "atos de bondade", conforme os poderíamos chamar, e que fazem muitas coisas boas sob a influência da enfermidade, da aflição de morte na família, das calamidades públicas ou de alguma súbita inquietação da consciência. Contudo, em todo o tempo, qualquer pessoa inteligente poderá observar claramente que tais indivíduos não se converteram e que eles nada conhecem acerca da "santificação". Um verdadeiro santo, tal como Ezequias, age "de todo o coração" e poderá dizer, juntamente com o salmista: "Por meio dos teus preceitos, consigo entendimento;

por isso, detesto todo caminho de falsidade" (2 Cr 31.21; Sl 119.104).

A santificação genuína manifesta-se no respeito habitual à lei de Deus, bem como no esforço habitual por viver na obediência a ela como a grande regra de vida. Não existe engano maior do que a suposição de que um crente nada tem a ver com a lei e os dez mandamentos, somente porque ele não pode ser justificado mediante a guarda da lei. O mesmo Espírito Santo que convence o crente de pecado por intermédio da lei e que o conduz até aos pés de Cristo a fim de ser justificado, também sempre o conduzirá à utilização espiritual da lei, como um guia amigo, na busca pela santificação. Nosso Senhor Jesus Cristo nunca deu pouco valor aos dez mandamentos. Pelo contrário, em seu primeiro discurso público, o Sermão do Monte, Ele os explicou, mostrando a natureza perscrutadora dos seus requisitos. O apóstolo Paulo nunca menosprezou a lei, pelo contrário, ele escreveu: "Sabemos, porém, que a lei é boa, se alguém dela se utiliza de modo legítimo"; "No tocante ao homem interior, tenho prazer na lei de Deus" (1 Tm 1.8; Rm 7.22). Aquele que pretende ser santo, ao mesmo tempo que despreza os dez mandamentos e pensa que é de menos mentir, ser hipócrita, enganar o próximo, ter explosões de mau humor, caluniar, embriagar-se e desobedecer ao sétimo mandamento está vivendo sob uma temível ilusão. Ele verá que será muito difícil provar que é "santo" naquele último dia!

7. A santificação genuína manifesta-se no esforço habitual de fazer a vontade de Cristo, vivendo em conformidade com os seus preceitos práticos. Esses preceitos podem ser encontrados dispersos nos quatro evangelhos e, sobretudo, no Sermão do Monte. Aquele que supõe que eles foram proferidos sem o intuito de promover a santificação, e que o crente não precisa dar-lhes atenção em sua vida diária, na verdade é pouco melhor do que um louco e, seja como for, é uma pessoa grosseiramente ignorante. Segundo se ouve alguns homens falarem, e quando se lê o que certos homens escrevem, poder-se-ia imaginar que nosso bendito Senhor, quando esteve neste mundo, jamais ensinara outra coisa senão doutrina, deixando que outros ensinassem a respeito dos deveres práticos! O mais superficial conhecimento sobre os quatro evangelhos deveria ser suficiente para nos ensinar que essa idéia envolve um completo equívoco. O que os discípulos de Cristo deveriam ser e fazer é continuamente salientado nos ensinamentos de nosso Senhor. Um homem verdadeiramente santificado jamais se esquecerá disso. Ele está servindo àquele Senhor que disse: "Vós sois meus amigos, se fazeis o que eu vos mando" (Jo 15.14).

A santificação genuína manifesta-se através do desejo habitual de viver segundo os padrões para as igrejas, estabelecidos pelo apóstolo Paulo em seus escritos. Esses padrões podem ser encontrados nos capítulos finais de quase todas as suas epístolas. A idéia comum que muitas pessoas têm de que os escritos de Paulo contêm somente declarações doutrinárias e assuntos controvertidos – justificação, eleição, predestinação, profecias e outros assuntos semelhantes – é uma completa ilusão, bem como uma melancólica prova da ignorância a respeito das Escrituras, que prevalece nestes nossos últimos dias. Desafio qualquer pessoa a ler cuidadosamente os escritos do apóstolo Paulo sem encontrar um grande acúmulo de claras orientações práticas, atinentes ao dever do cristão, em cada relacionamento da vida e acerca de nossos hábitos diários, de nosso temperamento, e de nossa conduta de uns para com os outros. Essas orientações foram registradas por inspiração divina, para orientação perpétua aos crentes professos. Aquele que não dá atenção a essas normas talvez possa ser aceito como membro de uma igreja ou denominação evangélica, mas certamente não será aquilo que a Bíblia chama de homem "santificado".

9. A santificação genuína manifesta-se através da atenção habitual às graças divinas ativas que nosso Senhor exemplificou de forma tão bela, especialmente no caso da graça do amor. "Novo mandamento vos dou: que vos ameis uns aos outros; assim como eu vos amei, que também vos ameis uns aos outros. Nisto conhecerão todos que sois meus discípulos, se tiverdes amor uns aos outros" (Jo 13.34,35). Um homem santificado procurará fazer o bem neste mundo, diminuindo a tristeza e intensificando a felicidade de todos ao seu redor. Terá por alvo ser semelhante ao seu Senhor,[4] pleno de gentileza e amor para com todos; não de palavra apenas, quando chamam as pessoas de "queridas", e sim mediante feitos e ações abnegados, conforme se lhe oferecer a oportunidade. O egoísta cristão professo, que se convence presunçosamente de seu conhecimento superior, parecendo não se importar com nada – se os outros nadam ou afundam, ou se vão para o céu ou para o inferno, desde que ele freqüente a igreja em seu melhor terno e seja considerado "membro" – desconhece inteiramente a santificação. Talvez ele se julgue um grande santo na terra, mas não o será no céu. Cristo jamais será o Salvador daqueles que não sabem o que é seguir o seu exemplo. A fé salvadora e a graça real da conversão sempre produzirão alguma conformidade com a imagem de Jesus (Cl 3.10).

10. A santificação genuína, em último lugar, manifesta-se por meio da atenção

4 "Nos evangelhos, Cristo é apresentado como o nosso padrão e exemplo de santidade. Assim como é uma idéia abominável pensar que esse era o único propósito de sua vida e morte – ou seja, dar o exemplo e confirmar a doutrina de santidade por Ele ensinada – negligenciar que Ele é de fato o nosso exemplo, não considerá-Lo pela fé como tal e não nos esforçarmos por nos amoldar a Ele, também é uma atitude maligna e perniciosa. Portanto, contemplemos aquilo que Ele foi, aquilo que Ele fez e a maneira como Se conduziu em todos os seus deveres e tribulações, até que uma imagem ou idéia de sua santidade perfeita seja implantada em nossa mente e nos tornemos semelhantes a Ele." (OWEN, John. "The Holy Spirit". In: *The Works of John Owen*, Edinburg: Banner of Truth Trust, 1977. v. 3, p. 513.)

habitual às graças passivas do cristianismo. Quando falo em graças passivas, quero dar a entender aquelas graças que são especialmente demonstradas mediante a submissão à vontade de Deus, quando nos ajudamos e nos toleramos mutuamente. Poucas pessoas, talvez, a menos que já tenham examinado esse ponto, têm idéia do quanto é dito a respeito dessas graças nas páginas do Novo Testamento. É sobre esse ponto específico que o apóstolo Pedro dá ênfase, ao ressaltar a pessoa de nosso Senhor Jesus Cristo como o exemplo ao qual devemos dar atenção: "Porquanto para isto mesmo fostes chamados, pois que também Cristo sofreu em vosso lugar, deixando-vos exemplo para seguirdes os seus passos, o qual não cometeu pecado, nem dolo algum se achou em sua boca, pois ele, quando ultrajado, não revidava com ultraje, quando maltratado não fazia ameaças, mas entregava-se àquele que julga retamente" (1 Pe 2.21-23). Esse é também o compromisso que a oração do Pai Nosso requer de nossa parte: "Perdoa-nos as nossas dívidas, assim como nós temos perdoado aos nossos devedores" (Mt 6.12). Esse é o ponto sobre o qual o Senhor comentou no final dessa oração. Esse é igualmente o ponto que ocupa um terço da lista do fruto do Espírito, fornecida pelo apóstolo Paulo. Nove são os aspectos do fruto do Espírito, e três deles, a longanimidade, a benignidade e a mansidão, inquestionavelmente são graças passivas (ver Gl 5.22-23). Sinto-me na obrigação de dizer claramente que não penso que esse assunto esteja sendo suficientemente considerado pelos crentes. As graças passivas, sem dúvida, são mais difíceis de se atingir do que as graças ativas, embora sejam precisamente as graças que exercem a maior influência sobre o mundo. De uma coisa estou bem certo: é insensatez fingir santificação, se não estivermos seguindo a mansidão, a longanimidade e a benignidade porquanto a Bíblia salienta essas virtudes. As pessoas que habitualmente dão lugar a atitudes intempestivas e caprichosas na vida diária e que se mostram continuamente cruéis no uso da língua, desagradáveis para com todas as pessoas ao redor – pessoas dignas de dó, vingativas, exigentes, maliciosas, das quais, infelizmente, o mundo anda cheio! – todas elas conhecem bem menos do que deveriam sobre a realidade da santificação.

Esses são os sinais visíveis de um homem santificado. Todavia, não quero dizer que todos possam ser igualmente vistos em todos os membros do povo de Deus. Admito livremente que, mesmo nos melhores crentes, esses sinais não são plena e perfeitamente demonstrados. Porém, afirmo, com toda a confiança, que as coisas sobre as quais venho falando são sinais bíblicos da santificação, e que aqueles que nada sabem sobre eles dificilmente são possuidores da graça divina. Não importa o que os outros digam, nunca deixarei de insistir que a santificação genuína é algo que pode ser visto, e que os sinais que me tenho esforçado por esboçar são, em termos gerais, os sinais de uma pessoa santificada.

3. A DISTINÇÃO ENTRE A JUSTIFICAÇÃO E SANTIFICAÇÃO

Esse ponto de nosso assunto reveste-se de grande importância, embora, talvez não pareça ser assim para todos os meus leitores. Quero tratar desse aspecto pelo menos, de forma resumida, não querendo deixá-lo inteiramente de lado. Um grande número de pessoas inclina-se por olhar apenas superficialmente as distinções entre assuntos teológicos, como se fossem questões de "palavras e nomes" apenas, revestidas de bem pouco valor. Porém, advirto a todos quantos se preocupam com suas próprias almas que a falta de "distinção" entre coisas que diferem, dentro da doutrina cristã, resulta em grande desconforto. Aconselho especialmente aos que amam a paz, que procurem ter pontos de vista esclarecidos sobre a questão à nossa frente. Sempre precisaremos relembrar que a justificação e a santificação são duas coisas distintas. Contudo, há pontos em que elas concordam e outros em que discordam. Procuremos descobrir quais são esses pontos.

Portanto, no que a justificação e a santificação são semelhantes?

a. Ambas procedem originalmente da graça gratuita de Deus. É somente por motivo de seu dom que os crentes chegam a ser justificados e santificados.

b. Ambas fazem parte da grandiosa obra de salvação que Jesus Cristo, dentro do pacto eterno, resolveu realizar em favor do seu povo. Cristo é a fonte da vida, de onde fluem tanto o perdão dos pecados quanto a santificação. A raiz de cada uma dessas realidades é Jesus Cristo.

c. Ambas podem ser encontradas nas mesmas pessoas. Aqueles que são justificados, também sempre são santificados; aqueles que são santificados sempre são justificados. Deus uniu essas duas realidades espirituais e elas não podem ser separadas uma da outra.

d. Ambas começam ao mesmo tempo. No momento em que uma pessoa começa a ser um crente justificado, também começa a ser um crente santificado. Talvez ela não perceba, mas isso é um fato.

e. Ambas são igualmente necessárias à salvação. Ninguém jamais chegou ao céu sem um coração renovado acompanhado pelo perdão, sem a graça do Espírito Santo acompanhada pelo sangue de Cristo, sem estar devidamente preparado para a glória eterna e ao, mesmo tempo, sendo possuidor do título que lhe dá direito a ela. Uma coisa é tão necessária quanto a outra.

Esses são os pontos em torno dos quais a justificação e a santificação concordam entre si. Agora, vamos reverter o quadro, verificando no que essas duas verdades diferem.

a. A justificação é quando Deus declara que um homem é justo, com base nos méritos de um outro homem, a saber, o Senhor Jesus Cristo. A santificação é o desenvolver progressivo *da justiça* no interior do homem, mesmo que ocorra muito lentamente.

b. A retidão que recebemos, mediante a nossa justificação, não é nossa própria, mas é a perfeita e eterna retidão do nosso grande Mediador, Jesus Cristo, imputada a nós e tornada nossa somente através da fé. Porém, a retidão que temos, por meio da santificação, é a nossa própria retidão, concedida, inerente e operada em nós pelo Espírito Santo, embora misturada com grande debilidade e imperfeição.

c. Na justificação, as nossas próprias obras não desempenham qualquer papel, e a simples confiança em Cristo é a única coisa que se faz mister. Na santificação, as nossas próprias obras revestem-se de vasta importância; Deus ordena que lutemos, vigiemos, creiamos, nos esforcemos e labutemos.

d. A justificação é uma obra terminada e completa, e um crente está perfeitamente justificado a partir do instante em que crê. No entanto, a santificação é uma obra imperfeita, comparativamente falando; jamais será aperfeiçoada enquanto não chegarmos ao céu.

e. A justificação não admite qualquer desenvolvimento ou crescimento; um homem está tão justificado na hora em que vem a Cristo, mediante a fé, como o será por toda a eternidade. A santificação, contudo, tem natureza eminentemente progressiva, admitindo um crescimento e uma ampliação contínuos, enquanto o crente estiver vivo.

f. A justificação tem uma referência especial à nossa pessoa, à nossa posição diante de Deus e a à nossa libertação da culpa. A santificação, porém, está especialmente relacionada à nossa natureza e à renovação moral do nosso coração.

g. A justificação nos confere o direito de ir para o céu, bem como a ousadia de ali ingressar. A santificação nos torna adequados para habitar no céu, capacitando-nos a usufruir dele quando ali estivermos habitando.

h. A justificação é um ato de Deus a nosso respeito, não podendo ser facilmente percebido por outras pessoas. A santificação é uma obra de Deus dentro de nós, não podendo ser ocultada em suas manifestações externas aos olhos dos homens.

Destaco essas distinções diante da atenção de todos os meus leitores, rogando-lhes que ponderem detidamente sobre elas. Estou persuadido de que uma das grandes causas das trevas e dos sentimentos de desconforto de muitas pessoas bem intencionadas, nessa questão da religião cristã, é o hábito que elas têm de confundir, em vez de distinguir a justificação da santificação. Jamais poderá ser salientado em demasia, diante de nossa mente, que essas são duas realidades distintas. Não há dúvida de que elas não podem ser separadas uma da outra. Aquele que participa de uma, participa também da outra. Entretanto, jamais deveriam ser confundidas entre si, e a distinção que há entre elas jamais deveria ser esquecida.

Resta-me agora somente concluir esse assunto com algumas poucas e claras palavras de aplicação. A natureza e os sinais visíveis da santificação foram salientados diante de nós. Quais reflexões práticas essa questão deveria levantar em nossa mente?

Antes de tudo, despertemos para perceber o estado de perigo em que muitos crentes professos se encontram. Sem a santificação "ninguém verá o Senhor"; não há salvação sem a santificação (Hb 12.14). Portanto, quanta religiosidade existe que para nada serve! Quão imensa é a proporção de freqüentadores de igrejas que se encontram no caminho largo que conduz à perdição! Esse pensamento é terrível, esmagador e avassalador. Oh, quem dera que pregadores e mestres abrissem os olhos e percebessem a condição das almas ao seu redor! Oh, quem dera os homens pudessem ser persuadidos a fugir "da ira vindoura!" Se almas não-santificadas podem realmente ser salvas e ir para o céu, então, a Bíblia não diz a verdade. Não obstante, a Bíblia é verdadeira e não pode mentir! Que terrível acontecimento será o fim dos tempos!

Em seguida, certifiquemo-nos acerca da nossa própria condição, jamais descansando enquanto não sentirmos e soubermos que estamos "santificados". Quais são nossos gostos, nossas escolhas, preferências e inclinações? Essa é a grande pergunta de teste. Pouco importa o que desejamos, o que esperamos e o que planejamos ser antes de morrer. Mas, o que somos agora? O que estamos fazendo? Estamos vivendo de maneira santa ou não? Se a resposta é não, a falta é toda nossa.

Também, se queremos ser santificados, o nosso caminho é claro e simples: devemos começar indo a Cristo. Precisamos nos aproximar dEle como pecadores, sem qualquer outra justificativa, senão a nossa total necessidade. Deixemos a nossa alma aos seus cuidados, mediante a fé, a fim de obtermos paz e reconciliação com Deus. Precisaremos nos entregar em suas mãos, como que nas mãos de um bom médico, clamando a Ele por misericórdia e graça. Não poderemos trazer conosco nada que nos possa servir de recomendação. O primeiro passo no caminho da santificação, e que não é diferente na justificação, consiste em vir a Cristo com fé. Primeiramente teremos de viver e, então, trabalhar.

4. Além disso, se quisermos crescer na santificação, tornando-nos mais santificados, teremos de prosseguir continuamente, da mesma forma como iniciamos, recorrendo sempre aos novos recursos de Cristo. Ele é o Cabeça de onde cada membro deve ser suprido (ver Ef 4.16). Viver a vida da fé, diariamente, na dependência do Filho de Deus e valer-se diariamente da sua plenitude, e da graça e força prometidas, que Ele providenciou para o seu povo – esse é o grande segredo do progresso na santificação. Os crentes que parecem haver parado nessa escalada geralmente negligenciam a comunhão íntima com Jesus e assim entristecem o seu Santo Espírito. Aquele que orou, "santifica-os", na noite anterior à sua crucificação, está infinitamente disposto a ajudar todos quantos, mediante a fé, apelam a Ele em busca de ajuda, desejando se tornar mais santos.

Acrescente-se a isso que não devemos esperar muito do nosso coração aqui neste mundo. Em nossos melhores momentos, encontraremos em nós mesmos razões diárias para nos humilhar, descobrindo que somos necessitados devedores à misericórdia e à graça divinas a cada instante. Quanto maior luz tivermos, tanto mais seremos capazes de perceber as nossas próprias imperfeições. Éramos pecadores quando iniciamos a carreira cristã e pecadores seremos, enquanto estivermos prosseguindo no caminho. Somos renovados, perdoados e justificados, e, no entanto, pecadores até o último instante. A nossa perfeição absoluta chegará um dia, e a expectativa pela mesma é uma das razões pelas quais anelamos chegar ao céu.

Finalmente, nunca nos envergonhemos de dar grande valor à santificação, lutando por um padrão elevado de santidade. Enquanto alguns se satisfazem com um padrão miseravelmente baixo de realização, e outros não se envergonham por viverem sem qualquer santidade – contentes com o mero círculo vicioso de freqüentar a igreja, mas nunca avançando, como um cavalo atrelado à roda de um moinho – nós devemos prosseguir firmemente nas veredas antigas, seguindo pessoalmente a santificação e recomendando-a com coragem aos nossos irmãos. Essa é a única maneira para alguém tornar-se realmente feliz.

Estejamos convencidos, sem nos importar com o que outros digam, de que a santificação envolve a felicidade, e de que o homem que atravessa a vida com maior consolo é o homem santificado. Sem dúvida que há alguns verdadeiros crentes que, devido à má saúde ou às questões de família, ou à outras causas secretas, desfrutam de pouco consolo perceptível e avançam gemendo por todo o seu caminho ascendente para o céu. Entretanto, esses são casos excepcionais. Em geral, ao longo da vida, será descoberto que as pessoas "santificadas" são as pessoas mais felizes da terra. Elas usufruem sólidos consolos que o mundo não pode dar e nem tirar. Os caminhos da sabedoria "são caminhos deliciosos, e todas as suas veredas, paz". "Grande paz têm os que amam a tua lei". Aquele que não pode mentir foi quem disse: "Porque o meu jugo é suave, e o meu fardo é leve". Contudo, também ficou escrito: "Para os perversos, todavia, não há paz, diz o SENHOR" (Pv 3.17; Sl 119.165; Mt 11.30 e Is 48.22).[5]

5 O tema da santificação reveste-se de uma tão profunda importância, e os equívocos a seu respeito são tantos e tão graves que não me desculpo por recomendar insistentemente a leitura do livro "The Holy Spirit", de John Owen, (*The Works of John Owen*, Edinburg: Banner of Truth Trust, 1977), a todos quantos queiram estudar mais completamente a doutrina da santificação.

Estou quase convencido de que os escritos de Owen são considerados antiquados hoje em dia, e muitos acham conveniente negligenciá-lo e zombar dele, chamando-o de puritano! No entanto, o grande pastor que enquanto esteve no protetorado, muitas vezes, foi o presidente da Igreja de Cristo, em Oxford, não merece ser tratado desta maneira. Ele possuía muito mais erudição e profundidade de conhecimento das Escrituras em seu dedo mínimo do que muitos daqueles que o depreciam possuem em seu corpo todo. Eu afirmo, sem hesitação, que o homem que deseja estudar teologia prática não encontrará livros semelhantes aos de Owen e aos de alguns de seus contemporâneos no que diz respeito ao tratamento completo, bíblico e abrangente que eles dão aos assuntos sobre os quais discorrem.

Capítulo 3

Santidade

A santificação [santidade], sem a qual ninguém verá o Senhor.
Hebreus 12.14

O texto acima esclarece um tema de profunda importância. Trata-se da santidade prática. Ele sugere um questionamento que requer a atenção de todos os cristãos professos, a saber: Somos santos? Veremos o Senhor?

Esta indagação jamais ficará obsoleta. O sábio escritor sagrado nos diz: Há "tempo de chorar, e tempo de rir... tempo de estar calado, e tempo de falar" (Ec 3.4,7). Porém, não há tempo, nem mesmo por um dia, em que o homem não deva ser santo. Somos santos?

Esta pergunta diz respeito aos homens de todas as classes e condições. Alguns são ricos, outros, pobres; alguns eruditos, outros, ignorantes; alguns patrões, outros, empregados. Não obstante, não há classe nem posição social na qual um homem não deva ser santo. Somos santos?

Rogo ser ouvido hoje a respeito desta questão. Como anda a situação entre nossa alma e Deus? Neste mundo apressado e alvoroçado, façamos uma pausa, por alguns minutos, a fim de considerar a questão da santidade. Acredito que poderia ter escolhido um assunto mais popular e agradável. Estou certo de que poderia ter encontrado algum assunto mais fácil de se lidar. Porém, no íntimo, sinto que não poderia ter selecionado assunto mais oportuno e proveitoso para a nossa alma. É algo muito solene ouvirmos a Palavra de Deus afirmar: "A santificação, sem a qual ninguém verá o Senhor" (Hb 12.14).

Com ajuda de Deus, me esforçarei para examinar no que consiste a verdadeira santidade, bem como a razão que a torna tão necessária.

Procurarei salientar o único meio pelo qual a santidade pode ser atingida. Este já é o segundo capítulo deste livro no qual busco sondar o assunto, segundo um ponto de vista doutrinário. Mas agora procurarei apresentá-lo de uma maneira mais clara e prática.

1. A NATUREZA DA VERDADEIRA SANTIDADE PRÁTICA

Em primeiro lugar, procurarei mostrar no que consiste a santidade prática. Que tipo de pessoa Deus chama de santo?

Um homem pode ser bem-sucedido sem jamais experimentar a verdadeira santidade. Não se trata de conhecimento – Balaão tinha conhecimento. Também não se trata de profunda profissão de fé cristã – Judas Iscariotes professava-se cristão. Também não se trata de realizar muitas coisas – Herodes realizou muito. Também não se trata de zelo acerca de certas questões religiosas – Jeú mostrou-se zeloso quanto a tais questões. Também não se trata de moralidade ou de respeitabilidade externa na conduta – o jovem rico caracterizava-se por tais virtudes. Também não se trata de sentir prazer em ouvir pregadores – os judeus dos dias de Ezequiel tinham tal prazer. Também não se trata de manter-se na companhia de pessoas piedosas – Joabe, Geazi e Demas desfrutaram de tal companhia. Entretanto, nenhuma dessas pessoas mencionadas foi santa! Essas coisas, por si só, não caracterizam a santidade. Um homem pode ter todas essas coisas e jamais chegar a contemplar o Senhor.

No que consiste, portanto, a santidade prática? Esta é a pergunta difícil de se responder. Não quero dizer com isso que as Escrituras pouco se manifestam sobre o assunto. Mas temo apresentar um ponto de vista distorcido sobre a santidade, não dizendo tudo quanto deve ser dito ou apresentar algo que não deveria ser dito, tornando-me assim prejudicial aos meus leitores. Ainda assim, permitam-me tentar traçar um quadro da santidade, a fim de podermos contemplá-lo com os olhos da mente com clareza. Apenas nunca devemos esquecer que, depois de haver dito tudo, minha exposição, por melhor que seja, será um esboço pobre e imperfeito.

a. A santidade é o hábito de ter a mesma mente de Deus à medida que tomamos conhecimento da sua mente, descrita nas Escrituras. É o hábito de concordar com os juízos de Deus, abominando aquilo que Ele abomina, amando aquilo que Ele ama e medindo tudo quanto há neste mundo pelo padrão da sua Palavra. A pessoa mais santa é aquela que em tudo concorda com Deus.

b. Um homem santo se esforçará por evitar todo pecado conhecido, observando cada mandamento revelado. Terá uma decidida inclinação mental para Deus; o desejo no íntimo de cumprir a sua vontade; um maior temor de desagradar o Senhor do que de desagradar o mundo e um amor a todos os caminhos de Deus. Tal homem sentirá o que Paulo sentiu, ao declarar: "Porque, no tocante ao homem interior, tenho prazer na lei de Deus" (Rm 7.22). E também o que Davi sentiu, ao escrever: "Por isso tenho por, em tudo, retos os teus preceitos todos e aborreço todo caminho de falsidade" (Sl 119.128).

c. Um homem santo esforçar-se-á por ser semelhante ao Senhor Jesus Cristo. Não somente viverá a vida de fé em Cristo, extraindo dEle toda a sua paz e força diárias, mas igualmente esforçar-se-á por ter a mesma mentalidade que nEle havia, a fim de ser conforme "à imagem" do Filho (Rm 8.29). Seu alvo será tolerar e perdoar os outros, tal como Cristo nos perdoou; ser altruísta, como Cristo também não agradou a Si mesmo; andar em amor como Cristo nos amou; ter uma atitude humilde e despretenciosa, tal como Cristo, que tornou-se sem reputação e humilhou-se a Si mesmo. Ele se lembrará que Cristo foi a testemunha fiel da verdade; que Ele não veio para fazer a sua própria vontade; que a comida e a bebida dEle era cumprir a vontade do Pai; que negava-se a Si mesmo continuamente, a fim de ministrar aos outros; que Ele era manso e paciente, mesmo quando insultado sem motivo; que Ele tinha em mais alta conta os piedosos pobres do que os reis; que era cheio de amor e compaixão pelos pecadores; que era ousado e intransigente na denúncia contra o pecado; que não buscava o louvor humano, embora pudesse tê-lo recebido; que saiu fazendo o bem a todos; que Se separava de pessoas mundanas; que Se mantinha em oração constante e que não permitia que os Seus parentes mais chegados interferissem, quando o trabalho do Pai precisava ser realizado. Isto é o que um homem santo procurará lembrar. Ele procurará moldar o curso de sua vida por essas qualidades. Entesourará em seu coração a afirmativa de João: "Aquele que diz que permanece nele, esse deve também andar como ele andou" (1 Jo 2.6); e também a declaração de Pedro: "Cristo sofreu em vosso lugar, deixando-vos exemplo para seguirdes os seus passos" (1 Pe 2.21). Feliz é aquele que já aprendeu a fazer de Cristo o seu "tudo", tanto na salvação quanto no exemplo! Muito tempo seria poupado e muito pecado seria evitado, se os homens indagassem de si mesmos, com maior freqüência: "O que teria dito ou feito Jesus Cristo, se estivesse em meu lugar?"

d. Um homem santo seguirá a mansidão, a longanimidade, a gentileza, a paciência, a brandura, o controle sobre a própria língua. Haverá de tolerar muito abuso, de exercer clemência, de deixar passar muita coisa e de ser tardio no falar em defesa dos seus próprios direitos. Vemos um brilhante exemplo disso no comportamento de Davi, quando Simei o amaldiçoou; ou, no exemplo de Moisés, quando Arão e Míriam falaram contra ele (2 Sm 16.10; Nm 12.3).

e. Um homem santo seguirá o autocontrole e a abnegação. Esforçar-se-á por mortificar os desejos do corpo, crucificando a carne com seus afetos e paixões, controlando seus maus desejos, restringindo suas inclinações carnais a fim de que em tempo algum venha a deixá-las em liberdade. Oh, quão importante foi a palavra do Senhor Jesus aos apóstolos: "Acautelai-vos por vós mesmos, para que nunca vos suceda que o vosso coração fique sobrecarregado com as conseqüências da orgia, da embriaguez e das preocupações deste mundo, e para que aquele dia não venha sobre vós repentinamente, como um laço" (Lc 21.34). Ou, então, a palavra do apóstolo Paulo: "Mas esmurro o meu corpo, e o reduzo à escravidão, para que, tendo pregado a outros, não venha eu mesmo a ser desqualificado" (1 Co 9.27).

f. Um homem santo seguirá o amor e a fraternidade. Ele se empenhará por observar a regra áurea de fazer pelos homens aquilo que gostaria que lhe fizessem e de falar conforme gostaria que os homens lhe falassem. Será cheio de afeto por seus irmãos, dando valor aos seus corpos, às suas propriedades, ao seu caráter, aos seus sentimentos, às suas almas. Diz Paulo: "Quem ama ao próximo, tem cumprido a lei" (Rm 13.8). Ele haverá de abominar toda mentira, calúnia, maledicência, logro, desonestidade e negócios injustos, até mesmo quanto às menores coisas. O crente santificado esforçar-se-á por adornar a sua religião com sua conduta externa exemplar, tornando-a atrativa e bela aos olhos de todos ao seu redor. Infelizmente, quão condenadoras são as palavras de 1 Coríntios 13 ou as do Sermão do Monte, quando comparadas à conduta de inúmeros cristãos professos!

g. O homem santo seguirá o espírito de misericórdia e benevolência para com o próximo. Não ficará ocioso o dia inteiro. Não se contentará apenas por não estar prejudicando a ninguém, mas procurará fazer o bem. Procurará ser útil em sua época e à sua geração, aliviando, no que for possível, as necessidades espirituais e a miséria humana ao seu redor. Lemos que Dorcas era "notável pelas boas obras e esmolas que fazia"; e Paulo testificou: "Eu de boa vontade me gastarei e ainda me deixarei gastar em prol da vossa alma" (At 9.36 e 2 Co 12.15).

h. O homem santo seguirá a pureza de coração. Temerá toda imundícia e impureza de espírito; ele evitará aquilo que tende por atraí-lo a essas coisas. O homem santo sabe que o seu coração assemelha-se a um pavio e por isso manter-se-á diligentemente afastado das fagulhas da tentação. Quem ousaria falar sobre forças para resistir à tentação, se o próprio Davi caiu? Há muitas sugestões úteis a serem gradativamente apreendidas das leis cerimoniais. De acordo com elas, o indivíduo que ao menos tocasse em um osso ou em um cadáver, ou em uma sepultura, ou em uma pessoa enferma tornava-se imediatamente imundo aos olhos do Senhor. Ora, essas coisas eram meros tipos e figuras da realidade. Poucos crentes mostram-se a tal ponto vigilantes e atentos.

i. Um homem santo será caracterizado pelo seu temor a Deus. Não estou pensando no medo aterrorizador de um escravo que só trabalha porque teme ser punido, mas que se mostraria ocioso se soubesse que não seria descoberto. Estou pensando no temor de um filho que quer viver e orientar-se como se estivesse sempre na presença de seu pai porquanto o ama. Quão nobre é o exemplo de Neemias a esse respeito! Ao tornar-se governador de Jerusalém, poderia ter-se feito pesado aos judeus, requerendo deles o dinheiro necessário para o seu sustento. Os governadores antes dele haviam feito precisamente isso. Ele não poderia ser acusado de coisa alguma, se tivesse seguido o exemplo deles. Contudo, ele disse: "Porém, eu assim não fiz, por causa do temor de Deus" (Ne 5.15).

j. O homem santo seguirá a humildade e sua atitude será de considerar os outros superiores a si mesmo. Verá mais maldade em seu próprio coração do que em qualquer outro coração. Compreenderá algo dos sentimentos de Abraão, quando este declarou: "Eis que me atrevo a falar ao Senhor, eu que sou pó e cinza" (Gn 18.27). Ou os de Jacó, ao dizer: "Sou indigno de todas as misericórdias e de toda a fidelidade que tens usado para com teu servo" (Gn 32.10). Ou os de Jó, quando afirmou: "Sou indigno!" (Jó 40.4). Ou os de Paulo, que escreveu: "Os pecadores, dos quais eu sou o principal" (1 Tm 1.15). O consagrado Bradford, fiel mártir de Cristo, algumas vezes encerrava suas cartas com estas palavras: "Um miserável pecador, John Bradford". O idoso e bom Grimshaw, quando jazia em seu leito de morte, expressou as suas últimas palavras: "Aqui vai um servo inútil".

l. Um homem santo seguirá a fidelidade em todos os seus deveres e relações da vida. Ele procurará não somente preencher o seu lugar como fazem os outros que nunca pensam em sua própria alma, mas o fará de maneira ainda melhor, porquanto é impulsionado por motivos superiores e pode servir de maior ajuda do que eles. Nunca deveríamos nos esquecer daquelas palavras de Paulo: "Tudo quanto fizerdes, fazei-o de todo o coração, como para o Senhor e não para homens" (Cl 3.23). E também: "No zelo não sejais remissos: sede fervorosos de espírito, servindo ao Senhor" (Rm 12.11). As pessoas santas deveriam ter como propósito fazer todas as coisas corretamente; deveriam envergonhar-se de fazer algo mal feito quando poderiam fazê-lo melhor. À semelhança de Daniel, não deveriam dar ocasião para que alguém falasse mal deles, exceto no tocante à "lei do seu Deus" (Dn 6.5). Uma pessoa santa deve esforçar-se por ser bom marido, boa esposa, bom pai e bom filho, bom patrão e bom empregado, bom vizinho, bom amigo, bom cidadão, bom na vida particular e bom na vida pública, bom nos seus negócios e bom na vida comum do lar. De fato, a santidade tem pouco valor, se não produzir fruto dessa natureza. O Senhor Jesus fez uma pergunta penetrante aos seus seguidores: "Que fazeis de mais?" (Mt 5.47).

m. Em último lugar, e não menos importante, um homem santo se caracterizará por uma mentalidade espiritual. Ele firma os seus afetos inteiramente nas realidades celestiais ao mesmo tempo em que não se envolve com as coisas deste mundo. Não será negligente quanto aos negócios desta vida; mas o primeiro lugar, em sua mente e em seus pensamentos, será dado às realidades da vida futura. Terá por alvo viver como alguém cujos tesouros estão no céu, passando por este mundo como peregrino e estrangeiro, a caminho de sua verdadeira pátria. Terá a comunhão com Deus em oração, mediante as Escrituras e na assembléia de seu povo – esses serão os principais prazeres do homem santo. Ele dará valor às coisas, lugares e companhias na proporção em que eles o fizerem aproximar-se mais de Deus. Participará dos sentimentos de Davi, quando expressou: "A minha alma apega-se a ti"; "O SENHOR é a minha porção" (Sl 63.8 e 119.57).

Tenho procurado delinear um esboço de santidade, ou seja, o caráter almejado por aqueles que são chamados "santos", os traços principais de um homem santo.

Quero acrescentar entretanto, que espero que ninguém me compreenda mal. Chego a recear que não serei bem compreendido, e que as descrições que expus acerca da santidade desencorajem alguns crentes dotados de consciência mais terna. Jamais eu entristeceria propositalmente um coração reto e nem lançaria uma pedra de tropeço no caminho de qualquer crente.

Não afirmo, por um momento sequer, que a santidade elimina a presença do pecado que nos habita no íntimo. Não, longe de mim dizer tal coisa. A maior miséria sentida por um homem santo é que ele leva consigo um "corpo de morte" e que, com freqüência, quando ele quer fazer o bem, encontra a lei "de que o mal reside" nele; que o velho homem está impedindo todos os seus movimentos, por assim dizer, procurando fazê-lo voltar atrás em cada passo que dá (ver Rm 7.21). Porém, não faz parte das excelências de um homem santo permanecer em paz, enquanto abriga o pecado no íntimo, como acontece com os demais homens. Ele lamenta a sua presença e anela por libertar-se de tão incômoda companhia. A obra de santificação no íntimo assemelha-se às muralhas de Jerusalém – o trabalho de construção tem prosseguimento, mesmo "em tempos angustiosos" (Dn 9.25).

Também não estou afirmando que a santidade chega à maturidade e à perfeição imediatamente ou que essas graças, a respeito das quais tenho escrito, possam ser achadas em plena florescência e vigor antes que um homem possa ser chamado de santo. Não, longe disso. A santificação sempre será uma obra progressiva. As graças manifestadas por alguns crentes ainda estão na "erva", as de outros na "espiga" e somente as de alguns estão no "grão cheio". Tudo deve ter um começo. Jamais deveríamos desprezar "o dia dos humildes começos" (Zc 4.10). A santidade, mesmo quando atinge o ponto culminante neste mundo, é apenas uma obra imperfeita. Na história dos mais notáveis santos que já viveram neste mundo, você encontrará muitos "mas", muitos "no entanto" e muitos "apesar de", antes de chegar ao capítulo final. O ouro jamais fica totalmente isento de escória; a luz nunca brilhará sem a presença de alguma sombra, enquanto não chegarmos à Jerusalém celestial. O próprio sol tem manchas em sua superfície. Os homens mais santificados mostram máculas e defeitos, quando pesados na balança do santuário. A vida deles é uma contínua luta contra o pecado, o mundo e o diabo. E, algumas vezes, podemos vê-los não como vencedores, e sim vencidos. A carne não cessa de lutar contra o espírito e o espírito contra a carne, e "todos tropeçamos em muitas coisas" (Gl 5.17 e Tg 3.2).

Apesar disso, estou certo de que possuir um caráter como aquele que levemente esbocei é o desejo do coração e a oração de todos os crentes verdadeiros. Eles se empenham por isso, mesmo que não o alcancem. Talvez nem cheguem ao alvo, mas não desistem de tentar. É para ser assim que eles se esforçam e lutam, mesmo que não seja essa a sua posição atual.

Mas posso afirmar, ousadamente e com confiança, que a verdadeira santidade é uma grande realidade. A santidade é uma coisa que pode ser vista em um homem, podendo ser reconhecida, salientada e sentida por todos quantos estão à volta dele. A santidade é como a luz: quando existe, é percebida. Também se assemelha ao sal: quando existe, seu sabor fatalmente será sentido. Também é como um perfume aromático: quando existe, sua presença não pode ser ocultada.

Estou certo de que todos nós deveríamos ser mais tolerantes com os deslizes e com a eventual apatia na vida dos crentes professos. Sei que uma estrada pode levar de um ponto a outro, apesar de ter muitas esquinas e curvas. Um crente pode ser verdadeiramente santo e, contudo, desviar-se do caminho devido às suas fraquezas. O ouro não se torna menos ouro somente por estar ligado a algum outro metal e nem a luz se torna menos luz por ser fraca e débil, nem a graça se torna menos graça por ser recente e tênue. Porém, depois de havermos tolerado essas imperfeições, não posso conceber que qualquer indivíduo possa ser chamado de "santo", enquanto ele se permite atolar voluntariamente no pecado e não se sente humilhado e envergonhado por causa disso. Não ouso chamar ninguém de "santo", se por hábito ele negligencia voluntariamente os deveres conhecidos e pratica por livre vontade aquilo que sabe que Deus ordenou que não fizéssemos. Owen escreveu, com toda a razão: "Não posso entender como um homem pode ser um crente verdadeiro, se para ele o pecado não é a maior carga, a maior tristeza e o maior motivo de perturbação".

Essas são as características fundamentais da santidade prática. Examinemos a nós mesmos para verificar se estamos familiarizados com elas ou não. Submetamo-nos à prova.

2. A IMPORTÂNCIA DA SANTIDADE PRÁTICA

Deixe-me tentar mostrar algumas razões pelas quais a santidade prática é tão importante.

Pode a santidade salvar-nos? Pode a santidade eliminar o pecado, encobrir a iniqüidade, apresentar satisfação pela transgressão, pagar a nossa dívida diante de Deus? Não, de forma alguma. Deus me livre de afirmar tal coisa. A santidade nunca poderá fazer qualquer dessas coisas. Os melhores santos sempre foram "servos inúteis". As nossas mais puras ações não são melhores do que trapos de imundícia quando submetidas à prova pela luz da santa lei de Deus. Os trajes brancos que Jesus nos oferece, e a fé com que Ele nos reveste, devem ser a nossa única justiça; o nome de Cristo deve ser a nossa única confiança; o Livro da Vida do Cordeiro de Deus deve ser a nossa única garantia para chegar ao céu. Apesar de toda a nossa santidade, nunca seremos mais do que meros pecadores. As nossas mais excelentes qualidades são manchadas e maculadas pela imperfeição. Todas são mais ou menos incompletas, erradas quanto ao seu motivo ou defeituosas quanto à sua realização. Se depender dos feitos da lei, nenhum filho de Adão será justificado. "Porque pela graça sois salvos, mediante a fé; e isto não vem de vós, é dom de Deus;

não de obras, para que ninguém se glorie" (Ef 2.8,9). Nesse caso, por qual motivo a santidade é tão importante? Por que disse o escritor sagrado: "A santificação [santidade], sem a qual ninguém verá o Senhor"? Permita-me expor algumas razões que explicam isso.

a. Acima de tudo, devemos ser santos porque a voz de Deus, nas Escrituras Sagradas, assim nos ordena claramente. Diz o Senhor Jesus ao seu povo: "Se a vossa justiça não exceder em muito a dos escribas e fariseus, jamais entrareis no reino dos céus" (Mt 5.20); "Sede vós perfeitos como perfeito é o vosso Pai celeste" (Mt 5.48). Paulo disse aos tessalonicenses: "Pois esta é a vontade de Deus: a vossa santificação" (1 Ts 4.3). E Pedro afirma: "Segundo é santo aquele que vos chamou, tornai-vos santos também vós mesmos em todo vosso procedimento, porque escrito está: Sede santos, porque eu sou santo" (1 Pe 1.15,16). Comentou Leighton: "Quanto a esse particular, a lei e o evangelho concordam entre si".

b. Devemos ser santos porque essa é a grandiosa finalidade e propósito daquilo que Cristo veio fazer no mundo. Paulo escreveu aos coríntios: "E ele morreu por todos, para que os que vivem não vivam mais para si mesmos, mas para aquele que por eles morreu e ressuscitou" (2 Co 5.15). E aos efésios, escreveu: "Cristo amou a igreja e a si mesmo se entregou por ela, para que a santificasse" (Ef 5.25,26). E a Tito: "O qual a si mesmo se deu por nós, a fim de remir-nos de toda iniqüidade e purificar, para si mesmo, um povo exclusivamente seu, zeloso de boas obras" (Tt 2.14). Em suma, falar que os homens são salvos da culpa do pecado, sem que, ao mesmo tempo, sejam salvos do domínio do pecado em seus corações, é contradizer o claro testemunho das Escrituras. Os crentes são declarados eleitos? – isso se verifica pela "santificação do Espírito". Foram predestinados? – isso se dá "para serem conformes à imagem de seu Filho". Foram eles escolhidos? – o propósito disso foi para que eles fossem "santos e irrepreensíveis". Foram chamados? – isso aconteceu "com santa vocação". Foram afligidos? – isso teve a finalidade de os tornar "participantes da sua santidade". Jesus é o Salvador completo. Ele não somente tira a culpa do pecado de um crente, mas faz muito mais: Ele quebra o poder do pecado (ver 1 Pe 1.2; Rm 8.29; Ef. 1.4; 2 Tm l.9 e Hb 12.10).

c. Devemos ser santos, porque essa é a única evidência segura de que possuímos fé salvadora em nosso Senhor Jesus Cristo. O décimo-segundo artigo da confissão de fé da nossa igreja diz, com toda a verdade, que "embora as boas obras não possam eliminar o pecado e nem resistir ante a severidade do julgamento divino, contudo, são agradáveis e aceitáveis a Deus, em Cristo, resultando necessariamente de uma fé verdadeira e viva, de tal maneira que através delas, uma fé viva possa ser evidentemente reconhecida, tal como uma árvore pode ser distinguida pelos seus frutos". Tiago adverte-nos de que não existe tal coisa como uma fé morta que não ultrapasse a profissão dos lábios e que não exerça influência alguma sobre o caráter do crente (ver Tg 2.17). A verdadeira fé salvadora é algo muito diferente. A fé autêntica sempre haverá de manifestar-se pelos seus frutos; ela santificará, operará por meio do amor, vencerá o mundo e purificará o coração. Sei que existem pessoas que apreciam muito falar em evidências colhidas em leitos de morte. Elas confiam em palavras proferidas em horas de temor, de dor ou de fraqueza física, como se isso as consolasse acerca da perda de seus amigos falecidos. Entretanto, receio que em noventa e nove por cento dos casos, tais evidências não sejam dignas de confiança. Também suspeito que, com raríssimas exceções, os homens morrem tal e qual viveram. A única evidência segura de que estamos unidos a Jesus Cristo e Ele a nós é uma vida santa. Aqueles que vivem para o Senhor geralmente são as únicas pessoas que morrem no Senhor. Se quisermos morrer a morte do justo, não nos contentemos apenas com desejos ociosos; antes, procuremos viver a sua vida. Traill declarou, com muita verdade: "O estado de um homem é nulo e a sua fé, doentia, se as suas esperanças da glória não estiverem purificando o seu coração e a sua vida".

d. Devemos ser santos porque essa é a única prova de que amamos o Senhor Jesus Cristo com sinceridade. Esse é um ponto acerca do qual Ele falou nos mais claros termos em João 14 e 15: "Se me amais, guardareis os meus mandamentos". "Aquele que tem os meus mandamentos e os guarda, esse é o que me ama". "Se alguém me ama, guardará a minha palavra". "Vós sois meus amigos, se fazeis o que eu vos mando" (Jo 14.15,21,23 e 15.14). Palavras mais claras do que essas serão difíceis de se encontrar, e ai daqueles que as negligenciarem! Certamente tal indivíduo deve estar em um estado doentio de alma, se puder pensar em tudo quanto Jesus padeceu e, ao mesmo tempo, se agarrar aos pecados pelos quais Ele sofreu. Foi o pecado que teceu a coroa de espinhos; foi o pecado que cravou as mãos e os pés de nosso Senhor e transpassou o seu lado; foi o pecado que levou o Senhor ao Getsêmani e ao Calvário, à cruz e à sepultura. Nosso coração deve ser extraordinariamente frio; se não abominamos o pecado; se não nos esforçamos por nos libertar dele, ainda que, nesse processo, tenhamos de decepar a mão direita e arrancar o olho direito de sua órbita.

e. Devemos ser santos por ser essa a única evidência segura de que somos verdadeiros filhos de Deus. Neste mundo, geralmente, os filhos parecem-se com seus pais. Sem dúvida, alguns são mais e outros são menos parecidos com eles.

Mas, é muito difícil que não possamos perceber traços próprios da família nos filhos. Outro tanto se dá no caso dos filhos de Deus. Disse o Senhor Jesus: "Se sois filhos de Abraão, praticai as obras de Abraão"; "Se Deus fosse, de fato, vosso pai, certamente, me havíeis de amar" (Jo 8.39 e 42). Se os homens não demonstram qualquer semelhança com o Pai celeste, é inútil chamá-los de "filhos" de Deus. Se desconhecermos inteiramente a santidade, poderemos lisonjear-nos, se assim quisermos, mas o Espírito Santo não estará residindo em nós; estaremos mortos e precisaremos ser trazidos para a vida, estaremos perdidos e ainda precisaremos ser achados pelo Senhor. "Pois todos os que são guiados pelo Espírito de Deus são filhos de Deus" (Rm 8.14). Esses, e exclusivamente esses, são os filhos de Deus. Precisamos demonstrar, mediante a qualidade de nossas vidas, a que família pertencemos. Precisamos permitir que os homens vejam, através da nossa boa conduta, que realmente somos filhos do Santo de Israel, pois, de outra forma, a nossa filiação será um título sem sentido. Declarou Gurnall: "Nunca afirmes que tens sangue real nas veias, que nasceste de Deus, a menos que possas provar a tua descendência, ousando viver de maneira santa".

f. Devemos ser santos por ser essa a maneira mais provável de fazer o bem ao próximo. Neste mundo, não podemos viver somente para nós mesmos. Nossas vidas estarão sempre fazendo o bem ou o mal para aqueles que as contemplam. Elas são um sermão silencioso que todos podem ler. É realmente triste quando elas servem de sermão em favor da causa do diabo e não da causa de Deus. Acredito que muito mais é feito em prol do reino de Deus através das vidas santas dos crentes do que é por nós percebido. Há uma certa realidade acerca desse tipo de vida que faz com que os homens sintam algo, obrigando-os a pensar. Esse tipo de vida tem um peso e uma influência que não se compara a qualquer outra coisa. Essa maneira de viver orna a religião cristã, impelindo os homens a considerá-la atentamente, à semelhança de um farol que pode ser visto de longe. O dia do julgamento mostrará que muitos, além de maridos, serão conquistados por uma vida "sem palavra alguma" (1 Pe 3.1). Podemos falar com as pessoas a respeito das doutrinas do evangelho, e poucas pessoas nos darão ouvidos, e um número ainda menor nos compreenderá. Porém, a nossa vida é um argumento do qual não se pode escapar. Há um significado na santidade que nem mesmo os mais ignorantes podem evitar. Talvez não compreendam a doutrina da justificação, mas poderão compreender o amor.

Acredito que um dano muito maior do que temos consciência é feito por crentes profanos e incoerentes. Esses homens encontram-se entre os melhores aliados de Satanás. Eles derrubam, com as suas vidas, o que os ministros do evangelho edificam com os seus lábios. Fazem as rodas da carruagem do evangelho rodarem com dificuldade. Suprem os filhos deste mundo com intermináveis desculpas para continuarem da mesma forma como estão. "Não posso perceber a utilidade de tanta religião", declarou um negociante não religioso, não faz muito tempo. "Tenho observado que alguns dos meus fregueses estão sempre falando sobre o evangelho, a fé, a eleição, as benditas promessas e assim por diante; mas essa mesma gente não treme ao enganar-me por causa de alguns poucos trocados, sempre que elas têm oportunidade. Ora, se pessoas religiosas podem fazer coisas assim, não posso perceber qual a vantagem da religião cristã!" Sinto-me triste por ser obrigado a escrever tais coisas, mas temo que o nome de Cristo, com grande freqüência, seja blasfemado por causa das vidas de certos crentes. Tenhamos cuidado para que o sangue das almas não seja requerido das nossas mãos. Ó bom Senhor, livra-nos do assassinato de almas por causa de vidas incoerentes e de uma maneira de viver descuidada! Oh, por amor a outras pessoas, ainda que não seja por outro motivo, esforcemo-nos por atingir a santidade!

g. Devemos ser santos porque disso, em grande parte, depende o nosso presente consolo. Nunca será um exagero sermos relembrados acerca disso. Somos tristemente aptos a esquecer que há uma íntima conexão entre o pecado e a tristeza, entre a santidade e a felicidade, entre a santificação e o consolo. Deus sabiamente determinou que o nosso bem estar e as nossas boas obras estejam ligados entre si. Devido a sua misericórdia, Ele providenciou que até mesmo neste mundo, fosse do interesse do homem ser santo. A nossa justificação não depende das nossas obras; nossa eleição e chamada não dependem de nossas obras; mas é presunção supor que alguém possa desfrutar de um vívido senso de justificação ou da certeza de seu chamamento, enquanto estiver negligenciando as boas obras, ou não estiver se esforçando por viver de forma santa. "Ora, sabemos que o temos conhecido por isto: se guardamos os seus mandamentos." "E nisto conheceremos que somos da verdade, bem como, perante ele, tranqüilizaremos o nosso coração" (1 Jo 2.3; 3.19). É mais fácil um crente esperar poder sentir os raios do sol em um dia escuro e nublado do que sentir a poderosa consolação de Cristo, se não O estiver seguindo fielmente. Quando os discípulos se esqueceram do Senhor e fugiram, escaparam do perigo, mas sentiram-se miseravelmente tristes. Quando, pouco tempo depois, confessaram-No ousadamente diante dos homens, foram lançados no cárcere e espancados. No entanto, somos informados de que "eles se retiraram do Sinédrio regozijando-se por terem sido considerados dignos de sofrer afrontas por esse Nome" (At 5.41). Oh, por amor a nós mesmos, se não houver qualquer outra razão, esforcemo-nos por ser santos! Aquele que segue a Jesus mais decididamente sempre será aquele que O segue com maior consolo.

h. Em último lugar, devemos ser santos porque sem a santidade na terra nunca estaremos preparados para desfrutar do céu. O céu é um lugar santo. O Senhor do céu é um Ser santo. Os anjos são criaturas santas. A santidade está estampada em tudo quanto existe no céu. O livro de Apocalipse expressa: "Nela nunca jamais penetrará cousa alguma contaminada, nem o que pratica abominação e mentira!" (Ap 21.27).

Apelo solenemente a todos quantos lêem estas páginas: como poderemos nos sentir felizes e à vontade no céu, se morrermos destituídos de santidade? A morte não opera automaticamente alguma transformação. O sepulcro não impõe qualquer alteração. Cada indivíduo haverá de ressuscitar com o mesmo caráter com que deu o seu último suspiro. Onde será o nosso lugar, se vivermos hoje estranhos à santidade?

Suponhamos por um momento que você tivesse a permissão de entrar no céu sem santidade. O que você faria? Qual prazer você poderia usufruir ali? A qual dentre todos os santos você se achegaria; ao lado de quem você se sentaria? Os prazeres deles não seriam os seus prazeres, os gostos deles não seriam os seus gostos, o caráter deles não corresponderia ao seu caráter. Como você poderia sentir-se feliz, se não tivesse sido santo neste mundo?

Atualmente, talvez você prefira a companhia dos negligentes e dos descuidados, dos dotados de mente mundana e dos cobiçosos, dos farristas e dos que buscam prazeres, dos ímpios e dos profanos. Porém, não haverá tais tipos de pessoas no céu.

Atualmente, talvez você sinta que os santos de Deus são por demais rigorosos, solenes e sérios. Você prefere evitar a companhia deles. Você não se deleita na sua companhia. Porém, não haverá outro tipo de companhia lá no céu.

Atualmente, você talvez pense que a oração, a leitura da Bíblia e o cântico de hinos evangélicos seja algo enfadonho e melancólico, uma atividade estúpida, algo que pode ser tolerado vez por outra, mas não usufruído com satisfação. Talvez você considere o descanso dominical um fardo e uma canseira; você não poderia passar senão uma pequena fração deste tempo adorando a Deus. Lembre-se, entretanto, de que o céu será um interminável descanso dominical. Os seus habitantes descansarão ali, noite e dia, entoando hinos de louvor ao Cordeiro e exclamando: "Santo, santo, santo é o Senhor Deus, o Todo-poderoso". Como é que um homem profano poderia encontrar prazer numa ocupação como essa?

Você imagina que uma pessoa profana se deleitaria em encontrar-se com Davi, Paulo e João, após uma vida inteira desperdiçada exatamente na prática daquilo contra o que eles falaram? Porventura, ela tomaria um doce conselho com esses personagens e descobriria que tinham muito em comum? Acima de tudo, você imagina que tal pessoa se regozijaria em encontrar-se com Jesus, o Crucificado, face a face, após ter-se agarrado aos pecados por causa dos quais Ele morreu; depois de haver amado os seus inimigos e desprezado os seus amigos? Poderia tal pessoa pôr-se de pé diante de Cristo, com toda a confiança, unir-se ao coro santo, dizendo: "Eis que este é o nosso Deus, em quem esperávamos, e ele nos salvará; este é o SENHOR, a quem aguardávamos; na sua salvação exultaremos e nos alegraremos" (Is 25.9)? Antes, você não pensa que os lábios de uma pessoa profana se calariam de tanta vergonha, e que o seu único desejo seria ser expulso dali? Tal indivíduo se sentiria um estranho em uma terra desconhecida, uma ovelha negra em meio ao santo rebanho de Cristo. A voz dos querubins e dos serafins comporiam uma linguagem que ele não seria capaz de entender. O próprio ar lhe pareceria uma atmosfera irrespirável.

Não sei dizer o que outros pensariam a esse respeito, mas, para mim, é claro que o céu seria um lugar insuportável para um homem mundano. Não poderia ser de outro modo. As pessoas podem dizer, de uma maneira vaga: "Eles têm a esperança de chegar ao céu". Entretanto, eles assim o dizem por não considerarem o que estão dizendo. Deve haver um certo preparo para a "herança dos santos na luz" (Cl 1.12). Nosso coração precisa estar sintonizado com essa herança. Para chegarmos ao descanso da glória, teremos de passar pela escola do treinamento na graça. Teremos de ser dotados de mente celestial, de gostos celestiais na vida que agora é, porquanto, de outro modo, jamais nos encontraremos no céu.

E agora, antes que eu prossiga, permita-me dizer algumas poucas palavras de aplicação.

1. Antes de tudo, quero indagar de todos quantos lêem estas páginas: "Você é santo"? Rogo-lhe que escute a pergunta que lhe estou apresentando neste dia. Você conhece alguma coisa a respeito da santidade da qual venho falando?

Não estou perguntando se você freqüenta regularmente os cultos de sua igreja ou se você já foi batizado, ou se costuma participar da Ceia do Senhor, ou se você tem o nome de cristão. Estou perguntando algo muito mais profundo do que isso: *Você é santo, ou não?*

Não estou indagando se você aprova a santidade em outras pessoas; nem se você gosta de ler sobre as vidas de pessoas santas ou de falar sobre as coisas santas;

ou se você possui livros sobre a santidade, em sua biblioteca, nem se você deseja ser santo e espera que venha a atingir a santidade algum dia. Estou perguntando: *Você é santo hoje, ou não?*

Mas, por qual motivo estou perguntando de um modo tão direto, insistindo tanto nessa questão? Assim o faço porque as Escrituras determinam: "A santificação, sem a qual ninguém verá o Senhor". Isso está escrito. Não é fantasia minha, está na Bíblia; não é a minha opinião particular, é a Palavra de Deus e não a palavra do homem: "A santificação, sem a qual ninguém verá o Senhor" (Hb 12.14).

Oh, quão perscrutadoras e peneiradoras são essas palavras! Quantos pensamentos me atravessam a mente, enquanto as escrevo! Contemplo o mundo e vejo que a maior parte da humanidade jaz na iniqüidade. Contemplo os crentes professos e vejo que a vasta maioria deles nada tem do cristianismo, exceto o nome. Examino as páginas da Bíblia e ouço o Espírito afirmando: "A santificação, sem a qual ninguém verá o Senhor".

Sem dúvida, este é um texto que nos deve fazer considerar os nossos caminhos e examinar nosso coração. Por certo que deveria suscitar dentro em nós solenes pensamentos e compelir-nos à oração.

Você pode alegar que se preocupa com isso e que pensa muito a respeito dessas coisas; mais do que alguém possa imaginar. Eu respondo: "Este não é o ponto. No inferno, as pobres almas perdidas fazem muito mais do que isso. A questão não é o que você *pensa* e o que você *sente*, mas o que você *faz*".

Você pode dizer que a Bíblia nunca teve a intenção de dizer que todos os cristãos devem ser santos e que a santificação, tal como a tenho descrito, é apenas para os grandes santos e pessoas altamente dotadas. E eu respondo que não posso ver essa noção nas Escrituras. Leio, em 1 João 3.3, que *todo o homem* que tem esperança em Cristo a si mesmo se purifica. Sem a santificação *ninguém* verá o Senhor.

Talvez você diga: "É impossível que alguém seja tão santo e ao mesmo tempo seja capaz de conduzir seus negócios nesta vida. Isso não é possível". Mas, respondo: "Você está enganado. Isso pode ser feito. Com Cristo ao nosso lado, coisa alguma é impossível. Isso já foi feito por muitos crentes. Davi, Obadias e Daniel, bem como os servos da casa de Nero, todos são exemplos que comprovam que isso é possível".

Talvez você objete: "Se eu fosse assim tão santo, seria diferente das outras pessoas". Respondo: "Sei disso muito bem. É exatamente assim que você deveria ser. Os verdadeiros servos de Cristo sempre foram diferentes do mundo ao redor deles, uma nação separada, um povo peculiar. E assim deverá acontecer também no seu caso, se você quiser ser salvo!" Talvez você diga: "Se as coisas tiverem de ser assim, bem poucas pessoas serão salvas". Respondo: "Sei disso. É precisamente isso que é dito no Sermão do Monte". O Senhor Jesus o disse, há mil novecentos e tantos anos: "Estreita é a porta e apertado o caminho que conduz para a vida, e são poucos os que acertam com ela" (Mt 7.14). Poucas pessoas serão salvas porque poucas se dão ao trabalho de buscar a salvação. Os homens não querem negar os prazeres do pecado a si mesmos, não querem abandonar os seus próprios caminhos durante esta breve vida terrena. Antes, voltam as costas para aquela herança "incorruptível, sem mácula, imarcescível" (1 Pe 1.4). Declarou Jesus: "Contudo, não quereis vir a mim para terdes vida" (Jo 5.40).

Você, provavelmente, responderá: "Essas declarações são extremamente duras. O caminho é muito estreito". A minha resposta será: "Sei disso. Assim afirma o Sermão do Monte". O Senhor Jesus ensinou isso há mais de mil e novecentos anos. Ele sempre disse que os homens precisam tomar a sua cruz diariamente, dispondo-se até mesmo a decepar uma mão ou um pé, se quiserem ser seus discípulos. Na religião, assim como em outras áreas, "não há avanço sem sofrimento". Aquilo que nada custa, nada vale.

Não importa o que consideramos apropriado dizer, teremos de ser santos, se quisermos ver o Senhor. A que se reduziria o nosso cristianismo, se assim não fosse? Não devemos apenas trazer o nome de cristão, ser possuidores do conhecimento típico do cristianismo; mas também devemos mostrar o caráter cristão. Devemos ser santos na terra, se quisermos ser santos no céu. Foi Deus quem o disse e Ele não retrocederá: "A santificação, sem a qual ninguém verá o Senhor". Observou Jenkyn: "O calendário do papa só declara santos às pessoas mortas, mas as Escrituras requerem a santidade da parte dos vivos". Owen afirmou: "Que os homens não se deixem iludir: a santificação é uma qualificação indispensavelmente necessária para quem quiser estar sob a orientação do Senhor Jesus, a fim de ser conduzido à salvação. Ele só conduz ao céu àqueles a quem Ele santifica nesta terra. O Cabeça vivo não admite membros mortos".

Sem dúvida, não deveríamos estranhar aquela Escritura que diz: "Importa-vos nascer de novo" (Jo 3.7). Certamente que é tão claro quanto a luz do meio-dia que muitos crentes professos precisam de uma completa transformação – novos corações, novas naturezas – se algum dia tiverem de ser salvos. As coisas antigas terão de passar; eles precisam tornar-se novas criaturas. Não importa quem seja, sem a santificação "ninguém verá o Senhor".

2. Agora, desejo me dirigir aos crentes por um momento. A esses pergunto o seguinte: "Você percebe a importância da santidade tanto quanto deveria perceber?"

Admito que estou apreensivo com a atitude da nossa época sobre esse assunto. Duvido muito que ele ocupe o lugar que merece nos pensamentos e na atenção de alguns que pertencem ao povo de Deus. Gostaria de dizer humildemente que somos inclinados a negligenciar a doutrina do crescimento na graça, não considerando bem até que ponto uma pessoa pode avançar em sua profissão religiosa e, ao mesmo tempo, não dispor realmente da graça divina, estando de fato morta aos olhos do Senhor. Acredito que Judas Iscariotes assemelhava-se muito aos demais discípulos. Quando o Senhor advertiu os apóstolos que um deles haveria de traí-Lo, nenhum deles perguntou: "Será Judas?" Seria mais aconselhável que pensássemos mais a respeito das igrejas de Sardes e Laodicéia do que costumamos fazer.

Não desejo transformar a santidade em um ídolo. Não desejo destronar a Cristo, colocando a santidade em seu lugar. Todavia, sinto-me obrigado a afirmar francamente que desejo que, nestes nossos dias, meditemos mais sobre a santificação, muito mais do que estamos fazendo. Por isso, aproveito o ensino para ressaltar essa questão diante de todos os crentes em cujas mãos possam chegar estas páginas. Algumas vezes, sinto que nos temos esquecido do fato de que Deus "casou" a justificação com a santificação. São dois aspectos distintos e diferentes da salvação, não há dúvida; mas a verdade é que uma dessas coisas nunca é encontrada separada da outra. Todas as pessoas justificadas são santificadas, e todas as pessoas santificadas foram justificadas. Portanto, aquilo que Deus ajuntou, não ouse o homem separar. Que ninguém me fale sobre a sua justificação, se também não puder apresentar sinais de sua santificação. Que ninguém se ufane da obra de Cristo *em seu favor,* a menos que também possa exibir *em seu interior* a obra do Espírito. Que ninguém imagine que Cristo e o Espírito possam ser divididos. Não duvido que muitos crentes reconheçam esses fatos; mas também penso que é bom que todos nós sejamos relembrados acerca deles. Demonstremos este reconhecimento através da nossa conduta. Procuremos manter sob nossa vista este texto: "Segui... a santificação, sem a qual ninguém verá o Senhor".

Devo dizer com franqueza que gostaria que não houvesse tão grande precaução sobre o assunto da santidade, conforme algumas vezes percebo na mente dos crentes. Poderíamos até pensar que se trata de um assunto perigoso, a julgar pela maneira cautelosa como é tratado! Contudo, certamente depois de havermos exaltado a pessoa de Cristo como "o caminho, a verdade e a vida", não poderemos estar errados, se falarmos em termos incisivos acerca de qual deve ser o caráter daqueles que fazem parte do seu povo. Com razão, disse Rutherford: "O caminho que diminui a importância dos deveres e da santificação não é o caminho da graça. Os atos de crer e fazer são amigos que fizeram um pacto de sangue".

Quero dizer com toda a reverência, embora não possa evitar de dizê-lo, que, às vezes, receio que se Cristo estivesse agora na terra, não seriam poucos os que considerariam a sua pregação legalista; e se Paulo ainda estivesse escrevendo as suas epístolas, haveria aqueles que pensariam ser mais conveniente que ele não escrevesse a última parte da maioria delas. Todavia, lembremo-nos de que o Senhor Jesus proferiu o Sermão do Monte e de que a carta aos Efésios contém seis capítulos e não, quatro. Lamento ser forçado a falar assim, mas estou certo de que há um motivo sério para tanto.

O grande teólogo do passado, João Owen, deão da Igreja de Cristo, costumava dizer, há mais de duzentos anos, que há indivíduos cuja religião parece consistir em queixar-se de suas próprias corrupções, dizendo a todos que nada podem fazer quanto a elas. Temo que após dois séculos, a mesma coisa possa ser dita, com toda a verdade, a respeito de alguns que hoje se professam parte do povo de Cristo. Sei que há textos nas Escrituras que dão respaldo a essas queixas. Não faço objeção a elas quando partem de pessoas que andam nos passos do apóstolo Paulo; que combatem o bom combate à semelhança dele, lutando contra o pecado, o diabo e o mundo. Porém, nunca aprecio tais queixas quando vejo motivos para suspeitar, conforme com freqüência percebo, que elas são apenas uma capa para encobrir a preguiça espiritual; são apenas desculpas para a frouxidão espiritual. Se tivermos de dizer juntamente com o apóstolo: "Desventurado homem que sou", também deveremos ser capazes de dizer, juntamente com ele: "prossigo para o alvo!" Não queiramos citar o seu exemplo quanto a um aspecto enquanto não o seguimos em outro (ver Rm 7.24 e Fp 3.14).

Não quero me colocar como alguém melhor do que as demais pessoas. E, se alguém indagar de mim: "Quem você pensa que é para escrever dessa maneira?" a minha resposta será: "Sou uma criatura realmente muito miserável". Porém, afirmo que não posso ler a Bíblia sem desejar poder ver muitos crentes mais espirituais, mais santos, mais singelos, mais dotados de mente celestial, mais resolutos de coração do que eles são neste nosso século. Gostaria de ver um pouco mais do espírito dos peregrinos entre os crentes, uma separação mais decidida do mundo, uma linguagem que evidencie melhor o céu e um andar mais íntimo com Deus – e essa é a razão pela qual escrevi da maneira como escrevi.

Não é verdade que precisamos de um padrão mais elevado de santidade pessoal nestes nossos dias? Onde está a nossa paciência? Onde está o nosso zelo? Onde está o nosso amor? Onde estão as nossas boas obras? Onde está a força da religião cristã a ponto de ser percebida, conforme se via nos tempos de outrora? Onde está aquele inequívoco tom, capaz de abalar o mundo que costumava distinguir os santos da antigüidade? Verdadeiramente, a nossa prata transformou-se em escória, o nosso vinho foi misturado com água e o nosso sal tem pouco sabor. Todos estamos mais do que meio-sonolentos. A noite vai adiantada e o dia já se aproxima. Despertemos; não continuemos a dormir. Abramos os nossos olhos de forma mais atenta do que temos feito até agora, "desembaraçando-nos de todo peso, e do pecado que tenazmente nos assedia". "Tendo, pois, ó amados, tais promessas, purifiquemonos de toda impureza, tanto da carne como do espírito, aperfeiçoando a nossa santidade no temor de Deus" (Hb 12.1 e 2 Co 7.1). Indagou Owen: "Morreu Cristo e sobreviverá o pecado? Foi Ele crucificado no mundo e o nosso afeto pelo mundo continuará vivo e intenso? Oh, onde está o espírito daquele que, mediante a cruz de Cristo, foi crucificado para o mundo e o mundo para ele?"

3. UM CONSELHO

Em último lugar, permita-me dar um conselho a todos quantos desejam ser santos. Você quer ser santo? Você quer se tornar uma nova criatura? Então terá de começar com Cristo. Você simplesmente não conseguirá fazer coisa alguma e nem obterá qualquer progresso, enquanto não sentir o seu pecado e fraquezas, e não fugir para Ele. Ele é a raiz e o começo de toda a santidade; a maneira de alguém se tornar santo é vir a Ele, mediante a fé, unindo-se a Ele. Para os crentes, Cristo não é apenas sabedoria e justiça, mas é também a santificação deles. Algumas vezes, os homens procuram se tornar santos por seus próprios esforços. E quão triste é o seu papel. Eles labutam e esforçam-se e viram novas páginas do livro de suas vidas, e fazem muitas modificações. No entanto, à semelhança da mulher com hemorragia, antes dela haver apelado para Cristo, fazem tudo sem "nada aproveitar, antes, pelo contrário, indo a pior" (Mc 5.26). Eles correm inutilmente e labutam em vão; e não é de se admirar, porquanto estão começando pelo lado errado. Eles estão tentando erguer uma muralha de areia; e o trabalho deles desmorona tão rapidamente quanto o edificam. Estão baldeando a água de um barco furado e a água entra com maior rapidez do que eles são capazes de esgotá-la. Ninguém pode lançar outro fundamento para a "santidade" além daquele que foi lançado por Paulo, a saber, Cristo Jesus. "Porque sem mim nada podeis fazer" (Jo 15.5). A declaração de Traill é severa, mas verdadeira: "A sabedoria fora de Cristo é insensatez que condena; a retidão fora de Cristo é culpa e condenação; a santificação fora de Cristo é imundícia e pecado; a redenção fora de Cristo é servidão e escravatura".

Você deseja alcançar a santidade? Você sente hoje um autêntico desejo de ser santo? Você quer ser participante da natureza divina? Nesse caso, *vá a Cristo*. Não espere por coisa alguma. Não espere por ninguém. Não procrastine. Não pense primeiramente em preparar-se. Vá a Ele e diga, nas palavras daquele belo hino:

> *Nada trago a Ti, Senhor; espero só em teu amor;*
> *Todo indigno e imundo sou. Eu, sem Ti, perdido estou!*
> *No teu sangue, ó Salvador, lava um pobre pecador.*
>
> Harpa Cristã, nº 47

Nem uma pedra, nem um tijolo é assentado na obra de nossa santificação, enquanto não formos a Cristo. A santidade é seu dom especial a seu povo crente. A santidade é a obra que Ele efetua nos corações dos crentes, através do Espírito que Ele lhes proporciona no íntimo. Cristo foi nomeado para ser "Príncipe e Salvador, a fim de conceder a Israel o arrependimento e a remissão de pecados". "Mas, a todos quantos o receberam, deu-lhes o poder de serem feitos filhos de Deus" (At 5.31 e Jo 1.12). A santidade não se deriva dos laços de sangue: os pais não podem conferi-la a seus filhos; nem da vontade da carne: o homem não pode produzi-la em si mesmo; nem da vontade do homem: um ministro não pode transmiti-la a outrem por meio do batismo em água. A santidade procede de Cristo. Resulta da comunhão vital com Ele. É o fruto de um ramo vivo da Videira Verdadeira. Por conseguinte, aproxime-se de Cristo e diga-Lhe: "Senhor, não somente salva-me da culpa do meu pecado; mas, igualmente, envia-me o teu Espírito que prometeste e liberta-me do poder do pecado. Torna-me santo. Ensina-me a fazer a tua vontade".

Você deseja continuar santo? Nesse caso, permaneça em Jesus Cristo. Cristo mesmo disse: "Permanecei em mim, e eu permanecerei em vós... Quem permanece em mim, e eu, nele, esse dá muito fruto" (Jo 15.4,5). Agradou ao Pai que em Cristo habitasse toda a plenitude – um completo suprimento para todas as carências do crente. Ele é o Médico ao qual você deve ir diariamente, se quiser manter saudável sua condição espiritual. Ele é o Maná que você precisa consumir diariamente e também é a Rocha da qual você precisará beber diariamente. O seu braço é o braço no qual você terá de apoiar-se a cada dia, enquanto estiver caminhando pelo deserto deste mundo. Não somente importa que você esteja arraigado nEle, mas você também precisa estar sendo edificado nEle. Paulo era um autêntico homem de Deus, um homem santo, um cristão que crescia e se desenvolvia; mas qual era o segredo de todo o seu progresso? Ele era alguém para quem Cristo era "tudo em todos". Ele nunca desviava a vista para longe de Jesus. Disse ele: "Tudo posso naquele que me fortalece". "Logo, já não sou eu quem vive, mas Cristo vive em mim; e esse viver que, agora, tenho na carne, vivo pela fé no filho de Deus." Portanto, façamos a mesma coisa (Hb 12.2; Fp 4.13; Gl 2.20).

Que todos aqueles que lerem estas páginas venham a conhecer essas realidades por experiência própria e não somente por ouvir dizer. Que todos sintamos a importância da santidade, muito mais do que temos sentido até o presente! Que os nossos dias sejam santos, então, nossa alma será feliz! Se tivermos de continuar vivendo, que vivamos para o Senhor e, se tivermos de morrer, que morramos para o Senhor e, se Ele nos vier buscar, que nos encontre em paz, sem qualquer defeito ou mácula!

Capítulo 4

O Combate

Combate o bom combate da fé.
1 Timóteo 6.12

É um fato curioso que não existe assunto acerca do qual a maioria das pessoas sinta tão profundo interesse como as "lutas". Rapazes e moças, homens idosos e crianças pequenas, pessoas importantes e humildes, ricos e pobres, eruditos e ignorantes, todos sentem um grande interesse pelas guerras, pelas batalhas e pelas lutas.

Esse é um fato simples, sem importar como queiramos explicá-lo. Chamaríamos um inglês de desinteressado, se ele não se importasse nem um pouco com a história de Waterloo, Inkermann, Balaclava ou Lucknow. Pensaríamos que um coração é frio e estúpido, se não se comovesse diante dos acontecimentos em Sedan e Strasburg, Metz e Paris, durante a guerra entre a França e Alemanha.

Entretanto, existe uma outra guerra, de importância muito maior do que qualquer das guerras em que os homens já participaram. Trata-se de uma guerra que não envolve apenas duas ou três nações, mas cada crente, homem ou mulher, que nasce neste mundo. A guerra a respeito da qual estou falando é a *guerra espiritual.* Trata-se do conflito em que se vêem envolvidos todos aqueles que querem ver a sua alma salva.

Esse conflito, do qual estou perfeitamente consciente, é algo acerca do que muitos nada sabem. Se falarmos sobre ele com tais pessoas, elas pensarão que somos loucos, entusiastas ou idiotas. No entanto, ela é real e verdadeira como qualquer outra guerra que o mundo já viu. Ela envolve os seus combates corpo-a-corpo e os seus ferimentos. Caracteriza-se por suas vigílias e fadigas. Tem suas emboscadas e assaltos, suas vitórias e derrotas. Mas, acima de tudo, tem conseqüências temíveis, tremendas e muito peculiares. Nas guerras deste mundo, as conseqüências sofridas pelas nações, por muitas vezes, são temporárias e remediáveis. No caso do conflito espiritual, entretanto, as conseqüências têm uma natureza bem diversa. Nesse conflito, as conseqüências após a luta são imutáveis e eternas.

Foi sobre esse conflito que Paulo falou a Timóteo, quando escreveu estas palavras abrasadoras: "Combate o bom combate da fé. Toma posse da vida eterna". É a respeito desse conflito que me proponho a falar neste capítulo. Asseguro que esse assunto está intimamente vinculado às questões da santificação e da santidade. Aquele que quiser compreender a natureza da verdadeira santidade terá de reconhecer que o crente é "um homem de guerra". Se ele tiver de ser santo, terá também de combater.

1. O VERDADEIRO CRISTIANISMO É UM COMBATE

A primeira coisa que tenho a dizer sobre essa questão é a seguinte: o verdadeiro cristianismo é um combate.

Verdadeiro cristianismo! Não nos esqueçamos da palavra "verdadeiro". Há muita religiosidade corrente neste mundo que não é verdadeira, não é o genuíno cristianismo. Ela é aceita por alguns; satisfaz às consciências sonolentas, mas não é legítima. Não é aquele cristianismo autêntico, conhecido no início da história cristã. Existem milhares de homens e mulheres que freqüentam as igrejas e os templos a cada domingo, e que a si mesmos chamam cristãos. Os seus nomes estão no registro batismal. São considerados cristãos enquanto vivem. Foram casados em uma cerimônia de casamento cristão. Desejam ser sepultados como cristãos, quando falecerem. Entretanto, ninguém percebe qualquer "combate" na religião deles! Eles desconhecem literalmente tudo sobre luta espiritual, esforço, conflito, autonegação, vigilância e guerra contra o mal. Tal cristianismo talvez satisfaça ao homem, e aqueles que se manifestam contra ele podem ser tidos por severos e desamorosos, mas certamente esse não é o cristianismo da

Bíblia. Não se trata da religião que foi fundada pelo Senhor Jesus e que os seus apóstolos pregaram. Não é a religião que produz a verdadeira santidade. O verdadeiro cristianismo é um "combate".

O crente autêntico é convocado para ser um soldado e deve comportar-se como tal, desde o dia de sua conversão até ao dia de sua morte. Ele não foi chamado para viver uma vida caracterizada por tranqüilidade religiosa ou pela indolência e segurança pessoal. O crente jamais deveria imaginar, por um momento sequer, que ele pode dormir ou cochilar ao longo de sua caminhada para a pátria celeste, como alguém que viaja em uma carruagem de ouro. Se ele forma o seu padrão de cristianismo tomando por base os filhos deste mundo, talvez se contente com tais noções. Entretanto, não encontrará apoio para tais idéias nas páginas da Palavra de Deus. Se a Bíblia é a sua regra de fé e prática, ele descobrirá que a sua vereda é claramente traçada quanto a essa questão. A ele compete "combater".

E contra quem o soldado cristão deve combater? Não contra outros cristãos, naturalmente. Lamentável, sob todos os aspectos, é a idéia que alguns formam de que a religião cristã consiste em uma perpétua controvérsia! Aquele que se satisfaz somente se estiver ocupado em algum conflito entre igreja e igreja, entre congregação e congregação, entre seita e seita, entre facção e facção, entre partido e partido, nada sabe ainda do que deveria saber. Sem dúvida, algumas vezes torna-se absolutamente necessário apelar para os tribunais de justiça, a fim de que seja determinada a correta interpretação de algum artigo constitucional da igreja, de estatutos e de formulários. Entretanto, de forma geral, a causa do pecado nunca é tão bem representada como quando os crentes desperdiçam as suas energias nas lutas uns contra os outros, gastando o seu tempo em desavenças tolas.

Não, absolutamente não! A principal luta do crente é contra o mundo, a carne e o diabo. Esses são os eternos adversários do cristão. Esses são os três arquiinimigos contra os quais devemos declarar guerra. A menos que o crente obtenha a vitória sobre esses três inimigos, todas as demais vitórias que ele vier a obter serão inúteis e vãs. Se ele tivesse natureza semelhante à de um anjo e não fosse uma criatura caída, então, esse conflito não seria tão essencial. Entretanto, em face de um coração corrupto, de um diabo muito ativo e de um mundo que ilude, o crente precisa "combater" ou estará perdido.

O crente precisa combater contra *a carne*. Mesmo depois da conversão ele traz consigo uma natureza inclinada para o mal e um coração fraco, tão instável quanto a água. Esse coração jamais estará isento de imperfeições neste mundo, sendo uma miserável ilusão esperar por isto. A fim de impedir que o nosso coração se desvie, o Senhor Jesus ordenou "vigiai e orai". O espírito pode estar pronto, mas a carne é fraca. Há necessidade de um combate diário e de uma luta permanente em oração. "Mas esmurro o meu corpo e o reduzo à escravidão, para que, tendo pregado a outros, não venha eu mesmo a ser desqualificado." "Mas vejo, nos meus membros, outra lei que, guerreando contra a lei da minha mente, me faz prisioneiro da lei do pecado, que está nos meus membros." "Desventurado homem que sou! Quem me livrará do corpo desta morte?" "E os que são de Cristo Jesus crucificaram a carne, com as suas paixões e concupiscências." "Fazei, pois, morrer a vossa natureza terrena" (Mc 14.38; 1 Co 9.27; Rm 7.23,24; Gl 5.24 e Cl 3.5).

O crente precisa combater contra *o mundo*. A sutil influência desse poderoso inimigo deve sofrer resistência diária de nossa parte, pois, sem uma batalha diária, ele jamais poderá ser vencido. O amor às boas coisas do mundo, o temor do escárnio ou do senso de culpa imposto pelo mundo, o desejo secreto de ser aceito pelo mundo, o desejo secreto de agir como agem as pessoas deste mundo e de não querer ser considerado um extremista – todos esses são adversários espirituais que continuamente assediam o crente durante toda a sua jornada para o céu e que precisam ser vencidos. "Não compreendeis que a amizade do mundo é inimiga de Deus? Aquele, pois, que quiser ser amigo do mundo constitui-se inimigo de Deus." "Se alguém amar o mundo, o amor do Pai não está nele." "O mundo está crucificado para mim, e eu, para o mundo." "Porque todo o que é nascido de Deus vence o mundo". "Não vos conformeis com este século" (Tg 4.4; 1 Jo 2.15; Gl 6.14; 1 Jo 5.4; Rm 12.2).

O crente precisa combater *o diabo*. Esse antigo adversário da humanidade não está morto. Desde a queda de Adão e Eva, ele tem andado a "rodear a terra e a passear por ela", esforçando-se por obter a sua grande finalidade – a ruína da alma humana. Nunca dormindo e nem cochilando, ele está sempre andando "em derredor, como leão que ruge procurando alguém para devorar". Sendo ele um inimigo invisível, está sempre perto de nós, cercando o nosso caminho e o nosso leito, espionando todos os nossos caminhos. Sendo um "homicida" e um "mentiroso" desde o princípio, ele labora noite e dia para lançar-nos no inferno. Algumas vezes, procurando conduzir-nos à superstição ou sugerindo-nos algum ato de infidelidade e, outras vezes, mediante uma tática ou outra, ele está sempre realizando uma campanha destruidora contra a nossa alma. "Eis que Satanás vos reclamou para vos peneirar como trigo!" Esse poderosíssimo adversário deve ser combatido diariamente, se quisermos ser salvos. Entretanto, "esse tipo de demônio" não cede diante da vigilância e da oração apenas, mas também por meio do combate, quando o crente se reveste de toda a armadura de Deus. O forte homem armado nunca será afastado de nosso coração, sem uma batalha diária. (Ver Jó 1.7; 1 Pe 5.8; Jo 8.44; Lc 22.31; Ef 6.11.).

Alguns talvez pensem que essas declarações sejam exageradas. Talvez você imagine que estou indo longe demais, carregando demais no colorido das descrições. Talvez, você esteja secretamente dizendo a si mesmo que os homens e as mulheres deste mundo com certeza chegam ao céu, sem toda essa dificuldade e essa guerra. Escute-me por alguns minutos, e eu lhe mostrarei que tenho algo que vem do Senhor a lhe dizer. Lembremo-nos da máxima do mais sábio general que a Inglaterra já teve: "Em tempo de guerra, o pior equívoco consiste em subestimar o inimigo e tentar fazer uma guerra pequena". Esse combate cristão não é uma questão insignificante. Dê-me sua atenção e considere o que tenho a dizer. Que dizem as Escrituras? "Combate o bom combate. Toma posse da vida eterna, para a qual também foste chamado." "Participa dos meus sofrimentos, como bom soldado de Cristo Jesus." "Revesti-vos de toda a armadura de Deus, para poderdes ficar firmes contra as ciladas do diabo; porque a nossa luta não é contra o sangue e a carne, e sim contra os principados e potestades, contra os dominadores deste mundo tenebroso, contra as forças espirituais do mal, nas regiões celestes. Portanto, tomai toda a armadura de Deus, para que possais resistir no dia mau e, depois de terdes vencido tudo, permanecer inabaláveis." "Esforçai-vos por entrar pela porta estreita, pois eu vos digo que muitos procurarão entrar e não poderão." "Trabalhai, não pela comida que perece, mas pela que subsiste para a vida eterna, a qual o Filho do homem vos dará." "Não penseis que vim trazer paz à terra; não vim trazer paz, mas espada." "Agora, porém, quem tem bolsa, tome-a, como também o alforje; e o que não tem espada, venda a sua capa e compre uma." "Sede vigilantes, permanecei firmes na fé, portai-vos varonilmente, fortalecei-vos." "Este é o dever de que te encarrego, ó filho Timóteo, segundo as profecias de que antecipadamente foste objeto: Combate, firmado nelas, o bom combate, mantendo fé e boa consciência" (1 Tm 6.12; 2 Tm 2.3; Ef 6.11-13; Lc 13.24; Jo 6.27; Mt 10.34; Lc 22.36; 1 Co 16.13; 1 Tm 1.18,19). Palavras como essas parecem-me claras, simples e inequívocas. Todas elas ensinam uma e a mesma grandiosa lição, se estivermos dispostos a acolhê-la. Essa lição é que o verdadeiro cristianismo consiste em um combate, uma luta, uma guerra. Aquele que pretende condenar o espírito de "luta", ensinando que devemos sentar-nos passivamente, "submetendo-nos a Deus", segundo penso, parece ter compreendido mal a sua Bíblia e está incorrendo em grave engano.

De uma coisa você pode ter certeza: todo membro batizado de igreja, pelo menos no que diz respeito a sua profissão de fé, é um "soldado de Cristo Jesus", comprometido a lutar contra o pecado, o mundo e o diabo sob o estandarte de Cristo. Aquele que disso duvidar faria bem em apanhar o seu livro de orações e ler, assinalando e aprendendo o seu conteúdo. A pior característica de muitos membros de nossa igreja é a sua total ignorância sobre o conteúdo de seu próprio livro de orações.

Sem importar se somos batizados, membros de uma igreja ou não, uma coisa é certa: o combate cristão é uma grande realidade, um assunto de magna importância. Não é uma questão como o governo eclesiástico ou o cerimonial de uma igreja; coisas nas quais os homens podem discordar e, ainda assim, chegar ao céu. Antes, é imposta uma necessidade. Precisamos combater. Não há promessas nas cartas do Senhor Jesus Cristo às sete igrejas, exceto para aqueles que "vencerem". Onde houver a graça, ali haverá o conflito espiritual. O crente é um soldado. Não há santidade sem luta. As almas salvas sempre serão aquelas que combateram um árduo combate.

Trata-se de um combate ditado pela *absoluta necessidade.* Não imaginemos que poderemos permanecer neutros e impassíveis nessa guerra. Tal linha de conduta pode ser possível nas guerras entre as nações, mas é totalmente impossível no conflito da alma. A política presunçosa da não-interferência, da "inatividade calculada" que agrada a tantos estadistas; o plano que pretende deixar as coisas como estão – nada disso funciona no caso do conflito cristão. Seja como for, ninguém pode escapar de servir, sob a alegação de que é "um homem pacífico". Estar em paz com o mundo, com a carne e com o diabo é estar em inimizade com Deus, é estar avançando pelo caminho largo que conduz à perdição. Não temos escolha e nem opção. Teremos de combater ou estaremos perdidos.

Trata-se de um combate ditado pela *necessidade universal.* Nenhuma categoria, classe ou faixa etária pode pleitear isenção e escapar dessa luta. Ministros do evangelho e crentes comuns, pregadores e ouvintes, jovens e velhos, pessoas importantes e pessoas humildes, ricos e pobres, nobres e plebeus, reis e súditos, senhores de terras e lavradores, sábios e ignorantes – todos, igualmente, precisam pegar nas armas e encaminhar-se para a guerra. Todos nós, por natureza, temos um coração cheio de orgulho, de incredulidade, de indolência, de mundanismo e de pecado. Todos estamos vivendo em um mundo repleto de armadilhas, de abismos e de precipícios para a alma. Cada um de nós conta com um diabo ativo, incansável e malicioso, que está sempre por perto. Todos nós, desde a rainha em seu palácio até ao pobre em sua oficina de operário, precisamos combater, se quisermos ser libertos.

Trata-se de um combate de *necessidade perpétua*. Esse combate desconhece períodos de descanso, armistícios ou tréguas. Tanto nos dias úteis quanto nos domingos, tanto em casa como em público, tanto nas pequenas coisas como o autocontrole da língua e do temperamento quanto em grandes questões como o governo de reinos – o combate cristão necessariamente prossegue sem parar. O adversário contra o qual temos de lutar jamais observa feriados, nunca dormita e jamais se entrega ao sono. Enquanto pudermos respirar, teremos de conservar posta a armadura, lembrando-nos sempre de que estamos em território inimigo. Declarou um santo moribundo: "Até mesmo às margens do Jordão, encontro Satanás mordicando meus calcanhares". Sim, precisaremos combater até à morte.

Consideremos detidamente essas proposições. Cuidemos para que a nossa religião pessoal seja real, genuína e verdadeira. O mais triste sintoma de muitos que são chamados de cristãos é a total ausência de qualquer coisa que se assemelhe a conflito e combate em seu cristianismo. Eles comem, bebem, vestem-se, trabalham, divertem-se, ganham o seu salário, gastam dinheiro e quase nunca participam das atividades religiosas formais, fazendo-o apenas uma ou duas vezes por semana. Porém, o grande conflito espiritual – com suas vigílias e suas lutas, com suas agonias e ansiedades, com suas batalhas e competições – tudo isso parece ser inteiramente desconhecido por eles. Cuidemos para que esse não se torne, igualmente, o nosso caso. O pior estado da alma é quando "o valente, bem armado, guarda a sua própria casa e ficam em segurança todos os seus bens..." – quando ele cativa homens e mulheres "para cumprirem a sua vontade" e eles não lhe oferecem a menor resistência. As piores algemas são aquelas que não são sentidas e nem vistas pelo prisioneiro (ver Lc 11.21; 2 Tm 2.26).

Poderemos consolar a nossa alma, se conhecermos algo dessa luta e conflito internos. Essa é a companhia invariável da genuína santidade cristã. Isso ainda não é tudo, estou ciente disso, mas é uma parcela importante. Detectamos, lá no fundo de nosso coração, um conflito espiritual em andamento? Sentimos algo da carne a lutar contra o espírito e do espírito a lutar contra a carne, de tal forma que não somos capazes de fazer o que queremos? (ver Gl 5.17) Temos a consciência de dois princípios dentro de nós que disputam pelo domínio? Pois bem, agradeçamos a Deus por isso! Esse é um bom sinal. Essa é uma forte indicação da grande obra interna da santificação. Todos os verdadeiros crentes são soldados. Qualquer coisa é melhor do que a apatia, a estagnação, o entorpecimento e a indiferença. Se isso está acontecendo conosco, então estamos em melhores condições espirituais do que muitas outras pessoas. A maioria dos cristãos nominais não se deixa abalar por qualquer sentimento. Evidentemente não somos amigos de Satanás. À semelhança dos monarcas deste mundo, ele não luta contra os seus próprios súditos. O próprio fato de que ele nos ataca deveria encher nossa mente de esperança. Afirmo, novamente, consolemo-nos diante desse conflito. Um filho de Deus caracteriza-se por dois grandes sinais. Ele pode ser reconhecido tanto por sua *guerra interna* quanto por sua *paz interior.*

2. O VERDADEIRO CRISTIANISMO É UM GRANDE COMBATE DE FÉ

Passo agora a considerar um segundo aspecto desse assunto: o verdadeiro cristianismo é um combate de fé.

Quanto a esse fator, o combate cristão é inteiramente diferente dos conflitos deste mundo. Não depende de braços fortes, de um olho rápido e da ligeireza dos pés. Não se combate com armas carnais na luta cristã e sim com armas espirituais. A fé é o eixo em torno do qual gira a vitória espiritual. O sucesso depende inteiramente da nossa fé.

A fé na veracidade da Palavra escrita de Deus é o alicerce primário do caráter de um soldado cristão. Ele é o que é, faz o que faz, pensa o que pensa, age como age, espera o que espera e se comporta da forma como se comporta por uma simples razão: ele dá crédito a determinadas proposições reveladas e estabelecidas nas Santas Escrituras. "Porquanto é necessário que aquele que se aproxima de Deus creia que ele existe e que se torna galardoador dos que o buscam" (Hb 11.6).

Muitos apreciam imensamente uma religião sem doutrinas e sem dogmas, nestes dias em que vivemos. Isso pode parecer excelente a princípio. Parece admirável à distância. Porém, no instante em que nos sentamos para examinar e considerar, descobrimos que se trata de algo impossível. Seria mais fácil encontrar um corpo humano sem ossos e sem nervos. Nenhuma pessoa jamais será ou fará coisa alguma, na religião cristã, a menos que creia em algo. Até mesmo aqueles que defendem a lamentável e desconfortável posição dos deístas são obrigados a confessar que acreditam em alguma coisa. A despeito de todo o seu amargo desdém pela teologia dogmática e pelo o que eles chamam de credulidade cristã, eles mesmos têm alguma espécie de fé.

No caso de crentes autênticos, a fé é a própria espinha dorsal de sua existência espiritual. Ninguém consegue combater decididamente o mundo, a carne e o diabo, a menos que tenha sido gravado em seu coração certos princípios grandiosos, nos quais ele acredita. Ele talvez mal saiba em que consistem esses princípios e certamente não será capaz de defini-los ou anotá-los em forma escrita. Porém, tais princípios estão presentes e, consciente ou inconscientemente, formam as raízes da sua religião. Onde quer que você encontre um homem combatendo vigorosamente o pecado e tentando dominá-lo; sem importar se é rico ou pobre, sábio ou ignorante; você pode estar certo de que existem certos princípios fundamentais nos quais esse homem acredita. O poeta que compôs as famosas frases abaixo era um homem dotado de espírito talentoso, mas era um péssimo teólogo.

Os zelosos destituídos de graça lutam sobre questões de fé;
Mas não pode estar errado, aquele cuja vida é correta.

Não existe tal coisa como uma vida correta desacompanhada de fé e de crença vivas. A vida, o centro e a mola-mestra do caráter do soldado cristão é a fé especial na pessoa, na obra e no ofício de nosso Senhor Jesus Cristo.

O crente, mediante a fé, vê um Salvador invisível que o amou e se entregou a Si mesmo por ele; que pagou toda a sua dívida; que levou sobre Si mesmo os seus pecados; que apagou as suas transgressões; que ressuscitou dentre os mortos por sua causa e que agora comparece no céu em seu lugar, como seu Advogado, à destra de Deus Pai. Ele vê a Jesus e se apega a Ele. Desta forma, contemplando o Salvador e confiando nEle, o crente desfruta de paz e esperança e combate voluntariamente contra todos os inimigos de sua alma.

O crente percebe os seus inúmeros pecados – o seu coração fraco, um mundo cheio de tentações, um diabo sempre ativo e, se atentasse somente para essas coisas, facilmente se desencorajaria. Todavia, também contempla um poderoso Salvador que intercede por ele, um Salvador que simpatiza com ele. Contempla o sangue de Jesus, a sua justiça, o seu eterno sacerdócio – e acredita que tudo isso lhe pertence. Ele vê a Jesus e descansa nEle com todo o seu fardo. Contemplando-O, o crente continua lutando animadamente, com a mais plena confiança de que será mais do que vencedor, "por meio daquele que nos amou" (Rm 8.37).

A fé viva e habitual na presença e na prontidão de Cristo para nos ajudar é o segredo da luta bem sucedida do soldado cristão.

Nunca nos deveríamos esquecer do fato que a fé manifesta-se em diversos graus. Nem todos os homens confiam da mesma maneira, e até mesmo uma mesma pessoa tem altos e baixos no fluxo de sua fé, crendo mais profundamente em certas ocasiões do que em outras. Conforme a intensidade de sua fé, o crente luta bem ou mal, obtém vitórias ou sofre reveses ocasionais, sai-se triunfante ou perde alguma batalha. O crente mais bem dotado de fé será o soldado mais feliz e o mais descontraído nessa luta. Coisa alguma faz com que as ansiedades do conflito pareçam tão leves quanto a certeza do amor de Cristo e de sua contínua proteção. Coisa alguma o capacita tanto a suportar as fadigas ou as vigílias, as lutas e os confrontos com o pecado, como a confiança interna de que Cristo está sempre ao seu lado e de que o seu sucesso está garantido. É o "escudo da fé" que apaga todos os dardos inflamados do maligno. O cristão é o homem que pode dizer: "Sei em quem tenho crido", e que pode afirmar em momentos de sofrimento: "Não me envergonho". Aquele que grafou estas notáveis palavras: "Por isso não desanimamos", e também: "Porque a nossa leve e momentânea tribulação produz para nós eterno peso de glória, acima de toda comparação", foi também o homem que escreveu: "Não atentando nós nas cousas que se vêem, mas nas que se não vêem; porque as que se vêem são temporais, e as que se não vêem são eternas". Foi o homem que declarou: "Esse viver que, agora, tenho na carne, vivo pela fé no Filho de Deus"; foi ele quem disse, naquela mesma epístola: "O mundo está crucificado para mim, e eu, para o mundo". Foi ele quem escreveu: "Porquanto, para mim, o viver é Cristo" e quem disse, naquela mesma epístola: "Aprendi a viver contente em toda e qualquer situação", e disse ainda: "Tudo posso naquele que me fortalece". Sim, quanto maior for a fé, maior será a vitória! Quanto maior for a fé, maior será a paz interior! (Ver Ef 6.16; 2 Tm 1.12; 2 Co 4.16-18; Gl 2.20; 6.14; Fp 1.21; 4.11,13.)

Penso que é impossível superestimar o valor e a importância da fé. Com razão o apóstolo Pedro intitulou-a de "preciosa" (2 Pe 1.1). Faltar-me-ia o tempo se eu tentasse relatar a centésima parte das vitórias, que, mediante a fé, os soldados cristãos têm obtido.

Examinemos a nossa Bíblia e leiamos Hebreus 11 com atenção. Notemos a longa lista dos heróis da fé, cujos nomes ficaram ali registrados, desde Abel até Moisés; antes mesmo de Cristo haver nascido da virgem Maria, a fim de trazer até nós a vida e a imortalidade à plena luz do evangelho. Observemos bem quantas batalhas eles venceram no conflito contra o mundo, a carne e Satanás. E, então, lembremo-nos de que foi a fé que obteve tantas vitórias. Aqueles homens estavam aguardando o Messias prometido. Eles viram Aquele que é invisível.

"Pois, pela fé, os antigos obtiveram bom testemunho" (Ver Hb 11.2-27).

Examinemos, igualmente as páginas da história da Igreja primitiva. Consideremos como os crentes primitivos mantiveram firmemente a sua religião, mesmo em face da morte, não se deixando abalar nem mesmo pelas mais ferozes perseguições movidas pelos imperadores pagãos. Durante séculos, não faltaram homens de valor como Policarpo e Inácio, que estavam prontos a dar as suas próprias vidas e não negar a Cristo. Multas, detenções e torturas, bem como a fogueira e a espada, foram incapazes de esmagar o espírito daquele nobre exército de mártires cristãos. Todo o poder da Roma imperial, a dona do mundo, mostrou-se incapaz de apagar a religião que começou entre alguns poucos pecadores e publicanos na Palestina! Além disso, relembremo-nos que a crença em um Jesus invisível era a grande força da Igreja primitiva. Eles obtiveram os seus triunfos por meio da fé.

Examinemos, por semelhante modo, a história da reforma protestante. Estudemos as vidas de seus principais campeões – Wycliffe, Huss, Lutero, Ridley, Latimer e Hooper. Observemos como aqueles galantes soldados de Cristo permaneceram firmes contra uma grande hoste de adversários, estando prontos a morrer em defesa dos seus princípios. Quantas batalhas tiveram de combater! Quantas controvérsias tiveram de enfrentar! Quantas contradições foram forçados a tolerar! Quanta tenacidade de propósito eles demonstraram contra um mundo que tinha armas na mão! E então, lembremo-nos de que a confiança em um Jesus invisível foi o grande segredo da força deles. Sim, eles venceram mediante a fé.

Consideremos os homens que deixaram as mais profundas marcas na história eclesiástica, durante os últimos trezentos anos. Observemos homens como Wesley, Whitefield, Venn e Romaine, que se puseram de pé, solitários em sua geração, e reviveram o cristianismo evangélico na Inglaterra, em face da oposição de homens de elevados cargos públicos, em face da calúnia, do ridículo e da perseguição de noventa por cento dos cristãos professos de sua própria pátria. Observemos homens como William Wilberforce, Havelock e Hedley Vicars no seu testemunho em favor de Cristo nas ocasiões menos oportunas, nas mais difíceis circunstâncias, tal como em plena Casa dos Comuns, em Londres. Notemos como aquelas nobres testemunhas nunca hesitaram, até ao fim, obtendo o respeito até mesmo dos seus mais resolutos adversários. E então, lembremo-nos de que a confiança no Cristo invisível foi a chave de toda a força de caráter que eles demonstraram. Pela fé eles viveram, andaram, puseram-se de pé e venceram.

Quer alguém viver a vida de um soldado cristão? Que ore, pedindo fé. Esse é um dom de Deus e um dom que aqueles que o pedirem nunca o pedirão em vão. Porém, você terá de confiar antes de pedir. Se os homens nada fazem na religião cristã, a razão disso é que eles não crêem. A fé é o primeiro passo para o céu.

Deseja alguém combater o combate de um soldado cristão de forma bem sucedida e próspera? Então que ore, pedindo por um ininterrupto desenvolvimento em sua fé. Que ele habite em Cristo, aproxime-se cada vez mais de Cristo, apegue-se mais e mais firmemente a Cristo a cada dia em que viver. Que a sua oração diária seja a mesma oração dos discípulos: "Aumenta-nos a fé" (Lc 17.5). Vigie criteriosamente a sua fé, se é que você a tem. Essa é a cidadela do caráter do crente, da qual depende a total segurança de sua fortaleza. Esse é o ponto onde Satanás busca lançar os seus ataques. Tudo jazerá à mercê dele, se a fé for derrubada. Nesse particular, se amamos a vida, teremos de montar guarda de maneira toda especial.

3. O VERDADEIRO CRISTIANISMO É UM BOM COMBATE

A última coisa que tenho a dizer a esse respeito é o seguinte: O verdadeiro cristianismo é um bom combate.

"Bom" é um curioso adjetivo a ser aplicado a qualquer combate. Todas as guerras deste mundo são mais ou menos perversas. Não há dúvida que, em certos casos, a guerra torna-se uma necessidade inevitável, a fim de garantir a liberdade dos povos e a fim de impedir que os fracos sejam espezinhados pelos poderosos. Não obstante, ainda assim, a guerra é um mal. Envolve prodigiosa quantidade de sofrimento e derramamento de sangue. Lança na eternidade miríades de pessoas totalmente despreparadas para tal eventualidade. Ela desperta nos homens as piores paixões. Provoca enorme desperdício e destruição de propriedades. Enche lares pacíficos de pesarosas viúvas e órfãos. Espalha a pobreza, o aumento de impostos e a desgraça nacional. Desmantela a boa ordem social. Interrompe a obra da evangelização e o desenvolvimento das missões cristãs. Em suma, a guerra é um imenso e incalculável mal, pelo que todo homem dedicado à oração deveria clamar noite e dia: "Senhor, dá-nos paz em nossa época". No entanto, há uma guerra que é enfaticamente "boa", na qual não se manifesta o elemento do mal. Essa guerra é o combate cristão. Essa guerra é o conflito da alma.

Ora, quais são os motivos que fazem o combate cristão ser um "bom combate"? Quais são os pontos por causa dos quais esse combate é superior às guerras deste mundo? Examinemos a questão e falemos abertamente sobre ela. Não ouso passar por ela, sem antes iluminá-la. Não quero que alguém comece a vida de um soldado cristão, sem antes calcular o preço. Não quero deixar de salientar, diante de qualquer pessoa, que, se ela quiser ser santa e ver o Senhor, terá de entrar no combate. E também que o combate cristão, embora seja de natureza espiritual, é real e árduo. Tal combate requer coragem, ousadia e perseverança. Entretanto, quero que os meus leitores reconheçam que há um encorajamento abundante para eles, se ao menos desejarem começar a combater. As Escrituras não chamam o combate cristão de "bom combate" sem motivo e sem qualquer razão. Permita-me tentar mostrar o que eu quero dizer.

a. O combate cristão é bom porque se processa sob as ordens do melhor dos generais. O Líder e Comandante de todos os crentes é nosso divino Salvador, o Senhor Jesus Cristo – um Salvador dotado de sabedoria perfeita, infinito amor e força todo-poderosa. O Capitão da nossa salvação nunca deixa de conduzir os seus comandados em triunfo. Ele jamais faz movimentos desnecessários, nunca erra em seus cálculos, nunca comete qualquer equívoco. Os seus olhos estão fixos sobre todos os seus seguidores, desde o maior até ao mínimo dentre eles. O mais humilde servo de seu exército não é esquecido. O mais fraco e doentio deles é cuidado, relembrado e conservado em segurança para a salvação eterna. As almas que Ele comprou e redimiu com o seu próprio sangue são por demais preciosas para se perderem e serem lançadas fora. Certamente isso é bom!

b. O combate cristão é bom porque é realizado com a melhor das ajudas. Ainda que cada crente seja um fraco em si mesmo, o Espírito Santo veio habitar nele e o seu corpo tornou-se templo do Espírito de Deus. Escolhido por Deus Pai, lavado no sangue do Filho de Deus e renovado pelo Espírito Santo, ele não se lança ao combate cristão por sua própria conta e risco e nunca está sozinho em meio à luta. Deus Espírito Santo o ensina a cada dia, conduzindo-o, guiando-o e dirigindo-o. Deus Pai guarda-o por intermédio de seu todo-poderoso poder. Deus Filho intercede em favor dele a cada instante, tal como Moisés fez no monte, enquanto os israelitas combatiam no vale, lá em baixo. Um cordão de três dobras como este jamais poderá partir-se! As provisões divinas e os suprimentos diários do Senhor nunca falharão e nem faltarão ao crente. Suas estratégias de guerra nunca se mostram deficientes. Seu pão e sua água não falham. Por mais fraco que pareça ser um crente, como se fosse um verme, ele se torna forte no Senhor, sendo capaz de realizar grandes feitos. Certamente isso é bom!

c. O combate cristão é um bom combate porque é realizado com base nas melhores promessas. Cada crente recebeu grandes e preciosas promessas – todo o Sim e o Amém que há em Cristo – promessas que certamente serão cumpridas por haverem sido feitas por Alguém que não pode mentir, por Alguém que tem o poder e a vontade de cumprir a sua Palavra. "Porque o pecado não terá domínio sobre vós; pois não estais debaixo da lei, e sim da graça." "E o Deus da paz, em breve, esmagará debaixo dos vossos pés a Satanás." "Estou plenamente certo de que aquele que começou boa obra em vós há de completá-la até ao dia de Cristo Jesus." "Quando passares pelas águas, eu serei contigo; quando, pelos rios, eles não te submergirão; quando passares pelo fogo, não te queimarás, nem a chama arderá em ti." "Eu lhes dou a vida eterna; jamais perecerão, e ninguém as arrebatará da minha mão." "Todo aquele que o Pai me dá, esse virá a mim; e o que vem a mim, de modo nenhum o lançarei fora." "De maneira alguma te deixarei, nunca jamais te abandonarei." "Porque eu estou bem certo de que nem morte, nem vida, nem anjos, nem principados, nem cousas do presente, nem do porvir, nem poderes, nem altura, nem profundidade, nem qualquer outra criatura poderá separar-nos do amor de Deus, que está em Cristo Jesus, nosso Senhor" (Rm 6.14; 16.20; Fp 1.6; Is 43.2; Jo 10.28; 6.37; Hb 13.5; Rm 8.38-39). Palavras como essas valem o seu peso em ouro! Quem não sabe que as promessas de ajuda vindoura animaram os defensores de cidades assediadas, como Lucknow, conferindo-lhes uma resistência acima do normal? Porventura, nunca ouvimos dizer que a promessa de "ajuda antes do anoitecer" muito teve a ver com a grande vitória obtida em Waterloo? Contudo, todas as promessas semelhantes são como o nada em comparação com o rico tesouro que os crentes possuem: as eternas promessas de Deus. Certamente isso é bom!

d. O combate cristão é um bom combate porque é efetuado com os melhores propósitos e resultados. Sem dúvida, há tremendas lutas, conflitos, ferimentos, escoriações, vigílias, jejuns e fadigas nesse combate. Porém, cada crente, sem exceção, é mais do que vencedor "por meio daquele que nos amou" (Rm 8.37). Nenhum soldado de Cristo jamais se perde, desaparece ou é deixado morto no campo de batalha. Não haverá qualquer necessidade de lamentar pelas baixas sofridas e nenhuma lágrima terá de ser derramada por qualquer soldado ou oficial do exército de Cristo. O rol dos convocados, quando chegar o último dia, será precisamente idêntico ao da primeira manhã. A Guarda Inglesa marchou de Londres para a campanha da Criméia, como um magnífico exército; porém, muitos daqueles homens corajosos deixaram os seus ossos em alguma sepultura no estrangeiro e nunca mais viram Londres. Muito diferente disso será a chegada do exército cristão na "cidade que tem fundamentos, da qual Deus é o arquiteto e edificador" (Hb 11.10). Nenhum deles estará faltando. As palavras de nosso grande Capitão serão confirmadas como verdadeiras: "Não perdi nenhum dos que me deste" (Jo 18.9). Certamente isso é bom!

e. O combate cristão é bom porque faz bem à alma daquele que dele participa. Todas as outras guerras têm uma tendência perniciosa, ameaçadora e desmoralizante. Elas despertam as piores paixões da mente humana. Endurecem a consciência e solapam os alicerces da religião e da moral. Somente o combate cristão tende por despertar as melhores coisas que restaram no ser humano. Esse combate promove a humildade e o amor, amortece o egoísmo e o mundanismo, conduz os homens a firmarem os seus afetos nas coisas lá do alto. Os idosos, os enfermos, os moribundos jamais se arrependeram de haver combatido as batalhas de Cristo contra o pecado, o mundo e o diabo. Eles lamentam somente que não começaram a servir a Cristo muito antes do que fizeram. A experiência daquele eminente crente, Philip Henry, não é única. Nos seus últimos anos de vida, ele disse aos seus familiares: "Peço que todos vocês meditem no fato de que uma vida gasta no serviço de Cristo é a vida mais feliz que um homem pode ter nesta terra". Certamente isso é bom!

f. O combate cristão é um bom combate porque faz bem ao mundo. Todas as outras guerras têm um efeito devastador, destrutivo e injurioso. A marcha de um exército, por uma região qualquer, é uma terrível desgraça para a população que ali vive. Por onde quer que passe, empobrece, desperdiça e prejudica. Danos causados às pessoas, às propriedades, aos sentimentos e à moral invariavelmente acompanham de perto os exércitos em marcha. Bem diferente disso são os efeitos produzidos pelos soldados cristãos. Onde quer que eles estejam vivendo, servem de bênção. Eles elevam os padrões da religião e da moral. Invariavelmente, eles impedem o progresso do alcoolismo, do desrespeito ao descanso dominical, do desperdício com coisas inúteis e da desonestidade. Os seus próprios adversários vêem-se obrigados a respeitá-los. Por onde quer que alguém vá, raramente descobrirá que os quartéis e as tropas fazem bem à vizinhança. Porém, por onde quer que você vá, descobrirá que a presença de alguns poucos crentes verdadeiros é uma bênção. Certamente isso é bom!

g. Finalmente, o combate cristão é bom porque terminará em gloriosa recompensa para todos quantos dele participarem. Quem pode calcular o valor dos galardões que Cristo dará a todo o seu povo fiel? Quem pode calcular as coisas boas que o nosso divino Capitão reservou para aqueles que O confessarem diante dos homens? Uma nação agradecida pode dar aos seus guerreiros bem-sucedidos presentes como medalhas, condecorações, pensões, títulos nobiliárquicos, honrarias e coisas semelhantes. Porém, não pode dar coisa alguma que seja duradoura e permanente, nada que possa ser levado para além do sepulcro. O melhor palácio só pode ser desfrutado pelo espaço de alguns anos. Os mais bravos generais e militares terão de cair um dia perante o pior de todos os terrores. Melhor, infinitamente melhor, é a posição daquele que combate contra o pecado, o mundo e o diabo sob o estandarte de Cristo. Talvez tal crente não seja grandemente louvado pelos homens enquanto estiver vivo e talvez desça ao sepulcro com poucas honrarias; no entanto, ele terá aquilo que é muitíssimo melhor porque é permanente. Ele receberá "a imarcescível coroa da glória" (1 Pe 5.4). Certamente isso é bom!

Fixemos na mente o fato de que o combate cristão é um bom combate – realmente bom, verdadeiramente bom, enfaticamente bom. Por enquanto, vemos apenas uma parte dele; vemos o conflito, mas não o fim; vemos a campanha, mas não o galardão; vemos a cruz, mas não a coroa. Vemos apenas algumas poucas pessoas humildes, de espírito quebrantado, penitentes, dedicadas à oração, enfrentando dificuldades e desprezadas pelo mundo; mas não vemos a mão de Deus protegendo-os e nem o rosto de Deus a lhes sorrir, e nem o reino da glória preparado para eles. Essas coisas ainda serão reveladas no tempo certo. Não julguemos segundo as aparências. Há mais coisas no combate do crente do que somos capazes de perceber.

E agora, permitam-me concluir o meu assunto com algumas poucas palavras de aplicação prática. Nossa sorte é lançada em tempos em que o mundo parece estar pensando em pouco mais do que batalhas e conflitos. O terror está entrando na alma de mais de uma nação e a alegria de muitas belas cidades vai desaparecendo inteiramente. Certamente que em tempos como os nossos, um ministro do evangelho pode com razão convocar os homens para que se lembrem de seu combate espiritual. Deixe-me dizer algumas palavras de conclusão a respeito dessa grande luta da alma.

1. É possível que você esteja lutando arduamente pelas recompensas deste mundo. Talvez você esteja forçando cada nervo de seu corpo para obter dinheiro ou posição, ou poder, ou prazer. Se esse é o seu caso, então, tome cuidado. Sua semeadura resultará em uma colheita de amargo desapontamento. A menos que você pense no que está planejando, o seu fim será jazer na tristeza.

Milhares de pessoas trilharam a vereda pela qual você está seguindo, tendo despertado tarde demais para descobrirem que ela termina em miséria e ruína eternas. Elas têm combatido de forma intensa em busca de riquezas, honras, posição social e promoção pessoal, voltando as costas para Deus e para Jesus Cristo, para o céu e para o mundo vindouro. Mas, qual tem sido o fim dessas pessoas? Com freqüência, com muita freqüência, elas têm descoberto que as suas vidas inteiras têm sido um colossal equívoco. Elas têm provado, pela amarga experiência, os mesmos sentimentos daquele estadista que, na hora da morte, clamava em altos brados: "Lutei, lutei; mas a vitória não foi ganha".

Por amor à sua própria felicidade, resolva neste dia que você se colocará ao lado do Senhor. Afaste sua negligência e incredulidade passadas. Abandone os caminhos de um mundo que não pensa e nem raciocina. Tome a sua cruz e torne-se um bom soldado de Cristo. "Combate o bom combate da fé". Isso fará de você um homem feliz e seguro.

Considere que os filhos deste mundo, muitas vezes, combatem o bom combate quando querem obter a liberdade, mesmo sem a motivação de qualquer princípio religioso. Lembre-se de como os gregos, os romanos, os suíços e até os tiroleses perderam tudo, incluindo a própria vida, antes de entregarem o pescoço ao jugo estrangeiro. Que o exemplo deles lhe sirva de estímulo. Se os homens podem fazer tanto por uma coroa corruptível, quanto mais você pode fazer por uma coroa incorruptível! Desperte para o senso da miséria de quem é um escravo. Erga-se e lute em prol da vida, da felicidade e da liberdade.

Não tema alistar-se sob o estandarte de Cristo, nem tema começar a combater. O grande Capitão da nossa salvação não rejeita alguém que venha a Ele. À semelhança de Davi, na caverna de Adulão, Ele está disposto a receber todos quantos apelem a Ele, por mais indignos que sejam. Nenhum daqueles que se arrepende de seus pecados e confia nEle é ruim demais para alistar-se nas fileiras do exército de Deus. Todos aqueles que se achegam a Ele, mediante a fé, são admitidos, revestidos, armados, treinados e, finalmente, conduzidos à vitória completa. Não tema iniciar a luta ainda hoje. Ainda há lugar para você.

Não receie continuar lutando, uma vez que você se aliste. Quanto mais resoluto e dedicado você for como soldado, mais o combate lhe parecerá confortador. Sem dúvida que com freqüência você terá de enfrentar a fadiga, a tribulação e a batalha árdua antes de sua luta haver terminado. Porém, que nenhuma dessas coisas o abalem. Maior é Aquele que está ao seu lado do que todos os que estão contra você. Liberdade eterna ou cativeiro eterno são as alternativas que se apresentam à sua frente. Escolha a liberdade e lute até ao fim.

2. É possível que você já conheça algo do combate cristão e já seja um soldado treinado e provado. Se assim é, então, aceite uma palavra final de conselho e encorajamento da parte de um companheiro de armas. Falo comigo tanto quanto com você. Despertemos nossa mente por meio de lembranças. Há certas coisas que nunca é demais lembrar.

Lembremo-nos de que se quisermos lutar com êxito, teremos de revestir-nos de toda a armadura de Deus, nunca a depondo, enquanto estivermos vivos. Não podemos desprezar uma peça sequer da nossa armadura. O cinto da verdade, a couraça da justiça, o escudo da fé, a espada do Espírito e o capacete da salvação – cada uma dessas coisas, e todas elas juntamente, são necessárias. Não podemos negligenciar qualquer peça dessa armadura por um dia sequer. Com razão observou um antigo veterano do exército de Cristo: "No céu não compareceremos revestidos de armadura, mas em trajes gloriosos. Aqui, no entanto, a nossa armadura precisa ser usada noite e dia. Teremos de caminhar, trabalhar e dormir revestidos da nossa armadura ou não seremos verdadeiros soldados de Cristo".[1]

Não nos esqueçamos das solenes palavras inspiradas de um desses santos guerreiros, que foi para o seu descanso há quase vinte séculos: "Nenhum soldado em serviço se envolve em negócios desta vida, porque o seu objetivo é satisfazer àquele que o arregimentou" (2 Tm 2.4). Que jamais nos esqueçamos dessa afirmação!

Lembremo-nos de que alguns homens pareceram ser bons soldados durante um certo período, falando em tons altissonantes sobre o que queriam fazer e, no entanto, voltaram as costas vergonhosamente no dia da batalha.

Nunca nos esqueçamos de Balaão, de Judas Iscariotes, de Demas e da esposa de Ló. Não importa quão fracos sejamos, cumpre-nos ser cristãos autênticos, genuínos, verdadeiros e sinceros.

Lembremo-nos de que os olhos de nosso amorável Salvador estão postos em nós, pela manhã, ao meio-dia e à noite. Ele jamais permitirá que sejamos tentados acima do que somos capazes de suportar. Ele sabe simpatizar com a nossa debilidade, porquanto Ele mesmo sofreu, ao ser tentado. Ele sabe o que está envolvido nessas batalhas e conflitos espirituais, porquanto Ele mesmo foi atacado pelo príncipe deste mundo. Posto que contamos com tão experiente Sumo Sacerdote, que é Jesus, o Filho de Deus, mantenhamos firmemente a nossa confissão (ver Hb 4.14).

---

1 GURNALL, William. *The Christian in Complete Armour*. Edinburg: Banner of Truth Trust, 1979.

Lembremo-nos que milhares de soldados, antes de nós, têm combatido na mesma guerra na qual estamos lutando, tendo-se saído mais do que vencedores por meio dAquele que nos amou. Eles venceram por meio do sangue do Cordeiro e outro tanto poderá suceder conosco. O braço de Cristo continua tão poderoso quanto sempre foi e o coração de Cristo continua tão amoroso quanto sempre foi. Aquele que salvou homens e mulheres antes de nós é Aquele que nunca muda. "Por isso também pode salvar totalmente os que por ele se chegam a Deus, vivendo sempre para interceder por eles"! Isso posto, cumpre-nos desprezar as nossas dúvidas e temores. Tornemo-nos "imitadores daqueles que, pela fé e pela longanimidade, herdam as promessas", os quais estão aguardando agora que nos juntemos a eles (Hb 7.25 e 6.12).

Finalmente, lembremo-nos de que o tempo é curto e que a volta do Senhor aproxima-se rapidamente. Mais algumas batalhas e a última trombeta soará, e o Príncipe da Paz virá reinar. Mais algumas lutas e conflitos e deixaremos a guerra espiritual enterrada no passado para sempre, juntamente com o pecado, a tristeza e a morte. Por essa razão, combatamos até ao fim, sem nunca nos rendermos. Disse o Capitão da nossa salvação: "O vencedor herdará estas cousas, e eu lhe serei Deus e ele me será filho" (Ap 21.7).

Gostaria de concluir tudo quanto tenho dito neste capítulo com as palavras de João Bunyan, numa das mais belas porções de *O Peregrino*, onde ele descreve o fim de um dos mais santos e mais notáveis peregrinos:

> *Depois disso, ouviu-se o rumor de que o Sr. Valente-pela-verdade fora enviado a uma convocação pelo mesmo aviso que fora enviado aos outros. E foi-lhe dado este recado para ele soubesse que a convocação era verdadeira: "E se quebre o cântaro junto à fonte" (Ec 12.6). Quando ele compreendeu o recado, chamou os seus amigos e falou-lhes a esse respeito. Então acrescentou: "Estou indo para a casa de meu Pai e embora tenha chegado até aqui com grandes dificuldades, todavia, não me arrependo de tudo quanto tive de experimentar até chegar a este ponto. Darei a minha espada àquele que me substituir na peregrinação, e minha coragem e minha habilidade àquele que puder obtê-las. Minhas cicatrizes e ferimentos, levarei comigo como testemunhas de que combati nas batalhas daquele que agora será o meu galardoador!" Chegado o dia em que ele teria de ir para o seu lar*

> *celestial, muitos o acompanharam até à beira do rio. E enquanto descia para o rio, disse: "Oh, morte, onde está a tua vitória?" Dessa maneira, atravessou o rio e todas as trombetas soaram, saudando-o, do outro lado!*[2]

Que o nosso fim neste mundo se assemelhe a esse! Que nunca nos esqueçamos de que sem luta não poderá haver santidade, enquanto estivermos vivos e nem haverá coroa de glória, depois que falecermos!

2 O episódio no qual aparece o personagem "Valente-pela-verdade" pertence à segunda parte do livro *O Peregrino*, que foi publicada pela Editora Mundo Cristão, com o título de *A Peregrina* (BUNNYAN, John. *A Peregrina*. São Paulo: Mundo Cristão, 2006).

Capítulo 5

O Preço

Pois qual de vós, pretendendo construir uma torre,
não se assenta primeiro para calcular a despesa?
Lucas 14.28

O texto bíblico deste capítulo reveste-se de grande importância. Poucas são as pessoas que com freqüência não se vêem forçadas a indagar de si mesmas: "Quanto me custará isso?"

Quando compramos uma propriedade, edificamos uma casa, mobiliamos uma sala, fazemos planos, mudamos de residência ou educamos os filhos é sábio e prudente considerar o futuro e calcular os custos. Muitas pessoas evitariam grandes tristezas e tribulações, se, antes de agir, perguntassem: "Qual será o preço?"

Há um assunto acerca do qual é especialmente importante "calcular o preço". Esse assunto é a salvação da nossa alma. Quanto custa ser um crente verdadeiro? Quanto custa ser um homem verdadeiramente santo? Afinal de contas, essa é a grande pergunta que se impõe. Por não cogitarem acerca disso, milhares de pessoas, após terem começado aparentemente bem, desviam-se do caminho que conduz ao céu e perdem-se para sempre no inferno. Gostaria de dizer algumas palavras que podem lançar luz sobre essa questão.

Em primeiro lugar, mostrarei quanto custa ser um crente verdadeiro.

Em segundo lugar, explicarei por que é tão importante calcular o preço.

Em último lugar, apresentarei algumas sugestões que poderão ajudar os homens a calcular o preço corretamente.

Estamos vivendo em tempos estranhos. Os acontecimentos passam com singular rapidez. Nunca sabemos "o que nos reserva o dia seguinte"; muito menos o que sucederá dentro de um ano! Vivemos em uma época de intensa profissão de fé religiosa. Centenas de cristãos professos, por toda a parte da terra, estão exprimindo o desejo de gozarem de maior santidade e de um grau mais elevado de vida espiritual. No entanto, nada é mais comum do que ver as pessoas receberem a Palavra de Deus com satisfação, para então, depois de algum tempo, retornarem ao mundo e aos seus pecados. É que eles não consideraram "o quanto custa" ser um crente realmente coerente, ser um cristão santificado. Por certo, estamos em uma época em que deveríamos sentar-nos com freqüência a fim de calcular o preço, de considerar o estado de nossa alma. É mister pensarmos no que estamos prestes a fazer. Se desejamos ser crentes verdadeiramente santos, isso é um bom sinal. Podemos agradecer a Deus por haver Ele colocado tal desejo em nosso coração. A despeito disso, o preço deveria ser calculado por nós. Não há dúvida que o caminho de Cristo para a vida eterna é agradável. Porém, é insensatez cerrar os olhos para o fato de que o caminho de Cristo é estreito ou de que a cruz vem antes da coroa.

1. O CUSTO DE SER UM CRISTÃO VERDADEIRO

Em primeiro lugar, cumpre-nos mostrar quanto custa ser um cristão verdadeiro.

Ninguém se engane quanto ao sentido das minhas declarações. Não estou examinando quanto custa salvar uma alma cristã. Sei muito bem que isso custa nada menos do que o sangue do próprio Filho de Deus, que proveu expiação e remiu homens da condenação ao inferno. O preço pago pela nossa redenção foi nada menos que a morte de Jesus Cristo no Calvário. "Porque fostes comprados por preço." "Cristo Jesus, homem, o qual a si mesmo se deu em resgate por todos" (1 Co 6.20; 1 Tm 2.5-6). Tudo isso, entretanto, desvia-se inteiramente da nossa questão central. O ponto que desejo considerar é o que um homem deve estar *pronto a abandonar*, se quiser ser salvo. Está em pauta o montante de sacrifício a que um homem precisa se submeter, se realmente tenciona servir a Cristo. É nesse sentido que levanto a indagação: "Qual é o preço?" E acredito firmemente que essa indagação é importantíssima.

Admito prontamente que custa pouco alguém manter a aparência de um cristão. Uma pessoa que apenas freqüente algum lugar de adoração duas vezes a cada domingo e possua uma moralidade razoável durante os dias da semana, já terá feito o que milhares de outras pessoas ao seu redor fazem com o cristianismo. Tudo isso é trabalho fácil e barato; não requer qualquer autonegação ou auto-sacrifício. Se isso é o cristianismo que salva e que nos conduzirá ao céu quando morrermos, então, convém que se altere a descrição sobre o caminho da vida, e se escreva: "Larga é a porta e espaçoso é o caminho que conduz ao céu!"

Não obstante, custa bastante ser um crente verdadeiro, se os padrões da Bíblia tiverem de ser seguidos. Há inimigos que terão de ser vencidos, batalhas que terão de ser travadas, sacrifícios que terão de ser feitos, um Egito que precisará ser esquecido, um deserto que precisará ser atravessado, uma cruz que deverá ser carregada, uma carreira que terá de ser corrida. A conversão não se assemelha a colocar um homem em uma poltrona, levando-o assim, em conforto, para o céu. Quando alguém se torna crente, dá início a um imenso conflito no qual custa muito obter a vitória. Daí origina-se a indizível importância de "calcular o preço".

Permita-me tentar mostrar de forma precisa e particular quanto custa ser um crente autêntico. Suponhamos que um homem se disponha a servir a Cristo, sentindo-se atraído e inclinado a segui-Lo. Suponhamos também que alguma aflição ou uma morte repentina, ou um sermão desafiador lhe venha despertar a consciência, levando-o a sentir o valor da sua própria alma e a desejar ser um verdadeiro crente. Sem dúvida, muita coisa haverá para encorajá-lo. Os seus pecados poderão ser gratuitamente perdoados, por maiores que sejam. O seu coração poderá ser totalmente transformado, não importa quão frio e endurecido ele se encontre. Cristo e o Espírito Santo, a misericórdia e a graça, estarão todos à sua disposição. Apesar de tudo, convém que ele calcule o preço. Examinemos particularmente, uma por uma, as coisas que a sua religião cristã haverá de custar-lhe.

1. Antes de tudo, isso lhe custará a sua *justiça própria*. Ele terá de desfazer-se de todo o orgulho, de todos os pensamentos altivos e de toda a presunção acerca de sua própria bondade. Terá de contentar-se em ir para o céu como um pobre pecador, salvo exclusivamente pela graça gratuita, devendo tudo aos méritos e à retidão de Outrem. Cumpre-lhe realmente sentir aquilo que diz o livro de oração de nossa igreja: ele tem "errado e se desviado como uma ovelha perdida", tendo deixado de fazer "o que lhe competia e tendo feito o que não lhe competia fazer, não havendo nele qualquer saúde espiritual". Ele terá de dispor-se a desistir de toda a confiança em sua própria moralidade, respeitabilidade, orações, leituras da Bíblia, freqüência à igreja, participação nas ordenanças, não confiando em outra coisa e em outra pessoa, senão em Jesus Cristo.

Ora, para alguns isso poderá parecer difícil. E não me admiro disso. Disse um piedoso lavrador ao bem conhecido James Hervey: "Senhor, é mais difícil negar o orgulho próprio do que negar o próprio pecado. Mas isso é algo absolutamente necessário". Em nosso cálculo do custo, que esse seja o nosso primeiro item. Para que um homem seja um verdadeiro crente, ele terá de desistir de sua justiça-própria.

2. Em segundo lugar, um homem terá de desistir dos seus *pecados*. Ele deverá estar disposto a abandonar cada hábito e prática errados aos olhos de Deus. Terá de voltar o rosto contra tais práticas, lutando contra elas, rompendo com elas, crucificando-se para elas e esforçando-se por mantê-las sob o seu controle, sem importar com o que o mundo ao seu redor possa pensar ou dizer. Ele terá de fazer isso de maneira honesta e justa. Não poderá dar tréguas a nenhum pecado especial que ele ame. Ele terá de considerar todos os pecados como seus inimigos mortais, odiando cada caminho de iniqüidade; sem importar se são pequenos ou grandes, públicos ou secretos; ele terá de renunciar terminantemente a todos os seus pecados. Talvez esses pecados lutem diariamente contra ele e, às vezes, quase haverão de derrotá-lo. Porém, ele nunca poderá ceder diante deles. Cumpre-lhe manter uma guerra perpétua contra os seus pecados. Está escrito: "Lançai de vós todas as vossas transgressões." "Põe termo, pela justiça, em teus pecados e em tuas iniqüidades." "Cessai de fazer o mal" (Ez 18.31; Dn 4.27; Is 1.16).

Isso também parece difícil e não me admiro. Geralmente os nossos pecados são tão queridos por nós como se fossem nossos filhos: nós os amamos, abraçamos, apegamo-nos a eles, deleitamo-nos neles. Romper com eles é algo tão difícil quanto decepar a mão direita ou arrancar o olho direito da órbita. Mas isso tem de ser feito. O rompimento é inevitável. "Ainda que o mal seja doce na boca do pecador, e ele o esconda debaixo da língua, e o saboreie, e o não deixe", ainda assim o pecado terá de ser abandonado, se ele quiser ser salvo (Jó 20.12-13). Se o crente e Deus tiverem de ser amigos, o crente e o pecado têm de estar em luta. Cristo está disposto a acolher a qualquer pecador. Mas Ele não receberá alguém que não se disponha a se separar dos seus pecados. Anotemos esse item em segundo lugar, em nosso cálculo do custo. Ser crente é algo que custará a um homem o abandono de seus pecados.

3. Também custará a um homem o seu *amor ao lazer*. O crente precisa fazer o esforço e dar-se ao trabalho de ser produtivo, se quiser ter uma carreira bem sucedida em direção ao céu. Terá de vigiar todos os dias, montando guarda, como um soldado que está em território inimigo. Terá de cuidar de sua conduta a cada hora do dia, em toda e qualquer companhia, em todo e qualquer lugar, em público ou em lugares privados, entre estranhos e entre os que lhe são familiares.

Terá de tomar cuidado com seu tempo, sua língua, seu temperamento, seus pensamentos, sua imaginação, seus motivos e sua conduta em cada relação da vida. Terá de mostrar-se diligente quanto às suas orações, sua leitura da Bíblia, quanto ao que fizer aos domingos e no tocante a todos os meios da graça divina. Ao atender a essas necessidades, talvez ele fique muito longe da perfeição; mas, não poderá negligenciar a qualquer delas e continuar em segurança. "O preguiçoso deseja, e nada tem, mas a alma dos diligentes se farta" (Pv 13.4).

Isso também pode parecer difícil. Poucas coisas nos desgostam tanto quanto nos sentirmos "perturbados" a respeito da nossa religião. Odiamos a perturbação. Secretamente desejamos a possibilidade de termos um cristianismo "vicário"; que alguém possa ser bom em nosso lugar, fazendo tudo por nós. Qualquer coisa que requeira esforço e labor é algo inteiramente contrário à inclinação e à natureza do nosso coração. Porém, a alma não pode "obter vantagens sem sofrimentos". Registremos esse item como o terceiro de nossa lista. Ser crente custará a um homem o seu amor ao lazer.

4. Em último lugar, ser crente custará a um homem *a aprovação do mundo*. Se um crente quiser agradar a Deus, terá de contentar-se em ser mal acolhido pelos homens. Não deverá considerar estranho se for zombado, ridicularizado, caluniado, perseguido e até mesmo odiado. Não poderá ficar surpreendido, se as suas opiniões e práticas religiosas forem consideradas com desprezo. Terá de aceitar que muitos o tenham por insensato, entusiasta ou fanático – de tal maneira que as suas palavras venham a ser distorcidas e as suas ações, mal interpretadas. De fato, não terá de maravilhar-se, se alguém vier a chamá-lo de louco. Disse o Senhor: "Lembrai-vos da palavra que eu vos disse: Não é o servo maior do que seu senhor. Se me perseguiram a mim, também perseguirão a vós outros; se guardaram a minha palavra, também guardarão a vossa" (Jo 15.20).

Ouso dizer que essa condição também parece muito difícil. Naturalmente, somos avessos a um tratamento injusto e à falsas acusações e julgamos ser muito difícil tolerar as acusações sem causa. Não seríamos feitos de carne e sangue, se não desejássemos contar com a boa opinião das pessoas ao nosso redor. Sempre será desagradável ser alvo de calúnias, de mentiras, e viver solitário e incompreendido. Porém, não há como evitar. O cálice que nosso Senhor bebeu também deve ser sorvido pelos seus discípulos. Cristo "era desprezado e o mais rejeitado entre os homens" (Is 53.3), e outro tanto acontecerá aos que O seguem. Que esse item também seja alistado. Ser um crente custará a um homem a aprovação do mundo.

Esse é o cálculo do que custa a alguém ser um crente verdadeiro. Admito que essa lista é pesada. Mas, qual desses diversos itens pode ser removido? Temerário seria, realmente, o homem que ousasse dizer que podemos conservar a justiça-própria, a preguiça e o amor ao mundo e, ainda sermos salvos!

Reconheço que custa muito ser um verdadeiro crente. Porém, quem, em seu bom juízo, poderia duvidar de que vale a pena pagar qualquer preço, contanto que a sua alma seja salva? Quando um navio corre o risco de naufragar, a tripulação não pensa que é um sacrifício muito grande lançar fora qualquer carga, por mais preciosa que seja. Quando um membro do corpo chega a gangrenar, um homem submete-se a qualquer operação, até mesmo a amputação daquele membro, contanto que a sua vida seja salva. Não há dúvida de que um crente deve estar disposto a desistir de qualquer coisa que se interponha entre ele e o céu. Uma religião que nada custa, nada vale! Um cristianismo barato, destituído de cruz, mostrará ser um cristianismo inútil, que não pode obter a coroa.

2. A IMPORTÂNCIA DE CALCULAR O PREÇO

Em segundo lugar, compete-me explicar por que "calcular o preço" reveste-se de tão grande importância para a alma de um homem.

Eu poderia encerrar essa questão com facilidade, estabelecendo o princípio de que nenhum dever determinado por Cristo pode ser negligenciado sem provocar dano. Eu poderia mostrar como muitas pessoas fecham os olhos, durante a vida inteira, para não verem a natureza da religião salvadora, recusando-se a considerar qual o preço real que deve ser pago por quem deseja ser um crente autêntico. Finalmente, poderia descrever como, esvaindo-se a vida, alguns se despertam e fazem alguns poucos esforços espasmódicos para se voltarem para Deus. Eu poderia narrar como eles descobrem, para sua própria admiração, que o arrependimento e a conversão não são questões fáceis, segundo eles vinham supondo, e que ser um verdadeiro cristão custa "muito caro". Esses descobrem que os seus hábitos de orgulho e de indulgência pecaminosa, de amor ao lazer, e de mundanismo, não podem ser facilmente descontinuados, segundo eles haviam sonhado. Assim sendo, após uma débil luta, desistem em puro desespero e deixam este mundo sem esperança, sem a graça divina e despreparados para o encontro com Deus! Esses vinham se lisonjeando todos os dias de sua vida, pensando que seguir o cristianismo seria fácil, se porventura quisessem levá-lo a sério. Porém, os tais abrem os olhos tarde demais, descobrindo, pela primeira vez na vida, que estão arruinados simplesmente porque nunca "calcularam o preço".

Entretanto, há uma classe de pessoas a quem quero dirigir-me de maneira especial enquanto exponho este tópico do meu assunto. Trata-se de uma classe numerosa que aumenta cada vez mais – uma classe que, nestes nossos dias, está correndo um perigo todo peculiar. Permitam-me tentar descrever as pessoas pertencentes a essa classe em algumas poucas palavras. Eles merecem toda a nossa atenção.

As pessoas às quais me refiro não são indiferentes para com a religião cristã; de fato, pensam bastante a seu respeito. Também não são ignorantes acerca da mesma; conhecem razoavelmente bem o seu esboço geral. Todavia, o maior defeito delas é que não estão "fundadas e arraigadas" na sua fé. Com muita freqüência, o conhecimento que adquiriram foi obtido em segunda mão, por pertencerem à famílias cristãs ou por haverem sido treinados em instituições cristãs, embora nunca tenham passado pela experiência pessoal da conversão. De forma geral, fizeram alguma profissão religiosa apressada, sob a pressão das circunstâncias, devido a motivos sentimentais, por causa de uma emoção natural ou por causa do vago desejo de serem como outras pessoas com as quais convivem, embora sem desfrutar de qualquer sólida operação da graça divina em seus corações. Pessoas nessas condições estão correndo um imenso perigo. São precisamente estas pessoas, se os exemplos bíblicos têm algum valor, que precisam ser exortadas a "calcular o preço".

Visto que não queriam "calcular o preço", miríades dos filhos de Israel pereceram miseravelmente no deserto, entre o Egito e a Terra Prometida. Partiram do Egito transbordantes de zelo e fervor, como se coisa alguma fosse capaz de fazê-los parar. Porém, quando encontraram perigos e dificuldades ao longo do caminho, a sua coragem não demorou a esfriar. Não haviam pensado que encontrariam obstáculos. Tinham pensado que a Terra Prometida seria toda deles, dentro de alguns poucos dias. Dessa maneira, quando inimigos ou provações, ou fome e sede começaram a testá-los, eles murmuraram contra Moisés e contra Deus, preferindo retornar ao Egito. Em resumo, eles não haviam "calculado o preço" e, por isso, perderam tudo e morreram em seus pecados.

Por não quererem "calcular o preço", muitos dos ouvintes de nosso Senhor Jesus Cristo retrocederam após algum tempo e "o abandonaram e já não andavam com ele" (Jo 6.66). Quando, a princípio, viram os seus milagres e ouviram a sua pregação, eles pensaram que "o reino de Deus se manifestaria imediatamente" e puseram-se ao lado dos seus apóstolos para o que desse e viesse, seguindo a Cristo, sem pensar nas conseqüências. Mas, quando descobriram que havia doutrinas difíceis de serem cridas, um trabalho árduo a ser realizado, um tratamento ruim a ser enfrentado, então, a sua fé esfriou inteiramente, mostrando-se inexistente. Em suma, eles não haviam "calculado o preço" e assim naufragaram em sua profissão de fé.

Por não querer "calcular o preço", o rei Herodes retornou aos seus antigos pecados e destruiu a sua própria alma. Ele gostava de ouvir João Batista pregando. Herodes "ficava perplexo". Ele o honrava e o considerava um "homem justo e santo" (Mc 6.20). Porém, ao descobrir que deveria abandonar sua querida Herodias, sua religião desmoronou por completo. Ele não havia contado com isso. Não havia "calculado o preço".

Por não querer "calcular o preço", Demas abandonou não só a companhia de Paulo como também o evangelho, a Cristo e o céu. Durante muito, tempo viajou com o grande apóstolo dos gentios, tendo sido um dos seus "colaboradores". Todavia, ao descobrir que não podia ter a amizade deste mundo paralelamente à amizade de Deus, desistiu do seu cristianismo e apegou-se ao mundo. Disse Paulo: "Demas, tendo amado o presente século, me abandonou" (2 Tm 4.10). Ele não havia "calculado o preço".

Por não quererem "calcular o preço", os ouvintes de poderosos pregadores evangélicos, por muitas vezes, chegam a um fim miserável. Sentem-se animados e empolgados, professando aquilo que realmente nem experimentaram. Recebem a Palavra com um "júbilo" tão extravagante que quase deixam atônitos aos crentes mais antigos. Durante algum tempo correm com tal zelo e com tanto fervor que parecem ultrapassar a todos os demais. Falam e trabalham em prol de objetivos espirituais com tão grande entusiasmo que fazem os crentes mais antigos sentirem-se envergonhados. Porém, quando a novidade e o frescor de seus sentimentos diminuem, passam por uma radical transformação. Demonstram que não passavam de indivíduos que se poderiam comparar ao solo pedregoso. A descrição dada por nosso grande Mestre, na parábola do semeador, é exemplificada com exatidão no caso deles. O Senhor disse: "Em lhe chegando a angústia ou a perseguição por causa da palavra, logo se escandaliza" (Mt 13.21). Pouco a pouco, o zelo deles esmorece e o amor deles esfria. Pouco a pouco, os seus assentos ficam vazios na assembléia do povo de Deus e eles não mais são vistos entre os crentes. Mas, por quê? É que nunca haviam "calculado o preço".

Por não se disporem a "calcular o preço", muitos dos que professaram se converter através de reavivamentos religiosos, voltam ao mundo, após algum tempo, trazendo opróbrio ao cristianismo. Eles começam com uma noção tristemente equivocada acerca do cristianismo autêntico. Eles imaginam que o cristianismo não consiste em outra coisa além daquilo que se convencionou chamar de "vir a Cristo", em meio a fortes sentimentos de alegria e paz. Assim, quando, após algum tempo, descobrem que há uma cruz que precisa ser carregada, que os seus corações são enganadores e que há um diabo ativo ao seu lado, eles se desgostam e retornam aos seus antigos pecados. Mas, por qual razão? Porque, na realidade, nunca compreenderam realmente em que consiste o cristianismo bíblico. Eles nunca aprenderam que precisam "calcular o preço".[1]

---

1 Eu lamentaria muito se a linguagem que usei a respeito dos reavivamentos fosse mal compreendida. Para impedir isso, passo a oferecer algumas observações, à guisa de explicação.

Quanto aos verdadeiros reavivamentos, ninguém pode sentir-se mais grato do que eu, bendizendo a Deus por isso de todo o coração. "Se Cristo está sendo pregado", nisso me regozijo sem importar quem seja o pregador. Se almas estão sendo salvas, com isso me regozijo sem importar por qual segmento da Igreja a Palavra da vida esteja sendo ministrada.

Entretanto, é um fato lamentável que, em um mundo como o nosso, ninguém possa ter algum bem sem ter também algum mal. Não hesito em dizer que uma das conseqüências do movimento de reavivamento tem sido o surgimento de um sistema teológico que me sinto forçado a designar como defeituoso e extremamente ilusório.

A principal característica do sistema teológico a que me refiro é a seguinte: a magnificação extravagante e desproporcional de três pontos da religião cristã, a saber: a conversão instantânea, o convite para pecadores não-convertidos virem a Cristo e a posse de alegria e paz interior como prova da conversão. Reitero que essas três grandes verdades (pois são verdades) são tão incessante e exclusivamente destacadas em alguns círculos que o resultado é um grande dano.

A conversão instantânea, sem dúvida, deveria ser estimulada diante das pessoas a quem pregamos. Mas certamente elas não deveriam ser levadas a supor que não há outro tipo de conversão e que a menos que tenham sido convertidas ao Senhor de forma súbita e poderosa, não se converteram de fato.

O dever de vir a Cristo prontamente, "tais quais estão", deveria ser salientado a todas as criaturas humanas. Essa é a própria pedra angular da pregação evangélica. Mas, certamente, devemos dizer aos homens que eles precisam se arrepender e não somente crer. Deveríamos dizer-lhes por qual razão devem vir a Cristo, o que significa vir a Ele e qual a origem dessa necessidade.

A proximidade da paz e do consolo em Cristo deveria ser proclamada aos homens. Porém, certamente deveríamos ensinar-lhes que possuir uma profunda alegria interna e sentimentalismos não são essenciais à justificação, podendo haver verdadeira fé e verdadeira paz sem a presença desses sentimentos extremamente triunfantes. A alegria, isoladamente considerada, não é evidência indiscutível da graça.

Os defeitos do sistema teológico que tenho em mira, parecem-me ser os seguintes:

(1) A obra do Espírito Santo na conversão dos pecadores é por demais limitada a uma única maneira de agir. Nem todos os verdadeiros convertidos converteram-se instantaneamente, como Paulo ou o carcereiro filipense. (2) Os pecadores não estão sendo suficientemente instruídos a respeito da santidade da lei de Deus, da profundidade da pecaminosidade deles e da culpa real que acompanha o pecado. Ficar insistindo diante de um pecador para que "venha a Cristo" é algo inútil, a menos que se explique por qual razão ele precisa vir, mostrando-lhe plenamente os seus pecados. (3) A fé não é apropriadamente explicada. Em alguns casos, as pessoas são ensinadas que meros sentimentos já são a fé. Em outros casos, elas são instruídas que se alguém crê que Cristo morreu pelos pecadores, isso já é fé! Se assim fosse, os próprios demônios seriam crentes! (4) Alegria e segurança interior passam a ser elementos essenciais da verdadeira fé. Contudo, o senso de segurança, sem dúvida, não faz parte da essência da fé que salva, pois pode haver fé antes do senso de segurança. Insistir que todos os crentes devem "regozijar-se" assim que crêem, também é uma prática muito duvidosa. Alguns, estou certo disso, regozijar-se-ão antes mesmo de crer, ao passo que outros crêem, sem, contudo, poderem ainda se regozijar. (5) Finalmente, mas não menos importante, a soberania de Deus na salvação dos pecadores e a absoluta necessidade da graça preventiva são por demais negligenciadas nesse sistema. Muitos falam como se a conversão pudesse ser produzida ao bel-prazer do homem, como se não existissem textos bíblicos tais como: "Assim, pois, não depende de quem quer, ou de quem corre, mas de usar Deus a sua misericórdia" (Rm 9.16).

Estou persuadido de que o prejuízo produzido pelo sistema teológico ao qual me refiro é imenso. Por um lado, muitos crentes humildes são totalmente desencorajados e amedrontados. Imaginam que a graça não lhes foi concedida por não atingirem aquele exaltado nível de sentimentos que lhes é continuamente requerido. Por outro, muitas pessoas destituídas da graça divina são iludidas, sendo levadas a pensar que "se converteram" porque, sob a pressão dos sentimentos

Por não quererem "calcular o preço", filhos de pais evangélicos por muitas vezes desviam-se do reto caminho, trazendo opróbrio ao nome de cristão. Familiarizados desde a tenra infância com a forma e a teoria do evangelho; ensinados desde a meninice a recitarem importantes textos bíblicos; acostumados a receber instrução semanal a respeito do evangelho ou mesmo a instruir a outras pessoas nas Escolas Dominicais, eles com freqüência crescem professando uma religião, sem jamais haverem refletido seriamente a respeito dela. E então, quando as realidades da vida adulta começam a pressioná-los, geralmente deixam todos espantados ao abandonarem totalmente a religião cristã e lançarem-se no mundo. Mas, por que isso acontece? É que eles nunca entenderam plenamente os sacrifícios exigidos pelo cristianismo bíblico. Nunca foram ensinados a "calcular o preço".

Essas são verdades solenes e dolorosas. Mas são verdades. Todas nos ajudam a mostrar a imensa importância deste assunto. Todas elas apontam para a absoluta necessidade de frisar este tema diante de todos quantos manifestam o desejo de cultivar a santidade, bem como para a necessidade de clamar em alta

---

naturais e temporários, foram levadas a se professarem cristãos. Enquanto isso, os indiferentes e os ímpios olham tudo isso com menosprezo, descobrindo novas razões para rejeitarem definitivamente a religião cristã.

Os antídotos para o estado de coisas que aqui deploro são poucos e eficientes. (1) Cuide-se para que "seja ensinado todo o conselho de Deus", dentro das proporções bíblicas devidas e para que duas ou três preciosas doutrinas do evangelho não façam sombra às demais. (2) Cuide-se para que o arrependimento seja plenamente ensinado tanto quanto a fé, sem ser relegado a segundo plano. Nosso Senhor Jesus Cristo e o apóstolo Paulo sempre ensinavam esses dois aspectos. (3) Cuide-se para que a variedade das obras do Espírito Santo seja honestamente admitida e declarada. Mesmo que a conversão instantânea seja enfatizada, que ela não seja ensinada como uma necessidade. (4) Cuide-se para que aqueles que professam haver encontrado uma paz imediata sejam devidamente advertidos a se submeterem à prova, lembrando-se que sentimentos ainda não são a fé, e que "perseverança em fazer o bem" é a grande prova de que a fé é verdadeira (Jo 8.31). (5) Cuide-se para que o grande dever de "calcular o preço" seja constantemente salientado diante de todos quantos se disponham a fazer uma profissão de fé cristã; ensinando-os, de forma honesta e correta, que há tanto paz interior quanto conflito, tanto uma coroa quanto uma cruz no serviço cristão.

Tenho a certeza de que a empolgação doentia misturada à religião cristã é o que devemos temer acima de tudo, pois com freqüência termina em uma reação fatal que arruína a alma e a amortece totalmente. E quando multidões são subitamente sujeitadas ao poder das impressões religiosas, o resultado é quase sempre uma empolgação doentia.

Não tenho muita confiança na veracidade das conversões quando elas acontecem em massa, por atacado. Isso não parece harmonizar-se com a maneira de Deus agir, nesta nossa dispensação. A meu ver, parece que o plano ordinário de Deus consiste em chamar os indivíduos individualmente. Por conseguinte, quando ouço falar em um grande número de pessoas que se converteu ao mesmo tempo sinto menor entusiasmo a respeito disso do que outras pessoas sentem. O sucesso mais saudável e permanente, nos campos missionários, certamente não se dá quando os nativos aceitam o cristianismo em massa, conforme os acontecimentos recentes na Nova Zelândia têm demonstrado. A obra mais satisfatória e firme, em nossa pátria, segundo me parece, não ocorre no trabalho realizado por ocasião dos movimentos evangelísticos.

Existem duas passagens bíblicas que eu apreciaria ver expostas de maneira plena e freqüente nos dias presentes, por todos aqueles que pregam o evangelho, mas, sobretudo, por aqueles que, de algum modo, estão envolvidos com os reavivamentos. Uma dessas passagens é a parábola do semeador. Não é sem algum sentido profundo que esta parábola é reiterada na Bíblia por três vezes. A outra passagem é o ensinamento de nosso Senhor sobre a necessidade de se "calcular o preço" e as palavras por Ele proferidas às "grandes multidões" que O seguiam. É digno de nota que, naquela ocasião, Ele não tenha proferido uma palavra sequer para lisonjear aquelas pessoas, encorajando-as a seguirem-No. Não. Ele percebeu o que o caso delas requeria. Ele lhes disse que fizessem uma pausa e "calculassem o custo" (Lc 14.25, ss.). Não estou certo de que certos pregadores modernos teriam adotado essa mesma atitude.

voz em todas as igrejas: "Calculai o preço".

Ouso dizer que seria ótimo se o dever de "calcular o preço" fosse ensinado com mais freqüência do que costuma ser. A pressa impaciente é a ordem do dia, no caso de muitos religiosos. Conversões instantâneas e paz imediata são os únicos resultados que eles parecem querer obter do evangelho. Em comparação com esses dois itens, todos os demais aspectos do evangelho são lançados para segundo plano. Parece que a grande finalidade e objetivo maior de todos os seus esforços é gerar esses dois únicos resultados. Digo sem qualquer hesitação que essa maneira crua e unilateral de ensinar o cristianismo é algo extremamente prejudicial.

Que ninguém entenda mal o que tenciono dizer. Aprovo inteiramente que se ofereça aos homens uma salvação plena, gratuita, presente e imediata em Cristo Jesus. Aprovo sem reservas que se exorte os homens sobre a possibilidade e o dever da conversão imediata e instantânea. Quanto a esse aspecto, não cedo o meu lugar a ninguém. Porém, insisto que essas verdades não deveriam ser apresentadas aos homens de modo grosseiro, isolado e solitário. Deveríamos dizer honestamente aos homens o que eles deveriam esperar, se é que professam o desejo de sair pelo mundo a fim de servirem a Cristo. Não deveriam ser empurrados para o exército de Cristo, sem serem informados acerca do que está envolvido na guerra cristã. Em suma, deveríamos dizer-lhes honestamente que lhes convém "calcular o preço".

Porventura alguém gostaria de indagar qual era a prática seguida pelo Senhor Jesus Cristo quanto a essa questão? Vamos ver o que o evangelho de Lucas registra. O texto nos diz que, certa feita, "grandes multidões o acompanhavam e ele, voltando-se, lhes disse: Se alguém vem a mim e não aborrece a seu pai, e mãe, e mulher, e filhos, e irmãos, e irmãs e ainda a sua própria vida, não pode ser meu discípulo" (Lc 14.25-27). Quero afirmar claramente que não consigo conciliar essa passagem com a maneira de proceder de muitos mestres religiosos. E, no entanto, a meu ver, essa doutrina que nos ensina a "calcular o preço" é clara como a luz do meio-dia. Ela nos mostra que não devemos levar os homens a se precipitarem e professarem-se discípulos de Cristo, sem igualmente exortá-los a "calcular o preço".

Porventura, alguém gostaria de indagar qual teria sido a prática seguida pelos mais eminentes e melhores pregadores do evangelho nos dias que se foram? Tenho a coragem de asseverar que todos eles, a uma só voz, dão testemunho da sabedoria do Senhor ao tratar com as multidões, conforme acabamos de averiguar. Lutero, Latimer, Baxter, Wesley, Whitefield, Berridge e Rowland Hill tinham plena consciência do quão enganoso é o coração humano. Eles sabiam perfeitamente bem que nem tudo que reluz é ouro; que a convicção de pecados ainda não é conversão; que sentimentos ainda não é fé; que sensações ainda não é graça e que nem todas as flores transformam-se em fruto. O clamor constante deles era: "Não vos deixeis enganar. Considerai o que estais fazendo. Não correi antes de serdes chamados. Calculai o preço".

Se desejamos fazer o bem, nunca nos envergonhemos de seguir os passos de nosso Senhor Jesus Cristo. Trabalhemos arduamente em prol das almas dos nossos semelhantes, sempre que tivermos oportunidade. Que as levemos a considerarem os seus caminhos. Instemos com as pessoas, com santa violência, para virem, para deporem as armas, para se renderem a Deus. Ofereçamo-lhes a salvação, uma salvação já preparada, gratuita, completa e imediata. Instemos para que aceitem a pessoa de Cristo e todos os seus benefícios. Contudo, que possamos dizer a verdade em todo o nosso trabalho; a verdade completa. Tenhamos vergonha de usar os vulgares artifícios de um sargento recrutador. Não falemos apenas sobre o uniforme, o soldo e a glória; falemos também sobre os inimigos, as batalhas, a armadura, a vigilância, as marchas e o treinamento árduo. Não exponhamos apenas um dos lados do cristianismo. Ao falarmos da cruz onde Cristo morreu pela nossa redenção, não ocultemos dos ouvintes "a cruz" da autonegação que eles precisarão carregar. Expliquemos claramente tudo quanto está envolvido no cristianismo. Instemos com os homens para que se arrependam e venham a Cristo; mas, ao mesmo tempo, insistamos com eles sobre a necessidade de "calcular o preço".

3. ALGUMAS SUGESTÕES

A terceira e última coisa a que me proponho é oferecer algumas sugestões que possam ajudar os homens a "calcularem o preço" corretamente.

Sentir-me-ia verdadeiramente triste se não dissesse algo sobre esse aspecto de meu assunto. Não tenho desejo algum de desencorajar quem quer que seja ou de impedir quem quer que seja de se engajar no serviço de Cristo. O desejo de meu coração é encorajar a todos a avançar e a carregar a cruz. "Calculemos o preço" de todas as maneiras possíveis e com todo o cuidado. Lembremo-nos ainda que, se calcularmos corretamente e considerarmos todas as facetas da questão, coisa alguma precisará infundir-nos receio.

Deixe-me mencionar algumas coisas que sempre deveriam fazer parte dos nossos cálculos, quando estamos calculando o preço de ser um verdadeiro cristão. Considere, de forma honesta e imparcial, as coisas das quais terá de desistir e as que terá de enfrentar, se quiser ser um autêntico discípulo de Cristo. Nada deixe sem examinar. Anote tudo. Considere um a um os problemas que passarei a apresentar. Faça isso de forma justa e correta. Quanto a mim, não temerei o resultado.

a. Antes de tudo, se você é um crente santo e dotado de coração sincero, calcule e compare *a vantagem e a perda,*. É possível que você tenha de perder certos valores deste mundo, mas você ganhará a salvação de sua alma imortal. Está escrito: "Que aproveita ao homem ganhar o mundo inteiro e perder a sua alma?" (Mc 8.36).

b. Se você é um crente santo e dotado de coração sincero, calcule e compare, em segundo lugar, *o louvor e a desaprovação,*. Talvez você seja desaprovado pelos homens, mas contará com a aprovação de Deus Pai, de Deus Filho e de Deus Espírito Santo. Você será desaprovado apenas por alguns poucos homens e mulheres falíveis, cegos e errados. Mas o seu louvor procederá do Rei dos reis e Juiz de toda a terra. Somente aqueles a quem Ele abençoa é que são realmente abençoados. Está escrito: "Bem-aventurados sois quando, por minha causa, vos injuriarem e vos perseguirem e, mentindo, disserem todo mal contra vós. Regozijai-vos e exultai, porque é grande o vosso galardão nos céus; pois assim perseguiram aos profetas que viveram antes de vós" (Mt 5.11-12).

c. Se você é um crente santo e dotado de coração sincero, calcule e compare, em seguida, *os amigos e os inimigos*. Por um lado, você precisará considerar a inimizade de Satanás e dos ímpios. Por outro, você contará com o favor e a amizade do Senhor Jesus Cristo. Seus inimigos, quando muito, poderão apenas ferir-lhe os calcanhares. Talvez rujam em altos brados, cruzando terra e mar para conseguir a sua ruína; mas não poderão destruí-lo. Seu grande Amigo é capaz de salvar até o último pecador que se aproximar de Deus por meio dEle. Ninguém conseguirá arrancar sequer uma de suas ovelhas de sua mão. Está escrito: "Eu, porém, vos mostrarei a quem deveis temer: Temei aquele que, depois de matar, tem poder para lançar no inferno. Sim, digo-vos, a esse deveis temer" (Lc 12.5).

d. Além disso, se você é um crente santo e dotado de coração sincero, calcule e compare *a vida presente e a vida futura*. O tempo presente, sem dúvida, não é fácil. É tempo para vigiar e orar, para lutar e nos esforçar, para acreditar e trabalhar. Porém, isso se prolongará somente por alguns anos. O tempo futuro é o período eterno de descanso e refrigério. O pecado será eliminado. Satanás será amarrado. E, acima de tudo, haverá um descanso eterno. Está escrito: "Porque a nossa leve e momentânea tribulação produz para nós eterno peso de glória, acima de toda comparação, não atentando nós nas coisas que se vêem, mas nas que se não vêem; porque as que se vêem são temporais, e as que se não vêem são eternas" (2 Co 4.17-18).

e. Se você é um crente santo e dotado de coração sincero, calcule e compare, além disso, *os prazeres do pecado e a felicidade do serviço prestado a Deus*. Os prazeres que o homem mundano obtém com os seus atos são vazios, ilusórios e insatisfatórios. São como uma fogueira de espinhos, que resplandece e crepita por alguns minutos, mas então apaga-se para sempre. A felicidade que Cristo confere ao seu povo, entretanto, é algo sólido, duradouro e substancial. Não depende da saúde física ou das circunstâncias externas. Ela nunca abandona o crente, nem mesmo por ocasião da morte. Termina em uma coroação de glória que não murcha. Está escrito: "O júbilo dos perversos é breve." "Pois, qual o crepitar dos espinhos debaixo de uma panela, tal é a risada do insensato" (Jó 20.5; Ec 7.6). E também está escrito: "Deixo-vos a paz, a minha paz vos dou: não vo-la dou como a dá o mundo. Não se turbe o vosso coração, nem se atemorize" (Jo 14.27).

f. Calcule e compare, igualmente, *as tribulações sofridas pelo verdadeiro crente e as tribulações reservadas para o ímpio, após a morte*. Podemos admitir, por um momento, que a leitura da Bíblia, as orações, o arrependimento, a crença e a vida santa requerem dores e autonegação. Tudo isso, porém, é como o nada, quando comparado com a "ira vindoura" entesourada para os impenitentes e incrédulos. Um único dia no inferno será pior do que uma vida inteira a carregar a cruz de Cristo. O "verme que não morre e o fogo que não se extingue" são coisas que estão além da capacidade de serem concebidas e definidas pela mente humana plenamente. Está escrito: "Filho, lembra-te de que recebeste os teus bens em tua vida, e Lázaro igualmente, os males; agora, porém, aqui, ele está consolado; tu, em tormentos" (Lc 16.25).

g. Calcule e compare, em último lugar, *o número daqueles que abandonam o pecado e o mundo para servir a Cristo e o número daqueles que abandonam a Cristo e voltam ao mundo*. De um lado, você encontrará milhares, do outro, você não os encontrará. Multidões estão deixando, a cada ano, o caminho largo e estão entrando no caminho estreito. Nenhum daqueles que realmente entra no caminho estreito cansa-se dele para retornar ao caminho largo. As pegadas que se vêem no caminho para o inferno com freqüência fazem meia volta. As pegadas que se vêem no caminho para o céu seguem todas em uma única direção. Está escrito: "O caminho dos perversos é como a escuridão: nem sabem eles em que tropeçam." "O caminho dos pérfidos é intransitável" (Pv 4.19; 13.15). Mas também está escrito: "Mas a vereda dos justos é como a luz da aurora, que vai brilhando mais e mais até ser dia perfeito" (Pv 4.18).

Cálculos como esses, sem dúvida alguma, com freqüência não são efetuados corretamente. Estou bem consciente de que não poucos "vivem coxeando entre dois pensamentos". Não conseguem decidir se vale a pena servir a Cristo. As vantagens e as desvantagens, os lucros e as perdas, as alegrias e as tristezas, os auxílios e os impedimentos parecem-lhes tão equilibrados que não conseguem se colocar ao lado do Senhor. Não conseguem avaliar corretamente. Não percebem o resultado tão claramente quanto deveriam. Não calculam da forma correta.

Porém, qual é o problema deles? É a falta de fé. Se quisermos chegar a uma conclusão correta a respeito de nossa alma, teremos de estribar-nos naquele poderoso princípio de Hebreus 11. Permita-me mostrar-lhe como ele opera na importante questão de "calcular o preço".

Como foi que Noé perseverou na construção da arca? Ele estava sozinho em meio a um mundo de pecadores e incrédulos. Foi obrigado a suportar o ridículo, a zombaria e a desaprovação. Mas, o que deu energia ao seu braço, levando-o a trabalhar com paciência diante de todos os obstáculos? Foi a fé. Ele acreditava na ira vindoura. Ele acreditava que não haveria segurança, exceto na arca que estava construindo. Crendo, ele considerou que a opinião do mundo não tinha importância alguma. E "calculou o preço", mediante a fé, não tendo dúvida de que construir a arca lhe era vantajoso.

Como foi que Moisés desprezou os prazeres do palácio de Faraó, recusando-se a ser chamado filho da filha de Faraó? Como ele conseguiu se colocar ao lado de um povo desprezado como os hebreus, arriscando tudo neste mundo para realizar a grande obra do livramento deles da servidão egípcia? Diante do bom senso humano, ele estava perdendo tudo, sem nada ganhar. O que foi que o impulsionou? Foi a fé. Ele acreditava que havia Alguém acima de Faraó que o levaria em segurança ao longo de todo o projeto. Ele acreditava que a "recompensa do galardão" era muito superior a todas as honrarias do Egito. Ele "calculou o preço" por meio da fé, como quem vê "Aquele que é invisível", estando persuadido de que abandonar o Egito e confinar-se no deserto era preferível.

Como foi que Paulo, o fariseu, chegou à conclusão de que deveria tornar-se cristão? O custo e os sacrifícios da mudança de posição eram terrivelmente pesados. Ele desistiu de todas as suas brilhantes possibilidades entre o seu próprio povo. Em vez de atrair para si mesmo a aprovação dos homens, atraiu o ódio e a inimizade deles, as perseguições movidas por eles e até a própria morte. O que o capacitou a enfrentar tanta coisa? Foi a fé. Ele acreditava que Jesus, que lhe aparecera na estrada de Damasco, poderia lhe dar cem vezes mais do que aquilo do que ele desistira e, no mundo vindouro, a vida eterna. Por meio da fé, portanto, ele "calculou o preço" e viu claramente para que lado pendia o prato da balança. Ele acreditava firmemente que carregar a cruz de Cristo era lucro.

Salientemos bem esses fatos. Aquela fé que levou Noé, Moisés e o apóstolo Paulo a fazerem o que fizeram é o grande segredo para chegarmos a uma correta conclusão a respeito de nossa alma. Essa mesma fé deve ser a nossa ajudadora e contabilista quando nos assentarmos para calcular quanto custa ser um crente verdadeiro. Essa mesma fé é conferida àqueles que a pedem. "Antes, ele dá maior graça!" (Tg 4.6). Armados dessa fé, haveremos de conferir às coisas o seu devido valor. Dotados dessa fé, não acrescentaremos coisa alguma à cruz, nem subtrairemos qualquer coisa da coroa. Todas as nossas conclusões serão corretas. Nossa soma total não apresentará qualquer equívoco.

Em conclusão, que cada leitor pense com seriedade, se a sua religião custa-lhe alguma coisa no presente. Mui provavelmente, nada lhe custa. Provavelmente, não lhe custa tribulação, nem tempo, nem preocupação, nem cuidados, nem dores, nem leituras, nem orações, nem autonegação, nem conflitos, nem trabalho e nem labor de qualquer espécie. Portanto, assinale o que estou lhe dizendo. Uma religião assim jamais salvará a sua alma. Nunca lhe poderá conferir qualquer paz enquanto você viver, nem esperança quando morrer. Ela não conseguirá sustentá-lo no dia da aflição e nem poderá confortá-lo na hora da morte. Uma religião que nada custa também nada vale. Desperte antes que seja tarde demais. Desperte e arrependa-se. Desperte e converta-se. Desperte e confie. Desperte e ore. Não descanse enquanto você não puder dar uma resposta satisfatória à minha pergunta: "Quanto lhe custa a sua religião?"

Pense, se você deseja motivos animadores para servir a Deus, qual será o custo para prover a salvação de sua alma? Medite sobre como o Filho de Deus deixou o céu a fim de tornar-se Homem; como sofreu na cruz; como foi depositado no sepulcro – tudo, a fim de pagar a sua dívida diante de Deus; realizando uma completa redenção em seu favor. Reflita sobre tudo isso e, então, aprenda que não é questão de somenos possuir uma alma imortal. Vale a pena preocupar-se com a própria alma.

Ah, homem ou mulher preguiçosos, será que tudo se reduzirá a isso: você perderá o céu somente por não querer preocupar-se? Você está realmente resolvido a naufragar para sempre, simplesmente porque não gosta de fazer qualquer esforço? Longe de nós um pensamento tão indigno e covarde. Levante-se e tenha coragem. Diga a você mesmo: "Não importa qual venha a ser o custo, esforçar-me-ei por entrar pela porta estreita". Contemple a cruz de Cristo e adquira uma nova coragem. Fique no aguardo da morte, do julgamento e da eternidade com um anelo no coração. Realmente, custa algo ser cristão, mas você pode ter a certeza de que vale a pena.

3. Se qualquer leitor deste capítulo realmente sente que tem calculado o preço e que tem tomado a sua cruz, então eu o convido a perseverar e a seguir avante. Ouso dizer que você muitas vezes sentirá o seu coração a ponto de desmaiar, que você será dolorosamente tentado a desistir de tudo, em desespero. Os seus inimigos lhe parecerão tantos, os seus constantes pecados lhe parecerão tão fortes, os seus amigos lhe parecerão ser tão poucos e o caminho lhe parecerá tão íngreme e estreito que você nem saberá direito o que fazer. A despeito disso, ainda direi, persevere e prossiga.

O tempo é curtíssimo. Mais alguns poucos anos de vigilância e oração; mais algumas sacudidas no mar revolto deste mundo; mais algumas poucas mortes e transformações; mais alguns verões e invernos, e tudo isso terá terminado. Teremos combatido a nossa última batalha e não mais precisaremos combater.

A presença e a companhia de Cristo serão compensações suficientes por tudo quanto tivermos de sofrer neste mundo. Quando virmos conforme somos vistos e contemplarmos a jornada da vida em retrospecto, então nos admiraremos de nossa própria debilidade de coração. Ficaremos maravilhados por ter dado importância tão exagerada à nossa cruz e por ter pensado tão pouco a respeito de nossa coroa. Ficaremos surpresos por chegar a duvidar a respeito do lado para o qual penderia o prato da balança quando "calculávamos o preço". Encorajemo-nos. Não estamos longe de nossa pátria celestial. Talvez custe muito ser um crente verdadeiro, um crente coerente. *Mas, vale a pena.*

Capítulo 6

O Crescimento

Crescei na graça e no conhecimento de nosso Senhor e Salvador Jesus Cristo.
2 Pedro 3.18

Este assunto é de natureza tal que não ouso omiti-lo neste volume acerca da santidade. Trata-se de algo que deveria ser profundamente interessante para todo crente verdadeiro. Naturalmente, ele provoca as seguintes perguntas: Estamos crescendo na graça? Estamos avançando em nossa religião cristã? Estamos fazendo progresso?

Para um cristão meramente formal, essa inquirição não deve chamar muita atenção, segundo penso. Da pessoa que não tem mais do que uma religião dominical — cujo cristianismo assemelha-se às suas roupas domingueiras, usadas apenas uma vez por semana e, então, postas de lado novamente — não se pode, como é natural, esperar que tenha muito interesse em "crescer na graça". Ela nada sabe acerca de tais questões. Elas "lhe são loucura!" (1 Co 2.14). Porém, no caso de todo aquele que realmente se empenha pelo bem de sua alma, e que tem fome e sede de justiça, tais perguntas chegam até ele com um poder penetrante. Estamos fazendo progresso na religião cristã? Estamos crescendo na graça?

Essa pergunta sempre será útil, mas especialmente em determinadas ocasiões. Em um sábado à noite, num domingo de Ceia, na celebração de um aniversário, no fim do ano — todas essas ocasiões nos deveriam fazer pensar, examinando o nosso próprio interior. O tempo está se escoando rapidamente. A vida está esvaindo-se depressa. O dia em que a realidade do nosso cristianismo será submetida a teste está se aproximando cada vez mais, quando então será averiguado se construímos sobre "a rocha" ou sobre "a areia". Certamente que nos convém examinar a nós mesmos de vez em quando, fazendo um balanço de nossa alma. Estamos avançando nas realidades espirituais? Estamos crescendo na graça?

Essas perguntas revestem-se de especial importância nestes nossos dias. Opiniões imaturas e estranhas costumam flutuar nas mentes dos homens quanto a certos pontos de doutrina, entre eles, está o "crescimento na graça" como parte essencial da verdadeira santidade. Alguns negam totalmente essa realidade. Outros procuram diminuir-lhe a importância radicalmente, reduzindo-a a nada. Milhares de pessoas entendem mal essa indagação e, em conseqüência disso, ela é negligenciada. Em uma época como a nossa, é justo considerarmos todo esse assunto sobre o desenvolvimento cristão.

Ao considerarmos esse assunto, vemos que há três coisas que devem ser trazidas à tona e estabelecidas firmemente:

1. A realidade do crescimento religioso. Aquilo que se chama de "crescimento na graça" realmente existe.

2. Os sinais do crescimento religioso. Existem sinais pelos quais podemos detectar o "crescimento na graça".

3. Os meios do crescimento religioso. Existem meios que precisam ser usados por aqueles que desejam "crescer na graça".

Não sei quem você é, e nem às mãos de quem chegou este livro. Não obstante, não me envergonho de pedir-lhe que dê a sua mais preciosa atenção ao conteúdo deste volume. Acredite-me, o assunto não é mera questão de especulação e controvérsia. Trata-se de algo eminentemente prático, como qualquer outro tema bíblico. Está íntima e inseparavelmente vinculado à toda a questão da "santificação". O interesse nele é um dos principais sinais de que os verdadeiros santos querem crescer. A saúde e a prosperidade espirituais, a felicidade e o conforto espirituais de todo crente santo e sincero estão intimamente ligados à questão do crescimento espiritual.

1. A REALIDADE DO CRESCIMENTO RELIGIOSO

O primeiro ponto que me proponho a estabelecer é o seguinte: o crescimento na graça realmente existe.

Que algum crente chegue a negar essa proposição à primeira vista é algo estranho e lamentável. Porém, é sábio lembrar que o entendimento do homem não está menos decaído do que a sua vontade. Os desacordos sobre questões doutrinárias com freqüência nada mais são do que desacordos sobre o sentido das palavras. Espero que seja assim no presente caso. Tento acreditar que, quando falo sobre "crescimento na graça" e insisto sobre esse ponto, eu queira dizer uma coisa, ao passo que os irmãos que o negam estejam entendendo algo inteiramente diferente. Portanto, quero esclarecer o que entendo com essa expressão.

Quando falo em "crescimento na graça", nem por um momento tenho a intenção de dizer que os benefícios que um crente tem em Cristo possam crescer. Também não pretendo dizer que ele possa crescer na segurança ou na aceitação diante de Deus. Também não quero dizer que o crente possa vir a ser mais justificado, mais perdoado ou estar em maior paz com Deus do que estava desde o primeiro instante em que creu. Digo firmemente que a justificação de um crente é uma obra terminada, perfeita e completa e que o mais frágil dos santos, embora talvez não o saiba, nem o sinta, está tão completamente justificado como o crente de fé mais fortalecida. Afirmo decisivamente que nossa eleição e nossa posição em Cristo não admitem graus, nem aumento, nem diminuição. Se alguém sonhar que com a expressão "crescimento na graça", eu entendo crescimento na justificação, então ele errou completamente o alvo, estando totalmente equivocado acerca de todo o ponto que estamos considerando. Eu me entregaria à fogueira, com a ajuda de Deus, em defesa da gloriosa verdade de que em se tratando da justificação diante de Deus todo o crente está "completo em Cristo" (Cl 2.10). Coisa alguma pode ser acrescentada à sua justificação, a partir do momento em que ele crê e coisa alguma pode ser extraída dela.

Quando falo em "crescer na graça", tão-somente refiro-me ao aumento no grau, nas dimensões, na força, no poder e no vigor das graças que o Espírito Santo implanta no coração de um crente. Afirmo que cada uma dessas graças cristãs admite desenvolvimento, progresso, aumento. Afirmo que o arrependimento, a fé, a esperança, o amor, a humildade, o zelo, a coragem e coisas semelhantes podem ser pequenas ou grandes, fracas ou fortes, débeis ou vigorosas, podendo variar enormemente em uma mesma pessoa, em diferentes períodos de sua vida. Quando falo em um homem que está "crescendo na graça", dou a entender meramente que o seu senso de pecado está se aprofundando, a sua fé está se fortalecendo, a sua esperança está cada vez mais esclarecida, o seu amor está aumentando, a sua mentalidade espiritual está se tornando cada vez mais marcante. Tal crente vai sentindo o poder da piedade em seu próprio coração de forma mais poderosa.

Ele manifesta mais desse poder em sua vida diária. Ele vai avançando de força em força, de fé em fé, de graça em graça. Deixe que outros descrevam a condição de tal homem, mediante as palavras que preferirem. Quanto a mim, penso que a melhor e mais certa explicação sobre ele é a seguinte: ele está "crescendo na graça".

Uma das principais bases sobre a qual edifico essa doutrina do "crescimento na graça" é a claríssima linguagem das Escrituras. Se as palavras usadas na Bíblia significam alguma coisa, então realmente existe o "crescimento". E os crentes deveriam ser por nós exortados a "crescer". Que diz o apóstolo Paulo quanto a isso? "A vossa fé cresce sobremaneira" (2 Ts 1.3). "Contudo vos exortamos, irmãos, a progredirdes cada vez mais" (1 Ts 4.10). "Crescendo no pleno conhecimento de Deus" (Cl 1.10). "Tendo esperança de que, crescendo a vossa fé, seremos sobremaneira engrandecidos entre vós" (2 Co 10.15). "O Senhor vos faça crescer e aumentar no amor uns para com os outros e para com todos" (1 Ts 3.12). "Mas, seguindo a verdade em amor, cresçamos em tudo naquele que é o cabeça, Cristo" (Ef 4.15). "E também faço esta oração: que o vosso amor aumente mais e mais em pleno conhecimento e toda a percepção" (Fp 1.9). "Vos rogamos e exortamos no Senhor Jesus que, como de nós recebestes, quanto à maneira por que deveis viver e agradar a Deus, e efetivamente estais fazendo, continueis progredindo cada vez mais" (1 Ts 4.1). E o que diz o apóstolo Pedro a esse respeito? "Desejai ardentemente, como crianças recém-nascidas, o genuíno leite espiritual, para que, por ele, vos seja dado crescimento para salvação" (1 Pe 2.2). "Crescei na graça e no conhecimento de nosso Senhor e Salvador Jesus Cristo" (2 Pe 3.18). Não sei o que outros pensam acerca desses textos bíblicos. Para mim, eles parecem estabelecer a doutrina pela qual estou contendendo, sendo mesmo incapazes de receber outra explicação. O crescimento na graça é ensinado na Bíblia. Eu poderia parar neste ponto e nada mais dizer.

Entretanto, a outra base sobre a qual edifico a doutrina do "crescimento na graça" é a dos fatos e da experiência. Pergunto a qualquer leitor honesto das Escrituras se ele não percebe graus de graça nas vidas dos santos do Novo Testamento, cujas histórias são narradas ali de forma tão clara quanto o sol do meio-dia. Pergunto se ele não pode ver a grande diferença na fé e no conhecimento deles entre um período e outro, tal como se percebe a diferença na força física de alguém, desde a sua infância até a idade adulta. Pergunto se as Escrituras não reconhecem distintamente esse fato, quando falam em "fé fraca" e em "fé forte" ou quando aludem aos crentes, chamando-os de "crianças recém-nascidas", "filhinhos", "jovens" e "pais" (1 Pe 2.2; I Jo 2.12-14). Acima de tudo, pergunto se em suas próprias observações sobre os crentes de hoje, ele não tem chegado a essas mesmas conclusões. Qual crente verdadeiro não confessaria que há uma grande diferença entre o grau da fé e conhecimento que ele próprio possuía no momento de sua conversão comparado a sua presente condição espiritual; uma diferença semelhante a que se nota entre um renovo e uma árvore que já cresceu? Em essência, suas graças continuam as mesmas, porém, desenvolveram-se. Não sei como é que esses fatos impressionam os outros; a meu ver, eles parecem provar, de forma irrefutável, que "o crescimento na graça" é um fato bem real.

Quase me sinto envergonhado por demorar-me tanto tempo nessa porção de meu assunto. De fato, se qualquer pessoa tem por intuito dizer que a fé, a esperança, o conhecimento e a santidade de uma pessoa recém-convertida são tão fortes como os de um crente já bem firmado e maduro, não precisando desenvolver-se, será um desperdício de tempo continuar argumentando com tal pessoa. Não há dúvida que, no caso dos recém-convertidos, essas qualidades sejam reais, mas não tão fortalecidas; sejam verdadeiras, mas não tão vigorosas; sejam como plantas que foram plantadas pelo Espírito, embora ainda não muito frutíferas. E se alguém indagar como esses crentes se tornarão mais fortes, afirmo que terá de ser através do mesmo processo mediante o qual todas as coisas vivas se desenvolvem, ou seja, eles precisam crescer. É exatamente isso que tenho em mente, quando uso a expressão "crescimento na graça".[1]

Voltemo-nos agora daquilo que venho discutindo para uma abordagem mais prática desse importante assunto que está diante de nós. Quero que os homens considerem o "crescimento na graça" como algo que se reveste de infinita importância para a alma. Não importa o que outros pensem a respeito, creio que os nossos melhores interesses estão ligados a um correto ponto de vista sobre a questão: nós crescemos na graça?

a. Reconheçamos que o "crescimento na graça" é a melhor evidência de saúde e prosperidade espirituais. Numa criança, numa flor ou numa árvore, estamos bem conscientes de que alguma coisa está errada, quando não há crescimento. A vida saudável, em uma pessoa, em um animal ou vegetal, sempre se mostra através do progresso e do crescimento. Outro tanto sucede no caso de nossa alma. Se ela está progredindo, também está crescendo.[2]

1 "A verdadeira graça é progressiva, de natureza crescente e extensiva. Na graça, tal como na luz, primeiro há a madrugada, então, o dia vai brilhando para o esplendor do meio-dia. Os santos são comparados não somente com as estrelas, devido à sua luz, mas também com as árvores, devido ao seu crescimento (ver Is 61.3; Os 14.5). Um bom crente não é como o sol de Ezequias que voltou alguns graus, nem como o sol de Josué, que parou no firmamento; antes, está continuamente avançando em santidade, com o crescimento que Deus dá." (WATSON, Thomas. *A Body of Divinity*. Edinburg: Banner of Truth Trust, 1974.)

2 "O crescimento na graça é a melhor evidência da presença da graça. As coisas que não têm vida, não crescem. Um quadro não cresce. Uma vara que faz parte de uma cerca também não cresce. Porém, uma planta dotada de vida vegetal, cresce.

b. Reconheçamos, além disso, que o "crescimento na graça" é uma das maneiras de sermos felizes em nossa religião. Deus vinculou sabiamente o nosso conforto ao nosso crescimento na santidade. De forma muito graciosa, Ele fez isso para o nosso próprio interesse, para que avancemos e tenhamos alvos elevados em nosso cristianismo. Há uma vasta diferença na intensidade de alegria que um crente pode sentir em sua religião em comparação com outros crentes. Porém, você pode ter a certeza de que, geralmente, o homem que mais sente "alegria e paz em sua crença" e dispõe do mais claro testemunho do Espírito em seu coração é o homem que está crescendo na graça.

c. Reconheçamos, ademais, que o "crescimento na graça" é um dos segredos da nossa utilidade para com o próximo. A nossa influência para o bem, sobre outras pessoas, depende em grande parte do que elas vêem em nós. Os filhos deste mundo medem o cristianismo tanto com os seus olhos quanto com os seus ouvidos. O crente estagnado, que, segundo todas as aparências, continua sendo sempre o mesmo homem, com as mesmas pequenas faltas, fraquezas, pecados e debilidades raramente é o crente que consegue exercer uma boa influência. O homem que abala e desperta as mentes, que faz a humanidade pensar, é o crente que está continuamente melhorando e avançando. Os homens consideram que há vida e verdade, quando eles percebem o crescimento.[3]

d. Reconheçamos, igualmente, que o "crescimento na graça" agrada a Deus. Sem dúvida, pode parecer maravilhoso que algo feito por criaturas como nós possa dar prazer ao Deus Altíssimo. Porém, assim acontece. As Escrituras aludem a um tipo de conduta que "agrada a Deus". As Escrituras também se referem a sacrifícios com os quais "Deus se compraz" (1 Ts 4.1; Hb 13.16). O agricultor gosta de ver as plantas, nas quais ele investiu o seu trabalho, florescendo e produzindo fruto. Mas ele ficaria desapontado e entristecido, se essas plantas definhassem e parassem de crescer. Ora, o que foi que disse nosso Senhor, pessoalmente? "Eu sou a videira verdadeira, e meu Pai é o agricultor... Nisto é glorificado meu Pai, em que deis muito fruto; e assim vos tornareis meus discípulos" (Jo 15.1,8). O Senhor tem prazer

---

O crescimento na graça demonstra que a alma está viva." (WATSON, Thomas. *A Body of Divinity*. Edinburg: Banner of Truth Trust, 1974.)

3 "Cristão, sempre que quiseres despertar outros para exaltarem ao Deus da graça, busca exercer e aprimorar as tuas próprias graças cristãs. Quando há empregados pobres que vivem com uma família, ao contemplarem a fé, o amor, a sabedoria, a paciência e a humildade de seu patrão, brilhando como estrelas no céu, os seus corações são impelidos a bendizer ao Senhor por conhecerem aquela família. Quando as graças dos homens resplandecem, como sucedeu ao rosto de Moisés; quando suas vidas falam como a vida de José, como se fossem o próprio céu, faiscando de virtudes como outras tantas estrelas resplendentes, então, as pessoas sentem-se extremamente animadas a glorificar a Deus e a exclamar: 'Esses são verdadeiros cristãos! Esses são honra para o seu Deus e uma coroa para Cristo, um crédito em favor do evangelho! Oh, se eles são assim, também queremos ser cristãos!'" (BROOKS, Thomas. *Unsearchable Riches*. London: John Hanckock, 1661.)

em todo o seu povo, especialmente naqueles que estão crescendo na graça.

e. Reconheçamos, acima de tudo, que o "crescimento na graça" não é apenas uma coisa possível, mas também é algo pelo que os crentes são considerados responsáveis. Certamente, é um absurdo dizer a um homem não convertido, morto em seus pecados, que ele deve "crescer na graça". Porém, dizer a um crente, que foi vivificado pelo Espírito Santo e está vivo, para que cresça na graça, somente o convoca a cumprir um claro dever ensinado nas Escrituras. O crente dispõe de um novo princípio operando em seu homem interior, e um de seus deveres solenes é não abafar esse princípio. Negligenciar o crescimento espiritual furta seus privilégios, entristece o Espírito e faz com que as rodas da carruagem de sua alma girem com dificuldade. Eu gostaria de saber de quem é a culpa, se um crente não está crescendo na graça. Estou certo de que a falha não poderá ser atribuída a Deus. Ele deleita-se em dar "maior graça". "Glorificado seja o SENHOR, que se compraz na prosperidade do seu servo" (Tg 4.6; Sl 35.27). Sem dúvida, a falta, nesse caso, será toda nossa. Nós mesmos seremos os culpados e ninguém mais, se não estivermos crescendo espiritualmente.

2. AS MARCAS DO CRESCIMENTO RELIGIOSO

O segundo ponto que me proponho a estabelecer é o seguinte: existem sinais por meio dos quais o crescimento na graça poderá ser reconhecido.

Vamos considerar como ponto pacífico que não colocamos em dúvida a realidade do crescimento na graça, nem sua vasta importância. Até aí, tudo bem. Mas, em seguida, queremos saber como alguém pode reconhecer se está crescendo na graça ou não. Respondo a essa pergunta, em primeiro lugar, observando que somos juízes muito deficientes sobre nossa própria condição espiritual e que aqueles que vivem ao nosso redor, com freqüência, nos conhecem melhor do que nós mesmos. Porém, também respondo que, sem dúvida, há certos grandes sinais e características do crescimento na graça e que sempre que virmos esses sinais, teremos encontrado uma alma que "cresce". Passarei agora a alistar, por ordem, alguns desses sinais a fim de serem considerados.

a. Um dos sinais do "crescimento na graça" é a *humildade* crescente. O homem cuja alma está "crescendo" possui maior percepção da sua própria indignidade e pecaminosidade, a cada ano que passa. Ele se dispõe a dizer, juntamente com Jó: "Sou indigno" ou com Abraão: "Sou pó e cinza", ou com Jacó: "Sou indigno de todas as misericórdias e de toda a fidelidade que tens usado para com teu servo", ou com Davi: "Mas eu sou verme, e não homem", ou com Isaías: "Sou homem de lábios impuros", ou com Pedro: "Senhor, retira-te de mim, porque sou pecador" (Jó 40.4; Gn 18.27; 32.10; Sl 22.6; Is 6.5; Lc 5.8). Quanto mais um crente aproxima-se de Deus e percebe a santidade e as perfeições de Deus, mais se tornará sensível em relação à sua própria indignidade e imperfeições. Quanto mais ele avança na sua jornada para o céu, mais compreende o que Paulo quis dizer, quando afirmou: "Não que eu... tenha já obtido a perfeição"; "eu sou o menor dos apóstolos, que mesmo não sou digno de ser chamado apóstolo"; "a mim, o menor de todos os santos"; "Cristo Jesus veio ao mundo para salvar os pecadores, dos quais eu sou o principal" (Fp 3.12; 1 Co 15.9; Ef 3.8; 1 Tm 1.15). Quanto mais maduro para a glória estiver um crente, à semelhança do milho maduro, mais inclinará a cabeça para o chão. Quanto mais brilhante e clara for a sua luz, mais perceberá suas falhas e fraquezas, aninhadas em seu próprio coração. Ele diria que percebia bem pouco dessas falhas e fraquezas, quando, no princípio, converteu-se, em comparação com o que percebe agora. Quer alguém saber se está crescendo na graça? Verifique, em seu próprio interior, se a sua humildade está aumentando.[4]

b. Um outro sinal do "crescimento na graça" é a *fé e o amor* crescentes no Senhor Jesus Cristo. O homem que está "crescendo", a cada ano que passa encontra mais razões para descansar em Cristo, regozijando-se cada vez mais no fato de que tem um tão grande Salvador. Não há dúvida de que o crente, ao converter-se, pôde ver muita coisa em Cristo. A sua fé agarrou-se na expiação que há em Cristo e isso lhe infundiu esperança. Porém, à medida que ele vai crescendo na graça, também vai percebendo milhares de aspectos na pessoa de Cristo, que a princípio nem ao menos sonhava em ver. Seu amor e seu poder, seu coração e suas intenções, seus ofícios como nosso Substituto, Intercessor, Sacerdote, Advogado, Médico, Pastor e Amigo vão-se desdobrando diante da alma que cresce de uma maneira indescritível. Em suma, tal crente descobre em Cristo tudo aquilo que a sua alma necessita, embora não conhecesse nem a metade disso tudo no início de sua vida cristã. Quer alguém saber se está crescendo na graça? Examine o seu interior para verificar se o seu conhecimento de Cristo está aumentando.

c. Uma outra marca do crescimento na graça é uma *santidade de vida e de conversação* amadurecidas. O homem cuja alma está em crescimento adquire um

4 "A maneira certa de crescimento é crescer menos aos próprios olhos." "Mas eu sou verme, e não homem" (Sl 22.6). A percepção da própria corrupção e ignorância faz com que um cristão cresça em desapego a si mesmo. Ele se diminui aos seus próprios olhos. Jó abominou-se a si mesmo no pó (Jó 42.6). Isto é bom para crescer independentemente da própria apreciação." (WATSON, Thomas. *A Body of Divinity*. Edinburg: Banner of Truth Trust, 1974.)

maior domínio sobre o pecado, o mundo e o diabo. Torna-se mais cuidadoso com o seu temperamento, palavras e ações. É sempre mais vigilante sobre a própria conduta, em cada aspecto da vida. Esse homem é o que mais se esforça por estar conformado à imagem de Cristo em todas as coisas e segue-O tanto como seu exemplo pessoal, como confia nEle como seu Salvador. Não se satisfaz com antigas conquistas e a graça já antes dispensada. Esquece as coisas que para trás ficam e marcha para as que estão adiante, fazendo com que o seu contínuo alvo seja "Alto!", "Superior!", "Avançado!" e "Progressivo!" (ver Fp 3.13). Na terra, ele anseia e almeja ter uma vontade totalmente uníssona com a vontade de Deus. O seu principal objetivo no céu, além de estar na presença de Cristo, é a completa separação de todo o pecado.

É possível alguém saber se você está crescendo na graça? Prossiga em sua busca por santidade.[5]

d. Ainda outro sinal de "crescimento na graça" é a crescente *espiritualidade nos gostos e na mente.* O homem cuja alma está "crescendo" interessa-se mais profundamente pelas realidades espirituais a cada ano que passa. Não negligencia os seus deveres para com o mundo. Cumpre de forma fiel, diligente e conscienciosa cada relação da vida, em seu próprio lar ou com as pessoas de fora. Porém, o que ele mais aprecia são as realidades espirituais. Maneiras, modas, diversões e recreações do mundo ocupam um lugar cada vez menor em seu coração. Ele não chega a condenar essas coisas como diretamente pecaminosas, nem afirma que aqueles que se ocupam delas estão indo para o inferno. Tão-somente sente que elas exercem uma atração cada vez mais fraca sobre os seus afetos e, gradualmente, elas parecem mais insignificantes e mais frívolas aos seus olhos. Companheiros espirituais, ocupações espirituais, diálogos de natureza espiritual são as coisas que parecem ir adquirindo um valor sempre crescente para ele. Deseja alguém saber se está crescendo na graça? Examine o seu próprio coração

5 "É um sinal de que não estamos crescendo na graça quando não nos perturbamos com o pecado. Houve tempo em que o menor pecado nos entristecia (assim como o menor cisco no olho nos faz lacrimejar), mas agora podemos digerir o pecado sem sentir o menor remorso. Houve tempo em que um crente se perturbaria se negligenciasse a oração secreta; mas agora pode omitir até a oração em família. Houve tempo em que pensamentos vãos o deixavam perturbado; mas agora ele não se perturba nem diante de práticas incorretas. Há um triste declínio na religião cristã, e a graça divina está tão longe de crescer que mal e mal podemos sentir seu pulso palpitando." (WATSON, Thomas. *A Body of Divinity*. Edinburg: Banner of Truth Trust, 1974.)

"Se agora você quer ser rico nas graças cristãs, examine a sua conduta. A alma rica não é a que sabe, nem a que fala, mas a que se conduz corretamente e que anda na obediência. Outros podem ser ricos em suas noções, mas ninguém é tão rico na experiência espiritual, nem tão santo e dotado de graças celestiais, como o crente que anda corretamente." (BROOKS, Thomas. *Unsearchable Riches*. London: John Hanckock, 1661.)

para averiguar se os seus gostos estão se espiritualizando de maneira crescente.[6]

e. Outro sinal do crescimento na graça é o desenvolvimento do *amor cristão*. O homem cuja alma está crescendo na graça vai se tornando mais amoroso a cada ano que passa, amando a todos os homens, mas, especialmente, aos seus irmãos na fé. Seu amor se manifestará ativamente em uma crescente disposição para mostrar-se gentil para com o próximo; para interessar-se pelas outras pessoas; para mostrar-se bondoso para com todos; para ser generoso, simpático, cheio de consideração, terno de coração e solícito. Isso será visível de modo passivo, em uma crescente disposição para ser manso e paciente para com todos os seus semelhantes; suportando as provações e não defendendo os seus próprios direitos; preferindo sofrer ao invés de entrar em alguma desavença. A alma que cresce procurará ter a melhor impressão possível da conduta de outras pessoas, tudo crendo e tudo esperando até o final. Não há sinal mais seguro de desvio e de decadência na graça do que a disposição cada vez maior para achar faltas nos outros, detectar pontos fracos e apontar imperfeições no próximo. Deseja alguém saber se está crescendo na graça? Busque verificar no seu interior se o seu amor cristão está aumentando.

f. Ainda um último sinal do "crescimento na graça" é o *zelo e a diligência* crescentes em fazer o bem pelas almas. O indivíduo que realmente está "crescendo" se interessará mais intensamente pela salvação dos pecadores a cada ano que passa. As missões na própria pátria e no estrangeiro, os esforços por aumentar a luz religiosa e diminuir as trevas espirituais serão coisas que a cada ano ocuparão lugar de destaque na atenção do crente em crescimento. Ele não se cansa de "fazer o bem" só porque cada esforço seu não obtém o sucesso desejado. Não deixa de interessar-se pelo progresso da causa de Cristo na terra à medida que vai envelhecendo, embora aprenda a esperar menos. Porém, continuará trabalhando, sem se importar qual seja o resultado, dando de si mesmo, orando, pregando, falando, visitando, agindo de acordo com a sua posição e considerando que o seu trabalho é o seu próprio galardão. Um dos mais definitivos sinais de declínio espiritual é o interesse cada vez menor pelas almas alheias e pela expansão do reino de Cristo.

6 "Serve de sinal de que não estamos crescendo na graça, quando nos tornamos mais mundanos. Talvez tenha havido ocasião em que a nossa órbita era mais elevada, quando fixávamos o coração nas coisas lá de cima e falávamos a língua de Canaã. Mas agora nossa mente está distante do céu; extraímos nossos consolos destas minas inferiores e, em companhia de Satanás, percorremos a terra. Isso é sinal de que estamos descendo a colina e de que a nossa graça está se consumindo. Pode-se observar que o corpo se inclina cada vez mais para frente quando a natureza decai e as pessoas estão prestes a falecer. Igualmente, quando os corações dos homens inclinam-se para a terra e eles quase não podem elevar-se para os pensamentos celestiais, se a graça ainda não morreu, deve estar prestes a morrer." (WATSON, Thomas. *A Body of Divinity*. Edinburg: Banner of Truth Trust, 1974.)

Quer alguém saber se está crescendo na graça? Examine a si próprio para ver se sente um interesse crescente pela salvação das almas.

Esses são os sinais mais indiscutíveis de que alguém está crescendo na graça divina. Cumpre-nos examiná-los cuidadosamente e considerar o que realmente sabemos a esse respeito. Posso acreditar facilmente que eles não agradarão a alguns cristãos professos de nossos dias. Aqueles religiosos pretenciosos, cuja única noção de cristianismo é um estado de perpétua alegria e êxtase, que alegam ter subido acima da região dos conflitos e das humilhações de alma; tais pessoas, sem dúvida, considerarão os sinais que apresentei como sendo "legalistas", "carnais" e "geradores de servidão". Nada posso fazer quanto a isso. A nenhum homem chamo senhor, no tocante a essas coisas. Tão-somente peço que as minhas declarações sejam pesadas na balança das Escrituras. E acredito firmemente que aquilo que eu disse não somente é bíblico, como também está em pleno acordo com a experiência dos mais eminentes santos de todos os séculos. Mostre-me um homem em quem possam ser encontrados os seis sinais que alistei. Esse é o homem que pode dar uma resposta satisfatória à pergunta: Estamos crescendo na graça?

3. OS MEIOS DO CRESCIMENTO RELIGIOSO

A terceira e última coisa que proponho para considerarmos é a seguinte: os meios que precisam ser utilizados por aqueles que desejam crescer na graça. Jamais deveríamos nos esquecer das palavras de Tiago: "Toda boa dádiva e todo dom perfeito são lá do alto, descendo do Pai das luzes" (Tg 1.17). Não há dúvida que isso é verdade quanto ao crescimento na graça, bem como em tudo o mais. Esse é um "dom de Deus". Não obstante, devemos fixar com firmeza em nossa mente que Deus se agrada em agir através de meios. Deus ordenou tanto os meios quanto os fins. Aquele que quiser crescer na graça deve tirar proveito dos meios de crescimento.[7]

Esse é um dos pontos que, segundo receio, é por demais negligenciado pelos crentes. Muitos admiram o crescimento na graça em outras pessoas, desejando parecer-se com elas. No entanto, parecem supor que aqueles que crescem na graça o

7 "A experiência mostra a cada crente que quanto mais estrita, íntima e constantemente ele andar com Deus, mais crescerá no cumprimento de seus deveres. Hábitos são desenvolvidos através do exercício. Tal como o fogo que queimava os holocaustos no altar, o qual veio do céu no início, mas teve de ser conservado pelo cuidado e labor dos sacerdotes, assim também os hábitos da graça espiritual são infundidos por Deus e devem ser mantidos por influências divinas diárias, embora com a colaboração de nosso esforço, esperando em Deus e exercitando-nos na piedade. Quanto mais um crente se exercita, forte ele crescerá." (COLLINGES, John. *Several discourses concerning the actual Providence of God.* London: Tho. Parkhurst, 1678.)

fazem mediante algum dom ou concessão divina especial, e que, visto que esse dom não lhes fora proporcionado, eles devem contentar-se em continuar acomodados. Isso constitui uma perigosa ilusão contra a qual quero testificar com todas as minhas forças. Desejo que fique perfeitamente compreendido que o crescimento na graça está vinculado ao uso de meios que estão ao alcance de todos os crentes e, como regra geral, as almas que se desenvolvem são as que se utilizam desses meios.

Solicito sua atenção enquanto procuro apresentar os meios de crescimento em ordem. Livre-se para sempre da idéia vã de que se um crente não está crescendo na graça, isso não é culpa dele. Fixe em sua mente o conceito que diz que um crente, um homem vivificado pelo Espírito, não é mera criatura morta, e sim um ser dotado de poderosas capacidades e responsabilidades. Que as palavras de Salomão desçam ao mais profundo de sua alma: "A alma dos diligentes se farta" (Pv 13.4).

a. Um fator essencial ao crescimento na graça é a *diligência no uso dos meios particulares da graça.* Compreendo que esses meios são aqueles que um homem deve usar por si mesmo, e que ninguém os pode empregar em lugar dele. Dentro dessa categoria, pois, incluo as orações particulares, a leitura pessoal das Escrituras, a meditação e o auto-exame. O indivíduo que nunca faz esforços relativos a essas coisas, não poderá mesmo esperar crescer. Essas são as próprias raízes do cristianismo verdadeiro. Se um homem errar quanto a esse ponto, errará em tudo o mais! Essa é a razão fundamental pela qual tantos cristãos professos nunca parecem avançar. São descuidados e indisciplinados no tocante às suas orações particulares. Lêem pouco as suas Bíblias e o seu espírito quase não tem vivacidade. Não dedicam tempo para a prática do auto-exame e para a meditação tranqüila acerca do estado de suas almas.

É inútil tentar ocultar de nós mesmos que a época na qual vivemos está repleta de perigos particulares. Estamos em uma época de intensa atividade, de muita pressa, de muito alvoroço e de grande empolgação religiosa. Muitos correm para lá e para cá, e o saber se vai multiplicando (ver Dn 12.4). Milhares estão aguardando ansiosamente reuniões públicas, grandes audiências e qualquer outra coisa que produza "sensação". Poucos parecem lembrar a absoluta necessidade de dedicar tempo ao cumprimento da recomendação do salmista: "Consultai no travesseiro o coração e sossegai" (Sl 4.4). Porém, sem essa prática, dificilmente haverá qualquer prosperidade espiritual. Suspeito que os crentes do passado liam muito mais as suas Bíblias e ficavam a sós com Deus com maior freqüência. Lembremo-nos desse ponto! A religião pessoal deve receber a nossa primeira atenção, se quisermos que a nossa alma cresça.

b. Uma outra questão essencial ao crescimento na graça é o *cuidado no uso dos meios públicos da graça*. Entendo que esses meios são aqueles postos à disposição de uma pessoa que é membro da Igreja visível de Cristo. Nessa categoria, incluo as ordenanças da adoração dominical regular, a oração coletiva com o povo de Deus, o louvor público, a pregação da Palavra de Deus e a ordenança da Ceia do Senhor. Acredito firmemente que a maneira como esses meios públicos da graça são utilizados muito tem a ver com a prosperidade da alma dos crentes. É fácil nos utilizarmos desses meios de uma maneira fria e desinteressada. A própria familiaridade com eles inclina-nos a nos tornar indiferentes. O retorno regular da mesma voz, o mesmo tipo de palavras e as mesmas cerimônias tendem a tornar-nos sonolentos, endurecidos e destituídos de sentimentos. Essa é uma armadilha na qual muitos cristãos professos caem. Se quisermos crescer espiritualmente, teremos de manter vigilância nesse particular. Essa é uma questão que muitas vezes entristece o Espírito e muito prejudica aos santos. Esforcemo-nos por usar as antigas orações e entoar os antigos hinos, ajoelhando-nos durante a ceia do Senhor e ouvindo as antigas verdades serem pregadas, mas com tanto frescor e apetite como fazíamos no primeiro ano em que nos convertemos. É sinal de má saúde física quando uma pessoa perde o apetite natural pelos alimentos; é sinal de declínio espiritual quando perdemos o gosto pelos meios da graça. O que quer que façamos, no tocante aos meios públicos da graça, façamos tudo conforme as nossas forças (ver Ec 9.10). Esse é o caminho mais certo para crescermos.

c. Um outro ponto essencial para o crescimento na graça é *a vigilância acerca de nossa conduta nas pequenas questões da vida diária*. Nosso temperamento, o uso que fazemos da língua, o cumprimento das diversas relações na vida, o emprego que fazemos do tempo — cada uma e todas essas coisas devem ser realizadas sob vigilância, se quisermos que a nossa alma prospere. A vida compõe-se de dias, os dias de horas, e as pequeninas coisas de todas as horas não são tão pequenas para estarem abaixo das preocupações de um crente. Quando uma árvore começa a entrar em decadência nas raízes ou no tronco, o dano pode ser observado, inicialmente, nas extremidades dos pequenos ramos. Declarou certo escritor: "Aquele que despreza as pequenas coisas, irá decaindo pouco a pouco". Esse testemunho é verdadeiro. Que outros nos menosprezem, se assim quiserem, intitulando-nos de exagerados e perfeccionistas. Conservemos firmes a nossa própria rota, relembrando-nos de que estamos servindo a um "Deus perfeccionista"; de que o exemplo deixado por nosso Senhor deve ser copiado em seus mínimos detalhes, bem como em seus traços mais gerais; e de que nos convém "tomar a cruz diariamente", bem como a cada hora, a fim de não cairmos em pecado. Devemos ter por alvo revelar um cristianismo que, tal qual a seiva de uma árvore, atinja até o menor ramo e folha do nosso caráter, santificando tudo. Essa é uma das maneiras de crescermos!

d. Uma outra coisa essencial ao crescimento na graça é *a cautela com as pessoas com quem andamos e as amizades que formamos.* Talvez nada afete tanto o caráter de um homem como as pessoas com quem ele anda. Adquirimos os modos e os hábitos daqueles com quem vivemos e falamos e, infelizmente, absorvemos deles muito mais mal do que bem. As doenças são contagiosas, mas a saúde não. Ora, se um cristão professo deliberadamente resolve ser amigo íntimo daqueles que não são amigos de Deus, que se apegam ao mundo, sem dúvida a sua alma será prejudicada nesse processo. Já é bastante difícil servir a Cristo, sob quaisquer circunstâncias, em um mundo como o nosso. Mas será duplamente difícil servi-Lo, se formos amigos dos ímpios e dos que não dão atenção a Deus. Os erros nas amizades e no casamento são as razões por que alguns crentes deixaram totalmente de crescer na graça; "As más conversações corrompem os bons costumes" (1 Co 15.33). "Infiéis, não compreendeis que a amizade do mundo é inimiga de Deus?" (Tg 4.4) Antes, devemos procurar amigos que nos animem a orar, a ler a Bíblia, a aproveitar bem o tempo e que falem conosco sobre a nossa alma, a nossa salvação e o mundo vindouro. Quem pode aquilatar o bem que uma palavra oportuna, dita por um amigo, pode fazer, ou o dano que ela pode impedir? Isso é algo que nos leva a crescer espiritualmente.[8]

e. Há mais uma coisa que é absolutamente essencial ao crescimento na graça, a saber, *a comunhão regular e habitual com o Senhor Jesus.* Quando assim afirmo, que ninguém suponha, por um minuto sequer, que estou me referindo à cerimônia da Ceia do Senhor. As minhas palavras não dizem respeito a qualquer rito religioso. Mas falo do hábito diário do companheirismo entre o crente e seu Salvador, que só pode ser efetuado mediante a fé, a oração e a meditação. Temo que se trate de um hábito que os crentes desconheçam quase inteiramente. Um homem pode ser um crente e ter os seus pés firmados na rocha e, no entanto, pode estar vivendo muito aquém dos seus privilégios espirituais. É possível alguém ter "união" com Cristo, apesar de desfrutar de bem pouca ou mesmo de nenhuma "comunhão" com Ele.

---

8 "Que os teus mais diletos companheiros sejam aqueles que fizeram de Cristo o seu principal companheiro. Não olhes tanto para a aparência externa das pessoas, e sim para o homem interior delas, atentando principalmente para o seu valor intrínseco. Muitas pessoas fixam os olhos nos trajes externos de um professor. Mostre-me um crente que dê atenção, antes de tudo, ao valor intrínseco das pessoas e que selecione aqueles que vivem cheios da plenitude de Deus como seus companheiros principais e preferidos." (BROOKS, Thomas. *Unsearchable Riches*. London: John Hanckock, 1661.)

Temos de reconhecer que uma coisa dessas pode suceder.

Os nomes e ofícios de Cristo, conforme são estipulados na Bíblia, parecem-me mostrar, de forma inequívoca, que essa "comunhão" entre um santo e o seu Salvador não é apenas uma fantasia, mas algo real e verdadeiro. Entre o Noivo e a noiva, entre o Cabeça e os membros, entre o Médico e os seus pacientes, entre o Advogado e os seus clientes, entre o Pastor e as suas ovelhas, entre o Mestre e os seus discípulos — evidentemente, aqui se acha implícito um hábito de familiar companheirismo, de solicitação diária por coisas necessárias, de um derramamento diário e de um desabafo de nosso coração e mente. Esse hábito de tratar pessoalmente com Cristo é muito mais do que uma vaga confiança geral na obra realizada por Cristo em favor dos pecadores; ele consiste em *nos aproximarmos* dEle, em nos valermos dEle com toda a confiança, como um Amigo pessoal e amoroso. Isso é o que entendo por comunhão com Cristo.

Ora, acredito que ninguém jamais crescerá na graça se, porventura, não conhece algo, experimentalmente falando, do hábito da "comunhão" com o Senhor. Não podemos nos contentar com um conhecimento geral ortodoxo de que a justificação vem pela fé e não pelas obras ou de que devemos depositar a nossa confiança em Cristo somente. Precisamos ir além disso. Precisamos buscar desfrutar de intimidade pessoal com o Senhor Jesus, tratando-O da mesma forma como um homem trata o seu amigo íntimo. Precisamos tomar consciência do que significa voltarmo-nos para Ele em cada dificuldade, consultando-O acerca de cada passo que precisemos dar, expondo diante dEle todas as nossas tristezas, permitindo-Lhe compartilhar de todas as nossas alegrias, fazendo tudo como quem trabalha sob as suas vistas, vivendo cada dia na dependência dEle, olhando para Ele. Era assim que vivia o apóstolo Paulo: "Esse viver que, agora, tenho na carne, vivo pela fé no Filho de Deus"; "Para mim o viver é Cristo" (Gl 2.20; Fp 1.21). É a ignorância acerca dessa maneira de viver que faz com que tantas pessoas não percebam qualquer encanto no livro de Cantares de Salomão. Porém, afirmo-o enfaticamente, o homem que vive desse modo, mantendo permanente comunhão com Cristo, verá o desenvolvimento espiritual de sua alma.

Estou tratando aqui do assunto do crescimento na graça. Muito mais poderia ser dito a esse respeito, se o tempo e o espaço nos permitisse. Contudo, segundo espero, já disse o bastante para convencer os meus leitores de que esse assunto é de vasta importância. Quero agora resumir tudo com algumas aplicações práticas.

1. Este livro pode cair nas mãos de alguns que nada conhecem sobre o crescimento na graça; que pouco ou nenhum interesse demonstram pela religião cristã.

Alguma freqüência à igreja, aos domingos, totaliza a substância do cristianismo deles. São destituídos de vida espiritual e, naturalmente, não estão crescendo, em seu viver diário. Você é esse tipo de pessoa? Em caso positivo, você se acha em uma condição lamentável.

Os anos estão se escoando e o tempo passando. Os sepulcros estão se enchendo e as famílias estão diminuindo quanto ao número de seus membros. A morte e o julgamento estão se aproximando cada vez mais de todos nós. E, no entanto, você vive como quem está dormindo, no que diz respeito à sua alma! Que loucura! Que insensatez! Que tipo de suicídio poderia ser pior do que esse?

Desperte antes que seja tarde demais; desperte e erga-se dentre os mortos, e passe a viver para Deus. Volte-se para Aquele que está sentado à destra de Deus, a fim de que Ele se torne seu Salvador e Amigo. Volte-se para Cristo e clame intensamente diante dEle a respeito de sua alma. Ainda lhe resta esperança! Aquele que chamou Lázaro do túmulo nunca muda. Aquele que ordenou que o filho da viúva de Naim se levantasse de seu caixão ainda pode fazer milagres em favor da sua alma. Busque-O imediatamente; busque a Cristo, se você não quer perder-se para sempre. Não fique apenas falando, dando a entender, tencionando, desejando e esperando. Busque a Cristo para que você possa viver, e vivendo, crescer espiritualmente.

2. Este livro pode cair nas mãos de alguns que *deveriam saber algo sobre o crescimento na graça,* mas que, por enquanto, nada sabem a esse respeito. Esses têm feito pouco ou nenhum progresso, desde que se converteram. Esses estão "apegados à borra do vinho" (Sf 1.12). Passam de um ano para outro satisfeitos com a antiga graça, com a antiga experiência, com o antigo conhecimento, com a antiga fé, com as suas antigas realizações, com as suas antigas expressões religiosas, com as suas antigas frases feitas. À semelhança dos gibeonitas, o pão deles está sempre embolorado e os seus sapatos estão sempre velhos e gastos. Nunca parecem capazes de avançar. Você pertence a essa classe de gente? Nesse caso, você está vivendo abaixo dos seus privilégios e responsabilidades espirituais. É mais do que chegado o tempo de examinar a si próprio.

Se você tem razões para crer que é um crente verdadeiro e, no entanto, não está crescendo na graça, deve haver alguma falha, alguma falha grave, em algum ponto. Não pode fazer parte da vontade de Deus que a sua alma estacione. "Antes, ele dá maior graça"; "Glorificado seja o SENHOR, que se compraz na prosperidade do seu servo" (Tg 4.6; Sl 35.27). O fato de sua alma permanecer estática não pode contribuir para a sua própria felicidade ou utilidade. Sem o crescimento espiritual, você jamais se regozijará no Senhor (ver Fp 4.4). Sem esse crescimento, você nunca será útil aos seus semelhantes. Certamente que essa falta de crescimento espiritual é uma questão séria! Isso deveria impeli-lo a sondar criteriosamente o seu coração. Deve haver alguma causa para isso.

Aceite os conselhos que lhe ofereço. Resolva, ainda hoje, que você procurará descobrir a razão dessa sua inércia. Perscrute, com mão firme e fiel, cada canto de sua alma. Busque de uma extremidade à outra, até descobrir o Acã que está debilitando as suas mãos. Comece apelando para o Senhor Jesus Cristo, o grande Médico da alma, e rogue-Lhe que cure o mal secreto que o está enfermando, não importa qual seja. Comece como se você nunca tivesse recorrido a Ele, pedindo-Lhe a graça de decepar a mão direita e de arrancar da órbita o olho direito. Mas nunca, nunca se contente, enquanto a sua alma não estiver crescendo. Por amor à sua paz de espírito, por amor à sua utilidade como crente, pela honra da causa de seu Senhor, resolva descobrir o motivo pelo qual você não está crescendo.

3. Este livro pode terminar nas mãos de alguns que *realmente estão crescendo na graça*, mas que não têm consciência desse fato, nem querem admiti-lo. O crescimento espiritual deles é a própria razão pela qual não percebem que estão crescendo! Seu contínuo crescimento na humildade impede que sintam que estão avançando.[9] Seus rostos resplandecem como o de Moisés, quando desceu do monte após a prolongada comunhão com Deus. Mas, à semelhança de Moisés, eles não têm consciência desse

9 "Os crentes podem estar crescendo, quando pensam que não o estão. 'Uns se dizem ricos sem terem nada; outros se dizem pobres, sendo mui ricos' (Pv 13.7). A idéia que os crentes fazem de seus defeitos na graça e a sede que têm de mais ampla medida da graça leva-os a pensar que não estão crescendo. Aquele que cobiça uma grande propriedade, por não ter tanto quanto deseja, julga-se pobre." (WATSON, Thomas. *A Body of Divinity*. Edinburg: Banner of Truth Trust, 1974.)

"As almas podem ser ricas na graça, mas sem sabê-lo, sem percebê-lo. Uma criança pode ser herdeira da coroa de um grande país, mas não ter conhecimento do fato. O rosto de Moisés resplandecia, e outros o viram, mas ele mesmo não o percebia. Assim, igualmente, muitas vezes, a alma preciosa é rica na graça, e outros percebem-no e bendizem a Deus, mas a pobre criatura não o percebe. Algumas vezes, isso se deriva do forte desejo que a alma tem de receber riquezas espirituais. O poder do desejo da alma pelas riquezas espirituais, com freqüência, abafa o próprio senso do crescimento nessas mesmas riquezas. Muitos homens cobiçosos são impelidos por tão forte desejo de acumular bens materiais que, embora fiquem ricos, não o percebem, nem podem acreditar no fato. Outro tanto sucede a muitos crentes queridos; seus desejos pelas riquezas espirituais são tão intensos que isso lhes tira o próprio senso de crescimento nas realidades espirituais. Muitos crentes têm grande valor interior, mas não o reconhecem. Foi um bom homem aquele que disse: 'Na verdade o Senhor está neste lugar; e eu não o sabia' (Gn 28.16). Novamente, algumas vezes, a causa disso é que os homens não fazem seus cálculos. Muitos homens prosperam e ficam ricos, mas por não fazerem o balanço do que possuem, não sabem dizer se avançaram ou retrocederam. Isso também acontece a muitas almas preciosas. Novamente, isso resulta, algumas vezes, do fato de que a alma não faz balanços com demasiada freqüência. Se um homem faz um balanço uma vez por semana, ou uma vez por mês, não saberá discernir se está enriquecendo, apesar de talvez estar. Que ele compare um ano com outro e verá claramente que está enriquecendo. Novamente, algumas vezes isso é resultado de erro no balanço feito pela alma. Por muitas vezes, a alma engana-se; em sua pressa, põe dez em lugar de cem e cem em lugar de mil. Tal como os hipócritas confundem as suas contas, dando a si mesmos um valor exagerado, assim também as almas sinceras, por muitas vezes, confundem as contas, dando a si mesmas um valor abaixo da realidade." (BROOKS, Thomas. *Unsearchable Riches*. London: John Hanckock, 1661.)

fato (Êx 34.29). Esses crentes, admito-o prontamente, não são numerosos. Porém, aqui e acolá, poderemos encontrar alguns deles. Assim como as visitas angelicais, eles são poucos e aparecem com grande raridade. Feliz é a vizinhança onde vivem crentes que crescem espiritualmente! Encontrar-se com eles, vê-los e estar em sua companhia é como encontrar um "pedacinho do céu na terra".

Ora, que direi para tais pessoas? Que poderei dizer? Que devo dizer? Exortá-los-ei para que tomem consciência do seu próprio crescimento espiritual e se alegrem com isso? Não farei nada que se pareça com isso. Direi que se vangloriem de seus próprios feitos, notando que são superiores a outras pessoas? Deus me livre disso! Jamais farei coisa similar. Dizer-lhes isso não lhes faria bem. Acima de tudo, dizer-lhes tais coisas seria inútil e, uma perda de tempo. Se existe qualquer indício de que uma alma que está crescendo e que se destaca de maneira toda especial, esse é o profundo senso que ela tem de sua própria falta de dignidade. Tal alma nunca vê coisa alguma pelo que possa ser elogiada. Tão-somente sente que é um servo inútil e o principal dos pecadores. Dentro da narrativa sobre o julgamento do último dia, os justos é que indagarão: "Senhor, quando foi que te vimos com fome e te demos de comer? Ou com sede e te demos de beber?" (Mt 25.37). Realmente, os opostos algumas vezes se encontram de maneiras muito estranhas. O pecador de consciência cauterizada e o santo eminente se assemelham muito um com o outro, pelo menos em um certo aspecto. Nenhum deles percebe plenamente a sua própria condição. O primeiro não percebe a sua própria pecaminosidade, nem o segundo percebe a graça divina que lhe foi dada!

Porém, nada direi aos crentes em pleno desenvolvimento? Não há palavra de conselho e estímulo que lhes possa dirigir? O resumo e a essência de tudo quanto posso dizer-lhes encerram-se em duas breves expressões: "Avancem! Prossigam!"

Jamais poderemos ser humildes em demasia, ter fé exagerada em Cristo, ser santos em demasia, ter demasiada espiritualidade, ou amor em demasia, ou zelo em demasia ao agir em favor do próximo. Assim sendo, esqueçamo-nos das coisas que vão ficando para trás, a fim de avançarmos para novas conquistas (ver Fp 3.13-14). O mais excelente dos crentes, em todas as questões, é infinitamente inferior ao perfeito padrão deixado por seu Senhor. Não importa o que o mundo diga, sabemos que não existe o perigo de qualquer um de nós tornar-se "bom demais".

Lancemos para longe de nós, como conversa ociosa, a noção comum de que uma pessoa pode ir a "extremos" nas questões religiosas, que ela pode "exagerar". Essa é uma das mentiras favoritas do diabo, que ele faz circular com extraordinário empenho. Não há dúvida de que existem entusiastas e fanáticos e que eles atraem uma má fama contra o cristianismo, devido às suas extravagâncias e loucuras. Porém, se alguém pretende dizer que um homem mortal pode ser humilde demais, por demais cheio de amor cristão, demasiadamente santo, por demais diligente na prática da justiça, esse tal deve ser um incrédulo ou um insensato. Quando os homens servem aos prazeres ou às riquezas, é fácil irem longe demais. No entanto, ao seguirem a verdadeira religião cristã e ao servirem a Cristo, é impossível aos homens chegarem a extremos.

Nunca deveríamos medir nossa religião pelo padrão da religião alheia, pensando que estamos fazendo o bastante, se estivermos fazendo mais do que o nosso próximo. Esse é um outro ardil de Satanás. Que cada um de nós ocupe-se da sua própria tarefa. O Senhor Jesus respondeu a Pedro, certa ocasião: "Se eu quero que ele permaneça até que eu venha, que te importa? Quanto a ti, segue-me" (Jo 21.22). Portanto, prossigamos, tendo por alvo nada menos que a perfeição. Avancemos, fazendo da vida e do caráter de Cristo nosso único padrão e exemplo. Sigamos avante, lembrando-nos diariamente de que, mesmo quanto ao nosso melhor, não passamos de miseráveis pecadores. Continuemos, nunca nos esquecendo que pouco ou nada significa se somos melhores que outros crentes ou não. Mesmo quanto ao nosso melhor, somos muito piores do que deveríamos ser. Sempre haverá margem para nosso aprimoramento. Seremos devedores à misericórdia e à graça de Cristo até ao último dia. Portanto, desistamos dessa idéia de olharmos para outras pessoas a fim de nos compararmos com elas. Encontraremos o bastante para fazer, se examinarmos os nossos próprios corações.

Em último lugar, mas não menos importante, se sabemos algo acerca do crescimento na graça e desejamos saber mais, não devemos ficar surpresos se tivermos de experimentar muita provação e aflição neste mundo. Acredito firmemente que essa é a dura experiência de quase todos os santos mais eminentes. A semelhança de seu Senhor, eles têm sido homens "de dores", que sabem "o que é padecer", aperfeiçoados "por meio de sofrimentos" (Is 53.3; Hb 2.10). A declaração de nosso Senhor é impressionante: "Todo ramo que, estando em mim, não der fruto, ele o corta; e todo o que dá fruto, limpa, para que produza mais fruto ainda" (Jo 15.2). É uma triste constatação que a constante prosperidade, de forma geral, é prejudicial à alma do crente. É difícil de acreditar, mas, enfermidades, perdas, cruzes, ansiedades e desapontamentos parecem ser coisas absolutamente necessárias para manter-nos humildes, vigilantes e dotados de sobriedade mental. Essas coisas são tão necessárias como a tesoura que poda a videira ou como a fornalha que purifica o ouro de sua escória. Não são coisas agradáveis para a carne e o sangue. Não as apreciamos e, com freqüência, não percebemos o significado delas. "Toda disciplina, com efeito, no momento não parece ser motivo de alegria, mas de tristeza; *ao depois,* entretanto, produz fruto pacífico aos que têm sido por ela exercitados, fruto de justiça" (Hb 12.11). Quando chegarmos ao céu, haveremos de descobrir que tudo contribuiu juntamente para o nosso bem. Que esses pensamentos residam em nossa mente, se realmente desejamos crescer na graça. Quando nos sobrevierem dias escuros, não consideremos isso como algo estranho. Bem pelo contrário, lembremo-nos de que certas lições que aprendemos nesses dias escuros jamais poderiam ser aprendidas em dias ensolarados. Por conseguinte, pensemos assim: "Isso também visa ao meu proveito, tem a finalidade de tornar-me participante da santidade de Deus. Isso acontece por causa do amor que meu Pai tem por mim. Estou na melhor escola de Deus. Correção é instrução. Isso tem como propósito fazer-me crescer".

Encerro aqui o assunto do crescimento na graça. Confio que disse o bastante para fazer com que alguns leitores meditem a respeito. Tudo está ficando mais velho; nós e o mundo estamos envelhecendo. Mais alguns poucos verões, uns poucos invernos, mais algumas poucas doenças, algumas tristezas, mais alguns poucos casamentos, mais alguns poucos funerais, mais algumas poucas reuniões, mais algumas despedidas e, então — que sucederá? Ora, a grama estará crescendo na superfície de nossas sepulturas!

Assim, não seria conveniente examinarmos o nosso íntimo, apresentando à nossa alma uma indagação simples? Estamos avançando no que diz respeito à nossa religião cristã, aos fatores que se referem à nossa paz, e na grande questão da santidade pessoal? Estamos crescendo?

Capítulo 7

Segurança

Quanto a mim, estou sendo já oferecido por libação, e o tempo da minha partida é chegado. Combati o bom combate, completei a carreira, guardei a fé. Já agora a coroa da justiça me está guardada, a qual o Senhor, reto juiz, me dará naquele Dia; e não somente a mim, mas também a todos quantos amam a sua vinda.
2 Timóteo 4.6-8

Nestas palavras das Escrituras, vemos o apóstolo Paulo olhando em três direções: para baixo, para trás e para frente. Para baixo, a sepultura; para trás, o seu próprio ministério; e para frente, aquele grande dia, o dia do juízo!

Ficar ao lado dos apóstolos por alguns minutos e dar atenção às palavras por eles usadas nos fará bem. Feliz é a alma que pode olhar para onde Paulo olhou e, então, falar como ele!

a. Ele olhou *para baixo,* para a sepultura, e fê-lo sem temor. Ouçamos o que ele tem a dizer sobre isso:

"Estou sendo já oferecido por libação..." – sou como um animal conduzido ao local do sacrifício, amarrado por cordas às pontas do altar. A libação, que geralmente acompanha a oblação, já está sendo derramada. As últimas cerimônias já foram levadas a efeito. Todos os preparativos já foram feitos. Agora me resta somente receber o golpe mortal, e, então, tudo terá terminado.

"E o tempo da minha partida é chegado" – sou semelhante a um navio prestes a desatracar e lançar-se ao mar. A bordo, tudo está pronto. Estou somente esperando que as amarras que me prendem à beira do cais sejam soltas e, então, levantarei velas e iniciarei a minha viagem. Essas foram as notáveis palavras que brotaram dos lábios de um filho de Adão, semelhante a nós! A morte é um acontecimento solene, e muito mais quando a vemos de perto. A sepultura faz-nos estremecer, entristece-nos o coração, e é inútil fingir que não nos impõe os seus terrores. Não obstante, ali estava um homem mortal que podia contemplar calmamente a "estreita casa determinada para todos os viventes" e dizer, à beira da sepultura: "Estou vendo tudo, mas não tenho medo".

b. Ouçamo-lo novamente. Paulo olhou *para trás*, para a sua vida ministerial. E pôde fazê-lo sem envergonhar-se. Ouçamos o que ele disse:

"Combati o bom combate!" Com essas palavras, ele falou como um soldado. Combati naquela boa guerra contra o mundo, a carne e o diabo, da qual muitos retrocedem, querendo evitá-la.

"Completei a carreira!" Com essas palavras, Paulo manifesta-se como alguém que havia corrido e conquistado o prêmio. Corri a carreira que me estava determinada. Atravessei todo o território que para mim fora demarcado, embora íngreme e desnivelado. Não me desviei para nenhum lado diante das dificuldades, nem fiquei desencorajado ante a extensão do caminho. E agora, finalmente, já posso avistar o meu alvo.

"Guardei a fé!" Com essas palavras, Paulo fala como um mordomo. Conservei puro aquele glorioso evangelho que foi posto ao meu encargo. Não o misturei com as tradições humanas, e nem alterei a sua simplicidade com as minhas próprias invenções, e nem permiti que outros o adulterassem, sem oferecer-lhes resistência frontal. Do mesmo modo que um soldado, um atleta e um mordomo, Paulo parecia estar dizendo: "Não estou envergonhado".

Feliz é o crente que, quando deixa este mundo, pode legar à posteridade um testemunho como esse. A boa consciência não pode salvar homem algum, nem lavar os seus pecados, nem elevá-lo um milímetro sequer na direção do céu. No entanto, uma boa consciência serve de visitante agradável, na hora de nossa morte, ao chegar à beira de nosso leito. Há uma excelente passagem, no livro *O Peregrino*, que descreve a passagem do Velho Honesto pelo rio da morte. Diz Bunyan: "Esse rio, em certas ocasiões, invade as suas margens em alguns lugares. Mas o Sr. Honesto, durante sua vida terrena, falara com uma certa Boa Consciência para vir encontrar-se ali com ele; o que ela também fez, e estendendo-lhe a mão, ajudou-o a atravessar o rio". Podemos estar certos de que há uma mina de verdades nesse trecho do livro de Bunyan.

c. Ouçamos o apóstolo Paulo uma vez mais. Finalmente, ele olha *para frente*, para o grande dia da prestação de contas, e fá-lo sem qualquer senso de dúvida e incerteza. Observemos as suas palavras:

"Já agora a coroa da justiça me está guardada, a qual o Senhor, reto juiz, me dará naquele Dia; e não somente a mim, mas também a todos quantos amam a sua vinda!" Era como se ele estivesse dizendo: "Uma gloriosa recompensa está preparada e reservada para mim, ou seja, aquela coroa que será conferida exclusivamente aos justos. No grandioso dia do julgamento final, o Senhor dará essa coroa a mim, como também a todos quantos O têm amado como o Salvador invisível, anelando por vê-Lo face a face. O meu trabalho na terra está terminando. Resta-me agora somente aguardar o recebimento dessa coroa, e nada mais".

Notemos que o apóstolo falou sem a menor hesitação ou senso de desconfiança. Ele reputava a coroa como algo já garantido, como algo que já lhe pertencia. Ele declara, com inabalável confiança, a sua firme persuasão de que o Justo Juiz haveria de entregar-lhe a coroa. Paulo não estranhava todas as circunstâncias daquele dia solene. O grande trono branco, a humanidade inteira reunida, os livros abertos, o desvendamento de todos os segredos dos homens, os anjos como testemunhas, a temível sentença, a eterna separação entre os salvos e os perdidos – ele estava bem familiarizado com todas estas coisas, porém, nem uma delas o abalava. Sua poderosa fé saltava por cima de tudo, e ele via somente a Jesus, seu todo-prevalente Advogado, o sangue da aspersão e os pecados perdoados. Disse ele: "Uma coroa me está reservada". "O próprio Senhor a *entregará* a mim!" Paulo falava como se estivesse contemplando tudo com os seus próprios olhos.

Essas são as principais questões envolvidas nesses versículos. Não falarei sobre a maioria delas, porquanto desejo confinar-me ao assunto específico deste capítulo. Tão-somente procurarei considerar um ponto nessa passagem. Esse ponto é a forte "certeza da esperança", com a qual o apóstolo contemplava as suas próprias possibilidades no dia do julgamento final.

Farei isso com a maior prontidão, por causa da imensa importância do assunto da segurança do crente e por causa da grande negligência com que, segundo entendo, ele vem sendo tratado nestes nossos dias.

Ao mesmo tempo, contudo, tratarei do assunto com temor e tremor. Sinto que estou palmilhando terreno difícil, pois é fácil falar precipitadamente e de forma não bíblica sobre esta questão. A distância entre a verdade e o erro é particularmente estreita; e, se eu puder fazer algum bem para alguns, sem prejudicar outros, sentir-me-ei gratificado.

Há quatro coisas que desejo apresentar aos meus leitores ao falar sobre a questão da segurança. Isto ficará mais claro, se eu as alistar imediatamente.

Em primeiro lugar, procurarei mostrar que uma esperança firme, tal como aquela expressa por Paulo, é algo verdadeiro e bíblico.

Em segundo lugar, farei a seguinte ampla concessão: uma pessoa pode nunca chegar a sentir essa firme esperança e, ainda, estar salva.

Em terceiro lugar, exporei algumas razões pelas quais essa plena certeza da esperança é algo extremamente desejável.

4. Em último lugar, procurarei salientar algumas das razões pelas quais raramente se obtém uma esperança segura.

Solicito especial atenção daqueles que se interessarem pelo grande assunto tratado neste capítulo. Se não estou redondamente enganado, há uma íntima conexão entre a verdadeira santidade e o senso de segurança. Antes de encerrar este capítulo, espero mostrar aos meus leitores a natureza dessa conexão. Por enquanto, contento-me em afirmar que onde há mais santidade, geralmente existe mais segurança.

1. UMA SEGURA ESPERANÇA É ALGO VERDADEIRO E BÍBLICO

Em primeiro lugar, portanto, tentarei mostrar que uma esperança firme é algo verdadeiro e bíblico.

Conforme Paulo expressa a questão nos versículos no início deste capítulo, a segurança do crente não consiste em mera fantasia ou sentimento. Não resulta de um elevado espírito de júbilo natural, nem de um temperamento sangüíneo. Antes, é um dom real do Espírito Santo, proporcionado sem qualquer ligação com a constituição ou com os estados emocionais do corpo. Trata-se de um dom que todo o crente em Cristo deveria buscar e ter como alvo. Em questões dessa natureza, a primeira pergunta que se impõe é esta: Que dizem as Escrituras? Dou a resposta sem a menor hesitação. A Palavra de Deus, ao que me parece, ensina distintamente que o crente pode chegar a ter uma segurança confiante no que concerne à sua própria salvação.

Estabeleço, ampla e plenamente, como verdade de Deus, que o crente verdadeiro, o homem convertido, pode atingir um grau tão confortável de confiança em Cristo que, de modo geral, sinta-se inteiramente confiante de que recebeu o perdão dos seus pecados e está seguro em sua alma, sentindo-se mui raramente perturbado por dúvidas, raramente desencorajado por medos, raramente aflito diante de indagações ansiosas. Em suma, embora contrariado por muitos conflitos internos na luta contra o pecado, esperará a morte e o juízo sem qualquer temor.[1] Afirmo que essa é uma doutrina constante na Bíblia.

Essa é a minha compreensão acerca da segurança do crente. Gostaria que os meus leitores a assinalassem bem. Não afirmo nem menos nem mais do que estou dizendo aqui.

Uma afirmação como esta com freqüência é contestada e negada. Muitos não podem perceber a verdade contida nela.

A Igreja Católica Romana denuncia a doutrina da segurança do crente nos termos mais desmedidos. O Concílio de Trento declarou terminantemente que "a certeza do crente de que os seus pecados foram perdoados é uma confiança vã e ímpia". E o cardeal Belarmino, bem conhecido campeão do romanismo, intitulou esse conceito de "o erro primário dos hereges".

A maioria dos cristãos mundanos e indiferentes, dentro das próprias fileiras evangélicas, opõe-se à doutrina da segurança do crente. Eles ficam perturbados e ofendidos quando a ouvem. Não gostam que outros se sintam confortáveis e seguros, porquanto eles mesmos nunca se sentem assim. Se perguntarmos se os pecados deles foram perdoados, provavelmente responderão que não sabem! Não admira que *eles* não possam aceitar a doutrina da certeza da salvação.

No entanto, também há alguns crentes verdadeiros que rejeitam a idéia da certeza da salvação ou que procuram evitá-la como uma doutrina repleta de perigos. Consideram que ela quase chega a ser uma presunção. Parecem sentir que é uma humilhação legítima nunca se sentirem seguros, nunca se sentirem confiantes e por isso vivem em meio a certo grau de incerteza e suspense a respeito de suas almas. Essa é uma atitude lamentável e que produz grandes males.

Admito francamente que há algumas pessoas *presunçosas,* que professam sentirem-se confiantes acerca daquilo que as Escrituras não garantem. Sempre haverá pessoas que pensarão bem a seu próprio respeito, embora reprovadas por Deus, da mesma maneira que sempre haverá pessoas que pensarão o pior sobre si mesmas, embora Deus as aprove. Sempre acontecerão coisas dessa natureza. Jamais surgiu uma doutrina bíblica da qual os homens não pudessem abusar e apresentar imitações. A eleição divina, a incapacidade humana, a salvação pela graça – todas essas doutrinas são igualmente alvos de abusos. Enquanto perdurar

1 "A plena certeza de que Cristo livrara Paulo da condenação, sim, tão plena e real que produziu ações de graças e um senso de triunfo através de Cristo, coaduna-se perfeitamente com as lamentações e clamores de uma desgraçada condição em face da presença do corpo do pecado!" (RUTHERFORD, Samuel. *The Trial and Triumph of Faith*. Glasgow: William Collins and Co.,1645.)

o mundo, haverá fanáticos e entusiastas. Mas, a despeito de tudo isso, a segurança da salvação é uma realidade e uma verdade; os filhos de Deus não devem evitar crer em uma verdade bíblica meramente porque alguns a têm sujeitado a abusos.[2]

A minha resposta a todos quantos negam a existência de um senso de segurança bem firmado e real é simplesmente esta: O que dizem as Escrituras? Se a segurança do crente não é ensinada ali, então, nada terei para dizer a esse respeito.

Mas, porventura não disse Jó: "Depois, revestido este meu corpo da minha pele, em minha carne verei a Deus. Vê-lo-ei por mim mesmo, os meus olhos o verão, e não outros" (Jó 19.26-27)?

Não foi Davi quem disse: "Ainda que eu ande pelo vale da sombra da morte, não temerei mal nenhum, porque tu estás comigo: a tua vara e o teu cajado me consolam" (Sl 23.4)?

E Isaías também não declarou: "Tu, Senhor, conservarás em perfeita paz aquele cujo propósito é firme; porque ele confia em ti" (Is 26.3)?

E novamente: "O efeito da justiça será paz, e o fruto da justiça, repouso e segurança, para sempre" (Is 32.17)?

Porventura, não diz Paulo na epístola aos Romanos: "Porque eu estou bem certo de que nem a morte, nem vida, nem os anjos, nem os principados, nem as coisas do presente, nem do porvir, nem os poderes, nem a altura, nem a profundidade, nem qualquer outra criatura poderá separar-nos do amor de Deus, que está em Cristo Jesus, nosso Senhor" (Rm 8.38,39)?

E não escreveu ele aos crentes de Corinto: "Sabemos que, se a nossa casa terrestre deste tabernáculo se desfizer, temos da parte de Deus um edifício, casa não feita por mãos, eterna, nos céus" (2 Co 5.1)?

---

2 "Não vindicamos cada embusteiro frívolo como se ele contasse com o 'testemunho do Espírito'. Temos consciência de que na profissão de fé de alguns, nada podemos ver além de confiança própria e presunção. Porém, não rejeitamos doutrina alguma da revelação bíblica devido a um temor desmedido das conseqüências." (ROBINSON, Thomas, A.M. *The Christian System*. London: Printed for the Author, 1805.)

"A verdadeira segurança na salvação está edificada sobre fundamentos bíblicos: a presunção não conta com qualquer Escritura que a sancione; esta é como um testamento sem assinatura e sem testemunhas, o que o torna nulo diante da lei. A presunção não conta com o testemunho da Palavra, nem com o selo do Espírito. A certeza da salvação sempre conserva o coração em uma postura humilde; mas a presunção alimenta-se do orgulho. As penas flutuam no ar, mas o ouro desce. Aquele que é possuidor dessa áurea segurança, o seu coração desce para a humildade." (WATSON, Thomas. *A Body of Divinity*. Edinburg: Banner of Truth Trust, 1974.)

"A presunção é aliada da vida dissoluta; a persuasão é aliada da consciência sensível. Aquela ousa pecar, por sentir-se segura; esta não ousa pecar por temer perder o seu senso de segurança. A persuasão não vive pecando, visto que a salvação custou tanto ao Salvador; a presunção peca, sob a alegação de que a graça se torna mais abundante. A humildade é o caminho para o céu. Aqueles que orgulhosamente se sentem seguros de que estão indo para o céu não chegarão lá, do mesmo modo como aqueles que temem ir para o inferno." (ADAMS, Thomas. *An exposition upon the second epistle general of St. Peter...* London: Bohn, 1848.)

E outra vez: "Temos, portanto, sempre bom ânimo, sabendo que, enquanto no corpo, estamos ausentes do Senhor" (2 Co 5.6)?

Não instruiu ele a Timóteo: "Sei em quem tenho crido, e estou certo de que ele é poderoso para guardar o meu depósito até aquele Dia" (2 Tm 1.12)?

E não disse Paulo aos colossenses: "Tenham toda a riqueza da forte convicção do entendimento" (Cl 2.2)?

E também não foi dito aos hebreus: "Desejamos, porém, continue cada um de vós mostrando, até ao fim, a mesma diligência para a plena certeza da esperança"; "Aproximemo-nos, com sincero coração, em plena certeza de fé" (Hb 6.11 e 10.22)?

Não declarou Pedro expressamente: "Por isso, irmãos, procurai, com diligência cada vez maior, confirmar a vossa vocação e eleição" (2 Pe 1.10)?

Não deixou João registrado: "Nós sabemos que já passamos da morte para a vida, porque amamos os irmãos" (1 Jo 3.14)?

E novamente: "Estas cousas vos escrevi, a fim de saberdes que tendes a vida eterna, a vós que credes em o nome do Filho de Deus" (1 Jo 5.13)?

E, finalmente, não disse ele: "Sabemos que somos de Deus e que o mundo inteiro jaz no maligno" (1 Jo 5.19)?

Que podemos dizer em contrário a essas declarações apostólicas? Desejo falar com toda a humildade sobre qualquer ponto controvertido. Sinto que não passo de um pobre e falível filho de Adão. Entretanto, sou forçado a dizer que nos trechos que acabei de citar, percebo algo muito mais elevado do que as meras "esperanças" e "confianças" com que tantos crentes parecem se contentar. Vejo ali a linguagem da persuasão, da certeza, do conhecimento revelado; sim, vejo a linguagem de quem sente segurança. E, da minha parte, se eu tomar essas passagens bíblicas em seu sentido mais claro e óbvio, creio que a doutrina da segurança do crente é verdadeira.

Acrescente-se a isso, que a minha resposta a todos quantos não apreciam a doutrina da segurança do crente, como se isso fosse apenas presunção, é a seguinte: É impossível andar na presunção quando se segue as pegadas de Pedro, de Paulo, de Jó e de João. Todos esses foram homens que pensavam pouco de si mesmos e eram extraordinariamente humildes, como talvez ninguém mais o tenha sido. E, no entanto, todos falaram sobre a sua condição espiritual com a mais segura esperança. Certamente, isso deveria ensinar-nos que a humildade profunda e a mais absoluta segurança são perfeitamente compatíveis entre si, não havendo qualquer conexão necessária entre a confiança espiritual e o orgulho.[3]

Assim, a minha resposta é que muitos têm obtido tão segura certeza da esperança, como o nosso texto expressa, mesmo nestes nossos tempos modernos. Não posso admitir, nem por um momento sequer, que esse fosse um privilégio confinado aos dias dos apóstolos. Em nosso próprio país, muitos crentes, segundo tudo nos leva a crer, têm andado em comunhão quase que ininterrupta com o Pai e com o Filho e parecem desfrutar de um senso, quase incessante, da luz do rosto favorável de Deus a brilhar sobre eles. E muitos deles deixaram o registro escrito de suas maravilhosas experiências. Isso tem acontecido e continua acontecendo – e é o bastante.

Em último lugar, a minha resposta é que não pode ser errado sentir-se confiante a respeito daquilo sobre o que Deus fala sem restrições; crer de modo resoluto quando as promessas de Deus são categóricas; ter certeza de haver recebido o perdão e a paz, quando descansamos na palavra e no juramento dAquele que jamais muda. É um completo equívoco supor que o crente que se sente seguro está dependendo de algo que ele vê em si mesmo. Ele simplesmente se escora no Mediador do Novo Pacto, bem como na veracidade das Escrituras. Ele crê que o Senhor Jesus quis dizer exatamente aquilo que disse e aceita suas palavras como verdade. A segurança, afinal, não é nada mais do que uma fé plenamente desenvolvida. Trata-se de uma fé vigorosa, que se apega às promessas de Cristo com ambas as mãos, uma fé que argumenta à semelhança do bom centurião: "Apenas manda com uma palavra, e o meu rapaz será curado" (Mt 8.8). Assim sendo, por qual motivo o crente duvidaria?[4]

Podemos estar certos de que Paulo seria o último homem do mundo a apoiar

---

3 "Estão completamente enganados os que pensam que fé e humildade são inconsistentes. Na verdade, elas não apenas concordam uma com a outra, como também não podem ser separadas". (Robert Traill)

4 "'Estar certo de nossa salvação', diz Agostinho, 'não é auto-suficiência arrogante; é nossa fé. Não é orgulho; é devoção. Não é presunção; é a promessa de Deus'." (JEWEL, John. *The Works of John Jewel*. Cambridge: Parker Society by John Ayre., Printed at the University Press, 1845-1850.)

"Se o fundamento de nossa segurança estivesse dentro de nós e sobre nós, bem poderia ser chamado de presunção; mas, se o fundamento é o Senhor e a força do seu poder, os que consideram a confiança segura como presunção ou não conhecem a força do poder de Deus, ou muito a subestimam." (GOUGE, William. *The Whole Armour of God*. London: John Beale, 1636.)

"Sobre qual alicerce é construída esta certeza? Certamente não é sobre nada que venha de nós. Nossa certeza de perseverança está fundamentada totalmente em Deus. Se olharmos para nós mesmos, veremos motivos para temor e dúvida. Mas, se olharmos para Deus, encontraremos razão suficiente para segurança." (HILDERSAM, *Arthur. CVIII lectures upon the fourth of John*. London: Moses Bell, 1647.)

"Nossa segurança não está presa a um fio de linha do tipo 'eu acho que é assim' ou 'é mais ou menos assim'. Ao contrário, prende-se a um cabo de aço, à forte corrente de nossa âncora; é a promessa e o juramento dEle que são eternamente verdadeiros. A nossa salvação está segura na própria mão de Deus e no poder de Cristo e firmada no sólido alicerce que é a imutável natureza de Deus!" (RUTHERFORD, Samuel, *Letters Of Samuel Rutherford. Edinburg:* Banner of Truth Trust, 1973.)

o seu senso de segurança sobre qualquer coisa pessoal. Aquele que se descreveu como sendo o principal dos pecadores (1 Tm 1.15), tinha um profundo senso de culpa e corrupção. Não obstante, tinha um senso ainda mais profundo do comprimento e da largura da retidão de Cristo lançada em sua conta. Aquele que foi capaz de exclamar: "Desventurado homem que sou!" (Rm 7.24), tinha uma visão claríssima da fonte de erro que havia em seu coração. Mas, tinha uma visão ainda mais clara daquela outra fonte que pode remover "todo pecado e iniqüidade". Aquele que se julgava como "o menor de todos os santos" (Ef 3.8), tinha um senso vívido e permanente de sua própria debilidade. Porém, tinha um senso ainda mais vívido daquela promessa de Cristo: "Eu lhes dou a vida eterna; jamais perecerão, eternamente" (Jo 10.28), estando absolutamente certo de que ela não poderia cair por terra.

Paulo sabia, provavelmente mais do que qualquer outro homem, que ele era como um pobre e frágil fragmento de cortiça, flutuando em um oceano tempestuoso. Acima de qualquer outro, ele percebia as ondas agitadas e ouvia o rugido da tempestade que o circundava. Mas era nesse momento que ele deixava de olhar para si mesmo e passava a olhar para Jesus e nada temia. Ele lembrava-se da âncora que penetrara além do véu, a qual é "segura e firme" (Hb 6.19). Ele lembrava-se da palavra, da obra e da constante intercessão dAquele que o amara e que a Si mesmo se entregara por ele. E era justamente esse fator e não outra coisa qualquer, que o encorajava a dizer ousadamente: Uma coroa me está reservada, a qual me será dada pelo Senhor. E a concluir com a mais absoluta convicção: O Senhor me preservará até o fim, e jamais serei decepcionado.[5]

Não terei de demorar-me mais sobre este aspecto do assunto. Penso que todos podem admitir que mostrei que há bases reais e sólidas para a afirmação que fiz, de que a segurança do crente é uma realidade bíblica.

2. UM CRENTE PODE NUNCA CHEGAR A TER ESSA SEGURA ESPERANÇA E, AINDA ASSIM, SER SALVO

Passo a tratar da segunda coisa a que me referi. Eu disse que um crente pode nunca chegar a ter essa firme esperança e, no entanto, estar salvo.

5 "Nunca um crente em Jesus Cristo naufragou ou pereceu durante a sua viagem para o céu. Todos eles se encontrarão seguros e sadios com o Cordeiro, no Monte Sião. Cristo não perderá nenhum deles, nem coisa alguma que deles faça parte (ver Jo 6.39). Nenhum osso de um crente será visto caído no campo de batalha. Todos os crentes saem-se mais do que vencedores, por meio dAquele que os amou (Rm 8.37)." (TRAILL, Robert. *The works of the late reverend Robert Traill, A. M.*. Edinburg: Geo. Caw Printer, 1810; Banner of Truth Trust, 1975.)

Admito isso sem a menor hesitação. Não questiono esse ponto por um instante sequer. Não desejo entristecer qualquer coração contrito, ao qual Deus não entristeceu, nem quero desencorajar algum hesitante filho de Deus, deixando sobre os homens a impressão de que ninguém tem parte em Cristo, a menos que se sinta plenamente seguro.

Uma pessoa pode ser possuidora da fé salvadora em Cristo e, no entanto, nunca usufruir uma firme esperança, como aquela que foi expressa pelo apóstolo Paulo. Crer e ter um vislumbre de ser aceito é uma coisa; gozar de "alegria e paz" em nossa fé e transbordar de esperança é algo inteiramente diferente. Todos os filhos de Deus têm fé; mas nem todos se sentem em segurança. Penso que esse é um conceito que não deve ser esquecido.

Conheço alguns homens crentes ilustres e bons que têm mantido opinião diversa da minha. Acredito que muitos excelentes ministros do evangelho, a cujos pés eu me sentaria alegremente, não admitem a distinção que acabei de estabelecer. Todavia, não desejo chamar homem algum de "mestre". Temo, como qualquer outro, a idéia de curar superficialmente as feridas da consciência. Mas penso que qualquer outro ponto de vista, diferente daquele que acabei de expor, é um evangelho muito desconfortável a ser pregado, e que mui provavelmente impedirá as almas, por longo tempo, de aproximarem-se da porta que dá para a vida.[6]

Não evito afirmar que, mediante a graça divina, um homem pode ter fé suficiente para abrigar-se seguramente em Cristo; de fato, um crente pode ter fé suficiente para apossar-se dEle, confiando nEle verdadeiramente, tornando-se um autêntico filho de Deus, sendo realmente salvo. E, no entanto, até ao fim de seus dias, talvez nunca venha a libertar-se de suas grandes ansiedades, dúvidas e temores.

Declarou um santo da antigüidade: "Pode-se escrever uma carta sem assinatura; como também a graça pode ser gravada no coração, sem que o Espírito ponha nele o selo da certeza".

Uma criança pode nascer herdeira de colossal fortuna e não saber ou não tomar consciência de sua imensa riqueza. Pode viver como um infantil e morrer como um infantil, sem jamais ter reconhecido quão grandes eram as suas posses materiais. Por semelhante modo, um homem pode ser uma criança dentro da família de Cristo, pensando e falando como criança e, assim, embora salvo, nunca

6 Quem quiser saber mais sobre essa particularidade, examine as notas existentes no final deste capítulo, onde encontrará diversas citações de teólogos bem conhecidos, em respaldo ao ponto de vista aqui exposto. Essas citações são longas demais para serem inseridas nesta página.

venha a desfrutar de uma vívida esperança, nem jamais venha a reconhecer os reais privilégios envolvidos em sua herança espiritual.

Que ninguém distorça o que quero dizer, quando discorro de forma longa sobre a realidade, o privilégio e a importância da certeza da salvação. Que ninguém me faça a injustiça de dizer que eu ensino que ninguém pode ser salvo a menos que possa dizer, em harmonia com o apóstolo Paulo: "Sei e estou persuadido de que há uma coroa reservada para mim". Não defendo essa tese. Não ensino nada parecido com isso.

Fé no Senhor Jesus Cristo é algo que um homem deve ter, não há dúvida, se ele tiver de ser salvo. Desconheço outro meio de acesso ao Pai. Não vejo qualquer indício de misericórdia, exceto através de Cristo. Um homem precisa sentir os seus pecados e o seu estado de perdição; ele deve vir a Cristo em busca de perdão e salvação; deve apoiar a sua esperança sobre Cristo e exclusivamente sobre Ele. Mas, se alguém só tiver fé até esse ponto, por mais fraca e débil que ela seja, então poderei afirmar, com o apoio das próprias Escrituras, que tal homem não perderá o céu.

Nunca, jamais devemos diminuir a liberdade do glorioso evangelho, aparando as suas justas proporções. Nunca façamos a porta parecer mais estreita do que o orgulho e o amor ao pecado já a têm feito parecer. O Senhor Jesus é Alguém dotado de coração compassivo, cheio de ternas misericórdias. Ele não dá atenção à quantidade da fé, mas antes, à qualidade dela. Ele não mede o grau da fé, e sim, a sua realidade. Ele nunca "esmagaria uma cana quebrada e nem apagaria uma torcida que fumega". Ele jamais permitiria que se dissesse que uma pessoa pereceu ao pé da cruz. Declarou o Senhor: "O que vem a mim, de modo nenhum o lançarei fora" (Jo 6.37).[7]

Sim! Embora a fé não seja maior do que um grão de mostarda, se ela ao menos conduzir alguém até Cristo, capacitando-o a tocar na orla de suas vestes, tal pessoa será salva tão certamente quanto o mais antigo santo que vive no paraíso; salva tão completa e eternamente quanto Pedro, João ou Paulo. Há graus diversos na santificação. Não, porém, na justificação. Aquilo que está escrito, está escrito e jamais falhará: "Todo aquele que nele crê" – e não todo aquele que tiver uma fé forte e poderosa – "Todo aquele que nele crê não será confundido" (Rm 10.11).

Durante este tempo, convém lembrar que a pobre alma crente pode não ter

7 "Todo aquele que nEle crer não será confundido. Ninguém jamais o foi; nem você o será, se vier a crer. As grandes palavras de fé ditas por um homem moribundo, que se convertera de maneira singular, entre a sua condenação e a sua execução, foram estas, proferidas com potente voz: 'Um homem de rosto voltado para Jesus Cristo nunca perecerá'." (TRAILL, Robert. *The works of the late reverend Robert Traill, A. M.*. Edinburg: Geo. Caw Printer, 1810. Banner of Truth Trust, 1975.)

plena certeza de que foi perdoada e aceita por Deus. Pode sentir-se perturbada por sucessivas ondas de temor e dúvida. Muitas perguntas poderão agitar-lhe o íntimo, com grandes ansiedades, muitas lutas e suspeitas, nuvens e trevas, temporais e tempestades até ao fim.

Defendo a idéia, repito, de que a simples fé em Cristo é suficiente para salvar um homem, embora ele talvez nunca venha a obter o senso de segurança; não defendo que isso será suficiente para conduzi-lo no caminho para o céu com fortes e abundantes consolações. Digo que essa fé é capaz de conduzi-lo em segurança até ao porto; mas não que ela seja suficiente para fazê-lo entrar no porto com as velas alçadas, cheio de confiança e regozijo. Não me surpreenderei, se ele atingir o porto desejado agitado pelas intempéries, sacudido pelos ventos, quase sem perceber sua própria segurança, até que venha a abrir os olhos lá na glória.

Acredito que é muito importante manter em mira essa distinção entre a fé e a segurança do crente. Essa distinção explica coisas que um inquiridor da religião cristã às vezes tem grande dificuldade para entender.

Lembremo-nos do fato de que a fé é a raiz, e que a segurança é a flor. Sem dúvida, ninguém pode ter a flor se também não tiver, primeiramente, a raiz; mas não é menos possível haver a raiz, sem que haja a flor.

A fé é a atitude daquela pobre e trêmula mulher, que veio por detrás de Jesus na multidão para tocar-Lhe na orla das vestes (Mc 5.25). A segurança do crente é aquela atitude que teve Estêvão, calmamente em pé, em meio aos seus assassinos, ao mesmo tempo em que exclamava: "Eis que vejo os céus abertos e o Filho do homem em pé à destra de Deus" (At 7.56).

A fé é a atitude do ladrão penitente, que clamou: "Jesus, lembra-te de mim quando vieres no teu reino" (Lc 23.42). A segurança do crente é a atitude que teve Jó, assentado no pó, recoberto de feridas, mas afirmando: "Porque eu sei que o meu Redentor vive!" (Jó 19.25). E também: "Ainda que ele me mate, nEle esperarei" (Jó 13.15 - RC).

A fé assemelha-se ao grito de Pedro, prestes a afogar-se, quando começava a afundar: "Salva-me, Senhor!" (Mt 14.30). A segurança parece-se com a declaração do mesmo Pedro, diante do Sinédrio, algum tempo mais tarde: "Este Jesus é pedra rejeitada por vós, os construtores, a qual se tornou a pedra angular. E não há salvação em nenhum outro; porque abaixo do céu não existe nenhum outro nome, dado entre os homens, pelo qual importa que sejamos salvos" (At 4.11,12).

A fé é aquela voz trêmula e ansiosa que disse: "Eu creio, ajuda-me na minha falta de fé" (Mc 9.24). A segurança do crente é aquele desafio confiante que assegura: "Quem intentará acusação contra os eleitos de Deus?... Quem os condenará?" (Rm 8.33-34). A fé é Paulo, a orar na casa de Judas, em Damasco, triste, cego e solitário (At 9.11). A segurança do crente é retratada pelo mesmo Paulo, já idoso e prisioneiro, antecipando tranqüilamente a sepultura e escrevendo: "Porque sei em quem tenho crido"; "Já agora a coroa da justiça me está guardada!" (2 Tm 1.12; 4.8).

A fé é *vida*. Quão grande é essa bênção! Quem pode compreender ou descrever o abismo que há entre a vida e a morte? "Mais vale um cão vivo do que um leão morto" (Ec 9.4). E no entanto, a vida pode ser fraca, enferma, doentia, dolorosa, provada, ansiosa, cansativa, sobrecarregada, destituída de alegria, sem sorrisos até ao fim. Mas a segurança na salvação é *mais* do que a vida. Ela é saúde, força, poder, vigor, atividade, energia, varonilidade e beleza.

A questão diante de nós não é "ser salvo" ou "não ser salvo", mas "ter privilégios" ou "não ter privilégios". Não está em foco a questão de gozar paz ou de não gozar paz. O que está em pauta é a questão de se ter muita ou pouca paz. Não está em vista a questão da diferença entre os que vagam pelo mundo e os que fazem parte da escola de Cristo e sim da diferença entre aqueles que já pertencem à escola de Cristo: os que estão no primeiro ano e os que estão no último.

Aquele que tem fé faz bem. Quanto me sentiria feliz, se soubesse que todos os leitores deste livro têm fé. Benditos, três vezes benditos, são aqueles que crêem! Esses estão em segurança. Foram lavados. Foram justificados. Estão fora do alcance do poder do inferno. Satanás, apesar de toda a sua malícia, nunca conseguirá arrancar sequer um deles da mão de Cristo. Entretanto, aquele que se sente seguro em sua salvação faz muito melhor, percebe muito mais, sente muito mais, sabe muito mais, desfruta muito mais e conta com maior número de dias similares àqueles referidos no livro de Deuteronômio: "Como os dias do céu acima da terra" (Dt 11.21).[8]

3. RAZÕES PELAS QUAIS A PLENA CERTEZA DE ESPERANÇA É EXTREMAMENTE DESEJÁVEL

Passarei agora ao terceiro elemento ao qual me referi. Apresentarei algumas razões pelas quais essa plena certeza da esperança é algo extremamente desejável.

---

8 "A maior coisa que podemos desejar, depois da glória de Deus, é a nossa própria salvação; e a coisa mais doce que podemos desejar é a certeza de nossa salvação. Nesta vida não podemos ir além da certeza daquilo que será desfrutado na vida futura. Todos os santos desfrutarão do céu, quando partirem deste mundo; mas, alguns santos desfrutam do céu, enquanto ainda estão na terra!" (CARYL, Joseph. *An Exposition with Practical Observations*. London: Matthew Simmons, 1653.)

Chamo especial atenção para este ponto. De todo o coração desejo que a segurança seja buscada pelos crentes, muito mais do que tem sido. Um grande número daqueles que crêem começa a duvidar e continuará duvidando, viverá e morrerá na dúvida, e assim irá para o céu como que em meio a uma névoa.

Não ficaria bem para mim falar com desprezo sobre "esperanças" e "confianças". Porém, receio que muitos se contentem apenas com essas coisas, sem ir além. Eu gostaria de ver um número menor de "possivelmentes" na família do Senhor e de ver um maior número que pudesse dizer: "Estou persuadido". Oxalá todos almejassem os melhores dons, não se contentando com menos! Há muitos crentes que perdem o clímax da bem-aventurança que o evangelho tenciona proporcionar. Muitos se conservam em uma dieta de baixa caloria espiritual, deixando sua alma faminta, enquanto o Senhor nos está dizendo: "Comei e bebei, amigos; bebei fartamente, ó amados", "Pedi e recebereis, para que a vossa alegria seja completa" (Ct 5.1; Jo 16.24).

a. Relembremo-nos, pois, antes de tudo, que a segurança da salvação é algo desejável por causa do presente consolo e paz com que nos brinda.

As dúvidas e os temores têm o poder de estragar grande parte da felicidade de um verdadeiro crente em Cristo. A incerteza e a sensação de suspense são coisas ruins em qualquer circunstância – nas questões de nossa saúde, de nossas propriedades, de nossas famílias, de nossos afetos, de nossas ocupações neste mundo – mas nunca tão ruins como no que concerne à nossa alma. Enquanto um crente não puder ir além de um "eu espero" ou de um "eu confio que", é manifesto que ele sente um certo grau de incerteza sobre seu estado espiritual. Suas próprias palavras revelam muita coisa. Ele diz "espero" porque não ousa dizer "eu sei".

Ora, a segurança da salvação muito contribui para libertar um filho de Deus dessa dolorosa variedade de servidão, servindo para ministrar-lhe consolo. Ela o capacita a sentir que a grande questão da vida está resolvida, que a grande dívida foi saldada, que a grande enfermidade foi curada, que a grande obra da salvação foi concluída; e que todas as demais questões, como enfermidades, dívidas e obras são insignificantes. Dessa forma, a segurança torna-o paciente na tribulação, tranqüilo quando perde algum ente querido, inabalável na tristeza, destemido diante de más notícias, contente sob todas as condições da vida, porquanto a segurança lhe garante um ponto fixo no qual firmar o seu coração. Ela adoça os seus cálices amargos; diminui a carga de suas cruzes; alivia a aspereza dos lugares por onde tiver de viajar; ilumina o vale da sombra da morte. A segurança sempre fará o crente sentir que dispõe de algo sólido por baixo dos pés, de algo firme no que apoiar as mãos, um amigo certo durante o trajeto, um lar garantido ao terminar a jornada.[9]

A segurança da salvação ajuda o crente a suportar a pobreza e os prejuízos sofridos. Ela o ensina a dizer: Sei que tenho no céu uma riqueza melhor e mais duradoura. Não tenho ouro, nem prata, mas pertencem-me a graça e a glória e estas jamais poderão adquirir asas, voar para longe e deixar-me sozinho. "Ainda que a figueira não floresça, nem haja fruto na vide... todavia eu me alegro no SENHOR, exulto no Deus da minha salvação'" (Ha 3.17-18).

A segurança da salvação oferece sustento aos filhos de Deus mesmo sob as piores calamidades, ajudando-os a sentir que "tudo vai bem". Uma alma assim segura, dirá: "Embora me tenham sido tirados entes amados, contudo Jesus continua o mesmo e está vivo para todo o sempre. Tendo ressuscitado dentre os mortos, Cristo não mais morrerá. Embora a minha casa não seja como a minha carne e o meu sangue desejam, contudo, disponho de uma aliança eterna, bem definida e firme em todas as coisas" (2 Rs 4.26; Hb 13.8; Rm 6.9; 2 Sm 23.5).

A segurança da salvação capacita um homem a louvar ao Senhor, mostrando-se grato até mesmo no cárcere, como sucedeu a Paulo e Silas. Ela pode dar-lhe o desejo de entoar hinos mesmo na noite mais negra, conferindo-lhe alegria, quando tudo parece estar contra você[10] (Jó 35.10; Sl 42.8).

A segurança da salvação capacita um homem a dormir, mesmo que ele esteja esperando a morte no dia seguinte, assim como ocorreu com Pedro, nas prisões de Herodes. Ela o ensinará a dizer: "Em paz me deito e logo pego no sono, porque, SENHOR, só tu me fazes repousar seguro" (Sl 4.8).

A segurança da salvação pode fazer um homem rejubilar-se ao ter de sofrer afrontas por causa de Cristo, conforme se deu com os apóstolos, quando foram

---

9 "Foi o bispo Latimer quem disse a Ridley: 'Quando vivo na segurança firme e inabalável sobre o estado de minha alma, parece-me que sou corajoso como um leão. Posso rir em toda e qualquer tribulação. Nenhuma aflição me acovarda. Porém, se me apago entre os meus confortos, fico tão temeroso de espírito que poderia correr para dentro de um buraco de rato!'" (Citado por LOVE, Christopher, 1653.) "A segurança nos ajuda em todos os nossos deveres: arma-nos contra todas as tentações; responde a todas as objeções; sustém-nos em todas as condições a que sejamos levados durante as mais tristes ocasiões. 'Se Deus é por nós, quem será contra nós?'" (REYNOLDS, Edward. *An explication of the 14th chapter of the prophet Hosea*. London: Newcomb, 1649.)
"Não podemos confundir aquele que tem segurança da salvação. Deus lhe pertence. Perdeu ele algum amigo? – seu Pai está vivo. Perdeu ele seu único filho? – Deus deu-lhe seu Filho unigênito. Padece ele de escassez de pão? – Deus lhe outorgou o melhor trigo possível, o Pão da Vida. Seus confortos lhe foram arrebatados? – ele dispõe de um Consolador. Tem de enfrentar temporais nesta vida? – ele sabe onde encontrar porto seguro. Deus é a sua porção, e o céu, o porto seguro!" (WATSON, Thomas. *A Body of Divinity*. Edinburg: Banner of Truth Trust, 1974.)

10 Essas foram as palavras ditas por John Bradford na prisão, pouco antes de ser executado: "Não tenho qualquer pedido a fazer. Se a rainha Maria conceder-me a vida, ser-lhe-ei grato; se ela banir-me, ser-lhe-ei grato; se ela mandar-me queimar na fogueira, ser-lhe-ei grato; se ela condenar-me à prisão perpétua, ser-lhe-ei grato".
E esta foi a experiência de Rutherford, ao ser banido para Aberdeen: "Quão cegos são os meus adversários que me enviaram a uma casa de banquete, e não a uma prisão ou para o exílio". "Minha prisão parece-me um palácio, a casa de banquete de Cristo" (RUTHERFORD, Samuel. *Letters Of Samuel Rutherford. Edinburg:* Banner of Truth Trust, 1973.)

encerrados na prisão em Jerusalém (At 5.41). Ela o lembrará de que pode "regozijar-se e exultar" (Mt 5.12), e que no céu há um excelente peso de glória, que contrabalançará tudo quanto ele tiver de sofrer neste mundo (2 Co 4.17).

A segurança da salvação capacita o crente a enfrentar a morte mais violenta e dolorosa, sem qualquer senso de temor, conforme sucedeu a Estêvão, no início da Igreja cristã ou como ocorreu a Cranmer, Ridley, Hooper, Latimer, Rogers e Taylor na Inglaterra. A segurança fará seu coração recordar de textos como estes: "Não temais os que matam o corpo e, depois disso, nada mais podem fazer" (Lc 12.4). "Senhor Jesus, recebe o meu espírito!" (At 7.59).[11]

A segurança da salvação dá forças a um crente que padece dores ou enfermidade, preparando-lhe o leito e suavizando-lhe o travesseiro no leito de morte. Ela o capacita a dizer: "Sabemos que, se a nossa casa terrestre deste tabernáculo se desfizer, temos da parte de Deus um edifício, casa não feita por mãos, eterna, nos céus" (2 Co 5.1). "Tendo o desejo de partir e estar com Cristo, o que é incomparavelmente melhor" (Fp 1.23). "Ainda que a minha carne e o meu coração desfalecem, Deus é a fortaleza do meu coração e a minha herança para sempre" (Sl 73.26).[12]

O poderoso consolo que a segurança da salvação pode outorgar ao crente, na hora da morte, é um ponto que se reveste da maior importância. Podemos ter a certeza de que nunca a segurança será tão preciosa como quando chegar a nossa vez de morrer. Naquela hora terrível, poucos são os crentes que não descobrem o grande valor e o privilégio de uma "firme esperança", seja lá o que for que pensaram a respeito disso durante todos os seus dias de vida. "Esperanças" e "confianças" de natureza geral são satisfatórias enquanto o sol brilha e o corpo é vigoroso; mas, quando chega a nossa hora de morrer, haveremos de querer ser capazes de dizer: "Eu sei" e "Eu sinto". O rio da morte é uma torrente gelada, e teremos de atravessá-la sozinhos. Nenhum amigo deste mundo nos poderá ajudar,

---

11 Estas foram as últimas palavras de Hugh Mackail, no patíbulo, em Edimburgo, em 1666: "Agora começo um relacionamento com Deus que nunca será interrompido. Adeus, meu pai e minha mãe, meus amigos e parentes; adeus, mundo e todos os seus deleites; adeus, comida e bebida; adeus, sol, lua e estrelas. Bem-vindo, Deus Pai; bem-vindo doce Senhor Jesus, o Mediador da nova aliança; bem-vindo bendito Espírito da graça e Deus de todo o consolo; bem-vinda glória; bem-vinda vida eterna; bem-vinda morte. Oh, Senhor, em tuas mãos entrego o meu espírito, pois remiste a minha alma, ó Senhor Deus da verdade!"

12 Estas foram as palavras de Rutherford em seu leito de morte: "Oh, se os meus irmãos soubessem quão grande Mestre eu tenho servido, e quanta paz sinto neste dia! Dormirei em Cristo e, quando despertar, ficarei satisfeito diante de sua semelhança!" (1661.)

Estas foram as últimas palavras de Baxter: "Bendigo a Deus por ter uma bem firmada segurança em minha felicidade eterna e grande paz e consolo íntimo". Em seus últimos instantes de vida, perguntaram-lhe como se sentia. A sua resposta foi: "Quase bem". (BAXTER, Richard. *The Methodist Review*. New York: The Methodist book concern, 1833.)

então. O último inimigo, o pior dos terrores, é um adversário poderoso. Quando a nossa alma estiver de partida, não haverá licor que se compare ao vinho forte da segurança da salvação.

Há uma belíssima expressão no livro de oração de nossa igreja acerca do culto de visitação aos enfermos: "O Senhor Todo-poderoso, que é a mais forte torre para todos quantos nEle depositam a sua confiança, seja agora e para sempre a tua defesa e te faça saber e sentir que não há outro nome, debaixo do céu, por meio de quem possas receber saúde e salvação, além do nome de nosso Senhor Jesus Cristo". Os autores daquele texto demonstraram grande sabedoria. Eles perceberam que quando os nossos olhos se obscurecem, quando o coração bate fraco, quando o espírito está às vésperas da partida, deve então haver conhecimento e sentimento a respeito daquilo que Cristo tem feito em nosso favor, porque, do contrário, não haverá perfeita paz.[13]

b. Relembremo-nos, além disso, que a segurança da salvação é algo desejável, porque tende a fazer com que o crente torne-se atuante.

Falando de modo geral, ninguém faz tanto por Cristo, neste mundo, como aqueles que desfrutam da mais completa confiança de entrada franca no céu, não confiando em suas próprias obras, mas na obra consumada de Cristo. Isso pode parecer espantoso, ouso dizer, mas exprime a verdade.

O crente ao qual falta uma firme esperança, passa grande parte do seu tempo sondando o próprio coração acerca de seu próprio estado de alma. Tal como uma pessoa nervosa e hipocondríaca, ele encherá a cabeça com as suas próprias indisposições, com as suas próprias dúvidas e perguntas, com os seus próprios conflitos e corrupções. Em suma, tal crente com freqüência ficará tão absorvido com os seus conflitos íntimos que pouco tempo lhe restará para outras coisas e para trabalhar para Deus.

Por outro lado, o crente que, à semelhança de Paulo, tem uma segura esperança, está livre dessas distrações. Ele não atormenta a sua alma com dúvidas sobre seu perdão e sua aceitação. Antes, contempla o pacto eterno selado com o sangue de Cristo, a sua obra concluída e as palavras inalteráveis de seu Senhor e Salvador. Assim sendo, considera a sua salvação como assunto resolvido. Desse modo, ele é capaz de dar atenção exclusiva à obra do Senhor e, assim, produzirá mais.[14]

---

13 "O menor grau de fé arranca da morte o seu ferrão, ao retirar o senso de culpa; mas a plena certeza de fé quebra os próprios dentes e os queixais da morte, porque elimina o temor e o terror da morte." (FAIRCLOUGH, In: "Sermon in the Morning Exercises", 1660.)

14 "O senso de segurança nos torna ativos e animados no serviço de Deus: estimula à oração e dá impulso à obediência. A fé nos faz andar, mas a segurança nos faz correr – e deveríamos pensar que nunca faríamos o bastante para Deus. A

Tomemos, como ilustração, dois emigrantes ingleses e suponhamos que eles se estabelecessem um ao lado do outro, na Nova Zelândia ou na Austrália. A cada um deles foi dado um terreno para limpar e cultivar. Esses terrenos tinham exatamente as mesmas dimensões e a mesma qualidade. Os terrenos seriam para eles e seus herdeiros em possessão perpétua. A doação seria publicamente registrada em cartório, tornando-se legalmente deles, sem a menor dúvida.

Suponhamos, em seguida, que um deles se lançasse à tarefa de limpar o seu terreno e cultivá-lo e que ele trabalhasse com afã nesse mister, dia após dia, sem qualquer descanso ou interrupção.

Suponhamos que, nesse mesmo período de tempo, o outro vivesse interrompendo o seu trabalho, indo ao cartório, a fim de verificar se a terra era realmente dele, se não haveria algum engano a esse respeito ou se não haveria algum defeito nos documentos legais que lhe haviam sido entregues.

O primeiro deles nunca punha em dúvida o seu documento, mas apenas trabalhava com diligência. O segundo sequer sentia-se seguro sobre a validade de seu documento, passando metade do tempo indo a cidade a fim de fazer perguntas desnecessárias sobre ele.

Ao final de um ano, qual desses dois homens terá feito maior progresso em seu próprio terreno? Qual deles terá progredido em suas terras, tendo conseguido preparar maior área de terreno para o plantio, tendo colhido maior safra e mostrando-se em tudo o mais próspero?

Qualquer pessoa dotada de bom senso pode responder a essa pergunta. Só pode haver mesmo uma resposta. A atenção excessiva dada a qualquer projeto sempre obterá um sucesso maior.

Outro tanto sucede no caso de nossa herança que nos garante "as mansões celestiais". Ninguém fará mais pelo Senhor que o comprou do que o crente que percebe com clareza a validade de sua herança, que não desvia a atenção mediante dúvidas incrédulas, suspeitas e hesitações. A alegria do Senhor será a grande força de tal crente. Rogou Davi: "Restitui-me a alegria da tua salvação e sustenta-me com um espírito voluntário. Então, ensinarei aos transgressores os teus caminhos,

segurança deveria ser como as asas de um pássaro, como a corda de um relógio que põe em funcionamento todas as rodas dentadas da obediência." (WATSON, Thomas. *A Body of Divinity*. Edinburg: Banner of Truth Trust, 1974.)

"A segurança faz um crente tornar-se fervoroso de espírito, constante e abundante na obra do Senhor. Quando o crente se sente seguro e completa uma tarefa, já está pronto para outra. 'Que devo fazer agora, Senhor?', pergunta a alma que se sente segura; 'Que vem em seguida?' Um crente que goza de segurança põe a mão em qualquer trabalho que tiver para fazer; porá o pescoço debaixo de qualquer jugo em prol de Cristo; nunca pensa que já fez o bastante, sempre pensa que fez bem pouco e, quando já fez tudo o que podia, senta-se, dizendo: Sou um servo inútil!" (BROOKS, Thomas. *The Complete Works of Thomas Brooks*. Edinburg: James Nichol, 1866.)

e os pecadores se converterão a ti" (Sl 51.12,13).

Jamais houve obreiros cristãos tão ativos quanto os apóstolos. Pareciam viver exclusivamente para trabalhar. A obra de Cristo era, na verdade, a comida e a bebida deles. Não consideravam preciosas as suas próprias vidas. Eram gastos e deixavam-se desgastar. Puseram de lado o lazer, a saúde, os confortos deste mundo, deixando tudo ao pé da cruz. E uma das causas mais notórias dessa atitude, estou certo, era a firme esperança que eles tinham. Eram homens que podiam dizer: "Sabemos que somos de Deus e que o mundo inteiro jaz no maligno" (1 Jo 5.19).

c. Lembremo-nos, além disso, de que a segurança do crente é algo desejável porque tende a fazer dele um crente resoluto.

A indecisão e a dúvida sobre o nosso próprio estado aos olhos de Deus é um mal muito sério e a fonte de muitos males. Com freqüência, produz uma maneira hesitante e instável de se seguir ao Senhor. A segurança da salvação ajuda a desatar muitos nós, fazendo a vereda do dever cristão tornar-se clara e plana.

Muitos daqueles que, segundo sentimos e esperamos, são filhos de Deus, dotados da verdadeira graça divina, embora fracos; vivem continuamente perplexos e em meio a dúvidas, quando se trata de questões de prática cristã. "Deveríamos fazer isto, ou aquilo? Deveríamos desistir deste ou daquele costume da família? Devemos andar junto com aquelas pessoas? Como saberemos a quem devemos visitar ou não? Até que ponto devemos cuidar de nossas roupas e dos entretenimentos? Sob nenhuma circunstância devemos dançar, nem jogar baralhos, nem freqüentar festas divertidas?" Essas são as perguntas que parecem produzir uma constante perturbação para certos crentes. E, por muitas vezes, com notável freqüência, a raiz da perplexidade deles é que eles não têm a certeza se são mesmo filhos de Deus. Ainda não resolveram essa questão em suas mentes, e não sabem de que lado do portão se encontram, se fora ou dentro. Nem sabem se estão dentro ou fora da arca da salvação.

Eles até sentem que um filho de Deus deve agir de maneira decidida, sem indecisões. Porém, a grande indagação é a seguinte: "Eles são, realmente, filhos de Deus?" Se ao menos sentissem que o são, então, prosseguiriam em linha reta e tomariam um curso sem desvios. Porém, não se sentindo seguros quanto a esse particular, suas consciências vivem hesitando e caindo em dilemas. O diabo sussurra aos ouvidos deles: "Talvez, afinal de contas, você não passe de um hipócrita. Que direito você tem de tomar tal linha de ação? Espere até você tornar-se um crente verdadeiro". E esse sussurro por muitas vezes faz pender a balança, levando o crente a alguma miserável transigência ou a alguma desprezível conformidade com o mundo!

Acredito que encontramos aqui uma das principais razões pelas quais tantas pessoas hoje são crentes inconsistentes, indiferentes, insatisfeitos, desanimados em relação à sua conduta cristã diante do mundo. A sua fé vacila. Não sentem a certeza de que pertencem a Cristo e, assim sendo, hesitam em romper definitivamente com o mundo. Procuram evitar pôr inteiramente de lado toda a sua antiga conduta, pois não estão bem certos de que já se revestiram da nova. Em suma, não duvido que uma das causas secretas desse "coxear entre dois pensamentos" é a ausência de segurança da salvação. Quando as pessoas podem dizer, com toda a convicção: "O Senhor é Deus! O Senhor é Deus!" (1 Rs 18.39), então o curso seguido por elas não mais continua tortuoso.

d. Finalmente, relembremo-nos de que a segurança da salvação é algo desejável porque tende a produzir crentes mais santos.

Esse conceito também pode parecer surpreendente e estranho e, no entanto, exprime uma grande realidade. Trata-se de um dos paradoxos do evangelho: à primeira vista, contrário à razão e ao bom senso; mas trata-se de um fato. O cardeal Belarmino nunca esteve mais distante da verdade do que quando disse: "A segurança tende a tornar o cristão descuidado e ocioso". Aquele que é livremente perdoado por Cristo sempre fará muito para a glória do Senhor; e aquele que mais profundamente desfruta da certeza deste perdão, normalmente é aquele que se conserva mais perto de Deus em seu andar diário. É fiel e digna de ser lembrada por todos os crentes, aquela declaração de João, que diz: "E a si mesmo se purifica todo o que nele tem esta esperança, assim como ele é puro" (1 Jo 3.3). Uma esperança que não purifica é um escárnio, uma ilusão e uma armadilha.[15]

---

15 "A verdadeira segurança da salvação, implantada pelo Espírito de Deus em qualquer coração, tem a capacidade de impedir que um homem entregue-se a uma vida sem firmeza, ligando o seu coração à obediência amorosa a Deus, como nenhuma outra coisa no mundo é capaz de fazer. Certamente, ou é a falta de fé e de segurança quanto ao amor de Deus, ou é uma segurança falsa e carnal que é a verdadeira causa de toda a licenciosidade que reina no mundo!" (HILDERSAM, Arthur. CLII. *Lectures upon Psalm LI*. London: Miller, 1642.)

"Ninguém anda com tanta coerência diante de Deus como aqueles que estão certos de que são amados por Ele. A fé é a mãe da obediência, e a confiança firme abre caminho para uma vida reta. Quando os homens estão pouco ligados a Cristo, mostram-se negligentes quanto aos seus deveres, e a crença flutuante deles logo é percebida pela incoerência e pelas maneiras hesitantes que demonstram. Não nos ocupamos com entusiasmo daquilo cujo sucesso duvidamos; e, assim, quando não sabemos se Deus nos aceitou ou não, quando a nossa confiança se acende e se apaga, assim também, no decurso de nossa vida, servimos a Deus de modo convulsivo e espasmódico. É uma calúnia do mundo pensar que a segurança da salvação é uma doutrina que tende ao ócio!" (MANTON, Thomas. *An Exposition of the Epistle of James*. London: Banner of Truth Trust, 1988.)

"Quem sente maior obrigação e motivação de prestar uma obediência voluntária – o filho que conhece o seu parentesco e sabe que seu pai o ama ou o servo que tem grandes motivos para duvidar que é querido? O medo é um princípio muito fraco e impotente, quando contrastado com o amor. Os terrores talvez façam acordar; mas o amor vivifica. Os terrores

Ninguém terá maior inclinação por manter-se em guarda e em vigilância acerca de seus próprios corações e vidas do que aqueles que conhecem a consolação de um convívio de íntima comunhão com Deus. Esses sentem o seu grande privilégio e temem perdê-lo. Eles receiam decair de seu exaltado estado ou prejudicar a suas próprias consolações, interpondo nuvens escuras entre eles mesmos e Cristo. Aquele que leva pouco dinheiro consigo, em uma viagem, quase nem pensa em perigo e pouco se importa se tiver de viajar a altas horas da noite. Mas, aquele, que ao contrário, transporta consigo ouro e jóias, será um viajante muito cauteloso. Examinará atentamente o seu caminho, as estalagens onde tiver de hospedar-se, os seus companheiros e não se exporá aos riscos. Trata-se de um antigo ditado, ainda que não seja científico, que as estrelas fixas são aquelas que mais tremeluzem. O crente que mais goza da luz do rosto reconciliador de Deus é o homem que mais teme perder as suas bem-aventuradas consolações divinas, receando fazer qualquer coisa que venha a entristecer o Espírito Santo.

Recomendo que esses quatro pontos sejam considerados de forma séria por parte de todos os cristãos professos. Você gostaria de sentir os braços eternos ao seu redor, ouvir a voz de Jesus, aproximando-se diariamente de sua alma e dizendo: "Sou a tua salvação"? Você gostaria de ser um obreiro útil na vinha do Senhor em sua época e em sua geração? Você quer ser conhecido por todos os homens como um seguidor ousado, firme, resoluto e intransigente do Senhor Jesus? Você gostaria de ser um crente eminentemente espiritual e santo? Não duvido que alguns dos meus leitores digam: "Essas são precisamente as coisas que o meu coração deseja. Anelo por elas. Tenho sede delas. Mas, parecem estar tão distantes de mim!"

Ora, nunca lhe ocorreu que a sua negligência quanto à segurança talvez seja o principal segredo de todos os seus fracassos? Que a baixa medida de fé que lhe satisfaz pode ser o motivo de seu baixo nível de paz? Poderia você achar estranho que as suas graças cristãs sejam débeis e esmaecidas, se a sua fé, que é a raiz e a progenitora de todas elas, permanece débil e esmaecida?

Aceite hoje o meu conselho. Procure aumentar a sua fé. Busque a firme es-

---

podem 'quase persuadir'; mas o amor mais do que persuade. Estou certo de que o conhecimento que um crente pode ter de que o seu Amado é dele e de que ele é do seu Amado (Ct 6.3), conforme a experiência nos dita, é a razão mais estimuladora que ele tem para mostrar-se leal e fiel ao Senhor Jesus. Pois, para aquele que crê, Cristo é precioso (1 Pe 2.7) e, assim também, para aquele que crê firmemente, Cristo é mais precioso do que 'dez mil'" (Ct 5.10). (FAIRCLOUGH. In: "Sermon in Morning Exercises", 1660.)

"Será necessário conservar os homens em um contínuo temor da condenação, a fim de torná-los circunspectos e de se assegurar que eles cumpram os seus deveres? Uma bem arraigada expectação do céu não será muito mais eficaz do que isso? O amor é o mais nobre e o mais forte princípio de obediência; é impossível que o senso do amor de Deus por nós não aumente o nosso desejo de agradá-Lo!" (ROBINSON, Thomas, A.M. *The Christian System*. London: Printed for the author, 1805.)

perança da salvação, a exemplo do apóstolo Paulo. Procure obter uma confiança simples, como a de uma criança, nas promessas de Deus. Esforce-se por ser capaz de dizer em uníssono com Paulo: "Sei em quem tenho crido. Estou persuadido de que Ele é meu e de que eu sou dEle".

É provável que você deva ter experimentado outros meios e métodos, mas tenha fracassado completamente. Altere os seus planos. Experimente um outro tipo de ataque. Ponha de lado as suas dúvidas. Dependa mais inteiramente da força do braço do Senhor. Comece com uma confiança implícita. Rejeite os seus recuos ditados pela desconfiança e aceite o que o Senhor declara em sua Palavra. Venha e se entregue a si mesmo, a sua alma e os seus pecados aos cuidados de seu gracioso Salvador. Comece fazendo isso mediante uma fé simples, e todas as outras coisas brevemente lhe serão acrescentadas.[16]

4. EM ÚLTIMO LUGAR, PROCURAREI SALIENTAR ALGUMAS DAS RAZÕES PELAS QUAIS RARAMENTE SE OBTÉM UMA ESPERANÇA SEGURA

Agora é chegado o momento de tratar da última coisa a que me havia referido. Prometi destacar algumas causas prováveis porque raramente se obtém uma esperança segura. Farei isso de maneira breve.

Essa é uma questão muito séria que deveria impelir todos nós a perscrutarmos profundamente o nosso coração. Poucos, por certo, dentre o povo de Cristo, parecem chegar a esse bendito espírito de certeza. Teoricamente, muitos apenas crêem, mas poucos ficam realmente persuadidos. Muitos, teoricamente, possuem a fé que salva, mas poucos obtêm aquela confiança gloriosa que transparece claramente na linguagem de Paulo. Penso que todos devemos admitir que isso, de fato, acontece.

Ora, por que sucede assim? Por que algo que dois apóstolos tanto nos exortaram a buscar é, na prática, conhecido por tão poucos crentes? Por que a certeza da esperança é tão rara?

---

16 "O que fomenta tanta perplexidade é o desejo de inverter a ordem determinada por Deus. Diz alguém: 'Se eu soubesse que me foi feita uma promessa e que Cristo seria um Salvador para mim, eu creria'. Isso equivale a dizer: primeiro ver para depois crer. Mas o verdadeiro método consiste justamente no oposto. Disse Davi: 'Eu creio que verei a bondade do SENHOR na terra dos viventes' (Sl 27.13). Primeiro ele creu e depois viu." (Arcebispo Leighton.)

"Trata-se de um conceito fraco e ignorante, embora bastante generalizado entre os cristãos, que eles não devem aguardar o céu, nem confiar em Cristo quanto à glória eterna, enquanto não estiverem bem encaminhados na santidade e na preparação para tal glória. Mas, assim como a nossa santificação inicial flui de nossa fé e confiança de que Cristo nos acolheu, assim também a nossa santificação posterior e a nossa preparação para a glória fluem de um exercício renovado e repetido de fé nEle" (TRAILL, Robert. *The works of the late reverend Robert Traill, A. M.*. Edinburg: Geo. Caw Printer, 1810, Banner of Truth Trust, 1975.)

Desejo oferecer algumas sugestões e isso com toda a humildade. Sei que muitos daqueles a cujos pés eu me assentaria jubilosamente, tanto na terra como no céu, nunca obtiveram a certeza da fé. É possível que o Senhor perceba algo no temperamento natural de alguns dos seus filhos, que faz com que a segurança da salvação não seja coisa muito boa para eles. Talvez, para que sejam mantidos em boa saúde espiritual, eles precisem ser conservados em baixa temperatura espiritual. Só Deus sabe o porquê. Contudo, depois de tudo quanto podemos admitir, temo que existam muitos crentes destituídos de uma segurança confiante, o que, com grande freqüência, tem explicação nas causas que alistarei abaixo.

a. Uma das causas mais comuns para essa falta de segurança, suspeito eu, é *uma visão deficiente da doutrina da justificação.*

Estou inclinado a pensar que a justificação e a santificação são imperceptivelmente confundidas na mente de muitos crentes. Eles acolhem a verdade do evangelho – de que algo deve ser feito em nós, bem como de que algo deve ser feito para nós, se é que somos verdadeiros membros do corpo de Cristo. E, até esse ponto, eles estão com toda a razão. Mas depois, talvez sem perceber, eles se embebem da idéia de que a justificação deles, de alguma maneira, é efetuada por algo que há dentro deles. Não percebem claramente que é a realização de Cristo e não as obras deles – quer no todo, quer em parte, quer direta, quer indiretamente – a única base de nossa aceitação diante de Deus; que a justificação é algo que tem lugar inteiramente fora de nós, não havendo necessidade de nenhuma contribuição da nossa parte, exceto a simples fé – e que o mais fraco dos crentes está, de forma plena e completa, tão justificado como aquele dotado da fé mais vigorosa.[17]

Ao que parece, muitos esquecem que somos salvos e justificados na qualidade de pecadores, de pecadores tão-somente; e que jamais poderemos atingir qualquer coisa mais elevada do que isso, ainda que cheguemos a viver tanto quanto Matusalém. Pecadores remidos, pecadores justificados, pecadores renovados, sem dúvida é o que devemos ser – mas pecadores, pecadores, pecadores é o que sempre seremos, até o derradeiro instante da vida. Alguns crentes, entretanto, não parecem compreender que há uma enorme diferença entre a nossa justificação e a nossa santificação. A nossa justificação é uma obra perfeita e acabada, não admitindo

17 A Confissão de Fé de Westminster expõe de forma admirável a justificação: "Aqueles a quem Deus chama eficazmente, também são gratuitamente justificados – não mediante a introdução da justiça neles, mas mediante o perdão dos seus pecados, considerando-os e aceitando-os como justos; não devido a qualquer coisa operada neles ou feita por eles, mas exclusivamente por causa de Cristo; não lhes imputando a fé, o ato de crer, ou qualquer outro ato de obediência evangélica, como se fora a justiça deles, mas imputando-lhes a retidão e a obediência de Cristo, recebendo-O e descansando nEle e em sua justiça mediante a fé." (The Westminster Confession of Faith, 1646.)

graus. A nossa santificação é algo imperfeito e incompleto, e assim continuará sendo até à nossa última hora de vida. Aqueles crentes, todavia, parecem esperar que, em algum período da sua vida, de alguma maneira, poderão tornar-se livres de corrupção, atingindo uma modalidade qualquer de perfeição no íntimo. Entretanto, não encontrando em seu próprio coração esse estado de alma angelical, logo concluem que deve haver algo de muito errado em sua condição. E assim, passam todos os seus dias lamentando-se, oprimidos por temores, pensando que não têm parte com Cristo, recusando-se a serem consolados.

Cumpre-nos ponderar bem esse ponto. Se qualquer alma dotada de fé deseja ter segurança, mas ainda não a obteve, que indague de si mesma se é sadia na fé, se sabe distinguir entre coisas que diferem entre si e se vê com clareza a questão da justificação. Tal crente precisa saber o que significa simplesmente crer e ser justificado mediante a fé, antes de poder esperar sentir a segurança da salvação.

Quanto a esse aspecto, como em muitas outras coisas, a antiga heresia dos gálatas é o campo mais fértil para ali brotar o erro, tanto na doutrina quanto na prática. As pessoas deveriam buscar obter um conhecimento mais claro a respeito de Cristo e acerca daquilo que Cristo tem feito por elas. Feliz é aquele que realmente compreende que "o homem é justificado pela fé, independentemente das obras da lei" (Rm 3.28).

b. Uma outra causa comum da ausência do senso de segurança da salvação é *a preguiça quanto ao crescimento na graça.*

Suspeito que muitos crentes autênticos embalam pontos de vista perigosos e antibíblicos quanto a esse aspecto da questão. Naturalmente, não acredito que o façam intencionalmente, mas, de alguma maneira, eles têm tais idéias. Muitos crentes parecem pensar que, uma vez convertidos, pouco lhes resta fazer, e que o estado de salvação é uma espécie de poltrona de descanso, na qual podem ficar tranqüilamente sentados, esticando o corpo e sentindo-se felizes. Parecem fantasiar que a graça divina lhes é conferida a fim de que possam usufruir dela, esquecidos de que é outorgada a nós como se fosse um talento de ouro, a fim de ser empregado e multiplicado. Tais pessoas perdem de vista as muitas determinações bíblicas para "crescermos", "frutificarmos", "acrescentar à nossa fé" e coisas semelhantes. E, nessa condição tão pouco realizadora, na qual deixam a mente descansar preguiçosamente, não é mesmo de se admirar que não consigam obter o senso de segurança da salvação.

Acredito que avançar na vida cristã deveria ser nosso contínuo objetivo e desejo. E, o nosso lema, em cada novo aniversário e a cada novo ano, deveria ser:

Continuar progredindo "cada vez mais" (1 Ts 4.1). Mais conhecimento, mais fé, mais obediência, mais amor. Se estamos produzindo a trinta por um, devemos procurar produzir a sessenta por um. E, se estamos produzindo a sessenta por um, devemos procurar produzir a cem por um. A vontade do Senhor é a nossa santificação e essa deveria ser, por semelhante modo, a nossa vontade (Mt 13.23; 1 Ts 4.3).

Seja como for, podemos confiar que há uma inseparável ligação entre a diligência e o senso de segurança. Recomenda-nos o apóstolo Pedro: "Procurai, com diligência cada vez maior, confirmar a vossa vocação e eleição" (2 Pe 1.10). E o autor de Hebreus assim declara: "Desejamos, porém, continue cada um de vós mostrando até ao fim a mesma diligência para a plena certeza da esperança" (Hb 6.11). E Salomão afirmou: "A alma dos diligentes se farta" (Pv 13.4). Há uma profunda verdade naquela máxima dos puritanos: "A fé para a aderência vem pelo ouvir, mas a fé da certeza vem mediante o praticar".

Porventura, algum leitor deste livro é um daqueles que deseja obter a segurança da salvação, mas que ainda não a possui? Nesse caso, sublinhe estas minhas palavras. Você jamais obterá a segurança da salvação sem diligência, por mais que a deseje. Nas questões espirituais, não há vantagens sem sofrimentos, assim como nas questões deste mundo passageiro. "O preguiçoso deseja, e nada tem!" (Pv 13.4).[18]

c. Uma outra causa comum da falta de segurança da salvação é *uma conduta incoerente.*

Com muita tristeza, sinto-me constrangido a dizer que temo não haver algo que impeça mais os homens de atingir uma firme esperança do que uma conduta incoerente. A correnteza do cristianismo professo é mais larga nestes nossos dias do que costumava ser, e receio que tenhamos de admitir que, ao mesmo tempo, é muito menos profunda.

---

18 "De quem é a culpa se o teu interesse por Cristo é misturado com dúvidas? Se os crentes se examinassem mais a si mesmos, se andassem mais perto de Deus, se tivessem mais comunhão íntima com o Senhor, e agissem mais de acordo com a fé, logo se desvaneceria essa vergonhosa incompreensão e dúvida!" (TRAILL, Robert. *The works of the late reverend Robert Traill, A. M.*. Edinburg: Geo. Caw Printer, 1810. Banner of Truth Trust, 1975.)
"Um cristão preguiçoso sempre sentirá falta de quatro coisas: consolo, contentamento, confiança e segurança. Deus mesmo fez a separação entre a alegria e o ócio, entre a segurança e a preguiça. Assim sendo, é impossível conseguir juntar essas duas coisas separadas por Deus!" (BROOKS, Thomas. *The Complete Works of Thomas Brooks*. Edinburg: James Nichol, 1866.)
"Estás te sentindo em abismos e em dúvidas, perplexo e cheio de incertezas, sem saberes qual é a tua condição, e nem mesmo sem qualquer interesse pelo perdão conferido por Deus? Estás sendo sacudido para lá e para cá, entre esperanças e temores, anelante por paz, consolo e firmeza? Por que te prostras rosto em terra? Levanta-te, vigia e ora, jejua, medita e faz oposição às tuas concupiscências e corrupções. Não temas, nem te abales diante dos clamores das tuas paixões que querem ser poupadas. Apresenta-te insistentemente diante do trono da graça, mediante a oração, a súplica, a importunação, com pedidos incansáveis – é dessa maneira que uma pessoa se apossa do reino de Deus. Essas duas coisas ainda não são a paz, nem a segurança, mas fazem parte dos meios que Deus determinou para que as alcançássemos!" (OWEN, John. "The Nature of the Forgiveness of Sin", In: *A Practical Exposition of the CXXX Psalm*. Glasgow: John Brice, 1977.)

A incoerência na vida é algo que destrói totalmente a tranqüilidade de consciência. Essas duas coisas são incompatíveis entre si. Elas não podem andar juntas e nunca andarão. Se você preferir continuar fomentando os seus pecados queridos, sem se decidir a desistir deles; se você não se dispuser a decepar a sua mão direita ou a arrancar da órbita o seu olho direito, quando a ocasião assim o exigir, então, já posso afirmar que você não poderá desfrutar do senso de segurança da salvação.

Um andar vacilante, a procrastinação em assumir uma linha ousada e resoluta, a prontidão para amoldar-se ao mundo, um testemunho hesitante em favor de Cristo, um tom hesitante em sua religião, um descuido em manter um elevado padrão de santidade e de vida espiritual – todas essas coisas compõem uma infalível receita para fazer o jardim de sua alma entrar em sequidão e crestamento.

É inútil supor que você se sentirá seguro e bem persuadido de que foi perdoado e aceito por Deus, sem que você leve em conta todos os mandamentos de Deus a respeito de todas as coisas, como algo justo, odiando toda e qualquer forma de pecado, sem importar se é leve ou grave (Sl 119.128). Um único Acã permitido no acampamento de seu coração certamente debilitará as suas mãos e lançará todas as suas consolações por terra. Você terá de semear diariamente no Espírito, se quiser colher o testemunho do Espírito. Você não sentirá, nem achará que todos os caminhos do Senhor são agradáveis, a menos que faça um esforço para agradar ao Senhor em tudo.[19]

Engrandeço a Deus pelo fato de que a nossa salvação, em hipótese alguma, depende das nossas próprias obras. Pela graça somos salvos – não por meio de obras de justiça – mediante a fé, independentemente das obras da lei. Porém, jamais permitirei que um crente esqueça, por um momento sequer, de que o nosso *senso* de salvação muito depende da maneira como estamos vivendo a cada dia. A incoerência por parte do crente serve somente para turvar-lhe a vista, interpondo nuvens escuras entre ele mesmo e o sol. O sol continuará o mesmo, acima das

19 "Queres que a tua esperança se fortaleça? Então, mantém pura a tua consciência; não poderás corromper uma sem enfraquecer a outra. A pessoa piedosa que começa a se mostrar frouxa e descuidada em sua santidade, não demorará muito a perceber que a sua esperança está se esvaindo. Todo o tipo de pecado leva a alma que brinca com ele para o temor e para abalos no coração!" (GURNALL, William)

"Umas das grandes e mui comuns causas de angústia é a conservação de algum pecado em secreto. Isso cega os olhos da alma ou diminui e entorpece a sua visão de tal maneira, que ela nem mais pode perceber ou sentir a sua própria condição. Mas isso, acima de tudo, provoca o afastamento de Deus para longe, levando conSigo o seu consolo e a assistência do seu Espírito!" (BAXTER, Richard. *The Saint's Everlasting Rest*. Darlington: Evangelical Press, 1979.)

"As estrelas, cuja órbita no firmamento é menor, são as que estão mais próximas dos pólos; e os homens cujo coração está menos envolvido com o mundo sempre são os que se sentem mais perto de Deus e mais certos do seu favor. Crentes mundanos, lembrai-vos disso: Vós e o mundo terão de separar-se, senão a segurança da salvação nunca será uma característica da vossa alma!" (Thomas Brooks.)

nuvens, mas você não será capaz de ver o seu resplendor ou de desfrutar do seu calor; do mesmo modo, a sua alma tornar-se-á melancólica e fria, se descuidar de sua maneira de viver. É na vereda dos atos justos que você será visitado pelo raiar da segurança, iluminando o seu coração.

Disse Davi: "A intimidade do SENHOR é para os que o temem, aos quais ele dará a conhecer a sua aliança" (Sl 25.14).

"Ao que prepara o seu caminho, dar-lhe-ei que veja a salvação de Deus" (Sl 50.23).

"Grande paz têm os que amam a tua lei; para eles não há tropeços" (Sl 119.165).

"Se, porém, andarmos na luz, como ele está na luz, mantemos comunhão uns com os outros" (1 Jo 1.7).

"Filhinhos, não amemos de palavra, nem de língua, mas de fato e de verdade. E nisto conheceremos que somos da verdade, bem como, perante ele, *tranqüilizaremos* o nosso coração..." (1 Jo 3.18-19).

"Ora, sabemos que o temos conhecido por isto: se guardamos os seus mandamentos" (1 Jo 2.3).

Paulo foi um crente que sempre se empenhou por ter uma consciência liberta de qualquer ofensa contra Deus e os homens (At 24.16). Ele pôde dizer com toda a ousadia: "Combati o bom combate, completei a carreira, guardei a fé". Por esse motivo não me admiro que o Senhor lhe tenha permitido acrescentar, com toda a confiança: "Já agora a coroa da justiça me está guardada, a qual o Senhor, reto Juiz, ma dará naquele Dia" (2 Tm 4.7-8).

Se qualquer crente no Senhor Jesus deseja desfrutar do senso de segurança, mas ainda não o obteve, medite, igualmente, sobre este ponto. Examine o seu próprio coração, examine a sua consciência, examine a sua própria vida, examine os seus caminhos e, finalmente, examine o seu lar. E assim, depois de haver feito esse exaustivo exame, talvez seja capaz de dizer: "Esta é a causa devido a qual não tenho uma esperança firme".

Deixo as três questões que acabo de mencionar para serem livremente consideradas pelo leitor deste livro. Estou certo de que vale a pena examiná-las. Cumpre-nos examiná-las com honestidade. E que o Senhor nos dê entendimento acerca de todas essas coisas.

E agora, no encerramento desta importante inquirição, que me seja permitido falar, em primeiro lugar, para aqueles leitores que ainda não se entregaram ao Senhor, que nunca saíram do mundo, nem escolheram a boa parte, nem ainda se puseram a seguir a Cristo.

Peço ao leitor que aprenda, através desse assunto, quais são os privilégios e os consolos de um verdadeiro cristão.

Não quero que alguém julgue o Senhor Jesus Cristo baseado em seu povo. O melhor dos servos de Deus poderá dar apenas uma pálida idéia de seu glorioso Mestre. Também não quero que o leitor julgue os privilégios do reino de Cristo pela medida do conforto atingido por muitos dentre o povo de Deus. Infelizmente, quase todos nós somos pobres criaturas! Ficamos aquém, muito aquém da bem-aventurança que poderíamos desfrutar. Porém, você pode estar certo de que existem coisas gloriosas na cidade do nosso Deus, e aqueles que têm a firme esperança da salvação usufruem delas, mesmo durante esta vida terrena. Há dimensões e profundidades de paz e consolo na casa do nosso Pai que nosso coração ainda não pode conceber. Há bastante pão na casa de nosso Pai celeste, embora muitos de nós, sem dúvida, comam bem pouco dele e, por isso, continuem fracos. Porém, a culpa disso não pode ser lançada sobre o nosso Senhor. A culpa é inteiramente nossa.

E, afinal de contas, o mais fraco dos filhos de Deus conta com uma fonte de consolações celestiais em seu próprio interior, acerca da qual o descrente ainda nada conhece. O leitor talvez enxergue os conflitos e as ondulações na superfície do coração dos crentes, mas não pode ver a pérola de grande preço oculta nas profundezas de suas almas. O membro mais fraco do corpo de Cristo não trocaria de lugar com o incrédulo. O crente que é possuidor de uma certeza mínima está em melhores condições do que qualquer descrente. Ele tem esperança, ainda que pequena; mas você, sendo incrédulo não tem esperança alguma. O crente tem uma porção que nunca lhe será arrebatada, um Salvador que nunca lhe será tirado, um Redentor que jamais haverá de esquecer-se dele, um tesouro que nunca perecerá, embora ele pouco perceba acerca disso na vida presente. Mas, se você morrer como incrédulo, todas as suas expectativas perecerão. Oxalá você fosse sábio! Oxalá você compreendesse essas realidades! Oxalá você considerasse o seu fim!

Nestes últimos tempos do mundo, lamento mais do que nunca por você. Entristeço-me muito por aqueles cujos tesouros acham-se todos na terra e cujas esperanças estão todas deste lado da sepultura. Sim! Quando vejo antigos reinos e dinastias estremecendo até os seus próprios alicerces; quando vejo, conforme vi, faz alguns anos, reis, príncipes, ricaços e homens importantes fugindo para não perderem a vida, quase sem saber onde esconder a cabeça; quando contemplo propriedades que dependem do tesouro público dissolvendo-se como a neve na primavera; quando vejo fundos e ações públicas perdendo o seu valor; quando vejo todas essas coisas, lamento profundamente por aqueles que não têm melhor porção neste mundo do que aquilo que o mundo lhes pode proporcionar e não têm lugar naquele reino que não pode ser abalado.[20]

Tome conselho com um ministro de Cristo neste mesmo dia. Busque as riquezas permanentes, um tesouro que não lhe possa ser tirado, uma cidade que tem fundamentos duradouros. Faça conforme fez o apóstolo Paulo. Entregue-se ao Senhor Jesus Cristo e procure aquela coroa incorruptível que Ele está disposto a conferir. Tome o jugo dEle e aprenda dEle. Deixe de lado um mundo que, na verdade, jamais poderá satisfazer-lhe. Abandone o pecado, que pica como uma serpente e que mata a quem a ele se apega. Venha ao Senhor Jesus, e reconheça sua condição de um carente pecador, e Ele o receberá, perdoando os seus pecados e dando-lhe do seu Espírito renovador, e então você experimentará a paz. Isso lhe dará mais conforto real do que o mundo jamais pôde fazê-lo. Há, no seu coração, um abismo vazio, que somente a paz de Cristo é capaz de preencher. Entre e compartilhe dos nossos privilégios. Venha conosco e sente-se ao nosso lado.

Finalmente, seja-me permitido voltar-me para todos os crentes que leram estas páginas, dirigindo-lhes algumas palavras de conselho fraternal.

A principal coisa que lhes aconselho é a seguinte: *se ainda não obtiveram uma firme esperança de haverem sido aceitos por Cristo, resolvam que a buscarão hoje.* Esforcem-se nesse sentido. Não dêem descanso ao Senhor enquanto não conhecerem Aquele em quem vocês têm crido (2 Tm 1.12).

Sinto, realmente, que a pequena quantidade de segurança entre aqueles que são considerados filhos de Deus, hoje em dia, é uma vergonha e um opróbrio. Escreveu o idoso Traill que "é algo deveras lamentável que muitos crentes que têm vivido por vinte, ou quarenta anos, desde que Cristo os chamou pela sua graça, continuem *duvidando* de que possuem a vida". Que nos venha à memória o "intenso desejo" expresso pelo autor sagrado, de que "cada um" dos crentes hebreus procurasse ter a "plena certeza da esperança" (Hb 6.11). Que o nosso propósito seja, mediante as bênçãos de Deus, desfazer esse opróbrio.

Leitor crente, você realmente quer dizer que não tem nenhum desejo de trocar uma tênue esperança pela confiança; a mera crença pela firme persuasão; a incerteza pelo conhecimento firme? Somente porque uma fé débil é capaz de

20 "São duplamente miseráveis aqueles que não têm nem céu, nem terra; nem bens temporais, nem eternos, que lhes estejam garantidos nestes tempos de mutação!" (Thomas Brooks.)

salvá-lo, você continuará contente com ela? Somente porque a segurança da salvação não é essencial para alguém entrar no céu, você se satisfará sem ela, aqui na terra? Lamentavelmente, tal atitude não reflete um estado saudável de alma; não era essa a mentalidade que prevalecia nos dias dos apóstolos! Levante-se imediatamente e avance. Não se apegue aos princípios elementares da religião cristã. Prossiga até à perfeição. Não se contente com o dia dos pequenos começos. Nunca despreze os pequenos começos na vida alheia, mas jamais se contente com eles em sua própria vida.

Acredite-me, acredite-me, a segurança da salvação é algo digno de ser buscado. Aquele que se contenta sem essa segurança abandona as misericórdias recebidas. As coisas de que estou falando visam à sua paz. É bom desfrutarmos de segurança quanto às coisas materiais, mas quão melhor é desfrutar dela no que concerne às realidades celestiais! A sua salvação é algo fixo e resolvido. Deus sabe disso. Por que você não deveria procurar obter essa certeza? Nada há de antibíblico nessa atitude. Paulo nunca viu o Livro da Vida e, no entanto, exclamou: "Eu sei... e estou certo" (2 Tm 1.12).

Portanto, que um tema diário das suas orações seja o aumento da sua fé. De conformidade com a proporção de sua fé, assim também será a sua paz. Cultive mais essa bendita raiz e, mais cedo ou mais tarde, sob a bênção de Deus, você poderá dispor, igualmente, da flor. Talvez você não chegue à plena certeza da esperança de um dia para o outro. Às vezes, é bom continuar esperando por algum tempo; não damos muito valor às coisas que conseguimos sem dificuldade. Mas, embora ela se demore, espere por essa bênção. Continue buscando e, finalmente, você a encontrará.

Ainda, há uma coisa a respeito da qual não quero que você seja ignorante: *Você não deve sentir-se surpreendido se for assaltado por dúvidas ocasionais, mesmo após haver obtido a segurança da salvação.* Você não pode esquecer-se de que continua vivendo na terra e que ainda não chegou ao céu. Você continua vivendo no corpo e o pecado no íntimo continua presente; a carne lutará contra o espírito até o fim. A lepra nunca será arrancada das paredes de uma casa antiga, enquanto ela não for derrubada. O diabo também é uma realidade, sendo extremamente poderoso. Satanás tentou o Senhor Jesus e levou Pedro a cair; ele não deixará de assediar você, como você bem sabe. Assim sendo, sempre haverá algumas dúvidas. Aquele que nunca duvida é aquele que nada tem a perder. Aquele que nunca teme é aquele que nada possui de valioso. Aquele que nunca tem ciúmes desconhece o que significa amar profundamente. Não se desencoraje, você será mais do que vencedor, por meio dAquele que o amou.[21]

Enfim, não esqueça de que a segurança da salvação é *algo que pode ser perdido por um certo tempo,* até mesmo pelo crente mais animado, a menos que ele tome cuidado.

A segurança da salvação é como uma planta extremamente delicada. Requer cultivo diário e a todas as horas, com muito cuidado e carinho. Por conseguinte, se você já a possui, cuide dela com mais empenho ainda. Conforme disse Rutherford: "Dê grande valor à segurança". Nunca baixe a sua guarda. Quando, em *O Peregrino,*[22] Cristão dormiu, quando deveria ter ficado acordado, perdeu o seu certificado. Não se esqueça disso. Davi perdeu o seu senso de segurança por muitos meses, ao cair em transgressão. Pedro o perdeu quando negou o seu Senhor. Cada um deles o reencontrou, indubitavelmente, mas somente após terem vertido lágrimas amargas. As trevas espirituais chegam em lombo de cavalo e vão embora a pé. Sobrevém-nos antes de nos darmos conta de sua chegada. Depois, partem com grande lentidão, gradualmente e somente após muito tempo. É fácil correr colina abaixo. É trabalho árduo subir por ela. Desse modo, não se esqueça de minha palavra de cautela e ao desfrutar da alegria do Senhor, vigie e ore.

Acima de tudo, não entristeça o Espírito Santo. Não apague o Espírito. Não sufoque o Espírito. Não O afaste para longe, brincando com pequenos maus hábitos e pecadinhos. Pequenas desavenças entre marido e mulher tornam o lar infeliz, e pequenas inconsistências, reconhecidas, mas permitidas, promovem a separação entre o crente e o Espírito do Senhor.

Ouça agora a conclusão de toda a questão:

O homem que anda com Deus, em Cristo Jesus, com maior intimidade, de maneira geral, será mantido no aprazimento da paz mais profunda.

O crente que segue mais completamente ao Senhor e cujo alvo é o mais elevado grau de santidade, geralmente desfruta da esperança mais firme, ficando inabalavelmente persuadido da sua própria salvação.

---

21 "Ninguém desfruta de segurança o tempo todo. Como em uma alameda sombreada por árvores e com pontos iluminados, alguns trechos são escuros e outros são aclarados pela luz do sol, assim também é a vida dos crentes mais firmes!" (HOPKINS, Ezekiel. Citado por Thomas, I.D.E. In: *A Puritan Golden Treasury*. Carlisle: Banner of Truth Trust.)
"É motivo de grande suspeita de que não passe de uma hipócrita, a pessoa que vive *sempre* dotada da mesma atitude mental. Tal pessoa deve estar ocultando os seus maus momentos!" (TRAILL, Robert. *The works of the late reverend Robert Traill, A. M.*. Edinburg: Geo. Caw Printer, 1810; Banner of Truth Trust, 1975.)

22 Uma edição do livro "O Peregrino" foi publicada pela Editora Fiel. BUNYAN, John. *O Peregrino*, com notas de estudo e ilustrações. Editora Fiel. São José dos Campos, SP. 2005.

CITAÇÕES REFERIDAS NA NOTA Nº 6

Apresentamos aqui extratos de vários estudiosos da Palavra de Deus, mostrando que há uma certa diferença entre a fé e a segurança da salvação; que um crente pode ser justificado e ter sido aceito por Deus, mas não ter um conhecimento consolador e estar persuadido da sua própria segurança, e que a mais débil fé em Cristo, contanto que seja autêntica, salva o homem tão certamente quanto a fé mais robusta.

"A misericórdia de Deus é maior do que todos os pecados do mundo. Entretanto, algumas vezes, ficamos em tal estado que pensamos que nem ao menos temos fé ou, se temos alguma, ela é débil e fraca. Portanto, há dois lados nessa questão: ter fé e ter o senso da fé. Alguns homens pretendem ter o senso da fé, embora não consigam nunca chegar a esse ponto. Não obstante, não devem cair em desespero, mas devem continuar clamando a Deus, e essa bênção finalmente lhes será dada. Deus lhes abrirá o coração, fazendo com que sintam a sua bondade!" (LATIMER, Hugh. *Sermons and Remains of Hugh Latimer.* Cambridge: Cambridge University Press, 1555.)

"A fé fraca pode falhar em aplicar, em compreender e em se apropriar dos benefícios de Cristo em favor do ser humano. Isso pode ser percebido na experiência diária de uma pessoa. Pois, há muitos homens humildes e dotados de coração contrito, que servem a Deus em espírito e em verdade, mas que não são capazes de dizer, sem imensas dúvidas e hesitações: sei e estou certo de que os meus pecados foram perdoados. Ora, diríamos que todos esses não têm fé? Deus nos livre de dizer tal coisa".

"Essa fé débil é capaz de apreender tão verdadeiramente as promessas misericordiosas de Deus, concernentes ao perdão do pecado quanto a fé mais poderosa, embora não o faça de maneira tão profunda. Por semelhante modo, um homem de mão defeituosa pode estender o braço para receber o presente oferecido por um monarca, da mesma forma que um homem que tem a mão perfeita, embora não o faça com tanta firmeza!" (PERKINS, William. *"An Exposition of the Symbol or Creed of the Apostles". In: Works of William Perkins. Cambridge:* University of Cambridge, 1608. V. 1.)

"Essa certeza de nossa salvação, referida pelo apóstolo Paulo, reiterada por Pedro e mencionada por Davi (Sl 4.7), é aquele fruto especial da fé que cria a alegria espiritual e a paz interior e que ultrapassa todo o nosso entendimento. É verdade que nem todos os filhos de Deus desfrutam dessa certeza. Uma coisa é a árvore e outra é o fruto da árvore; uma coisa é a fé e outra é o fruto da fé. Aquele remanescente dos eleitos de Deus que sente a falta ou carência dessa fé, a despeito disso, possui fé!" (GREENHAM, Richard, *Sermons,* 1612.)

"Alguns pensam que não possuem fé, de modo algum, somente porque não têm plena certeza. Contudo, mesmo o fogo mais tênue produz alguma fumaça!" (SIBBES, Richard. *The Bruised Reed and Smoking Flax*. Edinburg: Banner of Truth Trust, 1973.)

"O ato de fé aplica Cristo à alma; e isso pode ser feito pela fé mais fraca, tanto quanto pela mais firme, sob a única condição de que seja verdadeira. Uma criança pode segurar um bordão da mesma maneira que um homem, embora não o faça com tanta firmeza e força. Um prisioneiro em uma masmorra pode ver o sol através de uma pequena perfuração, embora não seja capaz de fazê-lo tão bem como se estivesse ao ar livre. Aqueles que contemplaram a serpente de bronze, embora estivessem a grande distância, foram curados."

"A fé mais tênue é tão preciosa para a alma do crente como a fé exercida por Pedro ou por Paulo era importante para eles, porquanto se agarra a Cristo e redunda na eterna salvação!" (ADAMS, Thomas. *An exposition upon the second epistle general of St. Peter...* London: Bohn, 1848.)

6. "Fé fraca é verdadeira fé – tão valiosa, embora não tão intensa quanto a fé poderosa: o mesmo Espírito Santo é o seu autor e o mesmo evangelho é o seu instrumento".

"Mesmo que nunca se torne grande, ainda assim a fé fraca salvará um homem; porque vincula-o a Cristo e faz com que Ele e todos os seus benefícios pertençam a este homem. Não é a força da nossa fé que nos salva, e sim a autenticidade dela – nem é a debilidade de nossa fé que nos condena, e sim a ausência de fé; pois a fé mais fraca pode receber proveito de Cristo e, dessa maneira, salvar-nos. Por igual modo, não somos salvos pelo valor ou pelo tamanho de nossa fé, mas por Cristo, diante de quem pode valer tanto a fé forte quanto a fraca. Uma mão fraca que pode levar o alimento à boca é capaz de nutrir o corpo tanto quanto uma mão forte, pois o corpo não é nutrido pela força da mão, mas pelo valor nutritivo dos alimentos!" (ROGERS, John. *The Doctrine of Faith.* Essex, 1634.)

"Uma coisa é possuir de fato e outra é saber que temos algo com toda a certeza. Buscamos muitas coisas que já temos na mão e temos muitas coisas que julgamos haver perdido. Assim também, o crente dotado de fé firme nem sempre sabe que ele crê dessa maneira. A fé é necessária à salvação; mas a segurança da salvação, da certeza do que creio, não é uma igual necessidade!" (BALL, *Faith,* 1637.)

"Há uma pequena fé que ainda assim é autêntica e, embora seja pequena, por ser verdadeira, não será repelida por Cristo."

"A fé não é criada perfeita desde o princípio, conforme se deu com Adão; antes, assemelha-se mais a um homem que, no curso normal da natureza, primeiramente é um infante, então uma criança, depois um adolescente e, finalmente, torna-se um adulto."

"Alguns rejeitam totalmente todos os fracos, taxando toda debilidade de fé como se fora hipocrisia. Sem dúvida, esses tais são homens orgulhosos ou cruéis."

"Alguns consolam e animam aqueles que são fracos, dizendo-lhes: 'Aquietai-vos. Já tendes fé e graça suficientes e já sois bons o bastante. Não precisais de mais do que já tendes, nem deveis ser demasiadamente justos' (ver Ec 7.16). Esses servem de travesseiros macios, mas não são seguros; esses são apenas lisonjeadores, mas não amigos fiéis."

"Alguns consolam e exortam, dizendo: 'Anima-te. Aquele que começou a boa obra em ti também a terminará em ti; portanto, ora, a fim de que a graça de Deus transborde em ti. Sim, não fiques aí sentado, mas prossegue e marcha pelo caminho do Senhor' (ver Hb 6.1). Ora, esse é o caminho melhor e mais seguro!" (WARD, Richard. *Theological Questions, Dogmatical Observations, and Evangelical Essays upon the Gospel according to Matthew*. London, 1640.)

9. "Um homem pode gozar do favor de Deus no estado de graça, um homem pode ser justificado diante do Senhor e, ainda assim, sentir falta de uma sensível certeza de sua salvação, bem como do favor divino, em Cristo".

"Um homem pode ter a graça da salvação, mas não percebê-la em si mesmo; um homem pode possuir verdadeira fé justificadora, mas não usá-la, nem exercitá-la, de modo a criar dentro de si mesmo uma segurança consoladora de que foi reconciliado com Deus. Sim, digo ainda mais: um homem pode estar no estado de graça e ter em si mesmo a fé justificadora autêntica, mas estar tão distante do senso de certeza dessa fé que pode até mesmo estar convencido do contrário. Jó certamente se encontrava nessa condição, quando clamou a Deus: 'Por que escondes o teu rosto e me tens por teu inimigo?' (Jó 13.24)."

"A mais débil fé justifica. Se não podes receber a Cristo e descansar nEle, mesmo com a menor fé possível, a tua situação é muito delicada. Tem cuidado para não pensares que é o vigor da tua fé que te poderá justificar. Não, e não. É Cristo e a sua perfeita retidão que a tua fé recebe e em que ela repousa, que te justifica. Aquele que tem a mão mais débil e fraca pode receber uma esmola e aplicar um emplastro à sua ferida tanto quanto aquele que possui a mão mais forte, e o benefício será o mesmo aos dois!" (HILDERSAM, Arthur. *CLII. Lectures upon Psalm LI*. London: Miller, 1642.)

"Embora você disponha de tão pouca graça divina, se você tiver a verdade da graça, já é possuidor da tão grande retidão de Cristo, para a sua justificação, quanto os crentes mais decididos. Você terá tanto de Cristo, imputado a você, como qualquer outro crente." (BRIDGE, William. *The Works of the Rev. William Bridge*. London: Thomas Tegg, 1845.)

"Existem alguns que são crentes autênticos e, apesar disso, são dotados de pequena fé. Receberam realmente a Cristo e a sua graça gratuita, embora com mão trêmula. Conforme afirmam os teólogos, esses têm a fé da aderência; mas permanecerão em Cristo, pois a Ele pertencem. Todavia, eles querem possuir a fé da evidência; pois não podem considerar-se como pertencentes a Ele. São crentes, mas dotados de pequena fé; esperam que Cristo não os rejeite, mas não têm a certeza de que Ele já os acolheu!" (DURANT, John. *Sips of Sweetness, or Consolation for Weak Believers*. London, 1649.)

Tu dizes: "Eu sei que Jesus Cristo veio a este mundo para salvar os pecadores, e que isso foi para que 'todo o que nele crê tenha a vida eterna' (Jo 3.16). E nada posso afirmar, senão que: ao sentir minha própria condição pecaminosa, de alguma forma, lanço-me, sobre o meu Salvador e apego-me à sua todo-suficiente redenção. Entretanto, infelizmente, a minha compreensão acerca dEle é tão superficial, que não serve para consolar a minha alma!"

"Encoraja-te, filho meu. Se esperasses ser justificado e salvo mediante o poder do próprio ato de tua fé, terias toda razão para te sentires desencorajado, devido à consciência de tua própria fraqueza. Mas agora, que a virtude e a eficácia dessa obra venturosa são percebidas por ti, como obra da misericórdia do teu Deus e Salvador, isso não pode ser diminuído em coisa alguma pelas tuas fraquezas. Nisso encontras motivos para te encorajares, esperando animadamente pela salvação que vem de Cristo."

"Compreende corretamente o teu caso. Existem duas mãos que nos ajudam na escalada para o céu. A mão de nossa fé agarra-se ao nosso Salvador; e a mão misericordiosa de nosso Salvador, plena de redenção, segura-nos com firmeza. Nossa mão agarra-se a Ele debilmente, e com facilidade se solta; mas a mão dEle segura-nos de forma poderosa e irresistível."

"Se tivéssemos de depender de nossas boas obras, a força da mão seria necessária; mas agora, que a única coisa requerida é que recebamos e acolhamos um dom precioso, por que uma mão débil não o faria tão bem quanto uma mão forte? Ela poderia de igual modo segurar, embora não com tanta força!" (HALL, Joseph. "The balm of Gilead". In: *The Works of the Right Reverend Joseph Hall.* Oxford: Oxford University Press, 1863.)

"Não tenho aprendido que a salvação depende da força da fé, e sim da autenticidade da fé – ela não depende do seu grau elevado, mas de qualquer grau de fé. Jamais foi dito que se alguém tiver um certo grau de fé, será justificado e salvo; mas o simples ato de confiar é exigido de nossa parte. O menor grau de fé verdadeira opera o milagre. É conforme se lê em Romanos 10. 9: 'Se com a tua boca confessares a Jesus como Senhor e, em teu coração, creres que Deus o ressuscitou dentre os mortos, serás salvo'. O ladrão na cruz não havia atingido nenhum grau elevado de fé e, no entanto, por um ato de fé débil, foi justificado e salvo" (Lc 23.42). (GREENHILL, William, *An Exposition of the prophet Ezekiel.* Edinburg: James Nichol, 1864.)

"Um homem pode ter recebido verdadeira graça, embora não tenha a segurança sobre o amor e o favor divinos ou sobre a remissão dos seus pecados e a salvação da sua alma. Um homem pode pertencer a Deus e, contudo, nem o saber; seu estado pode ser bom, mas ele talvez nem o perceba; pode encontrar-se em segura condição, embora não se sinta em posição confortável. Tudo pode estar correto acerca dele diante do tribunal da glória, ao mesmo tempo em que ele daria mil mundos para que tudo estivesse bem no tribunal da sua consciência."

"A segurança é algo necessário para o bem-estar do crente, mas não para que alguém seja crente. É algo necessário para o consolo de um crente, mas não para a sua salvação. É algo necessário para o bem-estar na graça, mas não para o mero fato de receber graça. Embora um homem não possa ser salvo independentemente da fé, contudo, pode ser salvo mesmo sem sentir-se seguro. Em muitos trechos das Escrituras, Deus declara que sem fé não há salvação; porém, em nenhum trecho da Bíblia Deus afirma que sem segurança não há salvação!" (BROOKS, Thomas. *Heaven on Earth: a Treatise on Christian Assurance*. Edinburgh: The Banner of Truth Trust, 1961. First published 1654.)

15. "Vós, que conseguis verificar a existência de fé em vosso próprio coração, embora ela seja fraca, não fiqueis desencorajados, nem vos deixeis perturbar. Considerai que o menor grau de fé já é fé verdadeira, já é fé salvadora, tanto quanto a fé mais fortalecida. Uma fagulha de fogo é um fogo tão verdadeiro quanto qualquer outra chama. Uma gota de água é uma água tão verdadeira quanto a que existe nos oceanos todos. Portanto, a menor parcela de fé é fé verdadeira e é tão capaz de salvar quanto a maior fé que há neste mundo."

"O menor rebento extrai seiva das raízes da mesma forma como o maior ramo. Assim também, a menor fé enxerta-se tão verdadeiramente em Cristo, extraindo dEle a vida eterna, como a fé mais fortalecida. A fé mais fraca tem tanta comunhão com os méritos e com o sangue de Cristo como a fé mais inabalável o tem."

"A fé mais fraca une a alma com Cristo. A fé mais débil compartilha, igualmente, do amor de Deus, assim como a fé mais forte. Somos amados em Cristo, e a menor medida de fé torna-nos membros do seu corpo. A mais débil fé tem igual direito às promessas divinas, tanto quanto a fé mais fortalecida. Por conseguinte, não deveis permitir que a vossa alma se desencoraje ante a debilidade da vossa fé." (BOLTON, Samuel. *Nature and Royalties of Faith*, 1657.)

16. "Alguns receiam não possuir fé, por não a possuírem em seu nível mais elevado, que é a plena certeza de fé, ou, então, porque querem sentir o mesmo consolo que outros sentem, a saber, a alegria inefável e cheia de gozo da certeza da salvação. Porém, a fim de que essa pedra seja removida de nosso caminho, precisamos lembrar que há vários graus de fé. É possível que tenhas fé, embora não em seu nível mais elevado, acompanhada pela alegria no Espírito Santo. Isso é mais uma questão da fé do que a fé propriamente dita; isso faz com que a pessoa viva mais de acordo com os seus sentimentos do que por uma fé viva, como se fôssemos animados por uma contínua dose de licores. Uma fé poderosa é mais necessária para se viver em Deus quando não há consolo, do que quando Deus resplandece em nosso espírito, com abundância de alegria." (LAWRENCE, Matthew. *Faith*, 1657.)

17. "Se qualquer pessoa no estrangeiro tem pensado que uma persuasão especial e plena acerca do perdão dos pecados é a própria essência da fé, que o prove. Os teólogos de nossa pátria geralmente são de outro parecer. Os bispos Davenant, Prideaux e outros têm mostrado a grande diferença que há entre o descanso e a segurança, e todos eles consideram que a segurança é uma filha ou um fruto e uma conseqüência da fé. O sábio e já falecido Arrowsmith informa-nos que Deus raramente confere o senso de segurança aos crentes, enquanto eles não crescem suficientemente na graça. Pois diz ele, há a diferença entre a fé que descansa e a fé que se sente segura, da mesma forma como há diferença entre a razão e o aprendizado. A razão é o alicerce do aprendizado; não pode haver aprendizado, se não houver razão (como no caso dos irracionais), e, de igual maneira, não pode haver segurança onde não há a fé de aderência. E assim como a razão é exercitada no estudo das artes e das ciências, transformando-se em erudição, assim também a fé, ao ser exercitada quanto ao seu objeto apropriado, e devido aos seus próprios frutos, chega a tornar-se segurança."

"Outrossim, assim como mediante a negligência, a falta de atenção ou alguma enfermidade violenta, o que se aprendeu pode vir a ser perdido da memória, ao mesmo tempo em que continua havendo a razão; assim também, por meio da tentação ou devido à preguiça espiritual, o senso de segurança pode se perder, ao mesmo tempo em que permanece nele a fé salvadora. Em último lugar, assim como todos os homens são possuidores de razão, mas nem todos possuem sabedoria, assim também todas as pessoas regeneradas têm fé, acolhendo o método de salvação ensinado no evangelho, mas nem todos os crentes autênticos sentem essa segurança." (FAIRCLOUGH. In: "Sermon in Morning Exercises", Southwark, 1660.)

18. "Cumpre-nos distinguir entre a debilidade da fé e a ausência da fé. Uma fé pequena, ainda assim é verdadeira. A cana torcida é fraca, mas a sua natureza é tal que Cristo não a quebra. Embora a tua fé seja fraca, não fiques desanimado. Uma fé fraca pode receber o Cristo todo-poderoso; um olho deficiente pode contemplar a serpente de metal. A promessa não foi feita somente àqueles que são dotados de fé poderosa, mas aos que possuem fé autêntica. A promessa não diz: Quem tiver fé gigantesca, capaz de remover montanhas, capaz de fechar a boca dos leões, será salvo. Antes, diz: quem crê, ainda que a sua fé seja diminuta."

"Você pode contar com a água do Espírito Santo derramada sobre você, no processo da santificação, mesmo que não disponha do óleo da alegria da segurança. Pois pode haver a fé pela aderência, embora ainda não haja a fé pela evidência. Pode haver vida na raiz, embora ainda não tenham aparecido frutos nos ramos, e pode haver fé no coração, mesmo que não tenha surgido ainda o fruto da certeza inabalável!" (WATSON, Thomas. *A Body of Divinity*. Edinburg: Banner of Truth Trust, 1974.)

19. "Muitos dos queridos filhos de Deus podem permanecer na dúvida, por longo tempo, quanto à sua condição presente e eterna, não sabendo que conclusão tirar dela, se serão condenados ou salvos. Há crentes de vários níveis de desenvolvimento na Igreja de Deus – pais, jovens, filhinhos e infantes; e, conforme se dá na maioria das famílias, há mais bebês e crianças do que pessoas adultas na Igreja de Deus, mais pessoas duvidosas do que crentes robustos que se desenvolveram até atingir a plena segurança da salvação. Um bebê pode nascer, mas não ter consciência do fato; assim também uma pessoa pode nascer de novo, mas não ter certeza disso."

"Estabelecemos a diferença entre a fé salvadora, como tal, e a plena persuasão do coração. Alguns daqueles que serão finalmente salvos, podem não ter certeza, atualmente, se estão realmente salvos; pois a promessa foi feita ante a graça da fé, e não ante a sua evidência – foi feita à fé autêntica, e não à fé poderosa. Pode haver-lhes sido assegurado o céu, sem que se sintam seguros quanto ao fato." (DOOLITTLE, Thomas. In: "Morning Exercises", sermão pregado em Londres, Cripplegate, 1661.)

20. "Para que eu seja justificado, não é necessário que eu sinta a certeza de ter sido perdoado, de que fui justificado? Não. Isso não é o ato da fé que justifica, mas é um efeito e um fruto que se segue, após a justificação."

"Uma coisa é um homem ter recebido uma segura salvação, mas algo muito diferente é ter ele recebido a certeza de que está seguro."

"A mesma coisa sucede a um homem que cai em um rio e corre o risco de morrer afogado, mas que, ao ser arrastado pela correnteza, vê os ramos de uma árvore, pendentes acima de sua cabeça. Não percebendo outra maneira de livrar-se, agarra-se aos ramos com toda a sua força, na esperança de que eles lhe salvem a vida. Tal homem, assim que se agarra aos ramos, fica em segurança, embora todas as perturbações, temores e terrores continuem presentes em sua mente, até que ele se dê conta de si e perceba que escapou do grande perigo. Nesse instante, ele então se sente seguro. Outro tanto ocorre a um crente qualquer. A fé é a visão que ele tem de Cristo, como o único meio de salvação, quando o seu coração se estende para firmar-se nEle. Deus proferiu a sua palavra, e fez a promessa a seu Filho. Assim que a alma é capaz de dizer: eu creio que Ele é o único Salvador, que redime a minha alma, para que seja salva por intermédio de sua mediação, Deus lhe imputa a retidão de seu Filho, e ela, na realidade, fica justificada diante do tribunal celeste, embora o próprio crente talvez ainda não se sinta tranqüilo e pacificado diante do tribunal de sua própria consciência. Isso acontecerá somente mais tarde. Para alguns ocorre mais cedo, mas para outros sucede apenas mais tarde, como frutos e efeitos da justificação!" (Arcebispo Usher. In: "Body of Divinity", 1670.)

21. "Existem aqueles que duvidam, porquanto fomentam a desconfiança dentro de si mesmos, concluindo daí que não têm fé, visto que com tanta freqüência encontram a dúvida em seu ser. Porém, nisso tudo vai um grande equívoco. Pode haver algumas dúvidas, é verdade, até mesmo quando há grande fé; e pode haver pouca fé, onde se manifestam muitas dúvidas."

"Nosso Salvador requer e deleita-Se em uma crença firme e forte em sua pessoa, embora não rejeite ao mais fraco e último dentre nós." (Arcebispo Leighton. In: "Lectures on the First Nine Chapters of St. Matthew's Gospel", 1670.)

22. "Muitos antigos, mesmo entre os mais eminentes e notáveis, têm dado à verdadeira fé e ao senso de segurança uma igualdade, com a firme persuasão do

perdão dos próprios pecados, a aceitação de sua pessoa, por parte de Deus, e a salvação futura."

"Isso, porém, é deveras lamentável e desconfortável para milhares de almas duvidosas e solitárias, levando-as a concluir que lhes falta a graça divina, por lhes faltar o senso de certeza, dando assim aos seguidores do papa uma imensa vantagem."

"Fé não é a mesma coisa que senso de segurança. Esta última, todavia, algumas vezes coroa e recompensa uma fé fortalecida, vigorosa e heróica, quando o Espírito de Deus irrompe na alma como uma luz evidenciadora, dissipando as trevas totalmente, com todos aqueles temores e dúvidas que antes lhe faziam sombra." (HOPKINS, Ezekiel. In: "The Covenants", 1680.)

23. "A falta de segurança ainda não é incredulidade. Espíritos desanimados podem ser crentes legítimos. Há uma manifesta distinção entre a fé em Cristo e o consolo derivado dessa fé – entre o crer para a vida eterna e o saber que a vida eterna está garantida. Há diferença entre um filho pequeno, que é herdeiro de uma propriedade, embora inconsciente disso, e um homem adulto que já tomou conhecimento de ser o herdeiro."

"O caráter da fé pode ser impresso no coração da mesma forma como podem ser gravadas as letras de um carimbo, ainda que este fique tão recoberto de pó e sujeira que as letras não possam ser bem distinguidas. A poeira impede a leitura das letras, mas não as apaga!" (CHARNOCK, Stephen. *The Complete works of Stephen Charnock*. Edinburg: James Nichol, 1864.)

"Alguns se furtam de suas próprias consolações ao conferirem o poder salvador, por assim dizer, à segurança plena. Fé e senso de fé são duas misericórdias distintas e separáveis. Uma pessoa pode ter recebido verdadeiramente a Cristo, sem haver recebido o conhecimento ou a certeza do fato. Há alguns que dizem: 'Tu és o nosso Deus', embora Deus nunca tenha dito a respeito deles: 'Vós sois o meu povo'. Esses tais não têm qualquer direito de serem chamados filhos de Deus. Mas existem outros, a respeito dos quais Deus afirma: 'Estes são o meu povo', mas que não ousam chamar Deus de 'nosso Deus'. Esses têm pleno direito de serem chamados filhos de Deus, embora não o saibam. Eles receberam a Cristo, que é a razão da segurança deles; não obstante, ainda não receberam o conhecimento e a certeza do fato, o que os deixa perturbados... O pai reconhece seus filhos desde o berço, mas eles ainda não sabem, enquanto bebês, que são seus filhos!" (FLAVEL, John. *The Method of Grace*, 1680.)

"Devemos confessar que a fé fraca recebe da parte de Deus, por intermédio de Cristo, tanta paz quanto a fé mais poderosa, embora ela não confira ao seu possuidor tanta paz no íntimo."

"A fé fraca fará o crente chegar ao céu tão certamente quanto a fé poderosa, porque é impossível que a menor porção de verdadeira graça divina venha a perecer, visto que tudo provém de semente incorruptível. Todavia, o crente fraco e cheio de dúvidas não desfrutará de uma jornada tão agradável para o céu como o crente dotado de grande fé. Embora todos quantos estejam em um navio cheguem em segurança à praia, contudo, aquele que passou a viagem inteira com enjôo do mar não fez uma viagem tão agradável quanto aquele que viajou forte e saudável!" (GURNALL, William. *The Christian in Complete Armour*. Edinburg: Banner of Truth Trust, 1979.)

26. "Não fique desencorajado, se ainda não lhe parece que você foi dado ao Filho pelo Pai. É possível que assim seja, embora você ainda não tenha consciência do fato. Muitos daqueles que são assim dados a Cristo, desconhecem essa realidade por muito tempo ainda. Sim, percebo bem pouco perigo em dizer que não são poucos aqueles que foram dados ao Filho, mas que continuam vivendo na ignorância, na dúvida e no temor quanto a essa questão, até que aquele último e resplendente dia o declare, até que seja proclamada a sentença final."

"Portanto, se qualquer de vós está nas trevas a respeito de sua própria eleição, não se desencoraje; isso é possível, embora o tal não reconheça que assim pode acontecer!" (TRAILL, Robert. *The works of the late reverend Robert Traill, A. M.*. Edinburg: Geo. Caw Printer, 1810; Banner of Truth Trust, 1975.)

"A segurança não é um fator essencial para que alguém tenha a verdadeira fé. Ela é necessária para uma fé poderosa; mas, igualmente lemos a respeito de uma fé fraca, pouca fé e uma tão pequena quanto um grão de mostarda. A verdadeira fé salvadora, que se apega a Jesus Cristo, só pode ser distinguida através de seus diferentes graus de intensidade. Porém, em cada grau, e em cada aspecto, universalmente trata-se da mesma espécie de fé!" (NEWTON, John. *Sermons*; pregados em Olney, 1767.)

28. "Não há qualquer razão pela qual os crentes fracos devam tirar conclusões adversas a respeito de si mesmos. A fé fraca une o indivíduo a Cristo tão certamente quanto a fé mais poderosa; o menor raminho da videira alimenta-se da seiva proveniente da raiz, tanto quanto o ramo mais robusto. Os crentes fracos, por conseguinte, têm motivos mais do que suficientes para se sentirem agradecidos a Deus. E, apesar do que ainda conseguirão obter no futuro, devido ao seu desenvolvimento na graça divina, não deveriam desprezar aquilo que já receberam do

Senhor!" (VENN, Henry. *The Life and Letters of Henry Venn with a Memoir by John Venn*. Edinburg: Banner of Truth Trust, 1993.)

29. "A fé necessária e suficiente para a nossa salvação não é a segurança pessoal. A tendência dela, sem dúvida alguma, é produzir aquela vívida expectação do favor divino, o que redundará em completa confiança. No entanto, a confiança, por si só, não é a fé da qual estamos falando, nem a inclui necessariamente. Trata-se de uma realidade inteiramente diferente."

"O senso de segurança geralmente acompanha uma fé de grau elevado. Porém, há pessoas sinceras que foram dotadas apenas de uma pequena medida da graça, ou em quem o exercício dessa graça pode estar sendo grandemente obstruído. Quando prevalecem esses defeitos ou empecilhos, podemos esperar que apareçam muitos temores e aflições." (ROBINSON, Thomas, A.M. *The Christian System*. London: Printed for the Author, 1805.)

30. "A salvação e a alegria da salvação nem sempre são contemporâneas; esta última nem sempre acompanha a primeira, em nossa experiência real."

"Um homem enfermo pode estar dentro do processo de recuperação da saúde, e, no entanto, estar em dúvida se a sua saúde ser-lhe-á mesmo restaurada. As dores e o estado de debilidade podem deixá-lo em grande dúvida quanto a isso. Uma criança pode ser a herdeira de uma propriedade ou mesmo de um reino, e, apesar disso, não sentir qualquer satisfação diante da antecipação de sua futura herança. Ela pode ser incapaz de traçar a sua genealogia, ou de ler os seus direitos hereditários, bem como de ler o testamento deixado por seu pai. E até mesmo quando se tornar capaz de examinar tais documentos, poderá ser incapaz de compreender o que está envolvido neles, e seu preceptor, durante algum tempo, deverá reconhecer o direito que ela tem de ignorar essas coisas. Tal ignorância, entretanto, não invalida os seus títulos e os seus direitos."

"A segurança pessoal da salvação não está necessariamente ligada à fé. Não são coisas essencialmente idênticas. Através dos efeitos produzidos no seu coração, cada crente poderia realmente *inferir* que está em segurança e quais são os seus privilégios. Entretanto, muitos daqueles que verdadeiramente crêem, não estão ainda suficientemente treinados na Palavra da Justiça e não conseguem extrair a conclusão óbvia, com base nas promessas fornecidas pelas Escrituras, à qual têm plenos direitos!" (BIDDULPH, Thomas. *Lectures on the 51st Psalm*, 1890.)

Capítulo 8

Moisés - um exemplo

Pela fé, Moisés, quando já homem feito, recusou ser chamado filho da filha de Faraó, preferindo ser maltratado junto com o povo de Deus a usufruir prazeres transitórios do pecado; porquanto considerou o opróbrio de Cristo por maiores riquezas do que os tesouros do Egito, porque contemplava o galardão.
Hebreus 11.24-26

O caráter dos santos mais eminentes de Deus, conforme traçados e descritos na Bíblia, formam uma porção muito útil das Sagradas Escrituras. Doutrinas abstratas, princípios e preceitos são todos muito preciosos, mas nada nos ajuda tanto quanto um padrão ou um exemplo. Desejamos saber o que é a santidade na prática? Sentemos e estudemos o quadro de um homem notavelmente santo. Neste capítulo, proponho-me a apresentar, diante de meus leitores, a história de um homem que nos deixou um padrão do que a fé é capaz de fazer para promover a santidade de caráter em um homem. A todo aquele que deseja saber o que significa "viver pela fé", eu ofereço o exemplo de Moisés.

O capítulo onze do livro de Hebreus, de onde extraí o meu texto, é magnífico e merecia ser escrito com letras douradas. Acredito perfeitamente que ele foi motivo de alegria e encorajamento para os judeus convertidos. Imagino que nenhum membro da igreja primitiva tenha encontrado tanta dificuldade para professar o cristianismo quanto os judeus. O caminho é estreito para todos, mas para eles foi muito mais. A cruz é pesada para todos, mas certamente eles carregaram peso dobrado. Este capítulo foi para eles como uma bebida refrescante; foi como "vinho, aos amargurados de espírito". Suas palavras foram agradáveis "como favo de mel: doces para a alma e medicina para o corpo" (Pv 31.6; 16.24).

Os três versos que explicarei estão longe de ser os menos interessantes do capítulo. De fato, penso que poucos versos apelam para a nossa atenção de forma tão enfática quanto estes. E direi porque penso assim.

Parece-me que a obra da fé descrita na história de Moisés torna-se mais compreensível, principalmente no nosso caso. Todos os homens de Deus que são mencionados na parte anterior do capítulo são exemplos para nós e quanto a isso não há dúvida. Não podemos fazer, de forma literal, o que a maioria deles fez, mas podemos beber do mesmo espírito que eles. Não fomos chamados a fazer um sacrifício literal, como fez Abel ou a construir uma arca literal, da mesma forma que Noé, ou a deixar nosso país, habitar em tendas e oferecer nosso Isaque, como fez Abraão. Entretanto, a fé exercida por Moisés está mais próxima de nós. Ela parece operar de forma mais familiar à nossa experiência. Ela fez com que ele tomasse uma linha de conduta semelhante a que cada um de nós tem de tomar em sua própria caminhada de vida, nos dias de hoje, se quisermos ser cristãos consistentes. Por esta razão, penso que estes três versos merecem muito mais consideração de nossa parte do que costumamos lhes dar.

Agora, nada tenho a dizer a respeito deles, a não ser a coisa mais simples de todas. Apenas tentarei mostrar a grandeza das coisas que Moisés fez, bem como, em que princípios ele se baseava. E talvez, possamos estar mais preparados para a instrução prática que estes versos parecem oferecer a todo aquele que os aceita.

1. DO QUE MOISÉS DESISTIU, E O QUE ELE RECUSOU?

Em primeiro lugar, vou falar sobre as coisas das quais Moisés desistiu e sobre as que ele recusou.

Moisés desistiu de três coisas para o bem de sua alma. Ele sentiu que sua alma não seria salva, se as mantivesse, por isso, abandonou-as. Ao fazer isso, digolhe que ele fez os três maiores sacrifícios que o coração do homem possivelmente pode fazer. Vejamos:

1. *Ele desistiu de posição social e grandeza.*

Ele "recusou ser chamado filho da filha de faraó". Todos nós conhecemos sua história. A filha de faraó preservou sua vida, quando ele era um bebê. Ela foi muito além disso, ela o adotou e o educou como seu próprio filho.

Se existe algum escritor de história em quem podemos confiar, esse alguém era a filha única do faraó. Alguns chegam ao extremo de dizer que pela ordem natural das coisas, Moisés chegaria a ser rei do Egito um dia![1] Isso poderia ou não acontecer, não podemos afirmar ao certo. É suficiente para nós sabermos que, devido ao seu parentesco com a filha de faraó, Moisés poderia ter sido, se ele quisesse, um grande homem. Se tivesse se contentado com sua posição na corte egípcia, ele poderia, facilmente, estar entre os principais homens da terra do Egito, se não fosse exatamente o principal.

Pensemos, por um momento, em quão grande era essa tentação.

Ele era um homem sujeito aos mesmos sentimentos que nós. Ele poderia ter tido tanta grandeza quanto a terra lhe pudesse dar. Posição social, poder, cargo elevado, honra, títulos, nobreza – tudo isso estava diante dele e ao seu alcance. Estas são as coisas pelas quais muitos homens continuam lutando. Estes são os prêmios pelos quais há uma corrida incessante em nosso mundo para obtê-los. Ser alguém na vida, ser admirado, subir na escala social, acrescentar um título ao próprio nome – estas são justamente as coisas pelas quais os homens sacrificam tempo, propósitos, saúde e a própria vida. Mas Moisés não as considerava como dádivas, ele virou as costas para elas. Ele as recusou. Ele as abandonou!

2. E mais do que isso – *ele recusou o prazer.*

Prazeres de todo tipo, sem dúvida, estavam aos seus pés, se ele preferisse se ocupar neles – prazer sensual, prazer intelectual, prazer social – qualquer coisa que pudesse lhe dar satisfação. O Egito era uma terra de artistas, uma morada de homens cultos, uma estância de todos os homens dotados de alguma habilidade ou ciência de várias modalidades. Nada havia que pudesse alimentar a "concupiscência da carne, a concupiscência dos olhos e a soberba da vida" que alguém na posição de Moisés não pudesse exigir e possuir para si com facilidade (1 Jo 2.16).

Pensemos mais uma vez, quão grande também era essa tentação.

Prazer, lembre-se, é o tipo de coisa em função da qual milhares de pessoas vivem. Elas podem divergir, talvez, na visão em relação às coisas que lhes dão real prazer, mas todas concordam que devem buscá-lo acima de qualquer outra coisa. Prazer e divertimento nos feriados é algo que um aluno aguarda com o maior interesse. Prazer e satisfação em se fazer independente é o objetivo final no qual o

1 A liberdade para adotar crianças que não tenham parentesco sanguíneo e dar a elas os mesmos privilégios dos filhos é algo que acontece de forma mais notória e ampla nos países orientais.

jovem homem de negócios fixa seus olhos. Prazer e facilidade para se aposentar com uma fortuna é o alvo que o comerciante estabelece diante de si. Prazer e confortos materiais em sua própria casa é o resumo dos desejos do homem pobre. Prazer e novas emoções na política, nas viagens, nas diversões, nas companhias, nos livros – este é o alvo para onde o homem rico se dirige. Prazer é a pegada que todos estão seguindo, de forma semelhante – grandes e pequenos, ricos e pobres, velhos e jovens, um e outro, cada um buscando o prazer para si mesmo, à sua própria maneira, cada um se perguntando em secreto se irá encontrá-lo, cada um firmemente persuadido de que o encontrará em um lugar ou outro. Este era o cálice que Moisés tinha diante de seus lábios. Ele poderia tê-lo bebido com a mesma intensidade com que desejasse os prazeres terrenos; mas ele não o fez. Moisés virou as costas para ele. Ele o recusou. Ele o abandonou!

3. E mais do que isso – *ele recusou as riquezas.*

"Tesouros do Egito" é uma expressão que parece nos falar sobre a riqueza ilimitada, a qual Moisés poderia usufruir se estivesse disposto a permanecer com a filha do faraó. Bem podemos supor que esses "tesouros" eram uma fortuna imensa. Ainda restou o suficiente no Egito para que possamos ter uma vaga idéia da quantidade de dinheiro que estava à disposição do rei daquele país. As pirâmides e os obeliscos, os templos e as estátuas ainda estão em pé como testemunhas. As ruínas de Carnac, de Luxor, de Dendera, e muitas outras, ainda continuam sendo as construções mais grandiosas do mundo. Elas testificam para nós hoje, que o homem que abandonou a riqueza do Egito deixou para trás algo que até mesmo nossa mente tem dificuldade para estimar e mensurar.

Pensemos uma vez mais, no quão grande era essa tentação.

Consideremos, por um momento, sobre o poder do dinheiro, sobre a influência que o "amor do dinheiro" exerce sobre a mente dos homens. Olhemos ao nosso redor e observemos como os homens o cobiçam e como enfrentam tormentos e problemas espantosos para obtê-lo. Conte-lhes sobre uma ilha, distante muitos quilômetros, onde eles poderão encontrar algo que poderá lhes trazer muito lucro, se for importado de lá, e imediatamente uma frota de navios será enviada para adquiri-lo. Mostre-lhes uma maneira de acrescentar um por cento a mais ao dinheiro deles e eles o considerarão como o mais sábio dentre os homens; eles quase chegarão a se prostrarem e o adorarem. A posse de dinheiro parece esconder defeitos, encobrir falhas e vestir um homem de virtudes. As pessoas irão visitá-lo com mais freqüência, se você for rico! Mas eis aqui um homem que poderia ter sido rico, mas não foi. Ele não teria os tesouros do Egito. Ele virou as costas para eles.

Ele os recusou. Ele os abandonou!

Moisés recusou coisas como: posição, prazer e riquezas – todas estas três coisas de uma só vez.

Acrescente-se o fato de que ele fez isso de forma deliberada. Ele não recusou essas coisas por um ímpeto de empolgação da juventude. Ele tinha quarenta anos, estava na plenitude de sua vida e sabia o que estava fazendo. Ele tinha um nível elevado de educação, "educado em toda a ciência dos egípcios" (At 7.22). Ele podia considerar todos os lados da questão.

Acrescente-se também que ele não recusou essas coisas por ter sido obrigado a fazê-lo. Ele não era como o homem moribundo que nos diz que "não anela coisa alguma neste mundo" e por quê? Porque ele está deixando o mundo e não pode possuí-las. Ele não era como um homem paupérrimo, que tentando fazer da necessidade uma virtude, diz que "não deseja riquezas" e por quê? Porque ele não pode adquiri-las. Ele não era como um homem velho que se vangloria em dizer que "deixou de lado os prazeres mundanos" e por quê? Porque ele já está exausto e não pode usufruí-los. Não! Moisés recusou aquilo que ele poderia ter desfrutado. Posição, prazeres e riquezas não abandonaram Moisés, mas ele os abandonou.

Julgue, então, se não estou certo em dizer que o sacrifício que ele fez foi o maior sacrifício já feito por um mortal. Outros homens recusaram muitas coisas, mas nenhum deles, penso eu, recusou tantas coisas quanto Moisés. Outros fizeram muito no caminho do auto-sacrifício e da autonegação, mas Moisés excede a todos.

2. O QUE MOISÉS ESCOLHEU?

Agora, deixe-me ir para o segundo ponto que desejo considerar. Vou falar sobre as coisas que Moisés escolheu.

Considero suas escolhas tão maravilhosas quanto suas recusas. Ele escolheu três coisas para o bem de sua alma. O caminho da salvação o guiou até elas, e ele seguiu por este caminho; ao fazer isso, ele escolheu as três últimas coisas que um homem jamais estaria disposto a aceitar.

1. Em primeiro lugar, *ele escolheu sofrimento e aflição.*

Ele deixou as facilidades e o conforto da corte de faraó e tomou parte com o povo de Israel publicamente. Eles eram um povo escravizado e perseguido – objeto de desconfiança, suspeita e ódio; e qualquer um que os favorecesse poderia estar certo de que provaria um pouco do cálice amargoso do qual eles bebiam diariamente.

Aos olhos da razão, parecia não haver chance de livramento da escravidão dos egípcios, sem que houvesse uma luta longa e incerta. Para eles, obter um lar e um país estabelecido parecia algo muito improvável, apesar de ser algo muito desejado. De fato, se algum dia um homem, que de olhos bem abertos, pareceu escolher dor, provações, pobreza, necessidade, ansiedade e, talvez, até mesmo a morte, esse homem foi Moisés.

Pensemos em quão maravilhosa foi essa escolha.

De modo geral, a carne e o sangue recuam diante da dor. Isso é algo que está em nós. Nós recuamos como que por um instinto que vem do sofrimento e a evitamos, se pudermos fazê-lo. Se dois modos de ação são colocados diante de nós, sendo que os dois pareçam corretos, geralmente escolhemos aquele que é menos desagradável para a nossa natureza. Gastamos nossos dias com medo e ansiedade, quando pensamos que a aflição aproxima-se de nós e usamos todos os meios para escapar dela. E quando, na verdade, ela chega, com freqüência nos queixamos e murmuramos sob seu fardo; e se pudermos suportá-la com paciência, consideramos isso como um grande feito.

Mas olhe! Aqui está um homem que tem os mesmos sentimentos que nós e ele, de fato, escolheu a aflição! Moisés viu o cálice de sofrimento que estava diante de si e deixou a corte de faraó. Sofrimento foi o que ele escolheu, preferiu e buscou.

2. Mas ele fez mais do que isso: *escolheu a companhia de um povo desprezado*.

Ele deixou a sociedade dos sábios e grandes, entre os quais ele havia sido educado e uniu-se aos filhos de Israel. Ele que vivera desde a infância em meio à posição elevada, às riquezas e ao luxo desceu de seu alto posto e lançou sua sorte com homens pobres – escravos, servos, criados, párias, oprimidos, destituídos, afligidos, atormentados – trabalhadores de um forno de olaria.

Quão maravilhosa, digo uma vez mais, foi essa escolha!

Falando de forma geral, preferimos lidar com nossos próprios problemas. Ficamos tristes por aqueles cuja sina é serem humilhados e desprezados. Podemos até mesmo tentar ajudá-los, podemos dar dinheiro para animá-los; podemos falar sobre eles com aqueles a quem eles se submetem, mas geralmente paramos por aí.

Mas, eis aqui um homem que faz muito mais. Ele não só se sente comovido por causa do povo desprezado de Israel, mas desce até o nível deles, introduz-se na sociedade deles e vive com eles. Imagine se algum homem importante em Grosvenor ou em Belgrave Square abandonaria sua casa e sua fortuna, e sua posição na sociedade, para viver com um salário irrisório em algum beco estreito em Bethnal Green, somente para fazer o bem. Ainda assim, isso transmitiria uma idéia vaga e insignificante sobre a atitude que Moisés tomou. Ele viu um povo desprezado e escolheu a companhia deles, em vez dos mais nobres da terra. Ele tornou-se um com eles, seu compatriota, seu companheiro na tribulação, seu aliado, seu sócio e seu amigo.

3. Mas, ele fez ainda mais: *escolheu a vergonha e o escárnio.*

Quem pode conceber a torrente de zombaria e escárnio que Moisés teria de enfrentar ao rejeitar a corte de faraó e unir-se a Israel? Os homens lhe diriam que ele era louco, fraco, tolo, que estava fora de si. Ele perderia o favor e a boa reputação que tinha entre aqueles com quem havia vivido. Porém, nenhuma dessas coisas o comoveu. Ele deixou a corte e uniu-se aos escravos!

Pensemos novamente, que escolha foi essa!

Existem poucas coisas mais poderosas do que a zombaria e o escárnio. Elas podem fazer muito além do que a hostilidade declarada e a perseguição conseguiriam realizar. Muitos homens que estariam dispostos a marchar em direção à boca de um canhão ou a liderar uma missão suicida, ou a abrir uma brecha em um forte, considerariam uma tarefa impossível encarar a zombaria de alguns poucos companheiros e bateriam em retirada do caminho do dever somente para evitá-la. Ser motivo de riso! Ser motivo de piada! Ser ridicularizado e escarnecido! Ser considerado fraco e tolo! Ser tido por néscio! Nada há de grandioso em tudo isso, e muitos, lamentavelmente, não conceberiam a idéia de submeter-se a tais coisas!

Não obstante, eis aqui um homem que se imaginou nessa situação e não recuou diante da provação. Moisés viu o vexame e o escárnio diante de si e os escolheu, e os recebeu como sua porção.

Essas foram as coisas que Moisés escolheu: aflição, a companhia de um povo desprezado e o escárnio.

Note que acima de tudo, Moisés não era uma pessoa simplória, ignorante e iletrada, que não sabia o que estava fazendo. A Bíblia diz, de forma especial, que ele era "poderoso em palavras e em obras" (At 7.22) e, mesmo assim, escolheu exatamente aquele caminho!

Note também as circunstâncias envolvidas em sua escolha. Ele não foi obrigado a fazer aquela escolha. Ninguém o compeliu a tomar tal rumo. As coisas que Moisés aceitou não o forçaram a escolhê-las contra a sua própria vontade. Foi Moisés quem as buscou; elas não buscaram a Moisés. Tudo o que ele fez, foi feito por sua livre escolha – voluntariamente e por sua própria iniciativa.

E, então, julgue se não é verdade que suas escolhas foram tão espetaculares quanto sua recusa. Desde o início do mundo, suponho, ninguém fez uma escolha como a de Moisés, no texto que estamos analisando.

3. O PRINCÍPIO QUE MOVEU MOISÉS

Agora, deixe-me passar para o terceiro ponto: deixe-me explicar o princípio que moveu Moisés e o levou a fazer as coisas do modo como o fez.

De que maneira a conduta de Moisés pode ser esclarecida? Quais foram as razões possíveis para isso? Recusar o que normalmente é considerado bom e escolher o que geralmente é tido por dano, não é a maneira de agir da carne e do sangue. Não é a maneira de agir do homem, e isso requer alguma explicação. Que explicação poderá ser dada?

Temos a explicação no próprio texto. Não sei o que devemos admirar mais, se a grandeza de sua escolha ou a sua simplicidade. As duas coisas repousam em uma simples palavra: "fé".

Moisés teve fé. A fé foi o motivo principal de sua maravilhosa conduta. A fé fez com que ele fizesse o que fez, escolhesse o que escolheu e recusasse o que recusou. Ele fez tudo isso porque creu.

Deus colocou sua própria vontade e seu propósito diante dos olhos de Moisés. Deus lhe revelou que o Salvador nasceria da linhagem de Israel, que promessas poderosas estavam intimamente associadas a esses filhos de Abraão, que elas estavam para se cumprir e que o tempo em que se cumpriria parte destas promessas estava próximo; Moisés deu crédito a isso. Ele creu. E cada passo em sua carreira maravilhosa, cada ação em sua jornada de vida após deixar a corte de faraó, sua escolha diante daquilo que parecia ruim, sua recusa diante daquilo que parecia bom – tudo, todos os rastros pareciam levar a esta fonte; tudo parece estar apoiado neste fundamento. Deus falou a Moisés e ele teve fé na palavra de Deus.

Ele acreditava que Deus manteria suas promessas – que Ele certamente faria aquilo que havia dito e que certamente levaria a cabo a aliança que havia feito.

Moisés acreditava que, com Deus, nada seria impossível. A razão e o bom senso poderiam dizer que o livramento de Israel era algo fora de cogitação, os obstáculos eram muitos, as dificuldades eram imensas. Entretanto, a fé exercida por Moisés disse que Deus era todo-suficiente. Deus havia se incumbido do trabalho, e ele seria feito.

Ele acreditava que Deus era todo-sábio. A razão e o bom senso poderiam dizer que sua linha de ação era absurda; que estava jogando fora uma influência muito útil e destruindo todas as chances de beneficiar o seu povo, por romper os laços com a filha de faraó. Porém a fé disse a Moisés que se Deus havia dito "Vá por este caminho", é porque isso seria o melhor a fazer.

Ele acreditava que Deus era todo-misericordioso. A razão e o bom senso poderiam sugerir que ele poderia encontrar um modo de livramento que fosse mais agradável, que algumas conseqüências desagradáveis poderiam acontecer e que o sofrimento deveria ser evitado. Porém, a fé disse a Moisés que Deus era amor e que Ele não daria a seu povo nem uma gota de amargura, além daquela que fosse absolutamente necessária.

A fé era um telescópio para Moisés. Ela fez com que ele visse a boa terra que estava muito distante – descanso, paz e vitória, quando os olhos obscurecidos da razão só podiam enxergar provações e esterilidade, tempestades e procelas, fadiga e dor.

A fé era um intérprete para Moisés. Ela o levou a perceber um significado confortador nos mandamentos sombrios escritos pelo próprio Deus, enquanto que a razão ignorante não podia ver neles nada além de mistério e tolice.

A fé disse a Moisés que toda essa posição e grandeza era mundana, terrena, algo vazio, vão e pobre, frágil, fugaz e passageiro; e que não havia grandeza mais verdadeira do que servir a Deus. Ele era um rei, o verdadeiro homem nobre que pertencia à família de Deus. É melhor ser o último no céu do que o primeiro no inferno.

A fé disse a Moisés que os prazeres do mundo eram "prazeres do pecado". Eles eram misturados ao pecado, eles arrastavam para o pecado, eles eram nocivos para a alma e desagradavam a Deus. Seria pouco confortador ter prazer, enquanto Deus estivesse se opondo a Moisés. É melhor sofrer e obedecer a Deus do que estar sossegado e pecar.

A fé disse a Moisés que, no final de tudo, esses prazeres durariam apenas uma "estação". Eles não poderiam durar; todos eles tinham vida curta; eles o deixariam enfadado logo; em alguns poucos anos, ele teria de deixá-los.

A fé lhe disse que no céu haveria uma recompensa para o crente, a qual era muito mais valiosa que os tesouros do Egito; riquezas duráveis, onde a ferrugem não corrói, e os ladrões não escavam, nem roubam. Lá, a coroa seria incorruptível, e o peso de glória seria eterno e acima de toda comparação; e se Moisés estava deslumbrado com o ouro do Egito, a fé ordenava que ele olhasse para um céu invisível à sua frente.

A fé disse a Moisés que a aflição e o sofrimento não eram um mal real. Eles eram a escola de Deus, na qual Ele treina os filhos da graça para a glória; os medicamentos necessários para purificar nossas vontades corruptas; a fornalha que deve consumir nossa escória; a faca que deve cortar os laços que nos prendem ao mundo.

A fé disse a Moisés que os desprezados israelitas eram o povo escolhido de Deus. Ele acreditava que a eles pertenciam a adoção, as alianças, as promessas e a glória; que um dia, nasceria deles, a semente da mulher, Aquele que pisaria a cabeça da serpente; que a bênção especial de Deus estava sobre eles; que eles eram amáveis e belos aos olhos de Deus e que era melhor ser um porteiro entre o povo de Deus do que reinar nos palácios da perversidade.

A fé disse a Moisés que todo o vitupério e o escárnio derramado sobre ele era "o vitupério de Cristo"; que era uma honra ser escarnecido e desprezado por causa de Cristo; que aquele que perseguia o povo de Cristo estava perseguindo o próprio Cristo; e que viria o dia em que seus inimigos se prostrariam diante dEle e lamberiam o pó. Todas essas coisas e muito mais, coisas das quais não posso falar de modo particular, Moisés enxergou pela fé. Essas foram as coisas nas quais ele creu e crendo, fez o que fez. Ele foi persuadido por elas e as abraçou; ele as avaliou como certezas, considerou-as como verdades substanciais, computou-as com a mesma certeza como se as tivesse visto com os próprios olhos, agiu como se elas já fossem realidades – e isso fez dele o homem que ele foi. Ele teve fé. Ele creu.

Não é de se espantar que ele tenha recusado grandeza, riquezas e prazeres. Ele olhava para muito além. Via, com os olhos da fé, reinos reduzindo-se a pó, riquezas fazendo para si asas e fugindo para longe, prazeres conduzindo à morte e ao julgamento, e somente Cristo e seu pequeno rebanho permanecendo para sempre.

Não é de se admirar que ele tenha escolhido a aflição, um povo desprezado e o vitupério. Ele olhou para as coisas que estavam além da aparência exterior. Com os olhos da fé, viu a aflição durar só um momento, a vergonha passar e terminar em honra eterna, e o povo desprezado de Deus reinando como reis, com Cristo, na glória.

E ele não estava certo? Apesar de morto, ele não nos fala no dia de hoje? O nome da filha de faraó pereceu ou de qualquer forma, é extremamente incerto. A cidade onde faraó reinou não é conhecida. Os tesouros do Egito se foram. Porém, o nome de Moisés é conhecido onde quer que a Bíblia seja lida; é ainda uma testemunha permanente de que "aquele que vive pela fé é feliz".

4. ALGUMAS LIÇÕES PRÁTICAS

E agora, deixe-me concluir tentando colocar em ordem algumas lições práticas que, a meu ver, são conseqüências legítimas advindas da história de Moisés.

Algumas pessoas dirão: "O que tudo isso tem a ver conosco?" "Nós não vivemos no Egito, não temos visto nenhum milagre, não somos israelitas, estamos cansados desse assunto."

Pare um momento, se esse for o desejo do seu coração. E com a ajuda de Deus, vou mostrar-lhe que muitos podem aprender com isso e muitos podem ser instruídos. Aquele que vive uma vida cristã e é, de fato, um homem santo, preste atenção à história de Moisés e adquira sabedoria.

Em primeiro lugar, se você já foi salvo, precisa fazer a escolha que Moisés fez – precisa escolher Deus em vez do mundo.

Frise bem o que lhe digo. Não negligencie isso, mesmo que se esqueça de todo o resto. Não estou dizendo que o político deva renunciar o seu ofício, nem que o homem rico deva abandonar suas propriedades. Que ninguém suponha que eu esteja dizendo tal coisa. No entanto, estou dizendo que, se um homem for salvo, não importa qual seja a sua posição social nesta vida, ele deve estar preparado para a tribulação. Ele deve tomar a decisão de escolher muitas coisas que parecem ser ruins, e recusar muito daquilo que parece ser bom.

Ouso dizer que isso soa como uma língua estranha para alguns que lêem estas páginas. Bem sei que você pode ter uma religião que não traz problemas em seu caminho. Existe um tipo de cristianismo comum e mundano hoje em dia, o qual muitos possuem e acham ser o suficiente – um cristianismo barato que não ofende a ninguém, que não requer sacrifício, que não tem qualquer custo e que não exige qualquer preço. Eu não estou falando desse tipo de religião.

Entretanto, se você é, de fato, sincero em relação à sua alma, se sua religião é algo mais do que um mero disfarce de domingo, conforme a moda, se você está determinado a viver de acordo com a Bíblia, se está decidido a ser um cristão do Novo Testamento, então, eu repito, você logo descobrirá que precisa carregar uma cruz. Você precisa suportar situações difíceis, precisa sofrer em favor de sua alma, da mesma forma que Moisés, ou você não pode ser salvo.

O mundo deste século é o mesmo que sempre foi. O coração dos homens continua o mesmo. O escândalo da cruz não está desfeito. O verdadeiro povo de Deus ainda é um pequeno rebanho desprezado. A verdadeira religião evangélica ainda traz consigo vexame e escárnio. O autêntico servo de Deus ainda é considerado um entusiasta fraco e tolo.

A questão se resume nisso: Você deseja que sua alma seja salva? Então, lembre-se, você precisa escolher a quem servirá. Você não pode servir a Deus e a riqueza. Você não pode estar dos dois lados ao mesmo tempo. Você deve sair do meio dos filhos deste mundo e se separar; você deve suportar muita zombaria, problemas e oposição ou estará perdido para sempre. Você deve estar desejoso de pensar e fazer coisas que o mundo considera como tolice e de defender opiniões que são defendidas por poucos. Isso irá lhe custar algo. A correnteza é forte, e você terá de nadar contra ela. O caminho é estreito e íngreme, e será inútil afirmar o contrário. Entretanto, não há religião salvadora sem sacrifícios e autonegação.

Você está fazendo algum sacrifício agora? A sua religião custa-lhe algo? Confronto sua consciência com toda minha afeição e cuidado. Você é ou não é como Moisés, que preferia Deus ao invés do mundo? Eu imploro que você não se refugie naquela palavra perigosa "nós" – "nós temos a obrigação" e "nós esperamos", e "nós queremos dizer", e assim por diante. Pergunto claramente: "O que você tem feito por você mesmo?" Você está desejoso de abandonar qualquer coisa que o afaste de Deus ou você está apegado ao Egito do mundo, dizendo consigo mesmo: "Eu preciso ter isso, eu preciso ter isso. Eu não consigo sair daqui", e isso de forma relutante? Existe uma cruz em seu cristianismo? Há alguma ponta afiada em sua religião, algo que possa chocar-se com a mentalidade mundana ao seu redor? Ou tudo caminha de forma tranqüila e agradável, de modo confortável, adequado aos costumes e à moda? Você conhece algo sobre as aflições do evangelho? Sua fé e prática são objetos de escárnio e ignomínia? Você é tido por tolo por causa de sua alma? Você já deixou a filha do faraó e uniu-se, de coração, ao povo de Deus? Você está arriscando tudo por causa de Cristo? Analise e veja.

Estas são indagações duras e perguntas difíceis. Mas não posso fazer nada quanto a isso. Creio que elas estão fundamentadas nas verdades das Escrituras. Lembro-me que está escrito: "Grandes multidões o acompanhavam, e ele, voltando-se, lhes disse: Se alguém vem a mim e não aborrece a seu pai, e mãe, e mulher, e filhos, e irmãos, e irmãs e ainda a sua própria vida, não pode ser meu discípulo. E qualquer que não tomar a sua cruz e vier após mim não pode ser meu discípulo" (Lc 14.25-27). Temo que muitos gostariam de ter a glória, mas não possuem nenhum desejo pela graça. Eles gostariam de ter os salários, mas não o trabalho; a ceifa, mas não o labor; a colheita, mas não a semeadura; as condecorações, mas não a batalha. No entanto, as coisas não podem ser assim. Como afirma Bunyan, "O amargo tem de vir antes do doce". Se não houver cruz, não haverá coroa.

A segunda coisa que digo é: nada irá capacitá-lo a escolher a Deus em vez do mundo, a não ser a fé.

Nada mais poderá fazer isso. O conhecimento não pode fazê-lo, os sentimentos também não, o uso constante de formalidades aparentes também não, as boas companhias também não. Essas coisas podem até realizar algo, mas o fruto que elas produzem não possui poder de perseverança; ele não durará. A religião que brota dessa fonte durará apenas enquanto não houver "angústia ou perseguição por causa da Palavra", mas assim que houver, ela seca. Ela é um relógio sem a mola-mestra ou pêndulos; sua aparência pode ser bonita, você pode girar os seus ponteiros, mas ele não irá funcionar. A religião que permanece precisa ter um fundamento vivo, e não existe nenhum outro, senão a fé.

É preciso que haja uma crença real e sincera de que as promessas de Deus são infalíveis e confiáveis – uma crença real de que aquilo que Deus diz em sua palavra é totalmente verdade, e que qualquer doutrina contrária a ela é falsa, não importando o que alguém possa dizer. É necessário que haja uma crença real de que todas as palavras de Deus devem ser recebidas, por mais duras e desagradáveis que sejam para a carne e o sangue. E que o caminho dEle é o certo, e todos os outros são errados. É necessário que haja isso tudo, caso contrário, você nunca sairá do mundo, não tomará sua cruz, não seguirá a Cristo, nem será salvo.

Você precisa aprender a acreditar que promessas são melhores que posses; que as coisas que não vemos são melhores do que as que vemos; que as coisas que estão no céu, fora de nossa vista, são melhores do que aquelas que estão na terra, diante de nossos olhos; que o elogio do Deus invisível é melhor do que o elogio do homem que vemos. Então, e somente então, você fará uma escolha como a de Moisés e preferirá a Deus em vez do mundo.

Agora eu pergunto a cada leitor deste capítulo: Você tem essa fé? Se você tiver essa fé, achará possível recusar aquilo que é aparentemente bom e escolher aquilo que parece ruim. Você não se importará com as perdas de hoje, na esperança de ter os ganhos de amanhã. Você seguirá a Cristo na escuridão e estará ao lado dEle até o fim. Se você não tiver essa fé, eu o admoesto, você nunca irá combater o bom combate. "Correi de tal maneira que o alcanceis" (1 Co 9.24). Você se escandalizará e voltará para o mundo.

Acima de tudo isso, é necessário que haja uma fé permanente em Jesus Cristo. A vida que você vive na carne deve ser vivida pela fé no Filho de Deus. É preciso que se estabeleça um hábito de depender de Jesus continuamente, de olhar para Jesus, de beber de Jesus e de tê-Lo como maná para a sua alma. Você deve esforçar-se para estar pronto a dizer: "Porquanto, para mim, o viver é Cristo, e o morrer é lucro". "Tudo posso naquele que me fortalece" (Fl 1.21; 4.13).

Esta era a fé pela qual os santos antigos obtiveram bom testemunho. Esta era a arma pela qual eles venceram o mundo. Esta fé os tornou aquilo que eles foram.

Esta foi a fé que levou Noé a continuar construindo sua arca, enquanto o mundo o observava e zombava dele; e Abraão a deixar Ló fazer a escolha da terra e habitar em tendas, na quietude; e Rute a apegar-se a Noemi, despedindo-se de seu país e de seus deuses; e Daniel a continuar em oração, apesar de saber que a cova dos leões lhe estava preparada; e os três jovens a se recusarem a adorar os ídolos, ainda que a fornalha ardente estivesse diante de seus olhos; e Moisés a abandonar o Egito, não temendo a ira do Faraó. Todos eles agiram assim porque creram. Eles enxergaram as dificuldades e os problemas de tomarem esse caminho. Contudo, eles viram a Jesus pela fé e, acima de tudo, perseveraram. Bem falou o apóstolo Pedro sobre a fé como sendo "fé preciosa" (2 Pe 1.1).

A terceira coisa que digo é: a verdadeira razão porque muitos são mundanos e ímpios é porque eles não têm fé.

Devemos estar cientes de que multidões de pessoas que se professam cristãos jamais pensaram, nem por um momento sequer, em agir do mesmo modo como Moisés. É inútil falar sobre coisas agradáveis e fechar os nossos olhos para este fato. Um homem precisa ser cego para não enxergar que milhares de pessoas, ao seu redor, estão diariamente preferindo o mundo em vez de Deus, colocando as questões temporais antes das eternas e as questões do corpo antes das questões da alma. Podemos não gostar de admitir esse fato e nos esforçar para tentar não ver esta realidade. Mas as coisas são, de fato, assim.

E por que isso acontece? Sem dúvidas, todos eles nos darão razões e desculpas. Alguns irão falar sobre as ciladas do mundo; outros, da falta de tempo; outros, das dificuldades peculiares de sua posição; outros, dos cuidados e ansiedades da vida; outros, da força da tentação; outros, do poder das paixões; outros, da influência das más companhias. E afinal de contas, onde vai dar tudo isso? Existe uma forma bem mais resumida de esclarecer o estado destas almas – eles não crêem. Uma simples frase, que semelhante ao bordão de Arão, irá engolir todas as suas desculpas – eles não têm fé.

Eles de fato não acreditam que aquilo que Deus diz é a verdade. Eles bajulam a si mesmos, em secreto, com a noção: "Isso certamente não se cumprirá. Deve haver, com certeza, um outro caminho para o céu, além daquele sobre o qual este ministro fala. É certo que não deve haver tanto perigo em estar perdido". Resumindo, eles não depositam uma confiança inerente nas palavras que Deus tem escrito e dito e, por essa razão, não agem em conformidade com elas. Eles não acreditam totalmente no inferno e, por isso, não fogem dele; nem no céu, por isso não o buscam; nem na culpa pelo pecado, por isso não o deixam; nem na santidade de Deus, por isso não O temem; nem na necessidade que têm de Cristo, por isso não confiam nEle, e nem O amam. Eles não sentem confiança em Deus, por isso não se arriscam por Ele. Da mesma forma como o personagem *Paixão*, no livro *O Peregrino*, eles têm que ter todas as suas coisas boas agora. Eles não confiam em

Deus, e por essa razão, não podem esperar.

E como isso se dá conosco? Nós acreditamos em toda a Bíblia? Façamos esta pergunta a nós mesmos. Se depender disso, acreditar na Bíblia é algo muito mais grandioso do que muitos supõem. Feliz é o homem que pode pôr a mão no peito e dizer: "Eu sou um crente".

Às vezes, falamos dos infiéis como se eles fossem as pessoas mais raras do mundo. Felizmente, eu posso garantir que a infidelidade aberta e declarada não é muito comum hoje. Contudo, existe uma vasta porção de infidelidade ao redor de nós, todas tão perigosas quanto os postulados de Voltaire e Paine. Há muitas pessoas, que domingo após domingo, repetem o credo e fazem questão de declarar sua crença em todos os termos do credo Apostólico e Niceno. Mas ainda assim, vivem toda a semana como se Cristo nunca tivesse morrido, como se não houvesse julgamento, nem ressurreição dos mortos, nem vida eterna. Existem muitos que dirão: "Ah, eu sei de tudo isso", quando alguém lhes fala sobre coisas eternas e sobre o valor de sua alma. E mesmo assim, a vida deles demonstra claramente que não sabem tanto quanto deveriam saber; e o mais triste é que eles pensam que sabem!

É uma verdade terrível e digna de toda consideração que, aos olhos de Deus, o conhecimento que não influencia não somente é inútil e sem proveito, como também é algo muito pior do que isso. Ele será acrescentado à condenação e aumentará a culpa no dia do juízo. Uma fé que não exerce influência sobre os hábitos de um homem não é digna de ser chamada de fé. Há somente duas classes de pessoas na igreja de Cristo – aqueles que crêem e aqueles que não crêem. A diferença entre o cristão verdadeiro e aquele que é professo de aparência está em uma única palavra; o cristão verdadeiro é semelhante a Moisés, ele tem fé; e o que é um simples professo não a tem. O verdadeiro cristão crê e, por esta razão, vive conforme crê; o simples cristão professo não crê e, por essa razão, ele é o que é. Oh, onde está a sua fé? Que não sejamos incrédulos, e sim, crentes.

A última coisa que digo é: o verdadeiro segredo de fazer grandes coisas para Deus é ter uma fé genuína.

Creio que todos estamos aptos a errar neste ponto. Pensamos e falamos muito sobre graças, dons e talentos, e não lembramos de modo suficiente que a fé é a raiz e a mãe de todas essas coisas. Em sua caminhada com Deus, um homem irá tão longe quanto puder crer, e não além. Sua vida sempre será proporcional à sua fé. Sua paz, sua paciência, sua coragem, seu zelo, suas obras – tudo será de acordo com sua fé.

Você lê sobre as vidas de cristãos eminentes, tais como Wesley ou Whitefield, ou Venn, ou Lutero, ou Bickersteth, ou Simeon, ou M'Cheyne. E você se dispõe a dizer: "Que graças e dons maravilhosos esses homens possuem!" e eu lhe respondo que, em vez disso, você deveria honrar a fonte da graça, a qual Deus coloca em evidência no capítulo onze da epístola aos Hebreus; você deveria dar honras à fé que tiveram. A fé era a principal motivação do caráter de cada um e de todos eles.

Posso imaginar alguém dizendo: "Eles oravam tanto; e isso fez com que eles fossem como eram". Eu respondo: "Por que eles oravam tanto? Simplesmente porque eles tinham muita fé." O que é a oração, senão a fé falando com Deus?

Outro, talvez possa dizer: "Eles eram tão diligentes e laboriosos; foi isso que contribuiu para o seu sucesso". Eu respondo: "Por que eles eram tão diligentes? Simplesmente porque eles tinham fé". O que é a diligência, senão a fé em ação?

Outro me dirá: "Eles eram tão audaciosos; e isso os tornou tão úteis". Eu respondo: "Por que eles eram tão audaciosos? Simplesmente porque eles tinham muita fé". O que é a ousadia cristã, senão a fé cumprindo sua obrigação de forma honesta?

E outro exclamará: "Foi a santidade e a espiritualidade deles que lhes trouxe tamanha importância". E pela última vez eu respondo: "O que os tornou santos? Nada, senão um espírito de fé, vivo e real". O que é a santidade, senão a fé visível e encarnada?

Agora, leitor, você deseja crescer na graça e no conhecimento de nosso Senhor e Salvador Jesus Cristo? Deseja produzir muito fruto? Deseja ser eminentemente santo e útil? Deseja brilhar e resplandecer como um luzeiro em sua geração? Deseja, da mesma forma que Moisés, tornar tão claro quanto o sol do meio-dia que você escolheu a Deus em vez do mundo? Ouso afirmar com certeza que todo crente responderá: "Sim! Sim! Sim, essas são as coisas que almejo e desejo".

Então, aceite o conselho que lhe dou hoje: vá e clame ao Senhor Jesus, do mesmo modo que os discípulos fizeram: "Senhor, aumenta-nos a fé". A fé é a raiz do caráter cristão verdadeiro. Que sua raiz seja sadia e que logo o seu fruto seja abundante. Sua prosperidade espiritual sempre será de acordo com a sua fé. Aquele que crê, não só será salvo, como também jamais terá sede; vencerá; será estabelecido; andará com firmeza sobre as águas deste mundo e fará grandes obras.

Leitor, se você crê nas coisas contidas neste capítulo e deseja ser um homem totalmente santo, comece a agir de acordo com sua fé. Tome a Moisés por seu exemplo. Caminhe nos passos dele. Vá e faça do mesmo modo que ele.

Capítulo 9

Ló - um sinal de alerta

Como, porém, se demorasse.
Gênesis 19.16

As Sagradas Escrituras, escritas para o nosso ensino, contêm tanto sinais de alerta, como também modelos. Elas nos mostram exemplos daquilo que devemos evitar, bem como exemplos que devemos seguir. O homem cujo nome está no cabeçalho desta página é colocado como um sinal de alerta para toda a igreja de Cristo. Seu caráter é posto diante de nós através de uma simples expressão: "Ele se demorou". Sentemos e olhemos para este sinal de alerta por alguns minutos. Reflitamos sobre Ló.

Quem é este homem que se demorou? Ele é o sobrinho do fiel Abraão. E quando ele se demorou? Na manhã exata em que Sodoma seria destruída. E onde ele se demorou? Dentro dos limites da muralha da própria Sodoma. Diante de quem ele se demorou? Sob o olhar de dois anjos que foram enviados para tirá-lo da cidade. Mesmo assim, "ele se demorou"!

As palavras são solenes e dignas de consideração. Elas deveriam soar como uma trombeta aos ouvidos de todos quantos professam ter alguma religião. Acredito que elas levarão o leitor deste capítulo à reflexão. Quem sabe sejam estas as palavras que sua alma esteja precisando? A voz do Senhor Jesus ordena que você se lembre "da mulher de Ló" (Lc 17.32). A voz de um de seus ministros o convida neste dia a lembrar-se de Ló.

Tentarei mostrar:

1. Quem era Ló;
2. O que o texto mencionado nos diz sobre ele;
3. Que razões poderiam ser dadas para a sua relutância;
4. Que tipo de fruto a relutância de Ló produziu.

Peço uma atenção especial por parte de todos aqueles que têm uma razão para ter esperança de que são cristãos verdadeiros, e que desejam viver uma vida santa. Que tenhamos este princípio estabelecido em nossa mente, se vamos seguir a santidade, que não sejamos relutantes. Digo uma vez mais: "Ló é um sinal de alerta".

1. QUEM ERA LÓ?

Este é o ponto mais importante. Se eu o deixar passar despercebido, talvez perca de vista aquela classe de cristãos, a qual desejo especialmente beneficiar. Se não deixar isso bem claro, talvez, muitos dirão, após esta leitura: "Ah! Ló era um homem mau, uma pobre criatura má e perversa, um incrédulo, um filho deste mundo. Não é de admirar que tenha se demorado!"

Mas note bem o que vou dizer. Ló não era nada disso. Ló era um crente verdadeiro, uma pessoa convertida, um verdadeiro filho de Deus, uma alma justificada, um homem justo.

Algum de meus leitores possui graça em seu coração? Ló também possuía. Algum de meus leitores possui esperança de salvação? Ló também possuía. Algum de meus leitores é uma "nova criatura"? Ló também o era. Algum de meus leitores é um viajante no caminho estreito que conduz à vida? Ló também o era.

Que ninguém pense que essa é minha opinião pessoal, uma mera suposição, uma noção que não pode ser provada pelas Escrituras. Que ninguém suponha que estou querendo que acreditem nisso simplesmente porque fui eu quem o disse. O Espírito Santo impediu que essa questão se tornasse controversa ao chamá-lo de "justo" (2 Pe 2.7-8) e nos deu boas evidências da graça que havia nele.

Uma das evidências é que ele vivia em um lugar iníquo, "via e ouvia" as maldades ao seu redor (2 Pe 2.8), e ainda assim não se tornou iníquo. Veja bem, para ser um Daniel na Babilônia, um Obadias na casa de Acabe, um Abias na família de Jeroboão, um crente na corte de Nero e um "homem justo" em Sodoma, o homem precisa ter a graça de Deus. Isso seria impossível sem a graça.

Outra evidência é que ele "atormentava sua alma... por causa das obras iníquas" que via ao seu redor (2 Pe 2.8). Ele era magoado, afligido, atormentado e ferido à vista do pecado. Este era o mesmo sentimento que tinha o santificado Davi, que disse: "Vi os infiéis e senti desgosto, porque não guardam a tua palavra". "Torrentes de água nascem dos meus olhos, porque os homens não guardam a tua lei" (Sl 119.158, 136). Este era o mesmo sentimento de Paulo, que disse: "Tenho grande tristeza e incessante dor no coração... [pelos] meus irmãos, meus compatriotas, segundo a carne" (Rm 9.2-3). Nada poderia esclarecer esse sentimento, senão a graça de Deus.

Uma outra evidência é que ele "atormentava a sua alma, cada dia, por causa das obras iníquas" que via (2 Pe 2.8). Depois de um longo período, ele não se tornou frio e indiferente em relação ao pecado, como muitos costumam fazer. A familiaridade e o hábito não diminuíram a sua sensibilidade refinada, como é comum acontecer em casos como este. Muitas vezes um homem fica chocado e surpreso ao deparar-se com a perversidade pela primeira vez, mas ao final, torna-se tão acostumado com ela, que passa a vê-la com indiferença. Isso acontece especialmente no caso de pessoas que vivem nas cidades e metrópoles ou convivem com ingleses que viajam para o continente. Tais pessoas, com freqüência, se tornam indiferentes em relação à profanação do dia do Senhor e a outros pecados evidentes. Porém, isso não acontecia com Ló. Esta era uma grande marca da veracidade da graça em sua vida.

Assim era Ló – um homem justo e íntegro, um homem selado e identificado como um herdeiro do céu pelo próprio Espírito Santo.

Antes de continuar, devemos lembrar que um cristão pode ter muitas falhas, muitos defeitos, muitas fraquezas e, contudo, ser um cristão verdadeiro. Não desprezamos o ouro por estar misturado à escória. Não devemos desvalorizar a graça por estar acompanhada de corrupção. Continue sua leitura e descobrirá que Ló pagou caro por sua relutância. Mas, não esqueça, enquanto estiver lendo, de que Ló era um filho de Deus.

2. O QUE O TEXTO MENCIONADO NOS DIZ SOBRE LÓ?

Passemos adiante para o segundo ponto que mencionei. O que o texto citado nos diz a respeito do comportamento de Ló?

As palavras são maravilhosas e espantosas: "Ele se demorou". Quanto mais analisamos a época e as circunstâncias em que isso ocorreu, mais maravilhosas as consideramos.

Ló conhecia a terrível condição da cidade onde residia. O clamor de suas abominações "se tem aumentado, chegando até à presença do SENHOR" (Gn 19.13). Mesmo assim, ele se demorou.

Ló sabia do temível julgamento que viria sobre todos os que habitavam entre as fronteiras daquele lugar. Os anjos haviam dito claramente: "O SENHOR nos enviou a destruí-lo" (Gn 19.13). Mesmo assim, ele se demorou.

Ló sabia que Deus mantinha a sua palavra e que, se Ele havia dito algo, certamente o cumpriria. Seria difícil que ele, sendo sobrinho de Abraão e tendo vivido um longo período com seu tio, não estivesse informado sobre essa questão. Mesmo assim, ele se demorou.

Ló sabia que havia perigo, pois foi aos seus genros e os advertiu a fugir. "Levantai-vos", ele disse, "Saí deste lugar, porque o SENHOR há de destruir a cidade" (Gn 19.14). Mesmo assim, ele se demorou.

Ele viu os anjos de Deus a postos, esperando por ele e por sua família para saírem da cidade. Ele ouviu a voz daqueles ministros da ira ressoando em seus ouvidos para apressá-lo: "Levanta-te, toma tua mulher e tuas duas filhas, que aqui se encontram, para que não pereças no castigo da cidade" (Gn 19.15). E mesmo assim, ele se demorou.

Ele foi lento quando deveria ter sido rápido, relutante quando deveria ter seguido adiante, vagaroso quando deveria ter sido apressado, tardio quando deveria ter sido afoito, indiferente quando deveria ter sido interessado. Isso parece estranho! Parece quase inacreditável! Isso é espantoso para ser verdade! Porém, o Espírito o escreveu para o nosso ensino. E tudo aconteceu exatamente desta forma.

Apesar de tudo isso parecer inacreditável à primeira vista, eu temo que existam muitos semelhantes a Ló entre o povo do Senhor Jesus Cristo.

Peço que cada leitor deste capítulo preste bem atenção ao que vou dizer. Vou repetir, para que não haja mal-entendido quanto ao que quero dizer. Eu tenho mostrado que Ló se demorou. Eu afirmo que há muitos homens e mulheres crentes hoje que são bem semelhantes a Ló.

Existem muitos verdadeiros filhos de Deus que parecem não viver à altura de seu conhecimento e praticam bem menos do que aquilo que têm a capacidade de enxergar, e permanecem nesta condição por muitos anos. É incrível que eles tenham chegado até este ponto, mas não tenham conseguido ir além disso!

Eles possuem o Cabeça, o próprio Cristo, e amam a verdade. Eles apreciam a pregação sadia e quando ouvem a doutrina do evangelho, concordam com cada um de seus ensinamentos. Entretanto, ainda há algo indescritível sobre eles que não é satisfatório. Eles constantemente fazem coisas que desapontam as expectativas de seus ministros e de outros amigos cristãos mais maduros. É de se admirar que eles pensem da forma como pensam e ainda assim permaneçam inertes!

Eles acreditam no céu, mas ainda assim parecem desejá-lo com pouco vigor; e no inferno, e mesmo assim parecem não ter pavor dele. Eles amam ao Senhor Jesus; mas o trabalho que realizam para Ele é tão insignificante. Eles odeiam o diabo; mas parecem atraí-lo para perto de si. Sabem que o tempo é curto; mas vivem como se ele fosse longo. Sabem que têm uma batalha a combater; mas ainda assim parecem pensar que estão em tempo de paz. Sabem que precisam disputar uma corrida e, com freqüência, parecem pessoas que estão imóveis. Sabem que o Juiz está às portas, e que há a ira vindoura; e mesmo assim, parecem estar meio adormecidos. É surpreendente que sejam assim e ainda não são melhores do que isso!

E o que diremos sobre eles? Eles sempre deixam seus amigos e parentes confusos e, com freqüência, causam grande ansiedade. Sempre causam grandes dúvidas e questionamentos ao coração. Mas todos eles podem ser classificados dentro de uma descrição generalizada: todos são irmãos e irmãs de Ló. Eles relutam.

Estes são os que têm em sua mente, a noção de que é impossível para os crentes serem tão santos e espirituais! Eles admitem que a santidade elevada é algo belo. Eles gostam de ler sobre a santidade nos livros e até mesmo de vê-la ocasionalmente nos outros. Contudo não acreditam que todos devam almejar um padrão tão alto. De qualquer forma, eles parecem estar resolutos de que isso está além de seu alcance.

Estes são os que têm sua mente influenciada pela falsa idéia do que eles chamam de amor. Possuem um medo mórbido de se tornarem intolerantes ou retrógrados e acabam caindo em outro extremo. Eles querem satisfazer a todos e concordar com todos, e ser agradáveis para com todos. Entretanto, esquecem que, antes de tudo, deveriam ter a certeza de estar agradando a Deus.

Estes são os que morrem de medo de fazer sacrifícios e que evitam a autonegação. Eles nunca parecem capazes de aplicar o mandamento de nosso Senhor, de tomar a cruz e de "cortar a mão direita, e de arrancar o olho direito" (Mt 5.29-30). Não negam que nosso Senhor tenha usado estas expressões, mas nunca encontram lugar para elas em sua religião. Gastam suas vidas tentando tornar a porta mais larga e a cruz mais leve. Mas nunca são bem-sucedidos nisso.

Estes são os que estão sempre tentando ficar confinados no mundo. São engenhosos para descobrir razões para não se separarem do mundo de forma decidida e hábeis em inventar desculpas para freqüentar lugares questionáveis, com divertimentos e amizades questionáveis. Em um dia, eles dizem que estão freqüentando um estudo bíblico; no outro, talvez você ouça falar que estão indo ao baile. Num domingo, jejuam ou participam da ceia do Senhor e recebem as ordenanças; no outro, vão ao autódromo pela manhã, e à noite, à uma ópera. Um dia, estão quase histéricos por causa de um sermão de algum pregador sensacional; no outro, estão chorando por causa de um romance que leram. Estão constantemente se esforçando para convencerem a si mesmos de que se misturar um pouco com as pessoas do mundo faz bem. Porém, no caso deles, fica bem claro que isso não lhes faz bem, apenas os prejudica.

Estes são os que não encontram uma razão em seu coração para lutarem contra os seus pecados arraigados, quer sejam preguiça, indolência, mal-humor, orgulho, egoísmo, impaciência ou seja lá o que for. Toleram esses pecados como inquilinos em seu coração e permitem que eles permaneçam tranqüilos, sem serem incomodados. Dizem que isso faz parte de sua saúde ou de sua natureza, ou de seu temperamento, ou de suas provações, ou de seu jeito de ser. Seus pais, mães e avós agiam assim, e eles estão certos de que não podem fazer qualquer outra coisa, senão o mesmo. E quando você os encontra, depois de ficarem afastados por um ano ou dois, você ouve sempre a mesma coisa!

Entretanto, tudo, tudo, tudo pode se resumir em uma única sentença. Eles são irmãos e irmãs de Ló. Eles são relutantes.

Ah, se você é uma alma relutante, você não é feliz! E você sabe que não. Aliás, seria estranho se você o fosse. A relutância é a verdadeira destruição de um cristianismo feliz. A consciência de uma alma relutante a proíbe de desfrutar de paz interior.

Talvez você tenha corrido bem durante algum tempo. Mas, perdeu o seu primeiro amor; você nunca sentiu o mesmo conforto desde então, e nunca mais o terá, até que volte às suas "primeiras obras" (Ap 2.5). Do mesmo modo que Pedro, quando o Senhor Jesus foi preso, você está seguindo ao Senhor de longe, e da mesma forma que ele, você não achará que o caminho é agradável, mas sim, difícil.

Venha e olhe para Ló. Venha e note sua história. Venha e considere a relutância de Ló e seja sábio.

3. QUE RAZÕES PODERIAM SER DADAS PARA A RELUTÂNCIA DE LÓ?

Consideremos em nosso próximo ponto, as razões que poderiam ser dadas para a relutância de Ló.

Esta é uma questão de grande importância, e peço que preste atenção a ela com mais seriedade. Reconhecer a causa de uma doença é o primeiro passo em direção à cura. Mais vale prevenir do que remediar.

Quem dentre os meus leitores sente-se seguro e não tem qualquer temor em relação à relutância? Venha e ouça, enquanto vou contar-lhe algumas passagens da história de Ló. Faça o que ele fez e será um verdadeiro milagre se, no final, você não acabar entrando no mesmo estado de alma que ele.

Uma coisa que percebo em Ló é a seguinte: ele fez a escolha errada em sua juventude.

Houve um tempo em que Abraão e Ló viviam juntos. Ambos ficaram ricos e já não podiam mais viver juntos. Abraão, o mais velho dos dois, com um verdadeiro espírito de humildade e cortesia, deixou que Ló fizesse a escolha da terra. Quando resolveram se separar, Abraão disse: "Se fores para a esquerda, irei para a direita; se fores para a direita, irei para a esquerda" (Gn 13.9).

E o que fez Ló? Somos informados que ele viu que as campinas do Jordão, próximas à Sodoma, eram ricas, férteis e bem regadas. Era uma terra boa para o gado, cheia de pastagens. Ele possuía muitos rebanhos e manadas, e a terra se adequava às suas necessidades. Esta foi a terra que ele escolheu para estabelecer sua residência, simplesmente porque era uma terra rica e bem regada (Gn 13.10).

Ela estava próxima à cidade de Sodoma! Ele não se importou com isso. Os homens de Sodoma, que seriam seus vizinhos, eram ímpios! Isso não importava. Eles pecavam de maneira excessiva diante de Deus! Isso não fazia diferença para ele. As pastagens eram ricas. A terra era boa. Ele desejava um campo como aquele para seus rebanhos e manadas. E diante deste argumento, todas as suas incertezas e dúvidas, se é que ele tinha alguma, desapareceram de uma vez por todas.

Ele fez sua escolha por vista e não por fé. Ele não pediu qualquer conselho a Deus para que fosse preservado de cometer erros. Ele olhou para as coisas temporais, e não para a eternidade. Pensou no lucro terreno e não em sua alma. Considerou apenas aquilo que poderia ajudá-lo nesta vida. Esqueceu dos assuntos da vida por vir. Este foi um mau começo.

Entretanto, percebo também que Ló misturou-se com os pecadores quando não havia nenhum motivo necessário para isso.

Em primeiro lugar, somos informados de que ele "armou suas tendas até Sodoma" (Gn 13.12). E isso, como já tenho demonstrado, foi um grande erro.

E quando Ló é novamente mencionado, nós o encontramos, na verdade, vivendo na própria cidade de Sodoma. O Espírito nos diz de modo claro: "morava em Sodoma" (Gn 14.12). Ele havia deixado suas tendas. Havia abandonado o campo e ocupava uma casa naquelas mesmas ruas daquela cidade ímpia.

Não somos informados sobre as razões desta mudança. Não tomamos conhecimento de que houvesse algum motivo para isso. Podemos estar certos de que não houve um mandamento de Deus para essa mudança. Talvez sua esposa gostasse mais da cidade do que do campo, por causa da sociedade. Está claro que ela não possuía a graça em si mesma. Talvez ela tenha persuadido Ló de que isso seria mais vantajoso para as suas filhas, assim elas poderiam casar-se e estabelecerem-se na vida. Talvez suas filhas desejassem morar na cidade por causa de companhias mais animadas; é evidente que elas eram jovens volúveis. Talvez o próprio Ló preferisse a mudança, para poder valorizar mais seus rebanhos e manadas. Os homens nunca querem razões para confirmar suas vontades. Contudo, uma coisa está bem clara: Ló habitou no meio de Sodoma sem ter uma boa razão para isso.

Quando um filho de Deus faz estas duas coisas que mencionei, não devemos nunca nos surpreender, se ouvirmos, tempos depois, relatos desfavoráveis sobre sua pessoa. Não devemos nos admirar se ele se tornar surdo para com a voz de advertência vinda da aflição, como aconteceu com Ló (Gn 14.12), e mostrar-se relutante no dia da provação e do perigo, do mesmo modo que Ló.

Faça a escolha errada em sua vida, uma escolha sem apoio nas Escrituras, e se estabeleça, sem necessidade, no meio de pessoas ímpias, e eu não conheço um outro modo mais eficaz para deteriorar sua própria espiritualidade e diminuir o seu interesse nas coisas eternas. Este é o caminho para fazer a pulsação de sua alma tornar-se fraca e lânguida. Esta é a maneira de tornar menos afiado e sem corte o fio de sua sensibilidade em relação ao pecado. Esta é a maneira de obscurecer os olhos de seu discernimento espiritual, até que você mal consiga distinguir o bem do mal e tropece enquanto caminha. Esta é maneira de causar paralisia moral aos seus pés, braços e pernas, e de fazê-lo ir cambaleante e trêmulo ao longo da estrada para Sião, como se o gafanhoto lhe fosse um peso. Esta é a maneira de dar uma brecha para o seu pior inimigo; de perder terreno para o diabo na batalha; de amarrar os seus braços na luta; de acorrentar suas pernas na corrida; de secar as fontes de sua força; de enfraquecer suas energias; de cortar os seus próprios cabelos, do mesmo modo como Sansão, e de entregar-se nas mãos dos filisteus, de vazar os próprios olhos, de trabalhar no moinho e de tornar-se um escravo.

Rogo que cada leitor note bem o que estou dizendo. Mantenha estas coisas em sua mente. Não se esqueça delas. Recorde-as pela manhã. Traga-as à memória à noite. Deixe que elas penetrem bem no fundo do seu coração. Se você não quer correr o risco de ser relutante, tome cuidado para não se misturar, sem necessidade, com pessoas mundanas. Guarde-se da escolha de Ló! Se você não quiser entrar em um estado de alma estéril, insensível, dormente, indolente, infrutífero, enfadonho, carnal e estúpido, guarde-se da escolha de Ló!

a. Lembre-se disso ao escolher um lugar para morar ou fixar residência. Não é suficiente que a casa seja confortável, que a situação seja boa, que o ar seja puro, que a vizinhança seja agradável, que o aluguel ou o preço seja baixo, que o custo de vida seja barato. Existem outras coisas que devem ser levadas em consideração. Você deve pensar em sua alma imortal. A casa na qual está pensando o ajudará a estar mais perto do céu ou do inferno? O evangelho está sendo pregado em algum lugar próximo a ela? O Cristo crucificado estará ao alcance de sua porta? Haverá um homem de Deus por perto para velar por sua alma? Recomendo que, se você ama a vida, não negligencie essas coisas. Tome cuidado com a escolha de Ló.

b. Lembre-se disso ao escolher uma carreira, uma posição, uma profissão na vida. Não é suficiente que o salário seja alto, que a remuneração seja boa, que o trabalho seja fácil, que as vantagens sejam muitas, que as perspectivas de desenvolvimento sejam as mais favoráveis. Pense em sua alma, em sua alma imortal. Ela será alimentada ou ficará faminta? Prosperará ou retrocederá? Você terá os domingos livres e poderá ter um dia na semana para as atividades espirituais? Eu lhe imploro, pelas misericórdias de Deus, que preste atenção ao que vai fazer. Não tome decisões precipitadas. Olhe o lugar de todos os ângulos, à luz de Deus, e também aos olhos do mundo. Uma decisão impensada pode lhe custar caro. Tome cuidado com a escolha de Ló.

c. Lembre-se disso ao escolher um marido ou uma esposa, se você ainda não se casou. Não é suficiente que a pessoa agrade aos seus olhos, que satisfaça seus gostos, que a mente do outro seja conforme seu gênio, que haja amabilidade e afeição, que haja uma casa confortável para viver. É preciso algo além disso. Existe a vida por vir. Pense em sua alma, sua alma imortal. A união que você planeja elevará a sua alma ou poderá arrastá-la para a decadência? Ela se tornará mais santa ou mais mundana, será levada para mais perto de Cristo ou para mais perto do mundo? A sua religiosidade será revigorada ou deteriorada? Eu oro para que, por todas as suas esperanças da glória, você permita que tudo isso seja levado em conta em suas considerações. “Pense”, e como dizia o velho Baxter: “Pense e pense de novo”, antes de comprometer-se. “Não vos ponhais em jugo desigual” (2 Co 6.14). O matrimônio não é descrito em nenhum lugar como sendo um dos meios de conversão. Lembre-se da escolha de Ló.

d. Lembre-se disso quando lhe oferecerem um cargo em uma companhia ferroviária. Não é suficiente ter um bom salário e estabilidade no emprego, ter a confiança dos diretores e a melhor chance de ser promovido. Essas coisas são muito boas, mas não são tudo. Como sua alma se alimentará, se você trabalhar em uma empresa que negocie aos domingos? Qual dia da semana você terá para Deus e para as coisas eternas? Que oportunidades você terá de ouvir o evangelho sendo pregado? Eu o advirto solenemente a considerar essas coisas. Nada lhe valerá o encher os bolsos, se isso trouxer escassez e pobreza para a sua alma. Tome cuidado para não vender o seu dia de descanso somente por um bom cargo. Lembre-se do guisado de Esaú. Tome cuidado com a escolha de Ló!

Talvez alguns leitores pensem: “Um crente não precisa temer; ele é uma ovelha de Cristo, nunca perecerá, ele não sofrerá tanto dano. Não é possível que questões tão insignificantes tenham tanta importância”.

Bem, você pode pensar assim. Mas eu advirto que, se você negligenciar essas questões, sua alma não prosperará. Um verdadeiro cristão certamente não será lançado fora, mesmo que seja relutante. Entretanto, se ele é relutante, é inútil supor que sua religião venha a florescer. A graça é uma planta muito frágil. A menos que seja bem nutrida e tratada com carinho, ela ficará doente neste mundo mau. Ela poderá murchar, mesmo que não morra. Até mesmo o ouro mais brilhante pode tornar-se embaçado rapidamente quando exposto à umidade. Mesmo o ferro mais quente logo se tornará frio. É preciso muito esforço e trabalho árduo para deixá-lo incandescente; mas não é necessário nada mais do que apenas deixá-lo de lado ou um pouco de água fria para que ele se torne enegrecido e duro.

Você pode ser um cristão sério e zeloso agora. Você pode sentir-se como Davi em sua prosperidade: “Jamais serei abalado” (Sl 30.6). Mas não se engane. Você apenas precisa andar nas pegadas de Ló e fazer as mesmas escolhas que ele, e logo entrará no mesmo estado de alma que Ló. Permita-se fazer o que ele fez, atreva-se a agir como ele agiu e esteja certo de que em breve você descobrirá que se tornou uma pessoa infame e relutante como Ló. Você descobrirá, como Sansão descobriu, que a presença do Senhor não está mais com você. Você provará ser, para vergonha própria, um homem relutante e indeciso no dia da provação. Sobrevirá um câncer à sua religião, que devorará sua vitalidade sem o seu conhecimento. Uma lenta destruição sobrevirá à sua força espiritual e a lançará fora insensivelmente. Finalmente, você despertará para descobrir que suas mãos têm dificuldade para fazer a obra do Senhor, e que seus pés têm dificuldade para carregá-lo ao longo do caminho do Senhor, e que sua fé não é maior que um grão de mostarda; e isso talvez aconteça em um momento decisivo de sua vida, em um tempo em que o inimigo esteja chegando como uma inundação, e a sua necessidade seja a mais angustiante de todas.

Ah, se você não deseja ser relutante em sua religião, considere essas coisas! Tome cuidado para não fazer a mesma coisa que Ló!

4. QUE TIPO DE FRUTO A RELUTÂNCIA DE LÓ PRODUZIU?

Indaguemos agora sobre o tipo de fruto que o espírito relutante de Ló finalmente produziu.

Não posso negligenciar este ponto por várias razões, principalmente no dia de hoje. Existem não poucos que estarão dispostos a dizer: "No final, Ló foi salvo; ele foi justificado; foi para o céu. Eu não desejo nada além disso. Se eu tão somente chegar ao céu, estarei contente". Se este é o pensamento do seu coração, pare por um momento e ouça-me um pouco mais.Vou mostrar-lhe uma ou duas coisas na história de Ló que merecem mais atenção e que talvez o induzam a mudar de opinião.

Considero extremamente importante enfatizar este assunto. Sempre argumentarei que a santidade elevada e a utilidade elevada estão intimamente ligadas; que a felicidade e o fato de "seguir ao Senhor sem reservas" andam lado a lado; e que se os crentes são relutantes, não podem esperar que sejam úteis em seu tempo e em sua geração, ou santos e semelhantes a Cristo, ou que desfrutarão de um grande consolo e paz em serem crentes.

a. Em primeiro lugar, notemos que Ló não fez o bem quando estava entre os habitantes de Sodoma.

É provável que Ló tenha vivido em Sodoma por muitos anos. Não há dúvida de que tivera oportunidades preciosas para falar das coisas de Deus e para tentar converter as almas do pecado. Mas parece que a vida de Ló não causou repercussão, afinal. Parece que ele não teve influência alguma ou relevância para as pessoas que viviam ao seu redor. Não gozava de qualquer tipo de respeito ou reverência, do tipo que até mesmo os homens do mundo costumam conceder a um fervoroso servo de Deus.

Nenhum justo pôde ser encontrado em toda Sodoma, fora das paredes da casa de Ló. Nenhum de seus vizinhos acreditou em seu testemunho. Nenhum de seus conhecidos honrou o Senhor a quem ele adorava. Nenhum de seus servos serviu ao mesmo amo de Ló, Deus. Durante um período de três meses, nem mesmo uma só pessoa deu a mínima atenção à sua opinião quando ele tentou impedir a perversidade deles. "Veio morar entre nós", disseram eles, "e pretende ser juiz em tudo" (Gn 19.9). Sua vida não tinha a menor relevância; suas palavras não eram ouvidas; sua religião não atraiu ninguém para segui-lo.

Na verdade, isso não me surpreende! Geralmente, almas relutantes não fazem bem ao mundo e não trazem crédito para a causa de Deus. O seu sal tem pouquíssimo sabor para temperar a corrupção ao seu redor. Elas não são "cartas de Cristo", as quais podem ser "conhecidas e lidas por todos os homens" (2 Co 3.2). Nada há de magnético e atraente que reflita a Cristo em seus caminhos. Lembremo-nos disso.

b. Notemos também que Ló não ajudou ninguém de sua família, a nenhum de seus parentes ou de seus conhecidos a irem para o céu.

Não somos informados sobre o tamanho de sua família. Mas isso nós sabemos – mesmo que não tivesse outros filhos, ele tinha pelo menos a esposa e duas filhas, no dia em foi chamado para deixar Sodoma.

Fosse ela pequena ou grande, uma coisa, creio eu, está perfeitamente clara – não havia ao menos um entre eles que fosse temente a Deus!

Quando ele "saiu e falou a seus genros, aos que estavam para casar com suas filhas", e os advertiu a fugirem do julgamento que viria à Sodoma, somos informados de que eles "acharam... que ele gracejava com eles" (Gn 19.14). Que palavras terríveis foram estas! Foi o mesmo que dizer: "Quem se importa com qualquer coisa que *você* diga?" Quando o mundo não nos leva a sério, isso é uma prova dolorosa de que um homem relutante em sua religião é considerado com desprezo.

E qual era a condição da mulher de Ló? Ela deixou a cidade em sua companhia, mas não foi muito longe. Ela não tinha fé para enxergar a necessidade daquela fuga rápida. Ela deixou seu coração em Sodoma quando começou a fugir. Ela olhou para trás, apesar do mandamento explícito para que não o fizesse (Gn 19.17) e, no mesmo instante, tornou-se uma estátua de sal.

E qual era a condição das duas filhas de Ló? Elas de fato escaparam, mas somente para fazer a obra do maligno. Elas foram motivo de tentação para seu pai e o levaram a cometer o mais abominável dos pecados.

Em resumo, Ló parecia estar sozinho em sua família! Ele não foi um instrumento para manter nem sequer uma alma longe das portas do inferno! A verdadeira natureza de um homem que possui uma alma relutante é bem conhecida pelos seus familiares e, ao ter sua verdadeira natureza desvendada, ele é desprezado. Seus parentes mais próximos percebem sua inconsistência, mesmo que nada conheçam sobre religião. Eles chegam a uma triste conclusão, apesar disso não ser estranho: "Se ele, de fato, acreditasse em tudo o que professa acreditar, não viveria do jeito que vive". Pais relutantes raramente possuem filhos piedosos. Os olhos de uma criança absorvem muito mais informações do que os ouvidos. Uma criança sempre observará mais aquilo que você faz do que aquilo que você diz. Que possamos nos lembrar disso.

c. Observemos também que Ló não deixou qualquer evidência ao morrer.

Sabemos bem pouco a respeito de Ló, depois de sua fuga de Sodoma, e tudo o que de fato sabemos é insatisfatório.

Sua súplica por Zoar, porque ela era "pequena", sua partida de Zoar posteriormente e sua conduta na caverna – tudo, tudo nos conta a mesma história. Tudo revela a fraqueza da graça que havia em sua vida e o estado degradante em que sua alma havia caído.

Não sabemos quanto tempo ele viveu após ter escapado. Não sabemos onde morreu ou quando morreu, se chegou a ver Abraão de novo, de que forma morreu, o que disse, ou o que pensou. Todas essas coisas estão ocultas. Somos informados sobre os últimos dias de Abraão, Isaque, Jacó, José e Davi, mas não há sequer uma palavra sobre Ló. Oh, quão sombrio deve ter sido o leito de morte de Ló!

As Escrituras parecem ter estendido um véu ao redor dele com um propósito. Há um silêncio doloroso a respeito de seu fim. Se não tivéssemos sido informados, de modo especial, no Novo Testamento, de que Ló era reto e justo, eu, na verdade, acreditaria que deveríamos duvidar se Ló era realmente salvo.

Porém, não me admira que ele tivesse um fim triste. Os crentes relutantes geralmente colhem conforme aquilo que semearam. A sua relutância sempre os encontra quando o seu espírito está partindo. Eles possuem alguma paz, no final. Chegam ao céu, esteja certo, mas chegam em um estado deplorável; fatigados e com os pés doloridos; em fraqueza e lágrimas; em trevas e tempestades. Eles são salvos, "todavia, como que através do fogo" (1 Co 3.15).

Peço que cada leitor considere essas três coisas que acabei de mencionar. Não interprete mal o que quero dizer. É interessante observar como as pessoas se prendem à menor desculpa para interpretar mal as coisas que dizem respeito à sua alma!

Não estou dizendo que crentes que *não são* relutantes naturalmente serão instrumentos bem úteis para o mundo. Noé pregou durante cento e vinte anos e ninguém acreditou nele. O Senhor Jesus não era estimado pelo seu próprio povo, os judeus.

Também não estou dizendo que um crente que *não* seja relutante, será naturalmente um instrumento de conversão de seus familiares e parentes. Muitos dos filhos de Davi eram ímpios. Nem os próprios irmãos de Jesus creram nEle.

Porém, digo que é quase impossível não perceber alguma conexão entre a má escolha de Ló e a sua relutância, entre sua relutância e a sua inutilidade para sua família e para o mundo. Creio que o Espírito tencionava que percebêssemos isso. Creio que a intenção do Espírito era fazer de Ló um sinal de alerta para todos os cristãos professos. Estou certo de que as lições que procurei extrair de toda a sua história merecem uma reflexão séria.

Agora, deixe-me falar algumas palavras de encerramento a todos os leitores e principalmente àqueles que se intitulam crentes em Cristo.

Não tenho o desejo de entristecer o seu coração. Não pretendo dar uma visão obscura da trajetória cristã. Meu único objetivo é dar-lhe admoestações amigáveis. Desejo-lhe paz e conforto. Ficaria satisfeito em vê-lo feliz, como também seguro, jubilante e justificado. Falei do modo como falei para o seu próprio bem.

Você vive em dias em que a relutância, a religião semelhante à de Ló é abundante. O rio da profissão de fé é bem mais largo do que costumava ser, porém, muito menos profundo, em muitos lugares. Agora virou moda ter um certo tipo de cristianismo. Pertencer a algum grupo de igreja institucionalizada e demonstrar zelo pelos interesses da igreja; conversar sobre as principais controvérsias do dia; comprar livros religiosos populares com a mesma velocidade com que eles são publicados e depois deixá-los sobre a mesa; freqüentar reuniões; contribuir com entidades; discutir sobre as virtudes dos pregadores; ficar entusiasmado e animado com todo tipo de religião sensacionalista que surge – todas essas coisas, de certo modo, são coisas fáceis de se fazer e são habilidades comuns a muitos. Elas não tornam uma pessoa especial. Elas requerem pouco ou nenhum sacrifício. Elas não implicam em levar uma cruz.

Entretanto, estar bem perto de Deus; ter, de fato, uma mente espiritual; comportar-se como estrangeiro e peregrino; ser diferente do mundo no emprego do tempo, nas conversas, nos divertimentos, na maneira de vestir; exibir um testemunho fiel de Cristo em todos os lugares; deixar o aroma de nosso Mestre em todas as nossas companhias; ser fervoroso em oração, humilde, altruísta, temperante, calmo, ser alguém fácil de se agradar, generoso, paciente, manso; ser zeloso em seu medo de toda forma de pecado; tremer de forma consciente diante do perigo do mundo – essas, essas são coisas que ainda são raras! Elas não são comuns até mesmo entre aqueles que são chamados de cristãos verdadeiros e, o pior de tudo, é que eles não sentem nem lamentam a ausência dessas coisas do modo como deveriam.

Em um dia como hoje, me arrisco a dar um conselho a todo leitor crente que lê este capítulo. Não se desvie deste conselho. Não fique bravo comigo por lhe falar de maneira clara. Eu o convido a procurar, "com diligência cada vez maior, confirmar a vossa vocação e eleição" (2 Pe 1.10). Eu o convido a não ser indolente, a não ser desleixado, a não estar contente com uma medida pequena da graça, a não estar satisfeito com o fato de ser apenas um pouco melhor do que o mundo. Eu o advirto solenemente a não tentar fazer aquilo que não pode ser feito, ou seja, servir a Cristo e ainda deter-se no mundo. Eu imploro, eu suplico que você seja um cristão sincero, que siga um padrão de santidade elevado, que vise a um alto grau de santificação, que viva uma vida consagrada, que apresente o seu corpo a Deus como um "sacrifício vivo" e que ande "no Espírito" (Rm 12.1; Gl 5.25). Eu o desafio e exorto, por todas as esperanças do céu e por todos os desejos da glória, que se você quer ser feliz, se quer ser útil, não seja uma alma relutante.

Você gostaria de saber qual é a necessidade desta época? É necessário abalar as Nações, desarraigar as coisas velhas, dar uma reviravolta nos reinos, mexer com a mente dos homens e não lhes dar descanso – o que tudo isso nos diz? Tudo está gritando em alta voz: "Cristão, não seja relutante!"

Você deseja que Cristo o encontre preparado em sua segunda vinda, com seus lombos cingidos, com sua lâmpada acesa, confiante e pronto para encontrá-Lo? Então, não seja relutante!

Você quer usufruir um conforto visível e abundante em sua religião, sentir o testemunho do Espírito em seu interior, conhecer Aquele em quem você creu e não ser um cristão melancólico e abatido, amargurado, murmurador e pessimista? Então, não seja relutante!

Você quer usufruir uma firme certeza da sua salvação no dia da enfermidade e em seu leito de morte? Você quer ver, com os olhos da fé, os céus se abrindo e Jesus colocando-Se em pé para recebê-lo? Então, não seja relutante!

Você quer deixar evidências importantes e vastas quando você se for? Você quer que o depositemos no túmulo com uma esperança confortadora e que falemos sobre a sua condição após a morte sem incertezas? Então, não seja relutante!

Você gostaria de ser útil para o mundo em sua época, em sua geração? Você quer atrair os homens do pecado para Cristo, adornar a doutrina dEle e tornar a causa de seu Mestre bela e atraente aos olhos deles? Então, não seja relutante!

Você quer ajudar seus filhos e parentes a ir para o céu e levá-los a dizer: "Nós iremos com você", não fazendo com que se tornem pagãos e desdenhadores de todas as religiões? Então, não seja relutante!

Você quer ter uma coroa excelente no dia da volta de Cristo e não ser a menor de todas as estrelas na glória, e não descobrir que é o último e o menor no reino dos céus? Então, não seja relutante!

Oh, que nenhum de nós seja relutante! O tempo não é relutante, a morte também não, o julgamento também não, o diabo também não, o mundo também não. Portanto, nenhum dos filhos de Deus seja relutante.

Algum leitor deste artigo sente que é relutante? Você sentiu o seu coração pesado e teve dor na consciência enquanto estava lendo estas páginas? Talvez exista algo dentro de você que sussurre: "Eu sou essa pessoa". Então ouça o que eu digo. Isso não é bom para a sua alma. Acorde e procure agir melhor.

Se você é relutante, você só precisa ir a Cristo de uma vez por todas e ser curado. Você precisa usar o velho medicamento; você precisa banhar-se na antiga fonte. Você precisa voltar-se para Cristo novamente e ser curado. O caminho para se fazer alguma coisa é agir. Faça isso de uma vez por todas!

Não pense, nem por um momento, que você é um caso perdido. Não pense que pelo fato de você ter vivido, por um longo tempo, em um estado de alma abatido, dormente e estéril, que não há mais esperança de reavivamento. Não é o Senhor Jesus o médico designado para todas as enfermidades? Ele não curou todo tipo de doenças quando estava sobre a terra? Ele não expulsou toda sorte de demônios? Ele não reanimou o pobre Pedro apóstata e colocou em seus lábios uma nova canção? Oh, não duvide, mas creia, de modo intenso, que Deus ainda reavivará sua obra em você! Apenas deixe a relutância e confesse a sua insensatez, e venha – venha de uma vez por todas a Cristo. Benditas são as palavras do profeta: "Tão-somente reconhece a tua iniqüidade". "Voltai, ó filhos rebeldes, eu curarei as vossas rebeliões" (Jr 3.13, 22).

Que todos nós possamos nos lembrar da alma dos outros, bem como da nossa própria alma. Se em algum momento percebermos que um irmão ou irmã está relutante, que tentemos despertá-los, que os estimulemos, que tentemos encorajá-los. Que todos possamos exortar-nos "mutuamente", enquanto tivermos oportunidade. Que possamos "nos estimularmos ao amor e às boas obras" (Hb

3.13; 10.24). Que não tenhamos medo de dizer uns aos outros: "Meu irmão, ou minha irmã, você se esqueceu de Ló? Desperte-se e lembre-se de Ló! Desperte e não relute mais".

Capítulo 10

Uma mulher para ser relembrada

Lembrai-vos da mulher de Ló.
Lucas 17.32

Existem poucas advertências nas Escrituras mais solenes do que esta que aparece no início desta página. O Senhor Jesus Cristo nos diz: "Lembrai-vos da mulher de Ló".

A mulher de Ló professava ter uma religião; seu marido era um "homem justo" (2 Pe 2.8). Ela deixou Sodoma com ele no dia em que Sodoma foi destruída; olhou para a cidade que havia ficado para trás e isso contra o mandamento expresso de Deus; ela morreu no mesmo instante e transformou-se em uma estátua de sal. E o Senhor Jesus Cristo a destaca como um sinal de alerta para a igreja; Ele diz: "Lembrai-vos da mulher de Ló".

Esta é uma advertência solene, se pensarmos na pessoa que Jesus cita. Ele não nos ordena a lembrar de Abraão ou de Isaque, ou de Jacó, ou de Sara, ou de Ana, ou de Rute. Ele aponta alguém cuja alma se perdeu para sempre. Ele conclama: "Lembrai-vos da mulher de Ló".

Esta é uma advertência solene, se considerarmos o assunto sobre o qual Jesus está falando. Ele fala sobre a sua segunda vinda, quando virá para julgar o mundo; Ele descreve o terrível estado de despreparo em que muitos serão achados. Ele está pensando nos últimos dias, quando diz: "Lembrai-vos da mulher de Ló".

Esta é uma advertência solene, se pensarmos na pessoa que a proferiu. O Senhor Jesus é uma pessoa cheia de amor, misericórdia e compaixão. É aquele que "não esmagará a cana quebrada, nem apagará a torcida que fumega". Ele podia chorar por uma Jerusalém incrédula e orar pelos homens que o crucificaram; e mesmo assim, Ele acha que é bom lembrarmos das almas que se perderam. Ainda assim, Ele diz: "Lembrai-vos da mulher de Ló".

Esta é uma advertência solene, se pensarmos nas pessoas para as quais ela foi dada pela primeira vez. O Senhor Jesus estava falando aos seus discípulos; Ele não estava se dirigindo aos escribas e fariseus, que O odiavam, mas a Pedro, Tiago e muitos outros que O amavam; mesmo assim, Jesus acha bom dirigir esta advertência a eles. Até mesmo para eles, Jesus diz: "Lembrai-vos da mulher de Ló".

Esta é uma advertência solene, se considerarmos a maneira como foi transmitida. Ele não disse simplesmente: "Tomem cuidado para não seguir; prestem atenção para não imitar; não sejam como a mulher de Ló". Ele usa uma palavra diferente. Ele diz: "Lembrai-vos". Ele fala como se todos corressem o perigo de esquecer deste assunto; Ele estimula nossa memória preguiçosa; Ele nos ordena a manter este exemplo diante de nossa mente. Ele exclama: "Lembrai-vos da mulher de Ló".

Proponho que examinemos as lições que a mulher de Ló pretende nos ensinar. Tenho certeza de que sua história está cheia de instruções úteis para a igreja. Os últimos dias foram colocados diante de nós; a segunda vinda de Jesus se aproxima; o perigo do mundanismo está crescendo a cada ano na igreja. Que estejamos munidos de defesas e antídotos contra a doença que está ao nosso redor e, de algum modo, fiquemos familiarizados com a história da mulher de Ló.

Há três coisas sobre este assunto que pretendo colocar diante de nossa mente de maneira ordenada.

1. Os privilégios religiosos dos quais a mulher de Ló desfrutou.
2. O pecado que a mulher de Ló cometeu.
3. O castigo que Deus impôs sobre a mulher de Ló.

1. OS PRIVILÉGIOS RELIGIOSOS DOS QUAIS A MULHER DE LÓ DESFRUTOU

Primeiro, falarei dos privilégios religiosos dos quais a mulher de Ló desfrutou. Nos dias de Abraão e Ló, a verdadeira religião salvadora era rara na terra:

não havia Bíblias, nem ministros evangélicos, nem igrejas, nem folhetos, nem missionários. O conhecimento de Deus estava limitado a umas poucas famílias favorecidas; a maior parte dos moradores da terra estava vivendo em trevas, ignorância, superstição e pecado. Talvez, nem mesmo um entre cem tenha recebido um bom exemplo, uma companhia espiritual, um conhecimento completo e uma advertência clara tanto quanto a mulher de Ló. Comparada às milhares de criaturas semelhantes a ela em sua época, a mulher de Ló era uma mulher favorecida.

Ela tinha um marido piedoso; através de seu casamento com Ló, Abraão, o pai da fé, era seu tio. A fé, o conhecimento e as orações destes dois homens justos não lhe eram segredos. É impossível que ela tenha habitado em tendas com eles por um longo período, sem saber quem eles eram e a quem serviam. A religião não era apenas uma ocupação formal para eles; a fé era o princípio que regia a vida deles e a motivação principal de todas as suas ações. A mulher de Ló deve ter visto e conhecido tudo isso. Este não era um privilégio insignificante.

Quando Abraão recebeu as promessas pela primeira vez, a mulher de Ló provavelmente estava lá. Quando ele edificou um altar próximo à sua tenda, entre Betel e Ai, é provável que ela estivesse lá. Quando o seu marido foi levado cativo por Quedorlaomer e libertado através da intervenção de Deus, ela estava lá. Quando Melquisedeque, rei de Salém, veio ao encontro de Abraão trazendo-lhe pão e vinho, ela estava lá. Quando os anjos chegaram a Sodoma e advertiram seu marido a fugir, ela os viu; quando eles os tomaram pela mão e os guiaram para fora da cidade, ela estava entre os que eles ajudaram a escapar. Digo uma vez mais, esses não foram privilégios insignificantes.

Ainda assim, que efeito esses privilégios produziram no coração da esposa de Ló? Praticamente nenhum. A despeito de todas as suas oportunidades e recursos da graça; a despeito de todas as advertências especiais e mensagens recebidas do céu; ela viveu e morreu ímpia, impenitente, incrédula e sem a graça. Os olhos de seu entendimento nunca foram abertos; sua consciência nunca foi despertada e vivificada; sua vontade nunca foi trazida a um estado de obediência a Deus; suas afeições nunca foram de fato colocadas nas coisas que são do alto. Ela mantinha aquela aparência de religião por causa do costume e não por causa do que sentia; isso era um disfarce desgastado para agradar as pessoas com quem convivia, mas não provinha de nenhuma noção do seu real valor. Ela fazia o que os outros, ao seu redor, faziam na casa de Ló; ela se amoldou aos costumes de seu marido; ela não fez nenhuma oposição à religião dele; ela se entregou passivamente para seguir os passos dele; mas em todo esse tempo, aos olhos de Deus, o seu coração estava em pecado. O mundo estava em seu coração e o seu coração estava no mundo. Nesta condição foi que ela viveu e nesta condição foi que ela morreu.

Em tudo isso há muito a ser aprendido. Vejo uma lição neste texto que é da maior importância nos dias de hoje. Você vive em um tempo em que existem muitas pessoas semelhantes à mulher de Ló; venha e ouça a lição que o seu caso quer nos ensinar.

Aprenda, então, que possuir privilégios religiosos não salva a alma de uma pessoa. Você pode ter vantagens espirituais de todos os tipos; você pode viver em pleno fulgor das riquezas de oportunidades e dos recursos da graça; você pode desfrutar do que há de melhor em termos de pregações e ensinamentos; você pode habitar em meio à luz, ao conhecimento, à santidade e às boas companhias. Você pode conviver com tudo isso e ainda permanecer sem conversão e, no final, estar perdido para sempre.

Ouso dizer que esta doutrina parece muito dura para alguns leitores. Sei que muitos imaginam que não precisam de nada, senão de privilégios religiosos para tornarem-se cristãos decididos. Reconhecem que não são o que deveriam ser no presente, mas argumentam que a sua situação é difícil e as suas dificuldades são muitas. Dê-lhes um marido piedoso ou uma mulher piedosa, dê-lhes companhias piedosas ou um mestre piedoso, dê-lhes a pregação do evangelho, dê-lhes privilégios e, só depois disso, eles caminharão com Deus.

Isso tudo é um engano. É uma completa ilusão. É preciso algo mais do que privilégios para salvar almas. Joabe era o comandante do exército de Davi; Geazi era servo de Elias; Demas era companheiro de Paulo; Judas Iscariotes era discípulo de Cristo, e Ló tinha uma mulher mundana e incrédula. Com exceção de Ló, todos estes morreram em seus pecados. Foram para o inferno apesar do conhecimento, das advertências e das oportunidades e todos nos ensinam que não é só de privilégios que os homens precisam. Eles precisam da graça do Espírito Santo.

Que possamos valorizar os privilégios, mas não descansemos inteiramente neles. Que possamos desejar os benefícios deles em todas as nossas ações, mas que não os coloquemos no lugar de Cristo. Que possamos usá-los com gratidão, se Deus no-los conceder, mas cuidemos para que produzam algum fruto em nosso coração e em nossa vida. Se eles não produzem o bem, geralmente produzem dano: cauterizam a consciência, aumentam a responsabilidade, agravam a condenação. O mesmo fogo que derrete a cera, endurece o barro; o mesmo sol que faz com que a árvore viva cresça, faz com que a árvore morta seque e a prepara para ser incinerada. Nada endurece mais o coração do homem do que a familiaridade infrutífera com as coisas sagradas. Digo uma vez mais: privilégios, somente, não tornam uma pessoa cristã, e sim, a graça do Espírito Santo. Sem ela, homem algum jamais será salvo.

Peço aos membros das congregações evangélicas do presente que notem bem o que estou dizendo. Você vai à igreja do pastor "A" ou do pastor "B"; você acha que ele é um excelente pregador; você se deleita com seus sermões; você não pode ouvir qualquer outro e sentir o mesmo conforto; você tem aprendido muitas coisas desde que começou a freqüentar o ministério dele; você considera um grande privilégio ser um de seus ouvintes! Tudo isso é muito bom. É um privilégio. Eu seria grato se pastores iguais ao seu fossem multiplicados por mil. Mas afinal, o que você tem em seu coração? Você já recebeu o Espírito de Deus? Se não recebeu, você não é melhor do que a mulher de Ló.

Peço aos empregados de famílias religiosas que notem bem o que estou dizendo. É um grande privilégio viver em uma casa onde reina o temor a Deus. É um privilégio ouvir as orações da família pelas manhãs e noites, ouvir a Palavra de Deus exposta com freqüência, ter um domingo sossegado e poder ir à igreja sempre. Ouvir a Palavra de Deus, observar o descanso dominical e freqüentar a igreja são coisas que você deveria buscar quando está tentando arrumar um trabalho; são as coisas que realmente tornam um emprego agradável. Salários altos e trabalho fácil nunca compensarão o fato de se estar constantemente cercado pelo mundanismo, pela profanação do dia do Senhor e pelo pecado. Mas tome cuidado para não ficar contente com estas coisas e viver despreocupado; não suponha que você, com certeza, irá para o céu pelo fato de ter todas essas vantagens espirituais. Além de participar de privilégios religiosos, você precisa ter graça em seu coração. Caso contrário, no momento, você não é melhor do que a mulher de Ló.

Peço aos filhos de pais religiosos que notem bem o que estou dizendo. É um privilégio muito grande ser filho de um pai e uma mãe piedosos e ser criado em meio a muitas orações. É uma bênção receber o ensino do evangelho desde a mais tenra idade e ouvir sobre o pecado, a respeito de Jesus e o Espírito Santo, sobre a santidade e o céu, desde o primeiro momento em que podemos nos lembrar de algo. Mas tome cuidado para que você não permaneça estéril e infrutífero nos fulgores desses privilégios; acautele-se a fim de que o seu coração não permaneça endurecido, impenitente e mundano, a despeito das muitas vantagens que você usufrui. Você não poderá entrar no céu por meio dos méritos da religião de seus pais. Você precisa comer do pão da vida por si próprio e ter o testemunho do Espírito em seu próprio coração. Você precisa ter o seu próprio arrependimento, a sua própria fé e a sua própria santificação. Caso contrário, você não é melhor do que a mulher de Ló.

Eu oro para que todo cristão professo, nos dias de hoje, possa guardar essas coisas em seu coração. Nunca esqueçamos que os privilégios, somente, não podem salvar nossas almas. Iluminação, conhecimento, pregação fiel, recursos abundantes da graça e a companhia de pessoas santas, todas essas coisas são vantajosas e são grandes bênçãos. Felizes os que possuem todas elas! Entretanto, no final de tudo, existe uma coisa sem a qual os privilégios são inúteis: a graça do Espírito Santo. A mulher de Ló teve muitos privilégios, mas ela não tinha a graça.

2. O PECADO QUE A MULHER DE LÓ COMETEU

Vou prosseguir falando sobre o pecado que a mulher de Ló cometeu.

A história de seu pecado é transmitida pelo Espírito Santo com simples e poucas palavras: "E a mulher de Ló olhou para trás e converteu-se numa estátua de sal". Nada além disso é informado. Algo sério é revelado a respeito dessa história. O resumo e a essência de sua transgressão repousam nessas poucas palavras: "A mulher de Ló olhou para trás".

Esse pecado parece pequeno aos olhos de algum leitor deste capítulo? A falha da mulher de Ló lhe parece trivial para ser castigada com tamanha punição? Ouso dizer que esse é o sentimento despertado em alguns corações. Dê-me sua atenção enquanto raciocino com você a respeito desse assunto. Existe algo mais naquele olhar do que se pode perceber à primeira vista: há mais coisas implícitas nele do que foram enunciadas. Preste atenção e você poderá ouvi-las.

a. Aquele olhar era algo insignificante, mas revelava o verdadeiro caráter da mulher de Ló. As pequenas coisas de modo geral revelam mais sobre a mente de um homem do que as grandes coisas podem revelar, e pequenos sintomas, com freqüência, são sinais de doenças letais e incuráveis. O fruto que Eva comeu era algo pequeno, mas comprovou que ela havia decaído de um estado de inocência e que se tornara uma pecadora. Uma rachadura em uma construção parece uma coisa pequena, mas isso prova que o alicerce está cedendo e que toda a estrutura não é segura. Uma simples tosse pela manhã parece uma doença sem importância, mas, às vezes, é uma evidência de uma fraqueza no organismo e leva a uma tuberculose, ao enfraquecimento e à morte. A palha pode mostrar a direção em que o vento sopra, e um olhar pode mostrar a condição corrupta do coração de um pecador (Mt 5.28).

b. Aquele olhar era algo insignificante, mas falava sobre a desobediência interior da mulher de Ló. O mandamento do anjo foi direto e inconfundível: "Não olhes para trás" (Gn 19.17). A mulher de Ló recusou-se a obedecer a este mandamento. Mas o Espírito Santo diz "que o obedecer é melhor do que o sacrificar" e que "a rebelião é como o pecado de feitiçaria" (1 Sm 15.22-23). Quando Deus fala de forma clara pela sua Palavra ou pelos seus mensageiros, a obrigação do homem fica evidente.

c. Aquele olhar era algo insignificante, mas falava da incredulidade soberba da mulher de Ló. Ela parecia duvidar que Deus fosse realmente destruir Sodoma: parece que ela não acreditava que havia algum perigo ou alguma necessidade para aquela fuga apressada. Entretanto, "sem fé é impossível agradar a Deus" (Hb 11.6). No momento em que um homem começa a pensar que sabe mais do que Deus, e que Deus não tem a intenção de fazer algo quando faz uma ameaça, sua alma corre grande perigo. Quando não podemos ver as razões por detrás do modo de agir de Deus, nossa obrigação é esperar em paz e crer.

Aquele olhar era algo insignificante, mas falava do amor secreto que a mulher de Ló tinha pelo mundo. Seu coração estava em Sodoma, embora seu corpo estivesse fora da cidade. Ela havia deixado suas paixões para trás ao fugir de seu lar. Seus olhos voltaram-se para o lugar onde estava o seu tesouro, assim como a agulha da bússola se volta para o pólo. E este foi o ponto crucial de seu pecado. "A amizade do mundo é inimiga de Deus" (Tg 4.4). "Se alguém amar o mundo, o amor do Pai não está nele" (1 Jo 2.15).

Peço uma atenção especial por parte de meus leitores para esse ponto de nosso assunto. Creio que ele é o ponto para o qual o Senhor Jesus, de modo particular, pretende dirigir nossa mente. Creio que Ele quer que observemos que a mulher de Ló estava perdida por ter olhado para trás, em direção ao mundo. Houve um tempo em que sua fé foi satisfatória e plausível, mas, na verdade, ela nunca abandonou o mundo. Houve um tempo em que ela parecia estar a caminho da segurança, mas, mesmo então, os seus pensamentos mais escondidos e profundos estavam nas coisas do mundo. O enorme perigo que o mundanismo traz é a lição que o Senhor Jesus quer que aprendamos. Oh! que todos nós possamos ter olhos para ver e coração para compreender!

Creio que nunca houve um tempo em que as advertências contra o mundanismo fossem tão necessárias para a igreja de Cristo como no presente momento. Dizem que toda época tem a sua própria epidemia de doença; a epidemia a que as almas dos crentes estão sujeitas no momento é o amor ao mundo. Esta é a "peste que se propaga nas trevas", e a "mortandade que assola ao meio-dia" (Sl 91.6). Ela "a muitos feriu e derribou; e são muitos os que por ela foram mortos" (Pv 7.26). Quero levantar uma voz de advertência e tentar despertar a consciência dormente de todo aquele que professa ter uma religião. Quero exclamar em alta voz: "Lembrem-se do pecado da mulher de Ló". Ela não era assassina, não era adúltera, não era ladra; porém, ela professava ter uma religião e "olhou para trás".

Há milhares de pessoas batizadas nas igrejas que são contrárias à imoralidade e à infidelidade, mas que ainda são vítimas do amor ao mundo. Há milhares de pessoas que correm bem por uma estação e dão a impressão de que vão chegar ao céu, mas que, algum tempo depois, desistem da corrida e voltam as costas para Cristo completamente. E o que fez com que elas desistissem? Elas descobriram que a Bíblia não era a verdade? Elas descobriram que Jesus falhou em cumprir sua palavra? Não, de forma alguma. Elas contraíram a doença contagiosa: elas estão infectadas com amor ao mundo. Rogo a todo ministro evangélico verdadeiro e sincero que lê este livro; peço a ele que olhe para sua congregação. Rogo a todo cristão que já é crente há alguns anos: peço a ele que olhe para seu círculo de amizades. Estou certo de que falo a verdade. Está mais do que na hora de lembrarmos do pecado da mulher de Ló.

a. Quantos filhos de famílias religiosas começam bem e terminam mal! Nos dias de sua infância, eles parecem ser repletos de religiosidade. Eles podem repetir textos e hinos em abundância; eles têm sentimentos espirituais e convicção de pecado; professam ter amor ao Senhor Jesus e desejam buscar o céu; têm prazer em ir à igreja e ouvir os sermões; dizem coisas que seus pais carinhosos guardam no coração como indicações da graça; fazem coisas que levam seus parentes a dizer: "Que virá a ser, pois, este menino?" Mas é lamentável como sua bondade desvanece como a nuvem da manhã e desaparece como o orvalho! O menino torna-se um jovem e com nada mais se importa, além de divertimentos, campos de esportes, festas e exageros. A menina torna-se uma mulher e não se importa com mais nada, além de roupas, companhias animadas, leitura de romances e festas. E onde está aquela espiritualidade que uma vez pareceu tão promissora? Ela se foi; está enterrada; foi inundada pelo amor ao mundo. Eles seguem as pegadas da mulher de Ló. Eles olham para trás.

b. Quantas pessoas casadas há que aparentemente desempenham bem sua religião, até que seus filhos começam a crescer e elas abandonam tudo! Nos primeiros anos de seu casamento, elas parecem seguir a Cristo com diligência e dão testemunho de uma boa confissão de fé. Participam da pregação do evangelho com regularidade; são frutíferas nas boas obras; nunca são vistas na companhia de pessoas fúteis e dissolutas. Sua fé e sua prática são sadias e caminham lado a lado. Mas é lamentável como a ferrugem espiritual, geralmente, sobrevém àquela casa quando a jovem família começa a envelhecer, e os filhos e as filhas precisam progredir na vida. Um fermento de mundanismo começa a aparecer em seus hábitos, em suas vestimentas, em suas diversões e na maneira como usam o tempo. Eles não são mais tão rigorosos quanto ao tipo de companhias que mantém, e nem quanto aos lugares que visitam. Onde está a firme linha divisória que eles antes observavam? Onde está a inabalável abstinência dos divertimentos mundanos que uma vez marcaram sua trajetória? Tudo é esquecido. Tudo é deixado de lado, como um almanaque velho. Uma mudança lhes sobrevém; o espírito do mundo toma posse de suas vidas. Eles seguem as pegadas da mulher de Ló. Eles olham para trás.

c. Quantas mulheres jovens parecem amar a religião resoluta até que chegam aos vinte, vinte e um anos, e deixam tudo! Até esse ponto de suas vidas, sua conduta em relação às questões religiosas é tudo aquilo que se pode desejar. Elas mantêm hábitos de oração em particular; lêem a Bíblia com diligência; visitam os pobres, quando têm oportunidade; ensinam na escola dominical, quando é possível; contribuem com as necessidades materiais e espirituais dos pobres; gostam de amigos religiosos; amam falar sobre assuntos religiosos; escrevem cartas cheias de expressões e experiências religiosas. Mas é lamentável a freqüência com que elas demonstram ser tão instáveis como a água e são arruinadas pelo amor ao mundo! Pouco a pouco, elas vão apostatando e perdem seu primeiro amor. Pouco a pouco, as "coisas visíveis" empurram as "coisas invisíveis" para fora de suas mentes, e semelhante a uma praga de gafanhotos, devoram todo o verde de suas almas. Passo a passo, recuam da posição decidida que uma vez sustentaram. Elas deixam de ser zelosas pela sã doutrina; fingem que acham que é "falta de amor" pensar que uma pessoa possui mais religião do que a outra; elas inventam que tentar se separar dos costumes da sociedade é um ato de "exclusão". Pouco tempo depois, entregam seus afetos a um homem que não tem a menor pretensão de ter uma religião. No fim, elas abandonam os últimos vestígios de seu cristianismo, tornando-se filhas do mundo por completo. Elas seguem as pegadas da mulher de Ló. Elas olham para trás.

d. Quantos congregantes há em nossas igrejas que, durante algum tempo, foram zelosos e fervorosos em professar sua fé e agora se tornaram entorpecidos, formais e frios! Houve um tempo em que não parecia haver alguém mais animado em sua religião do que eles; ninguém era tão diligente em exercer os meios da graça quanto eles; ninguém era tão ansioso para promover a causa do evangelho e tão pronto para toda boa-obra; ninguém era tão grato pelas instruções espirituais; ninguém aparentemente tinha tanto desejo de crescer na graça. Mas agora, infelizmente, tudo parece ter mudado! O amor pelas "outras coisas" tomou posse de seus corações e sufocou a boa semente da Palavra. O dinheiro do mundo, as recompensas do mundo, a literatura do mundo, as honras do mundo agora têm o primeiro lugar em suas afeições. Converse com eles e você ficará sem respostas quanto às coisas espirituais. Note a sua conduta diária e você não verá zelo pelo reino de Deus. Eles de fato possuem uma religião, mas não é mais uma religião viva. A primavera de sua religião anterior secou e se foi; o fogo de sua máquina espiritual se apagou e esfriou; o mundo extinguiu a chama que uma vez flamejara de forma tão intensa. Eles têm seguido as pegadas da mulher de Ló. Eles têm olhado para trás.

e. Quantos ministros há que trabalham arduamente em sua profissão de fé por alguns anos e depois se tornam preguiçosos e indolentes por causa do amor a este mundo presente! No início do ministério, eles de boa vontade se gastam e se deixam gastar por Cristo; eles instam quer seja oportuno, quer não; sua pregação é viva e suas igrejas estão cheias. Suas igrejas são bem cuidadas; estudos em pequenos grupos, reuniões de oração, visitas de casa em casa: estes são os seus deleites semanais. Mas é lamentável a freqüência com que eles "tendo começado no espírito", agora estão "na carne" e, de modo semelhante a Sansão, tiveram sua força removida no colo daquela Dalila; o mundo! Eles preferem uma vida rica; casam-se com uma mulher mundana; ficam inchados de orgulho e negligenciam o estudo e a oração. Uma geada intensa queima os botões da espiritualidade, que antes pareciam tão promissores. Sua pregação perde o fervor e o poder; seus trabalhos semanais começam a diminuir cada vez mais; as companhias com quem se misturam tornam-se cada vez menos selecionadas; o tom de suas conversas torna-se mais mundano. Eles param de desconsiderar a opinião do homem; eles se embebem de um medo mórbido dos "pontos de vista extremistas" e se enchem de um temor cauteloso de ofender os outros. E no final, o homem que, durante algum tempo, parecia ser o verdadeiro sucessor dos apóstolos e um bom soldado de Cristo está apegado à borra do seu vinho (Sf 1.12), como se fosse um jardineiro, um agricultor ou alguém que janta em um restaurante, através de quem ninguém é confrontado e ninguém é salvo. Sua igreja esvazia-se pela metade; sua influência definha; o mundo o deixa de pés e mãos atados. Ele tem seguido as pegadas da mulher de Ló. Ele tem olhado para trás.[1]

É triste escrever sobre estas coisas, entretanto, é muito mais triste vê-las. É triste observar como cristãos podem cegar sua consciência através de argumentos plausíveis sobre esse assunto e, na verdade, defender o mundanismo ao falarem "das obrigações que seus cargos requerem", das "cortesias da vida" e da necessidade de terem uma "religião agradável".

É triste ver como tantos navios imponentes partem para a longa travessia da vida com todas as perspectivas de sucesso, e quando a rachadura deste mundanismo rompe seus cascos, submergem com toda a sua carga, ao mesmo tempo em que avistam com clareza o porto seguro. O mais triste de tudo é observar como muitos, por causa deste amor ao mundo, iludem a si mesmos com a idéia de que está tudo bem com sua alma, quando na verdade, tudo está errado. Eles já têm os seus cabelos grisalhos aqui e ali, mas não percebem isso. Eles começam como Jacó, Davi e Pedro, e provavelmente terminam com Esaú, Saul e Judas Iscariotes. Começam como Rute, Ana, Maria e Pérside e, provavelmente, terminam como a mulher de Ló.

Guarde-se de ter uma religião de coração dividido. Cuidado para não seguir a Cristo por motivos secundários, para agradar parentes e amigos, para manter os costumes do lugar ou da família com quem você reside, para ser respeitável e ter a reputação de ser uma pessoa religiosa. Siga a Cristo por causa de Cristo, se é que você o segue. Seja constante, seja verdadeiro, seja honesto, seja sensato, não tenha um coração dividido. Se é que você tem uma religião, deixe que sua religião seja verdadeira. Preste atenção para não pecar o pecado da mulher de Ló.

Guarde-se de qualquer suposição de que você poderá ir longe na religiosidade e na tentativa secreta de manter um bom relacionamento com o mundo. Não quero que nenhum leitor se torne um eremita, um monge ou uma freira; quero que cada um cumpra a sua verdadeira obrigação naquela posição para a qual foi chamado. Entretanto, quero persuadir a todo cristão que deseja ser feliz sobre a imensa importância de não fazer acordos entre Deus e o mundo. Não tente fazer uma barganha injusta, como se você desejasse dar a Cristo o mínimo possível de seu coração e manter o máximo possível das coisas desta vida. Tome cuidado para não se frustrar, querendo ganhar além do que é possível, e acabar perdendo tudo.

---

1 "Lembre-se do Dr. Dodd! Eu mesmo o ouvi dizer ao seu próprio rebanho, para quem ele dava estudo em sua casa, que tinha sido obrigado a abandonar o método de ajudar as almas deles porque isso o expunha à vergonha. Ele abandonou o método e foi decaindo em submissão à sua natureza corrupta; e morreu num estado de tamanha vergonha!" – Ele morreu enforcado por falsificação de assinatura (VENN, Henry. *The Life and Letters of Henry Venn with a Memoir by John Venn*. Edinburgh: Banner of Truth, 1993).

Ame ao Senhor com todo o seu coração e mente, e alma, e força. Busque primeiro o reino de Deus e creia que todas as outras coisas lhe serão acrescentadas. Preste atenção para não se tornar uma cópia do personagem criado por John Bunyan, o Sr. Duas-Caras. Por causa de sua felicidade, por causa de sua utilidade, por causa de sua segurança, por causa de sua alma, guarde-se do pecado da mulher de Ló. Oh, esta é uma palavra solene de nosso Senhor Jesus Cristo: "Ninguém que, tendo posto a mão no arado, olha para trás é apto para o reino de Deus" (Lc 9.62).

3. O CASTIGO QUE DEUS IMPÔS SOBRE A MULHER DE LÓ

Agora, por fim, vou falar do castigo que Deus impôs sobre a mulher de Ló.

As Escrituras descrevem seu fim com simples e poucas palavras. É dito que ela "olhou para trás e converteu-se numa estátua de sal" (Gn 19.26). Um milagre foi feito para executar o julgamento de Deus sobre esta mulher culpada. A mesma mão todo-poderosa que primeiramente concedeu-lhe a vida, tomou aquela vida em um piscar de olhos. De carne e sangue com vida, ela converteu-se em uma estátua de sal.

Aquele foi um fim terrível para uma alma! A morte é algo solene em qualquer momento. Morrer em meio a amigos e parentes amáveis; morrer de modo calmo e silencioso em uma cama; morrer com as orações de homens piedosos ainda ressoando nos ouvidos; morrer com uma boa esperança por causa da graça, com a plena segurança de salvação, dependendo do Senhor Jesus Cristo, apoiado nas promessas do evangelho; mesmo nesses casos, morrer é um assunto sério. Mas morrer de repente e de uma hora para outra, no momento exato em que se está cometendo pecado; morrer em plena saúde e vigor; morrer pela intervenção direta de um Deus irado – isso é realmente terrível. Contudo, este foi o fim da mulher de Ló. Eu não posso censurar o Livro de Ladainhas Católicas por manter a petição: "Da morte impreparada, livra-nos, bom Senhor".

Esse foi um fim desesperador para uma alma! Existem casos em que uma pessoa pode crer, por assim dizer, contra a esperança, a respeito da alma de alguém que vemos ir para o túmulo. Tentamos persuadir a nós mesmos de que aquele pobre irmão ou irmã que partiu pode ter se arrependido para a salvação em seu último instante e ter se agarrado na orla das vestes de Cristo em seu último segundo. Apelamos para as misericórdias de Deus; lembramos do poder do Espírito; pensamos no caso do ladrão arrependido; cochichamos para nós mesmos que a obra salvadora pode tê-lo alcançado naquele leito de morte, no qual a pessoa moribunda não tem forças para dizer mais nada. Entretanto, existe um fim para todas as esperanças desse tipo quando uma pessoa morre de forma repentina, no exato momento em que está cometendo pecado. A caridade, em si, não pode dizer nada quando a alma é intimada a comparecer ao tribunal, quando está em meio à perversidade, sem tempo sequer para pensar ou orar. Tal foi o fim da mulher de Ló. Foi um fim desesperador. Ela foi para o inferno.

No entanto, notar bem estas coisas é algo bom para todos nós. É bom sermos lembrados de que Deus pode punir de forma repentina aqueles que pecam deliberadamente; e que grandes privilégios, quando usados de forma errada, trazem grande ira sobre a alma. O faraó viu todos os milagres que Moisés executou; Corá, Datã e Abirão ouviram Deus falando no monte Sinai; Hofni e Finéias eram filhos do sumo sacerdote de Deus; Saul presenciou a plenitude do ministério de Samuel; Acabe, com freqüência, era admoestado pelo profeta Elias; Absalão desfrutou do privilégio de ser um dos filhos de Davi; Belsazar teve o profeta Daniel ao lado de sua porta; Ananias e Safira se uniram à igreja nos dias em que os apóstolos operavam milagres; Judas Iscariotes era um companheiro escolhido do próprio Senhor Jesus Cristo. Contudo, todos eles pecaram de forma arrogante contra a verdade e o conhecimento, e todos eles foram quebrantados de repente sem que houvesse cura. Eles não tiveram tempo e nem lugar para arrependimento. Da mesma maneira como viveram, morreram; no mesmo estado em que estavam, foram levados rapidamente para se encontrarem com Deus. Eles se foram, carregando todos os seus pecados sobre si, irremissíveis, irregenerados e, indubitavelmente, inapropriados para o céu. E, mesmo depois de mortos, ainda falam. Eles nos dizem, do mesmo modo que a mulher de Ló, que pecar contra a verdade é algo perigoso, que Deus odeia o pecado e que o inferno existe.

Sinto-me constrangido ao falar abertamente com meus leitores sobre o assunto do inferno. Permita-me usar a oportunidade que a mulher de Ló nos proporciona. Creio que já chegou a hora em que é realmente um dever falar claramente sobre a veracidade e a eternidade do inferno. Uma enxurrada de falsas doutrinas tem irrompido sobre nós ultimamente. Os homens estão começando a dizer que Deus é misericordioso demais para punir as almas para sempre, e que o amor de Deus é mais profundo do que o inferno, e que toda a humanidade, não importando o quão perversos e ímpios alguns possam ser, será salva, mais cedo ou mais tarde. Somos convidados a deixar as antigas veredas do cristianismo apostólico. Dizem que a visão de nossos pais a respeito do inferno, do diabo e do castigo é obsoleta e fora de moda. Temos de adotar aquilo que é chamado de “teologia do amor” e tratar do inferno como sendo uma fábula pagã ou uma história de bicho papão para assustar crianças e tolos. Contra este falso ensino, em particular, quero protestar. Por mais dolorosa, triste e desoladora que esta discussão possa ser, não devemos evitar ou nos recusar a encarar este assunto. Eu, particularmente, estou decidido a manter a velha posição e a afirmar a veracidade e a eternidade do inferno.

Acredite, esta não é uma mera questão de especulação. Ela não pode ser classificada como uma disputa acerca de liturgias e formas de governar a igreja. Não é uma questão que pode ser colocada na mesma posição que os problemas de mistério, como o significado do templo de Ezequiel ou os símbolos apocalípticos. Esta é uma questão que se encontra, de fato, no alicerce de todo o evangelho. Todos os atributos de Deus, sua justiça, sua santidade, sua pureza, estão envolvidos nesta questão. Estão em jogo, a necessidade da fé pessoal em Jesus Cristo e a santificação do Espírito Santo. Permita que a velha doutrina a respeito do inferno seja subvertida, e todo o sistema do cristianismo será desestabilizado, desajustado, desestruturado e entrará em desordem.

Acredite, esta questão não é do tipo que nos obriga a recuar diante das teorias e invenções do homem. As Escrituras falam de forma clara e detalhada sobre o inferno. Eu defendo que é impossível lidar com a Bíblia de maneira honesta e evitar as conclusões a que ela nos levará a respeito desse ponto. Se as palavras significam alguma coisa, então, tal lugar chamado inferno existe. Se os textos devem ser interpretados de forma razoável, então, existem aqueles que serão lançados no inferno. Se a linguagem possui algum sentido, o inferno é para sempre. Creio que o homem que encontra argumentos para escapar das evidências bíblicas sobre esse assunto chegou a um estado mental em que o raciocínio é inútil. De minha parte, argumentar que a Bíblia não ensina sobre a veracidade e a eternidade do inferno é tão absurdo quanto argumentar que nós não existimos.

a. Guarde bem em sua mente, que a mesma Bíblia que ensina que Deus, em sua misericórdia e compaixão, enviou Cristo para morrer pelos pecadores, também ensina que Deus odeia o pecado e que, por causa de sua natureza, deve punir todo aquele que se apega ao pecado ou recusa a salvação que Ele providenciou. O mesmo capítulo que declara "Deus amou ao mundo de tal maneira", também declara que sobre o incrédulo "permanece a ira de Deus" (Jo 3.16, 36). O mesmo evangelho que vem ao mundo com as novas abençoadas: "Quem crer e for batizado será salvo", ao mesmo tempo proclama: "Quem, porém, não crer será condenado" (Mc 16.16).

b. Guarde bem em sua mente, que Deus nos tem dado prova sobre prova, na

Bíblia, de que Ele punirá os de coração endurecido e os descrentes e que tomará vingança dos seus inimigos, ao passo que mostrará misericórdia aos arrependidos. O afogamento do mundo todo pelo dilúvio, a destruição de Sodoma e Gomorra pelo fogo, a derrota de faraó e suas hostes no mar vermelho, o julgamento de Corá, Datã e Abirão, a completa destruição das sete nações de Canaã – tudo isso ensina a mesma verdade terrível. Tudo isso são sinais e advertências de que não podemos provocar a Deus. Essas coisas têm a intenção de levantar a ponta da cortina que encobre as coisas que hão de vir e de nos lembrar de que a ira de Deus existe. Elas nos dizem de forma clara que "os perversos serão lançados no inferno" (Sl 9.17).

c. Guarde bem em sua mente, que o próprio Senhor Jesus Cristo falou muito sobre a veracidade e a eternidade do inferno. A parábola do rico e Lázaro contém coisas que deveriam fazer os homens estremecerem. E não foi só isso. Não houve lábios que usassem tantas palavras para descrever os horrores do inferno como os lábios dAquele que falava como nenhum homem jamais falou, o qual disse: "A palavra que estais ouvindo não é minha, mas do Pai, que me enviou" (Jo 14.24). Inferno, fogo do inferno, a condenação do inferno, condenação eterna, ressurreição do juízo, fogo eterno, o lugar de tormentos, destruição, trevas exteriores, o verme que nunca morre, o fogo que não se apaga, o lugar de pranto, choro e ranger de dentes, castigo eterno – estas, exatamente estas são as palavras que o próprio Senhor Jesus Cristo emprega. Fora com essas besteiras que as pessoas falam hoje em dia, as quais nos dizem que os ministros do evangelho nunca devem falar sobre o inferno! Eles só demonstram sua própria ignorância ou sua própria desonestidade ao falarem de tal maneira. Nenhum homem pode ler os evangelhos de forma honesta e não enxergar que aquele que deseja seguir o exemplo de Cristo deve falar sobre o inferno.

d. Em último lugar, guarde bem em sua mente que as idéias confortadoras que as Escrituras nos dão a respeito do céu chegam ao fim uma vez que neguemos a veracidade e a eternidade do inferno. Não existe uma residência futura separada para aqueles que morrem na perversidade e na impiedade? Todos os homens, após a morte, estarão juntos e misturados em uma multidão confusa? Porque, se assim for, o céu não será céu afinal! É completamente impossível que duas pessoas habitem felizes juntas se não estiverem de acordo. Haverá um tempo em que os termos inferno e céu deixarão de existir? Os perversos, após eras de miséria, serão aceitos no céu? Porque, se assim for, a necessidade da santificação do Espírito será lançada fora e desprezada! Tenho lido que os homens podem ser santificados e preparados para o céu enquanto estão na terra; não tenho lido nada sobre algum tipo de santificação no inferno. Fora com essas teorias sem fundamento, que estão em desacordo com as Escrituras! A eternidade do inferno é tão claramente afirmada na Bíblia quanto a eternidade do céu. Uma vez que você admita que o inferno não é eterno, estará também dizendo que o céu não é eterno. A mesma palavra grega usada na expressão "castigo eterno" é a palavra usada pelo Senhor Jesus na expressão "vida eterna", e pelo apóstolo Paulo, na expressão "Deus eterno" (Mt 25.46; Rm 16.26).

Sei que tudo isso pode soar mal a muitos ouvidos. Isso não me admira. Entretanto, a única pergunta que precisamos fazer é esta: "Isto é bíblico?" "Isto é verdadeiro?" Eu declaro, com firmeza, que sim, e afirmo que muitos que se dizem cristãos precisam ser lembrados sempre de que eles podem estar perdidos e ir para o inferno.

Sei que é fácil negar todo ensino claro a respeito do pecado e fazê-lo odioso através de nomes hostis. Sempre ouço os termos "visão de mente curta" e "noções antiquadas", "teologia do enxofre" e outros semelhantes. Com freqüência, dizem que o que se deseja hoje em dia é uma visão "tolerante". Desejo ser tão tolerante quanto a Bíblia; nem mais, nem menos. Eu digo que quem tem uma teologia de mente curta é aquele que remove tais trechos da Bíblia, à medida que eles desagradam aos seus desejos naturais, e rejeitam qualquer porção do conselho de Deus.

Deus sabe que nunca falo sobre o inferno sem sentir dor e tristeza. Eu ofereceria com alegria a salvação ao pior dos pecadores. Eu, de boa vontade, diria à pessoa mais vil e devassa da humanidade, em seu leito de morte: "Arrependa-se, creia em Jesus e será salvo". Contudo, Deus proíbe que eu oculte dos homens mortais que as Escrituras revelam tanto um inferno como um céu e que o evangelho ensina que o homem tanto pode perder-se como ser salvo. A sentinela que fica em silêncio quando vê o fogo é culpada de negligência grave; o médico que nos diz que estamos indo bem, quando na verdade, estamos morrendo, é um amigo falso, e o pastor que oculta o inferno de seu povo em seus sermões não é um homem fiel, nem amoroso.

Que amor há em se ocultar qualquer porção da Palavra de Deus? O amigo mais amoroso é aquele que me diz a extensão total do perigo em que me encontro. Onde está a utilidade de se ocultar o futuro das pessoas impenitentes e ímpias? Se não lhes dissermos que "a alma que pecar, essa morrerá" será o mesmo que ajudar o diabo. Quem sabe se a negligência desprezível de muitas pessoas batizadas não surge exatamente disso; do fato de elas nunca terem sido claramente ensinadas a respeito do inferno. Quem garante que milhares de pessoas não iriam se converter, se os pastores fossem mais fiéis em insistir para que elas fugissem da ira vindoura? Na verdade, acho que muitos de nós somos culpados nesta questão; existe uma ternura mórbida em nosso meio que não é a ternura de Cristo. Temos falado da misericórdia, mas não do julgamento; temos pregado muitos sermões a respeito do céu, mas poucos sobre o inferno; temos sido levados pelo medo desprezível de sermos chamados de "fracos, vulgares e fanáticos". Temos nos esquecido de que quem nos julga é o Senhor e de que o homem que ensina a mesma doutrina que Cristo ensinava não pode estar errado.

Se você é um cristão bíblico saudável, imploro que tome cuidado com qualquer pastor que não pregue de forma clara sobre a veracidade e a eternidade do inferno. Tal pastor pode ser agradável e ser como um lenitivo, mas é mais provável que ele o embale para dormir, do que o leve a Cristo ou edifique sua fé. É impossível deixar de fora alguma porção da verdade de Deus sem corromper o todo. Dê-me uma pregação que não oculte absolutamente nada daquilo que Deus revelou. Você pode achar que isso é severo e cruel; você pode nos dizer que assustar as pessoas não é a maneira de fazer o bem para elas. Mas está se esquecendo de que o maior objetivo do evangelho é persuadir os homens a "fugirem da ira vindoura" e que é inútil esperar que os homens fujam, a menos que estejam com medo. Seria bem melhor para muitos cristãos professos que eles estivessem mais amedrontados com respeito às suas almas do que eles estão agora!

Se você deseja ser um cristão saudável, considere, com certa freqüência, como será o seu fim. Ele será de felicidade ou de miséria? Ele será a morte do justo ou uma morte sem esperança, como foi a morte da mulher de Ló? Você não pode viver para sempre; tem de haver um fim algum dia. Um dia, o último sermão será ouvido; um dia, a última oração será proferida; um dia, o último capítulo da Bíblia será lido; as intenções, os desejos, as esperanças, os planos, as soluções, as dúvidas, as hesitações – no final, tudo acabará. Você terá de deixar este mundo para encontrar-se com um Deus Santo. Oh! que você seja sábio! Que você considere o seu futuro fim!

Você não pode ficar brincando para sempre; virá um dia em que precisará ser sério. Você não pode adiar as coisas que dizem respeito à sua alma para sempre; virá um dia em que terá de prestar contas a Deus. Você não poderá estar sempre cantando e dançando, e comendo, e bebendo, e se enfeitando, e lendo, e rindo, e gracejando, e maquinando, e planejando e ganhando dinheiro. Os insetos do verão não estarão em metamorfose para sempre diante da luz do sol. Uma noite muito fria virá no final e fará cessar sua metamorfose para sempre. O mesmo se dará com você. Você pode adiar a religião agora e recusar os conselhos dos ministros de Deus; mas a viração do dia está se aproximando, quando Deus virá falar com você. E qual será o seu fim? Será um fim desesperador, assim como o fim da mulher de Ló?

Eu suplico, pelas misericórdias de Deus, que você encare essa questão de modo franco. Rogo que você não reprima sua consciência com esperanças vagas acerca das misericórdias de Deus, enquanto o seu coração estiver apegado ao mundo. Imploro que você não abafe a voz das convicções através de fantasias infantis a respeito do amor de Deus, enquanto os seus modos e hábitos diários demonstrarem claramente que o "amor do Pai não está em você". De fato, existe misericórdia em Deus, como um rio, mas é para os crentes em Cristo, os quais se arrependeram. Em Deus, existe um amor pelos pecadores, o qual é indizível e insondável, mas este amor é para aqueles que ouvem a voz de Cristo e O seguem. Procure se interessar por esse amor. Rompa com todo pecado conhecido; saia do mundo com coragem; clame a Deus em oração com toda a força; entregue-se ao Senhor Jesus de forma completa e sem reservas, hoje e por toda a eternidade; desembarace-se de todo peso. Não se apegue a nada que interfira na salvação de sua alma, por mais que isso seja precioso; abandone todas as coisas que estejam entre você e o céu, por mais valiosas que sejam. Este mundo é um navio naufragado que está afundando rapidamente sob os seus pés; a única coisa necessária é encontrar um lugar no bote salva-vidas e chegar à costa em segurança. "Procurai, com diligência... confirmar a vossa vocação e eleição" (2 Pe 1.10). Aconteça o que acontecer à sua casa e às suas propriedades, procure ter a certeza do céu. Oh! é um milhão de vezes melhor ser escarnecido e tido por extremista neste mundo, do que sair do meio de um ajuntamento de pessoas e ir para o inferno e terminar como a mulher de Ló!

E agora, deixe-me concluir este capítulo oferecendo algumas perguntas a todos quantos o lêem, a fim de gravar este assunto em suas consciências. Você tem visto a história da mulher de Ló – seus privilégios, seu pecado e seu fim. Você tem sido informado sobre a inutilidade dos privilégios sem o dom do Espírito Santo, sobre o perigo do mundanismo e sobre a veracidade do inferno. Permita-me finalizar tudo isso com alguns apelos diretos ao seu próprio coração. Nesses dias de muito esclarecimento, conhecimento e profissão de fé, desejo estabelecer um sinal de alerta para preservar as almas do naufrágio. Eu ficaria contente em fixar uma bóia no leito do rio por onde passam todos os viajantes espirituais e pintar sobre ela: "Lembrai-vos da mulher de Ló".

a. Você está despreocupado com o advento da segunda vinda de Cristo? É lamentável, mas muitos estão! Eles vivem como os homens de Sodoma e os homens dos dias de Noé: eles comem e bebem, e plantam, e constroem, e casam-se e dão-se em casamento, e comportam-se como se Cristo nunca fosse voltar. Se você é alguém desse tipo, eu hoje lhe digo: "Tenha cuidado, lembre-se da mulher de Ló".

b. Você é indiferente e frio em seu cristianismo? É lamentável, mas muitos o são! Eles tentam servir a dois senhores; eles se esforçam para continuar sendo amigos de Deus e das riquezas. Assim como o morcego, que não é ave, nem rato, eles querem ser morcegos espirituais e não conseguem ser uma coisa, nem outra: eles não são completamente cristãos, mas não são completamente mundanos. Se você é alguém desse tipo, eu hoje lhe digo: "Tenha cuidado, lembre-se da mulher de Ló".

c. Você está coxeando entre dois pensamentos e está disposto a voltar para o mundo? É lamentável, mas muitos estão! Secretamente, eles têm medo da cruz, eles têm aversão aos problemas e à reprovação de um grupo religioso. Eles se enfastiaram do deserto e do maná e de bom grado voltariam ao Egito, se pudessem fazê-lo. Se você é alguém desse tipo, eu hoje lhe digo: "Tenha cuidado, lembre-se da mulher de Ló".

d. Você está acalentando algum pecado persistente? É lamentável, mas muitos estão! Eles vão longe professando ter uma religião; eles fazem muitas coisas corretas e são bem parecidos com o povo de Deus. Mas sempre há um mau hábito preferido, o qual eles não podem arrancar de seus corações. O mundanismo secreto ou a avareza, ou a lascívia estão grudadas a eles como suas próprias peles. Eles estão desejosos de ver todos os seus ídolos quebrados, exceto um. Se você é alguém desse tipo, eu hoje lhe digo: "Tenha cuidado, lembre-se da mulher de Ló".

e. Você está brincando com alguns pecadinhos? É lamentável, mas muitos estão! Eles abraçam as doutrinas essenciais do evangelho. Evitam toda devassidão grosseira ou a transgressão notória da Lei de Deus, mas são exageradamente descuidados com relação às pequenas incoerências e exageradamente prontos a dar desculpas por causa delas. Eles nos dizem: "Isto é uma pequena falta de controle ou uma imprudência mínima, ou uma pequena negligência, ou um esquecimento insignificante". "Deus não leva em conta questões insignificantes como essas. Ninguém é perfeito e Deus nunca exigirá que o sejamos". Se você é alguém desse tipo, eu hoje lhe digo: "Tenha cuidado, lembre-se da mulher de Ló".

f. Você está descansando em seus privilégios religiosos? É lamentável, mas muitos estão! Eles desfrutam da oportunidade de ouvir o evangelho sendo pregado regularmente e participam das ordenanças e dos meios da graça, e se assentam na borra do vinho. Eles parecem estar ricos e abastados, sem precisar de coisa alguma (Ap 3.17); quando, na verdade, não possuem fé, nem graça, nem inclinação para as coisas espirituais, nem retidão para irem para o céu. Se você é alguém desse tipo, eu hoje lhe digo: "Tenha cuidado, lembre-se da mulher de Ló".

g. Você está confiando em seu conhecimento religioso? É lamentável, mas muitos confiam! Eles não são ignorantes como os demais homens; eles conhecem a diferença entre a doutrina verdadeira e a falsa. Eles podem discutir, podem debater, podem argumentar, podem citar textos; contudo, durante todo esse tempo, ainda não são convertidos e ainda estão mortos em seus delitos e pecados. Se você é alguém desse tipo, eu hoje lhe digo: "Tenha cuidado, lembre-se da mulher de Ló".

h. Você professa ter alguma religião e ainda assim está apegado ao mundo? É lamentável, mas muitos estão! Eles almejam ser chamados de cristãos. Eles apreciam ter a reputação de sérios, resolutos, respeitáveis, de pessoas que são freqüentes na igreja; mesmo que durante todo o tempo, suas vestimentas, seus gostos, suas companhias e seus divertimentos digam claramente que eles são do mundo. Se você é alguém desse tipo, eu hoje lhe digo: "Tenha cuidado, lembre-se da mulher de Ló".

i. Você está confiante de que irá se arrepender em seu leito de morte? É lamentável, mas muitos estão! Eles sabem que ainda não são aquilo que deveriam ser; eles ainda não nasceram de novo e não estão preparados para morrer. Entretanto, eles iludem a si mesmos com a idéia de que quando sua última doença chegar, eles terão tempo para se arrepender e se agarrar a Cristo, deixando o mundo perdoados, santificados e aptos para ir para o céu. Eles se esquecem que as pessoas costumam morrer de uma hora para outra e que, de forma geral, morrem da mesma maneira como viveram antes. Se você é alguém desse tipo, eu hoje lhe digo: "Tenha cuidado, lembre-se da mulher de Ló".

j. Você pertence a uma igreja evangélica? Muitos pertencem, e é lamentável que não possam ir muito além disso! Eles ouvem a verdade, domingo após domingo, e permanecem tão endurecidos quanto uma pedra de moinho. Sermão após sermão ressoa em seus ouvidos. Mês após mês, eles são convidados a se arrepender, a crer, a vir a Cristo e a serem salvos. Ano após ano se passa, e eles não são transformados. Eles mantêm seus assentos para ouvir o ensino de seu pregador preferido e também mantêm seus pecados favoritos. Se você é alguém desse tipo, eu hoje lhe digo: "Tenha cuidado, lembre-se da mulher de Ló".

Oh! que estas palavras solenes de nosso Senhor Jesus Cristo sejam gravadas de modo profundo em nosso coração! Que elas nos despertem quando nos sentirmos sonolentos; que elas nos vivifiquem quando nos sentirmos mortos; que nos estimulem quando nos sentirmos entorpecidos; que nos aqueçam quando nos sentirmos frios! Que elas sejam a espora que nos apresse quando estivermos recuando e nosso freio, para nos fazer parar, quando estivermos nos desviando. Que sejam nosso escudo, para nos defender quando Satanás lançar tentações repentinas ao nosso coração e uma espada para lutar, quando ele nos disser de modo atrevido: "Abandone a Cristo, volte para o mundo e siga-me!" Oh! que possamos dizer, em tais horas de provação: "Oh, minha alma! lembra-te das advertências de teu Salvador! Oh, minha alma! esqueceste de suas palavras? Oh, minha alma! lembra-te da mulher de Ló".

Capítulo 11

O maior troféu de Cristo

Um dos malfeitores crucificados blasfemava contra ele, dizendo: Não és tu o Cristo? Salva-te a ti mesmo e a nós também. Respondendo-lhe, porém, o outro, repreendeu-o, dizendo: Nem ao menos temes a Deus, estando sob igual sentença? Nós, na verdade, com justiça, porque recebemos o castigo que os nossos atos merecem; mas este nenhum mal fez. E acrescentou: Jesus, lembra-te de mim quando vieres no teu reino. Jesus lhe respondeu: Em verdade te digo que hoje estarás comigo no paraíso.
Lucas 23.39-43

Existem poucas palavras no Novo Testamento que soam de forma tão familiar aos ouvidos humanos quanto estes versos que iniciam este capítulo. Eles trazem a famosa história do "ladrão arrependido".

E é bom e justo que estes versos sejam bem conhecidos. Eles têm confortado muitas mentes perturbadas; têm trazido paz a muitas consciências ansiosas; têm sido um bálsamo medicinal para muitos corações feridos; têm sido remédio para muitas almas doentes com o pecado e têm afofado muitos leitos de morte. Onde quer que o evangelho de Cristo seja pregado, estes versos serão amados, honrados e mantidos na memória.

Gostaria de dizer algo sobre esses versos. Tentarei revelar as principais lições que pretendem ensinar. Não tenho como saber o estado mental em que se encontra a pessoa em cujas mãos esses escritos possam cair. Mas posso ver nessa passagem, verdades que nenhum homem é capaz de compreender totalmente. Este é o maior troféu que Cristo já conquistou.

1. O PODER E A BOA-VONTADE DE CRISTO PARA SALVAR PECADORES

Antes de tudo, estes versos pretendem nos ensinar sobre o poder e a boa-vontade de Cristo para salvar pecadores. Esta é a primeira lição a ser obtida da história do ladrão arrependido. Esses versos nos ensinam que aquilo que deve soar como música aos ouvidos de todo aquele que ouve é: Cristo é "poderoso para salvar" (Is 63.1). Pergunto a qualquer um se poderia haver um caso mais desesperador e sem solução do que o caso daquele ladrão arrependido.

Ele era um homem perverso, um malfeitor, um ladrão, isso, se não fosse também um assassino. Podemos estar certos disso, pois somente uma pessoa assim era crucificada. Ele estava sofrendo uma punição justa por ter desobedecido às leis. E da mesma maneira como havia vivido sua vida de forma ímpia, parecia estar determinado a morrer na impiedade, pois, no início, enquanto era crucificado, insultava o nosso Senhor (Mt 27.44).

Ele era um homem que estava morrendo. Estava pendurado ali, pregado a uma cruz da qual jamais sairia vivo. Não tinha mais forças para mover sequer a mão ou o pé. Suas horas estavam contadas; o sepulcro estava preparado para ele. Estava a um passo da morte.

Se algum dia houve uma alma que estava à beira do inferno, era a alma deste ladrão. Se algum dia existiu alguém que estava totalmente perdido, sem esperança, para quem não havia mais solução, esse alguém era o ladrão. Se houve algum filho de Adão a quem Satanás tinha a certeza de possuir, era aquele homem.

Mas veja o que aconteceu depois. Ele parou de insultar o Senhor e de blasfemar da forma como fizera anteriormente. Começou a falar de maneira completamente diferente. Voltou-se para nosso bendito Senhor em oração. Pediu que Jesus se lembrasse dele quando entrasse em seu reino. Pediu que Jesus cuidasse de sua alma, perdoasse seus pecados e considerasse sua entrada no outro mundo. De fato, esta foi uma transformação maravilhosa!

Perceba que tipo de resposta ele obteve. Alguns poderiam dizer que ele era um homem muito ímpio para ser salvo; mas isso não era verdade. Alguns poderiam ter imaginado que era tarde demais, que a porta estava fechada e que não havia mais lugar para misericórdia; mas ele pôde prová-la a tempo. O Senhor lhe respondeu imediatamente; falou com ele de forma bondosa, garantiu-lhe que estaria com Ele no paraíso naquele mesmo dia, perdoou-o completamente, purificou-lhe de todos os pecados, recebeu-o de forma graciosa, justificou-o gratuitamente, ressuscitou-o das portas do inferno e lhe deu um título do qual gloriar-se. Dentre toda a multidão de almas salvas, ninguém jamais recebeu uma certeza tão gloriosa a respeito da própria salvação como este ladrão arrependido. Examine de Gênesis ao Apocalipse e você não encontrará alguém para quem tenham sido ditas estas palavras: "Hoje estarás comigo no paraíso".

Creio que o Senhor Jesus nunca demonstrou uma prova tão absoluta de seu poder e vontade salvadora como o fez nesta ocasião. No dia em que Ele parecia estar mais fraco, mostrou que era um libertador poderoso. Na hora em que seu corpo estava fustigado pela dor, Ele demonstrou que podia ter afeição pelos outros. No momento em que Ele mesmo estava morrendo, ainda assim conferiu vida eterna a um pecador.

Agora, não teria eu razão ao dizer que Cristo "pode salvar totalmente os que por ele se chegam a Deus?" (Hb 7.25). Observe a prova disso. Se houve algum pecador que estava muito longe de alcançar a salvação, esse alguém era este ladrão. Ainda assim, ele foi arrancado do fogo como se fosse um pedaço de lenha.

Penso que tenho razão ao dizer: Cristo receberá qualquer pobre pecador que vier a ele com a oração da fé, sem o rejeitar. Observe a prova disso. Se houve alguém que parecia ser ruim demais para ser recebido, esse alguém era aquele homem. Entretanto, a porta da misericórdia estava aberta inclusive para ele.

Não teria eu razão ao dizer: "Porque pela graça sois salvos, mediante a fé", não por obras; então, não temas, crê somente? Observe a prova disso. Este ladrão nunca fora batizado; nunca pertencera a uma igreja visível; nunca havia recebido a ceia do Senhor; nunca havia feito qualquer obra para Cristo; nunca ofertara para a obra de Cristo! Mas, tinha fé e, por esta razão, foi salvo.

Não teria eu razão ao dizer que "a fé mais imatura poderá salvar a alma do homem desde que seja uma fé verdadeira?" Observe a prova disso. A fé daquele homem tinha apenas um dia de existência e, no entanto, serviu para levá-lo a Cristo e livrá-lo do inferno.

Então, por que qualquer homem ou mulher deveria entrar em desespero ao se deparar com uma passagem como esta, na Bíblia? Jesus é o médico que pode curar os desenganados. Ele pode vivificar as almas mortas e chamar à existência as coisas que não existem.

Jamais um homem ou uma mulher deveria entrar em desespero! Jesus continua sendo o mesmo Jesus que costumava ser dezoito séculos atrás. As chaves da morte e do inferno estão em suas mãos. E quando ele abre, ninguém pode fechar.[1]

Suponha que o número de seus pecados seja maior do que a quantidade dos seus fios de cabelo. Suponha que seus hábitos ímpios tenham aumentado à medida que você se tornou adulto e tenham se revigorado com o seu vigor. Suponha que até aqui você tenha odiado o bem e amado o mal durante todos os dias de sua vida. De fato, essas coisas são lamentáveis, mas há esperança até mesmo para você. Cristo pode curá-lo, Cristo pode levantá-lo de seu estado de degradação. A porta do céu não está fechada para você. Cristo pode aceitá-lo, se você se entregar humildemente em suas mãos.

Seus pecados foram perdoados? Se ainda não foram, apresento-lhe, neste dia, uma salvação completa e gratuita. Convido-o a seguir os passos do ladrão arrependido; venha a Cristo e viva. Eu lhe afirmo que Jesus é muito compassivo e ternamente misericordioso. Afirmo-lhe que Ele pode fazer tudo o que é necessário para a sua alma. "Ainda que os vossos pecados sejam como a escarlata, eles se tornarão brancos como a neve; ainda que sejam vermelhos como o carmesim, se tornarão como a lã" (Is 1.18). Por que você não poderia ser salvo, da mesma forma que qualquer outra pessoa? Venha a Cristo, e viva.

Você é um crente verdadeiro? Se esse é o caso, é seu dever gloriar-se em Cristo. Não se glorie em sua própria fé, em seus próprios sentimentos, em seu próprio conhecimento, em suas próprias orações, em seu próprio aperfeiçoamento, em sua própria diligência. Não se glorie em nada, a não ser em Cristo. É lamentável, mas o melhor dos homens conhece pouco sobre esse poderoso e misericordioso salvador. Nós não O exaltamos e não nos gloriamos nEle o suficiente. Oremos para que possamos enxergar mais da plenitude que reside nEle.

Você procura fazer o bem aos outros? Se esse é o caso, lembre-se de falar de Cristo para eles. Fale aos jovens, fale aos pobres, fale aos idosos, fale aos ignorantes, fale aos doentes, fale aos que estão morrendo – fale a todos sobre Cristo. Fale do seu poder e do seu amor; fale dos seus feitos e dos sentimentos dEle; fale sobre o que Ele tem feito ao principal dos pecadores; fale sobre o que Ele deseja fazer até o final dos tempos; fale outra vez, de novo e novamente. Nunca se canse de

1 "Oh, Salvador! o que motiva essa tua graça poderosa e gratuita? Quando Tu queres dar, que indignidade poderia privar-nos de tua misericórdia? Quando Tu queres dar, que circunstâncias poderiam causar dano a nossa vocação? Quem pode desesperar de tua bondade, quando ele, pela manhã, está pendurado, destinado ao inferno, e à tarde, contigo no paraíso?" (Bispo Hall).

falar de Cristo. Diga-lhes de forma aberta e completa; sincera e incondicional; sem reservas e sem dúvidas: "Venha a Cristo como fez o ladrão arrependido; venha a Cristo e será salvo".

2. SE ALGUNS SÃO SALVOS NA HORA DA MORTE, OUTROS NÃO SÃO

A segunda lição que podemos aprender desta passagem é esta: se alguns são salvos na hora da morte, outros não são.

Esta é uma verdade que jamais deve ser ignorada. E não ouso deixá-la passar despercebida. Esta é uma verdade ressaltada de forma plena pelo triste fim do outro malfeitor, mas que freqüentemente é muito negligenciada. Os homens se esquecem de que havia "dois ladrões".

O que sucedeu ao outro ladrão que foi crucificado? Por que ele não se arrependeu de seus pecados e não invocou o Senhor? Por que permaneceu endurecido e impenitente? Por que não foi salvo? É inútil tentar responder a questões como estas. Estejamos contentes em tomar os fatos da forma em que eles aparecem e vejamos o que têm a nos ensinar.

Não temos qualquer direito de dizer que este ladrão era pior do que o seu companheiro; não há provas disso. Ambos eram homens completamente ímpios; ambos estavam recebendo a dura recompensa de seus atos; ambos foram pendurados ao lado de nosso Salvador Jesus Cristo; ambos ouviram-No interceder pelos seus assassinos; ambos O viram sofrer pacientemente. Porém, enquanto um se arrependeu, o outro permaneceu endurecido; enquanto um começou a orar, o outro continuou com seus insultos; enquanto um se converteu em sua última hora de vida, o outro morreu como ímpio, da mesma forma como havia vivido; enquanto um foi levado ao paraíso, o outro foi para seu próprio lugar – o lugar de Satanás e seus anjos.

Estas coisas foram escritas para nossa advertência. Nesses versos encontramos tanto advertência como conforto, e esta advertência é muito solene.

Esses versos me dizem em alta voz que, apesar de algumas pessoas se arrependerem e se converterem em seu leito de morte, não podemos concluir que o mesmo se dará com todas as pessoas. A hora da morte nem sempre é um momento de salvação.

Eles me dizem em alta voz que dois homens podem ter as mesmas oportunidades de alcançar o bem para suas almas, podem ser colocados em uma mesma situação, ver as mesmas coisas e ouvir as mesmas coisas e, contudo, apenas um deles tirará proveito dessas coisas, arrependendo-se, crendo e sendo salvo.

Eles me dizem, acima de tudo, que arrependimento e fé são dons de Deus; e que se alguém alimenta a ilusão de que poderá arrepender-se em seu próprio tempo, escolher a melhor ocasião para isso, buscar ao Senhor quando lhe parecer mais agradável e, à semelhança do ladrão arrependido, ser salvo no momento exato que antecede a sua morte, ele descobrirá, no final, que está tremendamente enganado.

É bom e proveitoso manter isso em mente. No mundo, existe uma ilusão muito grande a respeito deste assunto. Vejo muitos que admitem precisar arrepender-se, mas que têm procrastinado o próprio arrependimento. Creio que a maior razão para isso é o fato de que muitos supõem que poderão voltar-se para Deus apenas quando quiserem! Eles interpretam mal a parábola dos trabalhadores na vinha, a qual fala da hora undécima, e usam esse texto de uma forma que Deus nunca intentou que ele fosse usado. Eles se concentram demais na parte agradável do verso que estou considerando e se esquecem do restante. Falam do ladrão que foi para o paraíso e foi salvo, e se esquecem do outro que morreu no mesmo estado em que vivera e estava perdido.[2]

Rogo a cada pessoa de bom senso que lê este capítulo que preste muita atenção para não cair nesse erro.

Olhe para a história do homem na Bíblia e veja quantas vezes essas noções, as quais tenho apresentado, têm sido contraditas. Anote bem quantas provas existem sobre casos em que dois homens puderam desfrutar da mesma luz que lhes fora oferecida, quando só um deles a utilizou. Nenhum homem tem o direito de abusar das misericórdias de Deus e presumir que poderá arrepender-se quando bem entender.

Olhe para Saul e Davi. Eles viveram na mesma época; eles ascenderam da mesma posição social; eles foram chamados para assumirem a mesma posição no mundo; desfrutaram do ministério de um mesmo profeta, Samuel; reinaram pelo mesmo número de anos; ainda assim, um foi salvo e o outro se perdeu. Olhe para Sérgio Paulo e Gálio. Ambos eram governadores em Roma; ambos eram homens

---

2 "Aquele que adia o seu arrependimento e a busca pelo perdão para o último dia, confiante neste exemplo, está tentando a Deus e transformando isso em um veneno para si próprio, quando a intenção de Deus era que ele tivesse um final melhor".

"As misericórdias de Deus não são relembradas nas Escrituras por causa da presunção do homem; e as falhas dos homens, não são ali mencionadas para que sejam imitadas" (LIGHTFOOT, "Sermão", 1684).

É uma enorme ingratidão e tolice, a conduta daqueles que buscam encorajamento no texto do ladrão arrependido para adiarem seu arrependimento para o momento de sua morte – ingratidão, principalmente por perverter a graça de seu Redentor em uma oportunidade para renovarem suas provocações contra Ele, e tolice principalmente por imaginar que, aquilo que nosso Senhor fez em uma circunstância tão particular, será estendido para exemplos tão medíocres" (Philip Doddridge).

sábios e prudentes em sua geração; ambos ouviram o apóstolo Paulo pregar! No entanto, um creu e foi batizado, o outro "não se incomodava com estas coisas" (At 13.7; 18.17).

Olhe para o mundo ao seu redor. Veja o que acontece continuamente debaixo dos seus olhos. Geralmente, duas irmãs freqüentam o mesmo ministério, ouvem as mesmas verdades, escutam os mesmos sermões e, ainda assim, uma delas é convertida a Deus, enquanto que a outra permanece indiferente. Geralmente, dois amigos lêem o mesmo livro religioso, um é tão tocado por ele que desiste de tudo para seguir a Cristo, o outro, não vê nada de mais no livro e continua sendo a mesma pessoa de antes. Centenas de pessoas leram o livro de Doddridge, The *Rise and Progress of Religion in the Soul* (O surgimento e o progresso da religião na alma), sem tirar nenhum proveito. Para Wilberforce, a leitura desse livro foi o início de sua vida espiritual. Milhares de pessoas leram a obra de Wilberforce, *Practical View of Christianity* (Visão Prática do Cristianismo) e depois o guardaram, também sem nenhuma mudança, mas na época em que Legh Richmond o leu, transformou-se em um outro homem. Nenhum homem tem qualquer garantia para poder dizer: "A salvação está sob o meu próprio poder".

Não tenho a pretensão de explicar essas coisas. Apenas as disponho diante de você como fatos grandiosos e peço-lhe que os considere.

Não me entenda mal. Não quero desencorajá-lo. É com muita afeição que lhe digo essas coisas a fim de alertá-lo do perigo. Não as digo para afastá-lo do céu. Ao contrário, digo isso para atraí-lo e levá-lo a Cristo, enquanto Ele pode ser achado.

Desejo que você tome cuidado com a presunção. Não abuse da misericórdia e da compaixão de Deus. Eu lhe imploro, não continue no pecado. Não pense que você pode se arrepender, crer e ser salvo, apenas quando convir, quando preferir, quando desejar e quando achar mais conveniente. Eu sempre colocarei, diante de você, uma porta aberta. Eu sempre lhe direi: "Enquanto há vida há esperança". Mas se você for sábio, não adie aquilo que diz respeito à sua alma.

Quero alertá-lo para não deixar os bons pensamentos e as convicções piedosas passarem despercebidos. Mantenha-os e alimente-os, antes que você os perca para sempre. Desenvolva-os ao máximo, antes que eles ganhem asas e voem para longe. Você sente uma inclinação para começar a orar? Coloque-a em prática imediatamente. Você tem vontade de servir a Cristo de fato? Comece imediatamente. Você está desfrutando alguma luz espiritual? Viva à altura dessa luz. Não brinque com as oportunidades, antes que venha o dia em que você desejará aproveitá-las, mas não poderá mais. Não se detenha, antes que você se torne sábio tarde demais.

É provável que você diga: "Nunca é tarde demais para se arrepender". E eu direi: "Isto está correto, mas o arrependimento tardio raramente é verdadeiro". E acrescento que você não pode ter a certeza de que se arrependerá, se deixar o arrependimento para depois.

Talvez você diga: "Por que eu deveria temer? O ladrão arrependido foi salvo". Eu respondo: "É verdade, mas olhe de novo para esta passagem, a qual diz que o outro ladrão se perdeu".

3. O ESPÍRITO SANTO GUIA AS ALMAS SALVAS DE MODO PECULIAR

Uma outra lição que este texto quer nos ensinar é esta: o Espírito Santo guia as almas salvas de modo peculiar.

Este é um ponto que merece atenção especial, mas que geralmente é negligenciado. Os homens olham para o fato de que o ladrão arrependido foi salvo quando estava morrendo e não olham para mais nada além disso.

Eles não consideram as evidências que aquele ladrão deixou para traz. Eles não observam as provas abundantes que ele deu sobre a obra do Espírito em seu coração. São estas provas que desejo destacar. Desejo mostrar-lhe que o Espírito sempre trabalha de uma forma peculiar e que, quer seja convertendo um homem em um dado momento, como Ele fez com o ladrão arrependido, quer através de estágios mais demorados, os passos através dos quais Ele guia as almas até o céu sempre são os mesmos.

Deixe-me esclarecer esta questão a todos os leitores destas páginas. Desejo que você esteja de sentinela. Quero demovê-lo dessa noção comum de que existe um caminho fácil e majestoso que liga o leito de morte até o céu. Quero que você compreenda, de uma vez por todas, que toda alma salva passa pela mesma experiência e que os princípios que precederam a religião do ladrão arrependido são os mesmos aplicados ao mais antigo santo que já existiu.

a. Primeiro, veja quão firme era a fé testemunhada por este homem.

Ele chamou Jesus de "Senhor". Ele declarou sua fé no fato que Jesus possuía um "reino". Ele acreditava que Jesus era capaz de lhe dar vida eterna e glória e, firmado nessa crença, orou a Jesus. Aquele homem defendeu a inocência de Jesus diante de todas as acusações que foram lançadas sobre Ele. "Mas este", disse ele, "nenhum mal fez". Outros talvez tenham *pensado* que o Senhor fosse inocente – mas ninguém *disse* isso de forma tão aberta quanto este pobre moribundo.

E quando foi que tudo isso aconteceu? Aconteceu quando toda a Nação negou a Cristo, gritando: "Crucifica-o, crucifica-o, não temos rei, senão César"; quando os chefes dos sacerdotes e fariseus O condenaram e O consideraram "réu de morte"; quando até os seus próprios discípulos O abandonaram e fugiram; quando Ele estava pendurado, desfalecido, sangrando e morrendo na cruz, contado com os malfeitores e considerado maldito. Esta foi a hora em que o ladrão creu em Cristo e orou a Ele! Certamente, semelhante fé nunca havia sido vista desde o princípio do mundo.[3]

Os discípulos haviam visto sinais poderosos e milagres. Eles haviam visto um morto ressuscitar através de uma palavra, e leprosos serem curados com um toque, o cego recebendo visão, o mudo tornando a falar, o coxo tornando a andar. Viram milhares de pessoas serem alimentadas com alguns pães e peixes. Viram seu mestre andar sobre as águas como em terra seca. Todos eles O ouviram falar como nenhum outro falou e fazer promessas sobre coisas boas que estavam por vir. Eles provaram de sua glória antecipadamente no monte da transfiguração. Não há dúvida de que a fé daqueles homens era "um dom de Deus", mas a sua fé ainda tinha muito a ser aprimorada.

O ladrão moribundo não viu os fatos que mencionei. Ele somente viu nosso Senhor em agonia, fraqueza, sofrimento e dor. Ele viu o Senhor sofrendo uma punição desonrosa, abandonado, arruinado, desprezado, blasfemado. Ele viu o Senhor rejeitado por todos os grandes, sábios e nobres do seu povo; seu vigor havia secado como um caco de barro, e sua vida já se abeirava da morte (Sl 22.15; 88.3). Ele não viu um cetro, uma coroa real, uma soberania visível; não viu glória, majestade, autoridade, nenhum sinal de poder. Mas ainda assim, o ladrão moribundo creu e aguardou ansioso pelo reino de Deus.

---

3 "Desde a criação do mundo, jamais houve um exemplo tão marcante e admirável de fé como este" (CALVIN, John. *Commentary on the Gospels*. St. Andrews Press).

"Uma grande fé que é capaz de ver o sol por detrás de uma nuvem tão densa, que descobre um Cristo, um Salvador, por detrás de um Jesus crucificado, desprezado, escarnecido e pobre, e O chama de Senhor; uma grande fé que podia ver o reino de Cristo através da cruz, do sepulcro e da morte, e onde não havia sequer um pequeno sinal de um reino, e ora para ser lembrado naquele reino..." (LIGHTFOOT. "Sermon", 1684).

"O ladrão arrependido foi o primeiro a confessar que Cristo tinha um reino celestial, o primeiro mártir a dar testemunho da santidade dos sofrimentos de Cristo e o primeiro apologista em defesa da inocência oprimida." (QUESNEL. "The Gospel").

"É provável que haja poucos santos na glória que tenham honrado a Cristo de forma mais ilustre do que este pecador que estava morrendo" (Philip Doddridge).

"Esta é a voz de um ladrão ou de um discípulo? Permita-me, ó Senhor, emprestar estas tuas palavras: 'Afirmo-vos que nem mesmo em Israel achei fé como esta'. Ele O viu pendurado e, ainda assim, O chamou de Senhor. Ele O viu morrendo e, ainda assim, falou sobre o seu reino. Ele sentiu que estava morrendo e, ainda assim, falou sobre ser lembrado no futuro. Ó fé, mais forte do que a morte, que pode olhar para além da cruz e ver uma coroa, para além da decomposição e ver a possibilidade de ser lembrado para a vida e a glória! Pois de qual dos seus onze ouvimos dizer palavras tão graciosas ao Senhor em suas últimas angústias?" (Bispo Hall)

Você saberia dizer se tem o Espírito de Deus? Então, frise bem a pergunta que lhe faço neste dia: "Onde está a sua fé em Cristo"?

b. Em segundo lugar, veja que senso de pecado tinha esse ladrão. Ele disse ao seu companheiro: "Nós... recebemos o castigo que nossos atos merecem". Ele reconheceu sua própria impiedade, bem como a justiça de sua punição. Ele não tentou justificar-se ou dar desculpas para a sua maldade. Falou como um homem submisso e humilhado pela recordação de suas iniqüidades passadas. Isso é o que todo filho de Deus sente. Eles estão sempre prontos a admitir que são pobres pecadores merecedores do inferno. Eles podem dizer com o coração, bem como com os lábios: "Temos deixado de fazer as coisas que deveríamos ter feito e temos feito as que deveríamos deixar de fazer, e não há parte sã em nós".

Você saberia dizer se tem o Espírito de Deus? Então, frise minha pergunta: "Você percebe os seus pecados?"

c. Em terceiro lugar, veja que amor fraternal o ladrão demonstrou pelo seu companheiro. Ele tentou fazer com que seu companheiro parasse com seus insultos e blasfêmias, trazendo-o para uma disposição mental melhor. "Nem ao menos temes a Deus", ele disse, "estando sob igual sentença?" Não há maior evidência da graça do que esta! A graça demove o homem de seu egoísmo e faz com que ele se preocupe com a alma dos outros. Quando a mulher samaritana se converteu, deixou o seu cântaro e correu para a cidade, dizendo: "Será este, o Cristo?" (Jo 4.28,29). Quando Saulo foi convertido, imediatamente se dirigiu para a sinagoga de Damasco e testemunhou aos seus irmãos de Israel que Cristo "é o Filho de Deus" (At 9.20).

Você saberia dizer se tem o Espírito de Deus? Então, onde estão sua caridade e seu amor pelas almas?

Resumindo, podemos ver a obra completa do Espírito Santo na vida do ladrão arrependido. Cada uma das características do caráter cristão pode ser observada nele. Apesar do pouco tempo de vida que lhe restava após a sua conversão, ele encontrou tempo para deixar evidências abundantes de que ele era um filho de Deus. Sua fé, sua oração, sua humildade, seu amor fraternal são evidências incontestáveis da veracidade de seu arrependimento. Ele não era somente um arrependido nominal, mas o era em obras e em verdade.

Portanto, que nenhum homem pense que, porque o ladrão arrependido foi salvo, o homem pode ser salvo sem mostrar nenhuma evidência da obra do Espírito em sua vida. Que tal homem considere bem as evidências que o ladrão deixou para trás e tenha cautela.

É pesaroso ouvir o que as pessoas, às vezes, dizem sobre o que elas chamam de evidências do leito de morte. É espantoso observar como algumas pessoas se satisfazem com tão pouco e como facilmente se convencem de que seus amigos foram para o céu. Elas lhe dirão quando seus familiares tiverem partido: "Um dia, ele fez uma oração tão bonita" ou "ele falou tão bem", ou "ele estava tão arrependido de seus velhos caminhos e pretendia viver de forma diferente se melhorasse", ou "ele não anelava por nada neste mundo", ou "ele gostava que as pessoas lessem para ele e orassem com ele". Visto crerem que estas informações são confiáveis, parecem ter uma esperança confortadora de que tal pessoa foi salva! Cristo nunca fora citado; o caminho da salvação nem ao menos fora mencionado. Mas isso não importa; houve uma breve conversa sobre religião e, então, elas ficam contentes!

Não tenho o desejo de ferir os sentimentos de ninguém que lê estas palavras, mas preciso e vou falar claramente sobre este assunto.

Deixe-me dizer, de uma vez por todas, que como regra geral, nada há de tão insatisfatório como as evidências do leito de morte. As coisas que os homens dizem e os sentimentos que expressam quando estão doentes e atemorizados são muito insignificantes para que sejam dignos de nossa confiança. Com muita freqüência, são resultados do medo e não nascem das profundezas do coração. Com muita freqüência, são coisas ditas de forma mecânica, informadas pelos lábios de líderes religiosos e amigos ansiosos, mas que não refletem verdadeiramente o que a pessoa sentia. E a prova mais clara disso é o fato conhecido de que, a maioria das pessoas que fazem promessas de mudar de vida quando estão no leito de morte, falando de religião pela primeira vez na vida, voltam para o pecado e para o mundo quando se recuperam.

Depois de um homem ter vivido uma vida inteira de forma irrefletida e insensata, preciso de mais do que algumas poucas palavras agradáveis e bons sentimentos para ficar satisfeito em relação à sua alma, quando ele está em seu leito de morte. Para mim, não é suficiente que ele me permita ler a Bíblia para ele e orar ao seu lado ou que ele diga que nunca pensou em religião como deveria; ou que ele pense que deveria ser um homem diferente, caso se recuperasse. Nenhuma dessas coisas me contenta; elas não fazem com que eu me sinta feliz em relação ao seu estado. Isso tudo é apropriado, mas não é conversão. É muito bom para a conduta, mas não é fé em Cristo. Até que eu veja conversão e fé em Cristo, não posso e não ouso sentir-me satisfeito. Outros poderão ficar satisfeitos, se desejarem, e dizer, após a morte de seus amigos, que têm esperança de que eles foram para o céu. Da minha parte, eu preferiria guardar a minha boca e não dizer nada. Eu ficaria contente com a menor medida de fé na vida de um moribundo, mesmo que esta não fosse maior que um grão de mostarda. Porém, ficar contente com algo menos do que arrependimento e fé, parece-me infidelidade.

Que tipo de evidência sobre o estado de sua alma você pretende deixar para trás? Você fará bem se tomar o exemplo do ladrão arrependido.

Quando o carregarmos para o seu leito estreito, que não precisemos rebuscar palavras isoladas e fragmentos de religião para decifrar se você era, realmente, um cristão verdadeiro. Que não tenhamos de dizer de forma hesitante: "Eu acho que ele está feliz; ele falou tão bem naquele dia e ficou tão satisfeito com um capítulo da Bíblia em outra ocasião; e ele gostava daquele homem que parecia ser bom". Que possamos falar de forma decidida sobre a sua condição. Que tenhamos provas concretas de seu arrependimento, de sua fé e de sua santidade, de forma que ninguém possa, por um momento sequer, questionar o estado de sua alma. Se não for por intermédio dessas provas, aqueles que você deixará para trás não terão nenhum conforto genuíno a respeito de sua alma.

Poderemos utilizar as formalidades da religião em seu sepultamento e expressar esperanças bondosas. Poderemos encontrá-lo diante do portão do cemitério e dizer: "Bem-aventurados os mortos que morrem no Senhor". Mas isso não irá alterar a sua condição! Se você morrer sem se converter a Deus, sem arrependimento e sem fé, o seu funeral será somente o funeral de uma alma perdida; seria melhor que você nunca tivesse nascido.

4. QUANDO OS CRENTES EM CRISTO MORREM, ELES ESTÃO COM O SENHOR

Em seguida, somos levados a aprender deste texto que, quando os crentes em Cristo morrem, eles estão com o Senhor.

Isso pode ser deduzido das palavras de nosso Senhor ao ladrão arrependido: "Hoje estarás comigo no paraíso". E temos uma expressão muito similar a esta em Filipenses, quando Paulo nos diz que ele tinha o desejo de "partir e estar com Cristo" (Fp 1.23).

Não direi muito a respeito deste assunto. Vou simplesmente colocá-lo diante de você para que possa meditar nele em sua privacidade. Este é um assunto repleto de paz e conforto para a minha própria mente.

Os crentes estão "com Cristo" depois que morrem. Isso responde questões difíceis, que de outra forma, poderiam confundir a mente humana sobrecarregada e sem sossego. A morada dos santos que morreram, suas alegrias, seus sentimentos, sua felicidade, tudo parece convergir para esta simples expressão – eles estão "com Cristo".

Não darei amplas explicações sobre o estado de separação dos crentes já falecidos. Este é um assunto muito elevado e complexo, do tipo que a mente humana não é capaz de compreender ou perscrutar. Sei que a felicidade deles é inferior a que terão quando seus corpos forem novamente ressuscitados, na ressurreição do juízo final, quando Jesus voltar à terra. Também sei que eles desfrutam de um descanso abençoado, descanso dos trabalhos, descanso das tristezas, descanso das dores e – descanso do pecado. O fato de não poder explicar todas essas coisas não significa que eu não esteja persuadido de que eles estejam muito mais felizes lá do que jamais puderam estar enquanto viveram na terra. Vejo que a felicidade deles encontra-se inteiramente nesta passagem: eles estão "com Cristo", e ver isso é suficiente para mim.

Se a ovelha está com seu Pastor, se os membros estão com o Cabeça, se os filhos da família de Cristo estão com Aquele que os amou e os conduziu durante todos os dias de sua peregrinação na terra, então, tudo tem de estar bem, tudo tem de estar certo.

Eu não posso descrever que tipo de lugar é o paraíso, porque não tenho como conceber o estado da alma separada do corpo. Porém, não preciso de uma visão mais clara do paraíso do que esta – a de que Cristo está lá.[4] Todas as coisas que a imaginação pode pintar no quadro sobre o estado daqueles que estão entre a morte e a ressurreição não são nada quando comparadas a isto: estão "com Cristo". De que maneira Ele está lá e em que forma Ele está lá, eu não sei. Que eu veja somente a Cristo no paraíso quando os meus olhos se fecharem nesta terra, e isso me bastará! Bem dizia o salmista: "Na tua presença há plenitude de alegria" (Sl 16.11). Foi uma frase bem verdadeira, a que foi dita por uma menina que estava morrendo, quando sua mãe tentava confortá-la descrevendo como seria o paraíso. "Lá", ela disse à criança, "lá você não terá mais dores nem doenças; lá você verá seus irmãos e irmãs que morreram antes de você e será sempre feliz". "Ah, mãe", foi sua resposta, "lá haverá uma coisa muito melhor do que tudo isso: Cristo estará lá!"

Pode ser que você não tenha o costume de pensar muito sobre sua alma. Pode

4 "Não devemos entrar em argumentos curiosos e ardilosos sobre o lugar do paraíso. Estejamos satisfeitos com o conhecimento de que aqueles que foram enxertados no corpo de Cristo são participantes da vida e que lá desfrutam um descanso abençoado e jubiloso após a morte, até que a perfeita glória da vida celestial seja totalmente manifesta pela volta de Cristo" (CALVIN, John. *Commentary on the Gospels*. St. Andrew's Press).

ser que você conheça bem pouco de Cristo como seu salvador e nunca tenha provado, por sua própria experiência, que Ele é precioso. E ainda assim, talvez tenha a esperança de ir para o paraíso quando morrer. Certamente, Lucas 23.43 é uma passagem que devia lhe fazer pensar. O paraíso é um lugar onde Cristo está. Então, seria este um lugar onde você gostaria de estar?

Pode ser que você seja um crente que ainda treme ao pensar no sepulcro. Ele parece gelado, sombrio. Você sente como se tudo ao seu redor fosse melancolia e desconsolo. Não tema, mas encoraje-se com este texto. Você está indo para o paraíso, e Cristo estará lá.

5. O DESTINO ETERNO DA ALMA DE TODO HOMEM ESTÁ BEM PRÓXIMO

A última coisa que podemos aprender deste texto é: o destino eterno da alma de todo homem está bem próximo.

"Hoje", disse o Senhor ao ladrão arrependido, "hoje estarás comigo no paraíso". Ele não mencionou um período distante; não falou sobre sua entrada em um estado de felicidade como algo remoto, Ele falou do "hoje" – "neste mesmo dia em que tu estás pendurado na cruz".

Como isso parece próximo! Quão maravilhosamente próxima aquelas palavras fazem com que nossa morada eterna pareça! Felicidade ou miséria, tristeza ou regozijo, a presença de Cristo ou a companhia de demônios – tudo isso está próximo de nós. "Há um passo", disse Davi, "entre mim e a morte" (1 Sm 20.3). Há um passo, deveríamos dizer, entre nós e o paraíso ou o inferno.

Nenhum de nós percebe esta realidade da forma como deveria perceber. Não há tempo a perder para nos livrarmos desse estado mental sonhador em que vivemos com relação a essa questão. Temos a tendência de pensar e de falar, até mesmo a respeito dos crentes, como se a morte fosse uma longa jornada, como se o santo que morreu tivesse embarcado em uma longa viagem. Isso está errado, muito errado! O porto e a morada deles estão bem próximos e eles já entraram lá.

Alguns de nós, por penosa experiência, sabe o quanto é longo e exaustivo o tempo entre a morte daqueles a quem amamos e a hora em que os sepultamos e não os vemos mais. Semanas como essas são as mais demoradas, as mais tristes, as mais difíceis de nossas vidas. Mas, bendito seja Deus, que as almas dos santos que partiram estão livres desde o exato momento em que deram seu último suspiro. Enquanto estamos pranteando, e o caixão está sendo preparado, e os trajes de luto estão sendo providenciados, e as últimas providências dolorosas estão sendo tomadas, os espíritos de nossos amados estão desfrutando da presença de Cristo. Eles estão libertos do fardo da carne para sempre. Eles estão onde "os maus cessam de perturbar" e onde "repousam os cansados" (Jó 3.17).

No exato momento em que os crentes morrem, eles estão no paraíso. A batalha é ganha; a luta chega ao fim. Eles já passaram por aquele vale sombrio que um dia teremos de trilhar; eles já cruzaram aquele rio escuro que um dia teremos de atravessar. Eles já beberam o último cálice amargoso que o pecado misturou para o homem; eles alcançaram aquele lugar onde a tristeza e o lamento não mais existem. Certamente que não deveríamos desejar tê-los de volta! Não deveríamos chorar por eles, e sim por nós mesmos.

Nós ainda estamos guerreando, mas eles estão em paz. Nós ainda estamos labutando, mas eles estão em descanso. Nós estamos vigiando, eles estão aliviados. Nós estamos vestindo a nossa armadura, eles a depuseram para sempre. Nós ainda estamos no mar, mas eles estão seguros no porto. Nós temos lágrimas, eles têm alegria. Nós somos estrangeiros e peregrinos, eles estão em casa. Certamente que os mortos em Cristo estão em melhor estado que os vivos! Certamente que no exato momento em que um pobre santo morre, imediatamente ele está vivendo o momento mais excelente e mais feliz de todos os que vivem sobre a terra.[5]

Temo que haja muitas idéias infundadas a esse respeito. Temo que muitos que não são católico-romanos e que não professam crença no purgatório, todavia, tenham idéias estranhas em sua mente sobre as conseqüências imediatas da morte.

Temo que muitos tenham um tipo de noção vaga de que existe algum intervalo ou espaço de tempo entre a morte e seu estado eterno. Eles têm a fantasia de que passarão por um tipo de mudança purificadora e que mesmo que morram desqualificados para o céu, no final, acabarão por se tornarem adequados!

Esse é um engano total. Não existe mudança após a morte; não há conversão no túmulo; nenhum novo coração é recebido após o último suspiro. No exato dia em que partimos, iniciamos a eternidade; no dia em que deixamos este mundo, começamos a viver em nosso estado eterno. E a partir daquele dia não há uma alteração espiritual, não há mudança. Da mesma forma como morremos, receberemos

5 "Damos-Te graças de coração porque Te agradaste em libertar este nosso irmão das misérias deste mundo pecaminoso" (Culto fúnebre na Igreja da Inglaterra).

"Tenho uma das melhores notícias para lhe comunicar. Uma irmã amada cumpriu sua batalha, recebeu a resposta de suas orações e a alegria eterna repousa sobre sua cabeça. Minha querida esposa, a fonte do meu melhor conforto terreno durante vinte anos, partiu na terça-feira" (carta de Venn a Stillingfleet, anunciando a morte de sua esposa).

nossa porção após a morte; caindo a árvore, no lugar em que cair, ali ficará.

Se você é um homem não convertido, isso deveria levá-lo a pensar. Você sabe que está bem próximo do inferno? Hoje mesmo você pode morrer e se você morresse sem Cristo, imediatamente abriria seus olhos no inferno e em tormentos.

Se você é um crente verdadeiro, você está bem mais perto do céu do que imagina. Hoje mesmo, se o Senhor o tomasse, você se encontraria no paraíso. A admirável terra prometida está próxima de você. Os olhos que você fechasse em fraqueza e dor, imediatamente se abririam no descanso glorioso, um descanso tal que a minha língua não é capaz de descrever.

Agora, deixe-me dizer algumas palavras de conclusão.

1. Estes escritos podem cair nas mãos de algum pecador contrito, com o coração humilhado. Você é esta pessoa? Então, aqui está um encorajamento para você. Observe o que fez o ladrão arrependido e faça o mesmo. Observe como ele orou; observe como apelou para o Senhor Jesus Cristo; observe que resposta de paz ele obteve. Irmão ou irmã, por que você não deveria fazer o mesmo? Por que você não deveria também ser salvo?

2. Estes escritos podem cair nas mãos de alguma pessoa do mundo que seja orgulhosa e presunçosa. Você é esta pessoa? Acautele-se. Veja como o ladrão impenitente morreu no mesmo estado em que viveu e tome cuidado para que você não tenha semelhante fim. Oh, irmão ou irmã errante, não seja tão confiante, antes que você morra em seus pecados! Buscai o Senhor enquanto se pode achar. Volte-se, vire-se; por que perder-se?

3. Estes escritos podem cair nas mãos de algum professo crente em Cristo. Você é esta pessoa? Então, tome a religião do pecador arrependido como medida para provar a sua própria religião. Veja se você conhece algo do verdadeiro arrependimento e da fé salvadora, da verdadeira humildade e do amor fervoroso. Irmão ou irmã, não se satisfaça com os padrões de cristianismo que o mundo propaga. Tenha a mesma mente do pecador arrependido e você será sábio.

4. Estes escritos podem cair nas mãos de alguém que esteja se lamentando por causa de crentes que partiram. Você é um desses? Então se conforte com este trecho das Escrituras. Veja como seus amados estão em boas mãos. Eles não poderiam estar em melhor estado. Eles nunca estiveram tão bem em suas vidas quanto estão agora. Eles estão com Jesus, Aquele que foi amado por suas almas enquanto estavam na terra. Oh, pare com esse lamento egoísta! Ao contrário, regozije-se porque eles estão livres dos problemas e entraram no descanso.

5. Ainda, estes escritos podem cair nas mãos de algum servo de Cristo já ido-

so. Você é um destes? Então, veja a partir desses versos o quanto você está perto do lar. Sua salvação está mais perto do que quando no princípio você creu. Só mais alguns dias de labuta e tristeza, e o Rei dos Reis virá até você, e num momento o seu combate acabará, e haverá paz.

Capítulo 12

O governador das ondas

Ora, levantou-se grande temporal de vento, e as ondas se arremessavam contra o barco, de modo que o mesmo já estava a encher-se de água. E Jesus estava na popa, dormindo sobre o travesseiro; eles o despertaram e lhe disseram: Mestre, não te importa que pereçamos? E ele, despertando, repreendeu o vento e disse ao mar: Acalma-te, emudece! O vento se aquietou, e fez-se grande bonança. Então, lhes disse: Por que sois assim tímidos? Como é que não tendes fé?
Marcos 4.37-40

Seria bom se os cristãos dos tempos modernos estudassem um pouco mais os quatro evangelhos do que estão acostumados a fazer. Sem dúvida, toda a Escritura é útil. Não é sábio exaltar uma porção da Bíblia em detrimento de outra. Mas, penso que seria bom para alguns que estão muito familiarizados com as epístolas, se eles estudassem mais sobre Mateus, Marcos, Lucas e João.

Por que digo isso? Porque desejo que os cristãos conheçam mais a respeito de Cristo. É bom entender todas as doutrinas e princípios do cristianismo. Melhor ainda é conhecer pessoalmente o próprio Cristo. É bom estar familiarizado com a fé, a graça, a justificação e a santificação. Todos esses temas são "concernentes ao Rei". Porém, melhor ainda é estar familiarizado com o próprio Cristo, ver a face do Rei e contemplar sua beleza. Este é o segredo da santidade elevada. Aquele que deseja conformar-se à imagem de Cristo e ser semelhante a Cristo, deve estudar constantemente o próprio Cristo.

Ora, os evangelhos foram escritos para que conheçamos a Cristo pessoalmente. O Espírito Santo nos contou a história de sua vida e morte, suas palavras e seus feitos, por quatro vezes consecutivas. Através de quatro mãos inspiradas, Ele pintou o quadro do Salvador. Seus modos, costumes, sentimentos, sabedoria, graça, paciência, amor e poder são graciosamente revelados a nós através de quatro testemunhas diferentes. A ovelha não deve estar familiarizada com o seu Pastor? O paciente não deve estar familiarizado com o seu Médico? A noiva não deve estar familiarizada com o seu Noivo? O pecador não deve estar familiarizado com o seu Salvador? Sem dúvida que sim. Os evangelhos foram escritos para que o homem se familiarizasse com Cristo e, por essa razão, desejo que os homens estudem os evangelhos.

Sobre quem precisamos edificar nossa alma, se quisermos ser aceitos por Deus? Devemos edificar sobre a Rocha, Cristo. De quem devemos extrair a graça do Espírito, a qual precisamos diariamente para sermos frutíferos? Devemos extrair da Videira, Cristo. Para quem devemos olhar, buscando afinidade, quando os nossos amigos terrenos falham conosco ou morrem? Devemos olhar para nosso Irmão mais velho, Cristo. Através de quem nossas orações devem ser apresentadas para serem ouvidas no céu? Precisam ser apresentadas através de nosso Advogado, Cristo. Com quem esperamos gastar os milhares de anos da glória e de toda a eternidade? Com o Rei dos Reis, Cristo. Certamente, não é possível conhecer este Cristo de maneira completa! Com certeza, não há uma palavra ou uma obra, ou um dia, ou um passo, ou um pensamento no registro da vida de Jesus que não deva ser precioso para nós. Devemos nos esforçar para nos familiarizarmos com cada linha que foi escrita a respeito de Jesus.

Venha e estudemos uma página da história de nosso Mestre. Consideremos o que podemos aprender dos versos das Escrituras que se encontram no início deste artigo. Lá, você pode ver Jesus cruzando o mar da Galiléia em um barco, com seus discípulos. Você vê uma tempestade repentina, que se levanta enquanto Ele está dormindo. As ondas se arremessam contra o barco e o enchem de água. A morte parece estar próxima. Os discípulos, amedrontados, acordam seu Mestre e clamam por socorro. Ele se levanta e repreende o vento e as ondas, e faz-se grande bonança. Ele critica, com brandura, o medo gerado pela falta de fé dos companheiros de viagem, e o relato termina neste ponto. Esse é o quadro. Um quadro cheio de instruções profundas. Venha e examinemos o que ele pretende nos ensinar.

1. SEGUIR A CRISTO NÃO IMPEDE QUE TENHAMOS TRISTEZAS E PROBLEMAS NA TERRA

Aprendamos, antes de tudo, que seguir a Cristo não impede que tenhamos tristezas e problemas na terra.

Aqui estão, em grande ansiedade, os discípulos escolhidos de Cristo. O pequenino rebanho fiel, que crê, enquanto os escribas e fariseus permaneceram incrédulos; o Pastor permite que fiquem perturbados. O medo da morte os domina como se fosse um homem armado. As águas profundas parecem passar sobre sua alma. Pedro, Tiago e João, colunas da igreja que seria implantada no mundo, estão em apuros.

Talvez não contassem com tudo isso. Talvez esperassem que o servir a Cristo os colocasse, de alguma maneira, fora do alcance das provações terrenas. Talvez pensassem que Aquele que podia ressuscitar os mortos e curar os doentes, e alimentar multidões com alguns pães, e expulsar demônios com uma palavra, nunca fosse permitir que seus servos fossem sofredores na terra. Talvez imaginassem que Ele sempre lhes garantiria viagens sem dificuldades, tempo bom, um caminho fácil e libertação dos problemas e inquietações.

Se os discípulos pensavam assim, estavam muitos enganados. O Senhor Jesus lhes ensinou que um homem pode ser um de seus servos escolhidos e, ainda assim, passar por muita ansiedade e enfrentar muita dor.

É bom entender isso de forma clara. É bom entender que servir a Cristo nunca foi, e nunca o será, uma garantia contra todos os males dos quais a nossa carne é herdeira. Se você é um crente, deve considerar a possibilidade de ter a sua quota de doenças e de dor, de tristezas e de lágrimas, de perdas e de cruzes, de mortes e de privações, de despedidas e de separações, de ignomínia e de desapontamentos, enquanto você estiver nesse corpo. Cristo nunca prometeu que você iria para o céu sem passar por essas coisas. Ele prometeu que todo aquele que vem a Ele terá todas as coisas que conduzem à vida e à piedade; entretanto, Ele nunca prometeu que os faria prósperos ou ricos, ou saudáveis, e que a morte e as tristezas nunca chegariam à sua família.

Tenho o privilégio de ser um dos embaixadores de Cristo. Em seu nome, posso oferecer vida eterna a todo homem, mulher ou criança que deseja obtê-la. Em seu nome, posso oferecer perdão, paz, graça, glória a qualquer filho ou filha de Adão que lê estas linhas. Contudo, não ouso oferecer prosperidade a essa pessoa como sendo uma parte e uma porção do evangelho. Não ouso oferecer vida longa, um salário mais alto e libertação da dor. Não ouso prometer ao homem que toma sua cruz e segue a Cristo que ele nunca encontrará uma tempestade em seu caminho.

Bem sei que os homens não se agradam dessas condições. Eles preferem ter a Cristo e boa saúde, Cristo e muito dinheiro, Cristo e nenhuma morte na família, Cristo e nenhuma preocupação desgastante, Cristo e uma eterna manhã sem nuvens. Porém, eles não gostam de ter Cristo e a cruz, Cristo e tribulação, Cristo e conflitos, Cristo e ventos uivantes, Cristo e tempestade.

Este é o pensamento de algum de meus leitores? Acredite, se este é o seu pensamento, você está muito enganado. Ouça-me, e tentarei demonstrar que você tem muito a aprender.

Como se distinguiria quem são os verdadeiros cristãos, se seguir a Cristo fosse um modo de se libertar dos problemas? Como poderíamos separar o joio do trigo, se não fosse através da peneira da provação? Como saberíamos se um homem serve a Cristo por causa de Cristo ou por motivos egoístas, se o ato de servir a Cristo trouxesse consigo saúde e riquezas? Os ventos do inverno nos mostram quais são as árvores perenes. As tempestades das aflições e preocupações são igualmente úteis. Elas ajudam a descobrir aquele que tem uma fé verdadeira e aquele que apenas professa ter fé, cuja fé é de aparência.

Como a obra da santificação terá continuidade em um homem, se ele não tiver provações? A dificuldade é, em geral, o único fogo que consome a escória que está grudada ao nosso coração. A dificuldade é a podadeira que o grande Agricultor utiliza para nos tornar frutíferos nas boas obras. A seara do campo do Senhor raramente amadurece somente pela ação do sol. Ela precisa enfrentar seus dias de vento, de chuvas e de tempestades.

Se você deseja servir a Cristo e ao mesmo tempo, ser servido, eu lhe imploro que leve o Senhor a sério. Tome a decisão de receber a sua parcela de cruz e de tristezas; assim, não será pego de surpresa. Por desconhecer essas realidades, muitos parecem ir bem por algum tempo, mas, depois, voltam atrás desgostosos e são lançados fora.

Se você diz ser um filho de Deus, deixe que o Senhor Jesus o santifique à maneira dEle. Descanse satisfeito, porque Ele nunca comete erros. Esteja certo de que Ele faz todas as coisas de modo perfeito. Os ventos podem uivar ao seu redor, e as águas podem elevar-se em ondas. Mas não tema, Ele o tem conduzido no caminho certo, para que você chegue à cidade em que habitará (Sl 107.7).

2. O SENHOR JESUS É UM HOMEM VERDADEIRO E REAL

Aprendamos, em segundo lugar, que o Senhor Jesus é um homem verdadeiro e real.

Há algumas palavras usadas nesta pequena história, assim como em muitas outras passagens dos evangelhos, que apresentam essa verdade de modo bem impressionante. Somos informados de que, quando as ondas começaram a se arremessar contra o barco, Jesus estava na popa, "dormindo sobre o travesseiro". Jesus estava exausto, e quem duvidaria disso depois de ler o relato apresentado no capítulo quatro de Marcos?

Depois de trabalhar o dia todo, fazendo o bem pelas almas, depois de pregar a céu aberto para grandes multidões, Jesus estava fatigado. E com toda a certeza, se o sono de um homem trabalhador é doce, muito mais doce deve ter sido o sono de nosso bendito Senhor!

Fixemos esta verdade com profundidade em nossa mente: que o Senhor Jesus Cristo era um Homem real. Ele era igual ao Pai em todas as coisas e era o Deus eterno. Mas, Ele também foi Homem, participou da carne e do sangue e tornou-se semelhante a nós em todas as coisas, exceto em relação ao pecado. Ele tinha um corpo como o nosso. Assim como nós, nasceu de uma mulher. Assim como nós, cresceu em estatura. Assim como nós, sentiu fome e sede, desfalecimento e cansaço. Assim como nós, Ele comia e bebia, descansava e dormia. Assim como nós, Ele se entristecia e chorava, e tinha sentimentos. Isso parece maravilhoso demais, mas as coisas eram de fato assim. Aquele que havia feito os céus vivia na terra, para lá e para cá, como um Homem pobre e cansado! Aquele que governava acima de principados e potestades nas regiões celestiais, tomou sobre si um corpo frágil como o nosso. Aquele que poderia ter habitado para sempre na glória que teve junto ao Pai, entre os louvores de legiões de anjos, desceu à terra e habitou como um Homem, entre homens pecadores. É certo que isso, por si só, já é um tremendo milagre de condescendência, graça, piedade e amor.

Encontro uma fonte de conforto profunda nesse pensamento: Jesus era um Homem perfeito na mesma medida em que era um Deus perfeito. Ele, em quem as Escrituras me instruem a confiar, não é somente um grande Sumo Sacerdote, Ele é também um Sumo Sacerdote compassivo. Ele não é apenas um Salvador poderoso, é também um Salvador poderoso e compreensivo. Ele não é somente o Filho de Deus, poderoso para salvar, é também o Filho do Homem, capaz de ter sentimentos.

Quem não sabe que a compaixão é a coisa mais agradável deixada para nós neste mundo cheio de pecados? Uma das épocas mais iluminadas em nossa jornada escura aqui na terra é quando encontramos uma pessoa que toma parte em nossos problemas, que é condescendente com nossas ansiedades, que pode chorar conosco quando choramos, e se alegrar quando nos alegramos.

A compaixão é muito melhor do que o dinheiro e muito mais rara também. Milhares poderiam citar pessoas que não sabem o que é sentir compaixão. A compaixão é a força mais poderosa para nos atrair e abrir os nossos corações. Conselhos corretos e oportunos geralmente morrem inúteis em um coração endurecido. Uma opinião emitida com frieza, em um dia de sofrimento, nos leva a ficar calados, retraídos e nos deixa introvertidos. Mas a compaixão genuína num dia como esse desperta os nossos melhores sentimentos, se é que nós os temos, e consegue nos influenciar, quando nada mais é capaz de fazê-lo. Grande é o amigo que, apesar de ser pobre em ouro e prata, está sempre disposto com um coração compassivo.

Nosso Deus sabe dessas coisas muito bem. Ele conhece os segredos do coração do homem. Ele conhece os caminhos pelos quais esse coração pode ser mais bem conduzido. Ele sabe qual é a mola que fará com que esse coração se mova com mais facilidade. Ele sabiamente providenciou que o Salvador do evangelho fosse compassivo, como também poderoso. Ele nos deu um Salvador que não apenas tem uma mão forte para nos arrebatar do fogo, como se fossemos um pedaço de madeira, mas também tem um coração compassivo, no qual os cansados e sobrecarregados podem encontrar descanso.

Vejo uma maravilhosa prova de amor e sabedoria na união das duas naturezas na pessoa de Cristo. Foi um amor maravilhoso de nosso Salvador condescender em passar por fraqueza e humilhação por causa de pessoas rebeldes e impiedosas como nós. Foi uma sabedoria maravilhosa se adaptar desta maneira para ser o Amigo dos amigos, que não somente pode salvar o homem, como pode encontrar-se com ele em um mesmo nível. Preciso de alguém que possa realizar todas as coisas necessárias para redimir a minha alma. Este Jesus pode fazer isso, porque Ele é o eterno Filho de Deus. Preciso de alguém que seja capaz de compreender minhas fraquezas e debilidades e de lidar de forma gentil com a minha alma, enquanto ela estiver ligada a este corpo de morte. E novamente, Jesus também pode fazer isso, porque Ele é o Filho do Homem e teve carne e sangue assim como eu. Se meu Salvador apenas tivesse sido Deus, talvez eu tivesse *confiado* nEle, mas nunca poderia ter me aproximado dEle sem temor. Se meu Salvador tivesse sido apenas homem, eu poderia tê-Lo *amado*, mas nunca poderia ter a certeza de que Ele é capaz de remover meus pecados. Mas bendito seja Deus, porque meu Salvador é Deus, como também Homem, e Homem, como também Deus – Deus, e, por isso, pode me libertar; Homem, e, por esta razão, capaz de compadecer-se de mim. O poder onipotente e a profunda compaixão estão reunidos em uma Pessoa gloriosa, Jesus Cristo, meu Senhor. Certamente que o crente em Cristo tem uma consolação poderosa. Ele pode confiar completamente e não temer.

Se algum leitor sabe o que é ir ao trono da graça para obter misericórdia e perdão, que nunca se esqueça de que o Mediador através de quem ele se aproxima de Deus é o Homem Cristo Jesus.

As questões relativas à sua alma estão nas mãos de um Sumo Sacerdote que pode compadecer-se de suas fraquezas. Você não pode relacionar-se com um ser que possua uma natureza tão elevada e gloriosa, pois sua mente jamais poderia compreendê-Lo. Você pode relacionar-se com Jesus, que teve um corpo como o seu próprio corpo e foi um Homem sobre a terra, assim como você. Ele conhece muito bem esse mundo contra o qual você está lutando, por que Ele viveu no meio dele por trinta e três anos. Ele conhece muito bem a "oposição dos pecadores", que geralmente o deixa desencorajado, pois Ele próprio teve de suportá-la (Hb 12.3). Ele conhece muito bem a sagacidade e a astúcia do inimigo espiritual que você enfrenta, pois lutou com ele no deserto. É certo que com um advogado como este, você poderá sentir-se confiante.

Se você sabe o que é recorrer ao Senhor Jesus para obter conforto espiritual para os problemas terrenos, você deve se lembrar muito bem dos dias em que Ele esteve encarnado, bem como de sua natureza humana.

Você está recorrendo a Alguém que conhece os seus sentimentos por experiência própria e que bebeu do cálice do amargor de forma intensa, porque Ele foi um "homem de dores e que sabe o que é padecer" (Is 53.3). Jesus conhece o coração do homem, o sofrimento físico do homem, as dificuldades do homem, porque Ele próprio foi um Homem de carne e sangue sobre a terra. Ele sentou-se fatigado junto ao poço de Sicar. Ele chorou sobre o túmulo de Lázaro, em Betânia. Ele suou gotas grandes de sangue no Getsêmani. Ele gemeu de agonia no Calvário. Ele não é um estranho em relação às suas sensações. Ele está familiarizado com tudo que diz respeito à natureza humana, exceto com o pecado.

a. Você é pobre e necessitado? Jesus também o foi. "As raposas têm seus covis, e as aves do céu, ninhos; mas o Filho do Homem não tem onde reclinar a cabeça" (Lc 9.58). Ele habitou em uma cidade desprezada. Os homens costumavam dizer: "De Nazaré pode sair alguma coisa boa?" (Jo 1.46). Ele era considerado o filho do carpinteiro. Ele pregou em um barco emprestado; seguiu para Jerusalém montado em um jumento emprestado e foi sepultado em um túmulo emprestado.

b. Você está sozinho no mundo e é negligenciado por aqueles que deveriam amá-lo? Jesus também o foi. "Veio para o que era seu, e os seus não o receberam" (Jo 1.11). Ele veio para ser o pastor do rebanho perdido da casa de Israel, mas eles O rejeitaram. Os príncipes deste mundo não O reconheceram. Os poucos homens que O seguiam eram publicanos e pescadores. E até aqueles que O seguiam o abandonaram no final e foram dispersos, cada um para o seu próprio lugar.

c. Você é mal compreendido, caluniado, difamado e perseguido? Jesus também o foi. Jesus foi chamado de glutão e bebedor de vinho, de amigo dos publicanos, de samaritano, de louco e de Belzebu. Seu caráter foi mal interpretado. Acusações falsas foram levantadas contra Ele. Uma sentença injusta foi-Lhe dada, e apesar de inocente, foi condenado como se fosse um malfeitor e como tal, morreu na cruz.

d. Você é tentado por Satanás e ele sugere coisas horrendas à sua mente? Ele também tentou a Jesus. Ele O convidou a duvidar da providência paternal de Deus: "Manda que estas pedras se transformem em pães". Ele propôs a Jesus que tentasse a Deus por expor-se ao perigo sem necessidade, quando estavam no pináculo do templo: "Atira-te abaixo". Ele sugeriu que Jesus, por seus próprios meios, obtivesse os reinos do mundo, através de um único ato de submissão ao próprio Satanás: "Tudo isto te darei se, prostrado, me adorares" (Mt 4.1-10).

e. Você já passou por grande agonia e conflito em sua mente? Você se sente nas trevas, como se Deus o tivesse abandonado? Jesus também passou por isso. Quem poderia dizer qual foi a extensão dos sofrimentos mentais de Jesus no jardim? Quem poderia mensurar a profundidade da dor de sua alma, quando clamou: "Deus meu, Deus meu, por que me desamparaste?" (Mt 27.46).

É impossível conceber um Salvador mais apropriado às necessidades do homem do que nosso Senhor Jesus, adequado não só pelo seu poder, mas também por sua compaixão; adequado não só por sua divindade, mas também por sua natureza humana. Trabalhe arduamente, eu lhe imploro, para deixar firmemente impresso em sua mente que Cristo, o refúgio das almas, é Deus e é também Homem. Honre-O como o Rei dos reis e Senhor dos senhores. Mas ao fazer isso, nunca se esqueça de que Ele teve um corpo e foi um Homem. Agarre-se a esta verdade e jamais a deixe escapar. O miserável Socínio comete um erro terrível ao dizer que Jesus era apenas Homem, e não Deus. Não permita que a repercussão do erro o leve a esquecer que Cristo era de fato Deus e que Ele era de fato Homem.

Em nenhum momento, dê ouvidos ao argumento desprezível da igreja Católica Romana, quando lhe disserem que a virgem Maria e os santos são mais compassivos do que Cristo. Responda que tal argumento nasce da ignorância sobre as Escrituras e sobre a verdadeira natureza de Cristo. Responda que não foi desta maneira que você foi instruído sobre Cristo, para considerá-Lo apenas como um Juiz austero e como um ser que deve ser temido. Responda que os quatro evangelhos o têm ensinado a considerá-Lo como o mais amável e compassivo de todos os amigos, bem como o maior e mais poderoso de todos os salvadores. Responda que você não quer qualquer conforto vindo dos santos, dos anjos, da virgem Maria ou de Gabriel, enquanto puder repousar sua alma cansada sobre Jesus Cristo, Homem.

3. PODE HAVER MUITAS FRAQUEZAS E DEBILIDADES MESMO EM UM CRISTÃO VERDADEIRO

Aprendamos, em terceiro lugar, que pode haver muitas fraquezas e debilidades mesmo em um cristão verdadeiro.

Temos uma prova notável desse fato na conduta dos discípulos, que foi registrada aqui, quando as ondas começaram a se arremessar contra o barco. Eles apressadamente acordaram a Jesus. Disseram a Ele, com temor e ansiedade: “Mestre, não te importa que pereçamos?”

Houve *impaciência*. Eles deveriam ter esperado até que o Senhor achasse apropriado despertar do sono.

Houve *incredulidade*. Eles esqueceram que estavam sob os cuidados dAquele que tem todo o poder em suas mãos: “Nós perecemos”.

Houve *falta de confiança*. Eles duvidaram do cuidado e da consideração que o Senhor tinha pela segurança e pelo bem-estar deles: “Não te importa que pereçamos?”

Pobres homens sem fé! Do que estavam com medo? Eles haviam visto prova sobre prova de que tudo deveria estar bem enquanto o noivo estivesse com eles. Eles testemunharam vários exemplos do amor e da bondade de Jesus para com eles; o suficiente para ficarem convencidos de que Ele nunca permitiria que eles realmente sofressem dano. Mas tudo isso foi esquecido em face do presente perigo. A noção do perigo imediato freqüentemente faz com que o homem tenha uma memória ruim. O medo geralmente não é capaz de raciocinar baseado em experiências passadas. Eles ouviram os ventos. Viram as ondas. Sentiram as águas frias batendo sobre eles. Imaginaram que a morte estava próxima. Não podiam esperar mais naquele suspense. "Não te importa", disseram eles, "que pereçamos?"

No entanto, que possamos compreender, no final das contas, que esse é um quadro do que acontece constantemente com os cristãos em todas as eras. Existem muitos outros discípulos hoje em dia, eu suponho, que são semelhantes àqueles que foram aqui descritos.

Muitos filhos de Deus caminham bem, enquanto não passam por alguma provação. Seguem a Cristo de modo razoável em tempos bons. Imaginam que estão confiando totalmente nEle. Iludem-se com a idéia de que estão lançando todos os seus cuidados sobre Ele. Ganham a reputação de serem bons cristãos.

Mas, de repente, alguma provação lhes sobrevém. Suas propriedades criam asas e voam para longe. Sua própria saúde definha. A morte surge em sua casa. Chega a angústia ou tribulação por causa da Palavra. E onde está a sua fé, agora? Onde está a firme confiança que pensavam ter? Onde está a paz, a esperança e a resignação deles? Infelizmente, são procuradas, mas não são encontradas. Eles são pesados na balança e achados em falta. Medo, dúvidas, angústia e ansiedade irrompem sobre eles como uma inundação, e parecem não saber o que fazer. Sei que esta é uma descrição desoladora. Apenas peço que todo cristão verdadeiro a considere e veja se não é verdadeira e correta.

A mais clara verdade é que não há perfeição literal e absoluta mesmo entre cristãos verdadeiros, enquanto estiverem nesse corpo. O melhor e mais brilhante dos santos de Deus é uma pobre criatura confusa, que apesar de ser convertida, regenerada e santificada, ainda é limitada pelas debilidades. Não há um homem justo sobre a terra, que sempre faça o bem, e que não peque. T odos tropeçamos em muitas coisas. Um homem pode ter uma fé salvadora verdadeira e, ainda assim, não ter essa fé próxima de si e pronta para ser usada (Ec 7.20; Tg 3.2).

Abraão foi o pai da fé. Pela fé, ele abandonou seu país e sua parentela e foi, de acordo com o mandamento de Deus, para uma terra que nunca tinha visto. Pela fé, ficou contente em habitar na terra como um estrangeiro, crendo que Deus lhe daria aquela terra por herança. Este mesmo Abraão, naquele tempo, foi vencido pela incredulidade e, por temer o homem, permitiu que Sara fosse chamada de sua irmã, e não de sua esposa. Esta foi uma grande debilidade. Mesmo assim, tem havido poucos crentes como Abraão.

Davi era um homem segundo o coração de Deus. Teve fé para ir à batalha contra o gigante Golias, quando era apenas um jovem. Declarou publicamente sua fé de que Deus, que o havia livrado das garras do leão e do urso, também o livraria daquele filisteu. Teve fé para crer na promessa de Deus de que, um dia, seria o rei de Israel, apesar de ser reconhecido apenas por alguns poucos seguidores, apesar de Saul persegui-lo como quem perseguia uma perdiz nos montes, e de parecer que sempre estava a um passo da morte. Este mesmo Davi, certa vez, foi tomado pelo medo e incredulidade e chegou a dizer: "Pode ser que algum dia venha eu a perecer nas mãos de Saul" (1 Sm 27.1). Esqueceu-se dos muitos livramentos que havia experimentado pelas mãos de Deus. Pensou apenas em seu perigo presente e refugiou-se entre os filisteus ímpios. Esta foi uma debilidade muito grande. Mesmo assim, tem havido poucos crentes firmes como Davi.

Sei que é fácil para alguém replicar: "Tudo isso é verdade, mas não justifica o temor dos discípulos. Eles tinham Jesus presente com eles, não deveriam ter sentido medo. Nunca serei tão covarde e sem fé como eles foram". Digo a quem argumenta desta maneira que conhece pouco o seu próprio coração. Digo que ninguém pode conhecer o comprimento e a largura de sua própria debilidade, a menos que seja provado. Ninguém pode dizer quanta fraqueza aparecerá em si mesmo, se não for colocado em circunstâncias onde elas possam vir à tona.

Algum leitor julga acreditar em Cristo? Você sente tanta confiança em Cristo que não imagina que possa ser abalado por qualquer eventualidade? Isso tudo é muito bom. Fico feliz em ouvir isso. Mas essa fé tem sido provada? Essa confiança já foi testada? Se não, tome cuidado para não condenar aqueles discípulos com tanta pressa. Não seja pretensioso, e sim temente. Visto que seu coração possui uma disposição vívida hoje, não pense que essa disposição durará para sempre. Não diga: "O amanhã será como hoje e ainda mais abundante", só porque os seus sentimentos são entusiasmados e fervorosos hoje. Não diga: "Nunca vou esquecer de Cristo, enquanto eu viver", somente porque seu coração está elevado, neste momento, com uma noção firme da misericórdia dEle. Aprenda a enfraquecer esta estima aduladora de si mesmo. Você não se conhece completamente. Existem mais coisas em seu interior do que você é capaz de perceber no momento. Tal como fez a Zedequias, Deus pode desampará-lo para mostrar-lhe tudo o que está em seu coração (2 Cr 32.31). Feliz é aquele que se cinge "de humildade". "Feliz o homem constante no temor de Deus". "Aquele, pois, que pensa estar em pé veja que não caia" (1 Pe 5.5; Pv 28.14; 1 Co 10.12).

Por que estou insistindo neste assunto? Será que quero apresentar desculpas para a corrupção dos cristãos professos e justificar seus pecados? Deus me livre! Será que quero rebaixar o padrão da santificação e concordar com o fato de alguém ser um soldado de Cristo preguiçoso e negligente? Deus me livre! Será que quero apagar a linha divisória que existe entre o convertido e o não convertido e fazer vista grossa para as incoerências? Mais uma vez eu digo: Deus me livre! Defendo firmemente que existe uma enorme diferença entre o cristão verdadeiro e o falso, entre o crente e o descrente, entre os filhos de Deus e os filhos do mundo. Defendo firmemente que essa diferença não é só uma questão de fé, mas de vida; não só uma questão de falar que tem fé, mas de prática. Defendo firmemente que os hábitos dos crentes devem se distinguir de tal forma dos hábitos dos descrentes quanto o amargo se distingue do doce, quanto a luz se distingue das trevas e quanto o calor se distingue do frio.

Entretanto, quero que os novos convertidos compreendam o que eles devem esperar encontrar em si mesmos. Quero evitar que eles tropecem e fiquem confusos ao descobrirem suas próprias fraquezas e debilidades. Quero que vejam que possuem fé e graça verdadeira, apesar do diabo lhes sussurrar o contrário; apesar de terem muitas dúvidas e temores em seu coração. Quero que observem que Pedro, Tiago, João e seus irmãos eram discípulos verdadeiros, mas ainda não eram tão espirituais que não pudessem sentir medo. Não quero que usem a incredulidade dos discípulos como desculpa para si mesmos. Porém, quero dizer que esse fato revela claramente que enquanto estiverem nesse corpo humano, não devem esperar que sua fé esteja fora do alcance do medo.

Acima de tudo, quero que todo cristão compreenda aquilo que eles devem esperar na vida de outros cristãos. Você não deve concluir apressadamente que um homem não possui a graça, só porque você vê um pouco de corrupção em sua vida. Existem manchas na superfície do sol, mas mesmo assim ele brilha com esplendor e ilumina todo o mundo. Existe quartzo e escória misturado com boa parte do ouro bruto que vem da Austrália, e quem pensa que esse ouro não tem valor só por causa disso? Existem imperfeições até em alguns dos diamantes mais puros do mundo e, no entanto, isso não impede que eles sejam considerados de valor inestimável. Fora com esse aborrecimento mórbido, que faz com que muitos estejam prontos a excomungar um homem somente porque ele tem algumas falhas! Que sejamos mais rápidos para ver a graça e mais lentos para enxergar as imperfeições! Que reconheçamos que, se não admitirmos que existe graça onde existe também a corrupção, não encontraremos uma graça sequer neste mundo. Nós ainda estamos no corpo. O diabo não está morto. Nós não somos anjos. O céu ainda não começou. A lepra ainda está grudada nas paredes da casa, por mais que possamos raspá-la, e nunca sairá dela, até que a casa seja derrubada. Nosso corpo é de fato o templo do Espírito Santo, mas não é um templo perfeito, até que venha a ser ressuscitado ou transformado. A graça é realmente um tesouro, mas um tesouro em vasos de barro. É possível que um homem abandone tudo por causa de Cristo e, ainda assim, seja tomado ocasionalmente pelas dúvidas e pelo medo.

Imploro para que cada leitor destas páginas lembre-se deste fato. Essa é uma lição digna da nossa atenção. Os apóstolos acreditavam em Cristo, amavam a Cristo e abandonaram tudo por causa de Cristo. E como você pode ver, os apóstolos estavam com medo nessa tempestade. Aprenda a ser amoroso ao julgá-los. Aprenda a ser moderado com relação ao que você espera de seu próprio coração. Lute até à morte pela verdade de que nenhum homem pode ser um crente verdadeiro, se não for convertido e santo. Contudo, admita que um homem pode ser convertido, ter um novo coração, ser um homem santo e, ainda assim, ser passível de debilidades, dúvidas e temores.

4. O PODER DO SENHOR JESUS CRISTO

Aprendamos em quarto lugar, sobre o poder de nosso Senhor Jesus Cristo. Temos um exemplo notável de seu poder nessa história na qual estou me detendo no momento. As ondas se arremessavam contra o barco onde Jesus estava. Os discípulos, amedrontados, acordaram Jesus e clamaram por socorro. "E ele, despertando, repreendeu o vento e disse ao mar: Acalma-te, emudece! O vento se aquietou, e fez-se grande bonança". Este foi um milagre maravilhoso. Ninguém poderia fazer isso, a menos que fosse o Todo-poderoso.

Fazer o vento cessar com uma palavra! Quem não sabe o ditado popular para descrever algo impossível: "Você deve estar falando com o vento". No entanto, Jesus repreendeu o vento e, no mesmo instante, ele cessou. Isso é poder.

Acalmar as ondas com a voz! Quem não sabe que um poderoso rei da Inglaterra tentou, em vão, reter o avanço da maré sobre a costa? No entanto, aqui está alguém que disse às ondas tempestuosas: "Acalma-te, emudece" e, no mesmo instante, houve bonança. Isso é poder.

É bom que todo homem tenha uma visão clara do poder de nosso Senhor Jesus Cristo. Que o pecador saiba que o Salvador misericordioso, em quem ele deseja se refugiar e em quem ele é convidado a confiar, é o Todo-poderoso, com poder sobre toda a carne para conceder-lhe a vida eterna (Ap 1.8; Jo 17.2). Que o inquiridor ansioso compreenda que, se ele somente perseverar em Jesus e tomar a sua cruz, estará perseverando nAquele que tem todo o poder nos céus e na terra (Mt 28.18). Que o crente possa lembrar que sua jornada é através do deserto; que seu Mediador e Advogado, e Médico, e Pastor, e Redentor é o Senhor dos senhores e o Rei dos reis; e que nEle, todas as coisas podem ser feitas (Ap 17.14; Fp 4.13). Estudemos este assunto, pois ele merece ser estudado.

a. Estude esse assunto em toda a obra de Cristo na criação. "Todas as coisas foram feitas por intermédio dele, e, sem ele, nada do que foi feito se fez" (Jo 1.3). Os céus e todas as suas gloriosas hostes de habitantes; a terra e tudo o que ela contém; o mar e tudo o que nele há – toda criação, desde o sol lá no alto, até o menor verme aqui na terra, foi obra de Cristo. Ele falou e tudo se fez; Ele ordenou e tudo passou a existir. Aquele mesmo Jesus, que nasceu de uma mulher pobre em Belém e viveu na casa de um carpinteiro, em Nazaré, é o Criador de todas coisas. Isso não é poder?

b. Estude esse assunto na obra de Cristo na providência e na continuidade ordenada de todas as coisas do mundo. "Nele tudo subsiste" (Cl 1.17). O sol, a lua e as estrelas fazem seu movimento de rotação em um sistema perfeito. As estações do ano: primavera, verão, outono e inverno seguem-se uma após a outra em uma ordem regular. E tudo se mantém assim até hoje e não falha, de acordo com os juízos dAquele que morreu no Calvário (Sl 119.91). Os reinos desse mundo se levantam e progridem, declinam e deixam de existir. Os governadores da terra fazem planos e projetos; fazem leis e mudam as leis; fazem guerra e abatem a um e elevam a outro. Entretanto, eles não imaginam que governam somente debaixo da vontade de Jesus e que nada acontece sem a permissão do Cordeiro de Deus. Eles desconhecem que eles mesmos e seus assuntos são como uma gota de água nas mãos dAquele que foi crucificado; e que Ele faz crescer as nações e as reduz, de acordo com o seu propósito. Isso não é poder?

c. Estude não somente os milagres que Jesus Cristo fez em seus três anos de ministério na terra. Procure apreender, através das obras poderosas que Ele fez, que aquilo que é impossível para o homem é possível para Cristo. Considere cada um de seus milagres como um símbolo e figura das coisas espirituais. Veja neles, o quadro amoroso daquilo que Ele é capaz de fazer pela sua alma. Aquele que pôde ressuscitar um morto com uma palavra, pode também, com facilidade, ressuscitar um homem da morte espiritual. Aquele que pôde dar vista ao cego, audição ao surdo e devolver a fala ao mudo, também pode fazer com que pecadores vejam o reino de Deus, ouçam o alegre som do evangelho e proclamem os louvores do amor redentor. Aquele que pôde curar um leproso com um toque, pode curar qualquer doença do espírito. Aquele que pôde expulsar demônios, pode ordenar que qualquer pecado persistente se submeta à sua graça. Oh, comece a ler os milagres de Cristo com este enfoque! Por mais que você se sinta impiedoso, mau e corrupto, conforte-se com o pensamento de que você não está fora do alcance do poder de cura de Cristo. Lembre-se de que em Cristo não há somente plenitude de misericórdia, mas há também plenitude de poder.

d. Estude este assunto detalhadamente, como se ele tivesse sido colocado diante de você hoje. Ouso dizer que sei que o seu coração, às vezes, tem se agitado para lá e para cá, como as ondas em uma tempestade. Você percebe que está agitado como as águas do mar revolto, e não consegue descansar. Venha e ouça neste dia, que existe Alguém que pode lhe dar descanso. Jesus pode dizer ao seu coração, por mais indisposto que ele esteja: "Acalma-te, emudece!"

Suponha que sua consciência seja açoitada pela lembrança de transgressões incontáveis e sacudida por uma tempestade de tentações. Suponha que a recordação de uma devassidão horrível lhe seja muito dolorosa e que esse fardo seja insuportável. Suponha que seu coração pareça estar cheio de maldade e que o pecado pareça arrastá-lo para onde quer, como se você fosse um escravo. Suponha que o diabo conduza sua alma para lá e para cá, como se ele fosse um conquistador e lhe diga que é vão tentar lutar contra ele. Não há esperança para você? Digo-lhe que existe Alguém que pode lhe dar tanto o perdão quanto a paz. Meu Senhor e Mestre Jesus Cristo pode repreender a fúria do diabo; pode acalmar até a miséria de sua alma e dizer, até mesmo para você: "Acalma-te, emudece!" Ele pode dissipar aquela nuvem de culpa que hoje o deixa prostrado. Pode ordenar que o desespero vá embora. Ele pode afugentar o temor. Pode remover o espírito de escravidão e enchê-lo com o espírito de adoção. Satanás, como um homem armado, pode mantê-lo aprisionado, mas Jesus é mais forte do que ele, e quando Jesus ordena, os prisioneiros saem libertos. Oh, se algum leitor atribulado deseja calma em seu interior, que vá hoje mesmo a Jesus Cristo e tudo ficará bem!

Mas, se seu coração estiver reto diante de Deus e, ainda assim, você estiver oprimido com um fardo de problemas terrenos? Se o medo da pobreza estiver sacudindo-o para lá e para cá, dando a impressão de que você irá sucumbir? Se as dores físicas estiverem lhe causando grande sofrimento e perturbação mental, dia após dia? E se, de repente, depois de ser ativamente útil, você for deixado de lado, sem poder fazer nada, por causa de uma enfermidade que o deixou paralisado? Se a morte tiver chegado ao seu lar e levado sua Raquel, seu José ou seu Benjamim, deixando-o sozinho, subjugado pela tristeza? Se tudo isso estiver acontecendo? Ainda assim, há conforto em Cristo. Ele pode declarar paz a um coração com a mesma facilidade com que acalmou mares turbulentos. Ele pode repreender as vontades rebeldes com o mesmo poder com que repreendeu os ventos furiosos. Jesus pode abater as tempestades de tristeza e silenciar os desejos tumultuosos com a mesma confiança com que fez cessar a tempestade na Galiléia. Ele pode dizer à ansiedade mais intensa: "Acalma-te, emudece!" As enchentes de preocupações e tribulações podem ser poderosas, mas Jesus suprime as inundações e é mais poderoso que as ondas do mar (Sl 93.4). Os ventos dos aborrecimentos podem uivar ferozmente ao seu redor, mas Jesus o segura em suas mãos e pode pôr fim a eles, quando desejar. Oh, se algum leitor está com o coração quebrantado, conturbado e pesaroso, que vá a Jesus Cristo, clame a Ele e seja revigorado. "Vinde a mim", disse Jesus, "todos os que estais cansados e sobrecarregados, e eu vos aliviarei" (Mt 11.28).

Convido a todo aquele que se intitula cristão a ter uma visão ampla do poder de Cristo. Duvide de qualquer outra coisa, se você quiser, mas não duvide do poder de Cristo. Não sei se você ama o pecado em segredo. Não sei se você está apegado ao mundo. Não sei se o orgulho de sua natureza está se levantando contra a idéia de ser salvo pela graça, como um pobre pecador. Entretanto, uma coisa eu sei: Cristo é capaz de salvar totalmente e poderá salvá-lo, se você confiar nEle (Hb 7.25).

5. O SENHOR JESUS LIDA COM OS CRENTES FRACOS DE FORMA CARINHOSA E PACIENTE

Que aprendamos, em último lugar, que o Senhor lida com os crentes fracos de forma carinhosa e paciente.

Vemos esta verdade apresentada nas palavras de Jesus aos seus discípulos, quando o vento cessou e houve bonança. Ele poderia tê-los repreendido categoricamente. Poderia tê-los feito recordar todas as coisas grandiosas que fez por eles e poderia tê-los reprovado por sua covardia e falta de confiança; contudo, não há raiva alguma nas palavras do Senhor. Ele simplesmente fez duas perguntas: "Por que sois assim tímidos? Como é que não tendes fé?"

Toda a conduta de Jesus em relação aos discípulos enquanto esteve na terra, merece ser considerada cuidadosamente. Ela lança uma luz belíssima sobre a compaixão e a longanimidade de Jesus. É certo que nenhum mestre jamais teve aprendizes tão lentos para aprender como teve Jesus, no que diz respeito aos apóstolos. É certo que nenhum aprendiz jamais teve um professor tão paciente e controlado como os apóstolos tiveram, na pessoa de Cristo. Junte todas as evidências que se encontram espalhadas nos evangelhos a respeito desse assunto e comprove a veracidade daquilo que digo.

Em nenhum momento do ministério de Jesus, os discípulos parecem ter compreendido completamente o objetivo de sua vinda ao mundo. A humilhação, a redenção, a crucificação eram coisas ocultas a eles. As palavras óbvias e as admoestações claras de seu Mestre sobre as coisas que Lhe sobreviriam pareciam não produzir qualquer efeito na mente deles. Eles não entendiam. Eles não percebiam. Tudo estava oculto aos seus olhos. Uma vez, Pedro até tentou convencer nosso Senhor a não passar pelo sofrimento: "Tem compaixão de ti, Senhor; isso de modo algum te acontecerá" (Mt 16.22; Lc 18.34; 9.45).

Freqüentemente vemos coisas na moral e na conduta dos apóstolos que não são recomendáveis. Somos informados que, um dia, eles discutiram entre eles sobre quem deveria ser o maior (Mc 9.34). Em outro dia, não consideravam os milagres de Jesus e tinham o coração endurecido (Mc 6.52). Certa vez, dois deles tiveram o desejo de mandar "descer fogo do céu" sobre uma aldeia, apenas porque não haviam sido recebidos (Lc 9.54). No jardim do Getsêmani, os três melhores dentre eles dormiram, quando deviam ter vigiado e orado. Quando Jesus foi traído, todos O abandonaram e fugiram e, o pior de tudo, Pedro, o mais fervoroso dentre os doze, negou seu Mestre três vezes com juramento.

Mesmo após a ressurreição, vemos a mesma incredulidade e dureza de coração apegada a eles; apesar de terem visto seu Senhor com os próprios olhos e de terem-No tocado com suas próprias mãos, alguns deles ainda duvidaram. Como eram tão fracos na fé! Como eram lentos de coração "para crer tudo o que os profetas disseram" (Lc 24.25). Como eram vagarosos para compreender o significado das palavras, das ações, da vida e da morte de nosso Senhor.

Mas o que vemos no comportamento de nosso Senhor Jesus em relação a estes discípulos durante todo o seu ministério? Vemos piedade imutável, compaixão, bondade, gentileza, paciência, longanimidade e amor. Ele não se livra deles por causa de sua estupidez. Não os rejeita por causa de sua incredulidade. Não os repudia para sempre por causa de sua covardia. Ele os ensina à medida que podem suportar. Ele os guia passo a passo, do mesmo modo que uma babá o faz com uma criança, quando esta começa a andar. Envia-lhes uma mensagem bondosa, logo após ressuscitar dentre os mortos. "Ide", Ele disse às mulheres, "Ide avisar a meus *irmãos* que se dirijam à Galiléia e lá me verão" (Mt 28.10). Ele os reuniu ao redor de Si mais uma vez. Restaurou Pedro ao seu lugar e ordenou-lhe: "Apascenta as minhas ovelhas" (Jo 21.17). Concordou em habitar com eles durante quarenta dias, antes de, finalmente, ascender aos céus. Ele os comissionou a irem como seus mensageiros e a pregarem o evangelho aos gentios. Ele os abençoou em sua partida e os encorajou com aquela promessa graciosa: "E eis que estou convosco todos os dias até à consumação do século" (Mt 28.20). Esse era um amor que excedia o entendimento. Essa não é maneira que os homens costumam agir.

Deixe que o mundo saiba que o Senhor Jesus Cristo "é cheio de terna misericórdia e compassivo". Ele "não esmagará a cana quebrada, nem apagará a torcida que fumega". "Como um pai se compadece de seus filhos, assim o SENHOR se compadece dos que o temem." "Como alguém a quem sua mãe consola", Ele consolará o seu povo (Tg 5.11; Mt 12.20; Sl 103.13; Is 66.13). Ele se preocupa com os cordeiros de seu rebanho, da mesma forma que se preocupa com as ovelhas mais velhas. Ele se preocupa com as ovelhas doentes e fracas de seu aprisco, do mesmo modo que se preocupa com as fortes. Está escrito que Ele prefere carregar os seus cordeirinhos nos braços, ao invés de perder um só deles (Is 40.11). Ele se preocupa com o membro mais insignificante de seu corpo, assim como se preocupa com o mais importante. Ele se preocupa com os bebês de sua família, da mesma forma que se preocupa com os homens crescidos. Ele se preocupa com as plantas mais tenras de seu jardim, do mesmo modo que se preocupa com os cedros do Líbano. Todos estão em seu livro da vida e todos estão sob a sua responsabilidade. Todos foram dados a Ele em uma aliança eterna, e Ele se encarregou de levá-los seguros ao lar, apesar de todas as suas fraquezas. Quando um pecador se apega a Cristo, apesar da fragilidade do pecador, Cristo lhe empenha a sua palavra: "De maneira alguma te deixarei, nunca jamais te abandonarei" (Hb 13.5). Cristo poderá corrigi-lo ocasionalmente. Poderá reprová-lo com gentileza algumas vezes. Mas nunca, nunca o abandonará. O diabo nunca o arrebatará das mãos de Cristo.

Deixe que o mundo saiba que o Senhor Jesus nunca lançará fora seu povo crente por causa de suas falhas e debilidades. O marido não deixará a esposa somente por encontrar falhas nela. A mãe não abandona sua criança, mesmo sendo uma criança fraca, frágil e ignorante. O Senhor Jesus não se livrará de pobres pecadores que entregaram sua alma em suas mãos, somente por ver máculas e imperfeições neles. Oh, não! A glória de Cristo é perdoar as faltas de seu povo e curar seus deslizes; e obter o máximo de suas graças deficientes; e perdoar suas muitas faltas. O capítulo onze de Hebreus é maravilhoso. É incrível observar como o Espírito Santo fala dos méritos daqueles que são registrados naquela passagem bíblica. A fé exercida pelo povo de Deus é apresentada e deixada como memorial. Mas, as falhas de muitos deles, as quais poderiam facilmente ter vindo à tona, são deixadas de lado e não são sequer mencionadas.

Quem dentre os leitores deste capítulo, sente vontade de ser salvo, mas teme tornar-se um crente que venha a cair com o passar do tempo? Eu lhe imploro, considere a brandura e a paciência do Senhor Jesus e não tenha mais medo. Não tema tomar a cruz e retirar-se desse mundo com ousadia. O mesmo Senhor e Salvador que tolerou os discípulos está pronto e deseja tolerá-lo também. Se você tropeçar, Ele o levantará. Se você se desviar, Ele gentilmente o trará de volta. Se você desfalecer, Ele o avivará. Ele não o guiará para fora do Egito para depois permitir que você pereça no deserto. Ele o conduzirá em segurança à terra prometida. Submeta-se à sua orientação e, dou-lhe a minha palavra, Ele o levará ao lar em segurança. Somente ouça a voz de Cristo e siga-O, e você jamais perecerá.

Quem dentre os meus leitores já é convertido e deseja fazer a vontade de seu Senhor? Tome hoje como exemplo a gentileza e a longanimidade de seu Mestre e aprenda a ter um coração terno e bondoso para com os outros. Lide gentilmente com os jovens iniciantes. Não espere que eles saibam tudo e entendam tudo de uma vez. Tome-os pela mão. Guie-os e encoraje-os. Creia tudo, espere tudo, antes de entristecer um coração que Deus não entristeceria. Lide com os seus deslizes de forma gentil. Não lhes dê as costas, como se o caso deles não tivesse mais esperança. Use todos os meios legítimos para restaurá-los ao que eram antes. Considere a si mesmo, as suas próprias debilidades, e aja como você gostaria que agissem com você. É lamentável, mas existe uma ausência da mente de Cristo em muitos dos seus discípulos. Temo que há muitas igrejas hoje em dia, que teriam recebido Pedro de volta à comunhão somente após um longo período, depois de ele ter negado a Cristo. Há poucos crentes dispostos a fazer o trabalho de Barnabé; que estão desejosos de tomar os novos convertidos pela mão e encorajá-los em seus primeiros passos. Na verdade, os cristãos precisam de um derramamento do Espírito entre eles, tanto quanto o mundo.

E agora, a única coisa a fazer é pedir que meus leitores façam uso prático das lições que lhes tenho apresentado. Aqui, você ouviu sobre cinco coisas:

1. Servir a Cristo não garante que não tenhamos problemas. Os crentes mais consagrados estão sujeitos a eles.
2. Cristo é tanto Deus como Homem.
3. Os cristãos podem ter muitas fraquezas e debilidades e, ainda assim, serem cristãos verdadeiros.
4. Cristo tem todo o poder, e
5. Cristo é cheio de paciência e de bondade para com seu povo. Lembre-se destas cinco lições e você irá bem.

Suporte-me por mais alguns momentos, enquanto digo mais algumas palavras para gravar, de forma mais profunda em seu coração, essas coisas que você tem lido.

1. É provável que este capítulo seja lido por alguém que não saiba o que é servir a Cristo pela própria experiência ou que não saiba nada sobre Cristo.

Existem muitos que não têm o menor interesse nestas coisas sobre as quais escrevi. Todo o tesouro deles está aqui na terra. Eles estão completamente interessados nas coisas desse mundo. Não se importam nem um pouco com os conflitos, lutas e debilidades, nem com as dúvidas e temores dos crentes.

Eles pouco se importam se Cristo é Homem ou Deus. Pouco se importam se Ele fez milagres ou não. Para eles é só uma questão de palavras, nomes e formalidades com as quais não desejam se preocupar. Estão sem Deus no mundo.

Se, por acaso, você é uma dessas pessoas, quero adverti-lo solenemente que sua atual situação não permanecerá para sempre. Você não viverá para sempre. Haverá um fim. Cabelos brancos, velhice, doenças, debilidades, morte – tudo, tudo está diante de você, e você o enfrentará um dia. O que você fará quando esse dia chegar?

Lembre-se de minhas palavras, hoje. Você não encontrará um conforto sequer, quando estiver doente e morrendo, a menos que Jesus Cristo seja seu amigo. Você descobrirá, para sua própria tristeza e vergonha, que embora muitos possam falar e vangloriarem-se, eles não podem ir para o leito de morte sem Cristo. Você pode chamar ministros e pedir que leiam orações e lhe dêem os sacramentos. Você pode passar por todos os formalismos e cerimônias do cristianismo. Contudo, se você persistir em viver de forma negligente e mundana, desprezando a Cristo durante a aurora de sua vida, não deverá se surpreender se Cristo o deixar entregue a si mesmo, quando chegar o seu fim. É lamentável, mas essas são palavras solenes que se cumprem com muita freqüência: “Eu me rirei na vossa desventura e, em vindo o vosso terror, eu zombarei!” (Pv 1.26).

Venha, então, neste dia, e seja advertido por alguém que ama a sua alma. Pare de fazer o mal. Aprenda a fazer o bem. Deixe os insensatos, e ande pelo caminho do entendimento. Lance fora aquele orgulho que está exposto em seu coração e busque ao Senhor Jesus, enquanto se pode achar. Lance fora a preguiça espiritual que está paralisando sua alma e comece a se preocupar com sua Bíblia, com suas orações e com seus domingos. Rompa com um mundo que nunca poderá satisfazê-lo realmente e busque o único tesouro que é incorruptível. Oh! que as palavras do próprio Senhor possam encontrar lugar em sua consciência! “Até quando, ó néscios, amareis a necedade? E vós, escarnecedores, desejareis o escárnio? E vós, loucos, aborrecereis o conhecimento? Atentai para a minha repreensão; eis que derramarei copiosamente para vós outros o meu espírito e vos farei saber as minhas palavras" (Pv 1.22-23). Acredito que o maior pecado de Judas Iscariotes foi não ter desejado buscar o perdão e voltar novamente para o Senhor. Tome cuidado para que este não seja também o seu pecado.

2. É provável que este capítulo caia nas mãos de alguém que ame ao Senhor Jesus e creia nEle , e deseje amá-Lo melhor.

Se você é uma pessoa assim, permita-me dar-lhe uma palavra de exortação e poderá aplicá-la ao seu coração.

Em primeiro lugar, tenha esta verdade sempre presente: o Senhor Jesus é uma Pessoa real e trate-O como tal.

Temo que muitos cristãos nos dias de hoje tenham perdido de vista o caráter de nosso Senhor Jesus Cristo. A conversa deles é mais a respeito de salvação do que a respeito do Salvador; mais sobre redenção do que sobre o Redentor; mais sobre justificação do que sobre Jesus; mais sobre a obra de Cristo, do que sobre a pessoa de Cristo. Esta é uma falha grave. Ela é responsável pelo caráter seco e sem vida da religião de muitos crentes.

À medida que você estiver crescendo na graça e tiver alegria e paz em crer, tome cuidado para não cair no mesmo erro. Pare de considerar o evangelho como uma mera coleção de doutrinas sem vida. Em vez disso, olhe para ele como sendo a revelação de um Ser vivo e poderoso, diante do qual você vive diariamente. Pare de considerá-lo como um mero conjunto de proposições abstratas e princípios e regras de difícil compreensão. Olhe para ele como uma apresentação a um Amigo pessoal glorioso. Este é o tipo de evangelho que os apóstolos pregavam. Eles não foram por quase todo o mundo falando aos homens sobre o amor, sobre a misericórdia e sobre o perdão como se tais coisas fossem idéias abstratas. O assunto principal de seus sermões era o coração amoroso de um Cristo vivo e real. Este é o evangelho que foi planejado para promover santificação e preparação para a glória. É provável que nada nos prepare tanto para aquele céu, onde a presença pessoal de Cristo será tudo, e para aquela glória onde encontraremos Cristo face a face, do que perceber, enquanto estamos aqui na terra, que ter comunhão com Cristo é ter comunhão com uma Pessoa viva e real.

Em segundo lugar, tenha esta verdade sempre presente: o Senhor Jesus é absolutamente imutável.

Aquele Salvador em quem você confia, ontem e hoje é o mesmo e o será para sempre. Ele não conhece variação, nem sombra de mudança. Apesar de estar elevado no céu, à destra de Deus, Ele tem o mesmo coração que costumava ter dezoito séculos atrás, quando estava sobre a terra. Lembre-se disso e você estará indo bem.

Siga-O em suas jornadas, para lá e para cá, na Palestina. Note como Ele recebeu a todos quantos foram até Ele, sem repelir a qualquer deles. Note como Ele tinha um ouvido pronto a ouvir todo tipo de história triste; uma mão para ajudar a todo caso de angústia e um coração para perceber todo aquele que precisava de compaixão. E depois, diga para você mesmo: "Este mesmo Jesus é o meu Senhor e Salvador". O lugar e o tempo não causaram qualquer diferença nEle. Aquilo que Ele foi, continua sendo hoje e continuará sendo para sempre.

É certo que este pensamento dará vida e veracidade à sua religião diária. É certo que ele dará substância e forma às suas expectativas de coisas boas no porvir. Certamente, esse é um assunto para se refletir com regozijo: Aquele que esteve durante trinta e três anos sobre a terra, sobre quem nós lemos a vida descrita nos evangelhos, é o mesmo Salvador em cuja presença gastaremos toda a eternidade.

A última palavra deste capítulo será a mesma que a primeira. Gostaria que as pessoas lessem mais os quatro evangelhos do que costumam ler. Desejo que elas estejam mais familiarizadas com Cristo. Desejo que os não convertidos conheçam a Jesus, para que possam ter vida eterna através dEle. Desejo que os crentes conheçam melhor a Jesus para que sejam mais felizes, mais santos e mais compatíveis com a herança dos santos em luz. Aquele que aprende a dizer juntamente com o apóstolo Paulo: "Para mim, o viver é Cristo" (Fp 1.21) é aquele que será mais santo.

Capítulo 13

A igreja que Cristo está edificando

E sobre esta pedra edificarei a minha igreja, e as portas do inferno não prevalecerão contra ela.
Mateus 16.18

Pertencemos a uma igreja que está construída sobre a rocha? Somos membros da única igreja na qual nossas almas poderão ser salvas? Estas são perguntas sérias e merecem ser consideradas com seriedade. Peço a atenção de todos quantos lêem este capítulo, enquanto procuro demonstrar qual é a única igreja santa e verdadeira, ao mesmo tempo que tento guiar os pés dos homens para dentro do único aprisco sagrado seguro. Que igreja é esta? Como é esta igreja? Quais são suas marcas? Onde pode ser encontrada? Tenho algo a dizer sobre cada um destes pontos. Explanarei sobre as palavras de nosso Senhor Cristo, as quais estão no início desta página. Ele declara: "E sobre esta pedra edificarei a minha igreja, e as portas do inferno não prevalecerão contra ela".

Há cinco coisas nessas famosas palavras que requerem a nossa atenção:

1. Uma construção: "Minha igreja".
2. Um construtor: Jesus diz: "Edificarei minha igreja".
3. Um fundamento: "Sobre esta pedra edificarei a minha igreja".

4. Perigos implícitos: "As portas do inferno".
5. Uma declaração de segurança: "As portas do inferno não prevalecerão contra ela".

Nos dias de hoje, todo esse assunto exige de nós uma atenção especial.

1. UMA CONSTRUÇÃO

A primeira coisa que vemos mencionada no texto é uma construção. O Senhor Jesus Cristo fala sobre "Minha igreja".

Que igreja é essa? Poucas indagações mais importantes do que estas poderiam ser feitas. Pelo fato de não se dar à devida atenção a esse assunto, os erros que têm entrado sorrateiramente no mundo não são poucos, nem insignificantes.

A igreja de nosso texto não é uma construção material. Não é um templo feito por mãos, não é de madeira, de tijolo, de pedra ou de mármore. É uma associação de homens e mulheres. Não é uma igreja visível em particular na terra. Não é a igreja do leste ou do oeste. Não é a igreja da Inglaterra ou da Escócia. E acima de tudo, certamente, não é a igreja de Roma. A igreja de nosso texto é a menos notada aos olhos dos homens do que qualquer outra igreja visível, mas é a mais importante aos olhos de Deus.

A igreja de nosso texto é formada por todos os crentes verdadeiros no Senhor Jesus Cristo, por todos os que realmente são santos e convertidos. Ela abrange todos quantos já se arrependeram do pecado; buscaram refúgio em Cristo, pela fé e foram feitos novas criaturas nEle. Ela contém todos os eleitos de Deus; todos os que receberam a graça de Deus; todos os que foram lavados no sangue de Cristo; todos os que foram vestidos com a justiça de Cristo; todos os que nasceram de novo e foram santificados pelo espírito de Cristo. Todos esses, de todo nome, posição e nação, e povo e língua, compõem a igreja de nosso texto. Este é o corpo de Cristo. Este é o rebanho de Cristo. Esta é a noiva, a esposa do Cordeiro. Esta é a "santa igreja católica apostólica" do credo Apostólico e do credo Niceno. Esta é "a abençoada associação de todas as pessoas fiéis", mencionada no culto da ceia do Senhor na Igreja da Inglaterra. Esta é "a igreja que está sobre a rocha".

Os membros desta igreja não adoram a Deus todos da mesma maneira ou usam a mesma forma de governo. Alguns deles são governados por bispos, e outros, por presbíteros. Alguns deles usam um livro de orações quando se reúnem para adoração pública, e outros não. O artigo trinta e quatro da Igreja da Inglaterra declara sabiamente: "Não é necessário que as cerimônias sejam as mesmas e feitas do mesmo modo em todos os lugares". Contudo, todos os membros desta igreja comparecem ao trono da graça. Todos eles adoram com um só coração. Todos eles são guiados por um só Espírito. Todos eles são verdadeiramente santos. Todos eles podem dizer "Aleluia" e todos podem responder "Amém".

Esta é a igreja à qual todas as outras igrejas visíveis na terra estão subordinadas e da qual todas são servas. Quer sejam Episcopais, Independentes ou Presbiterianas, todas servem aos interesses da única igreja verdadeira. Elas são o andaime atrás do qual o grande edifício está sendo construído. Elas são o caroço dentro do qual a viva semente se desenvolve. Elas possuem seus vários graus de utilidade. A melhor e a mais valiosa delas é aquela que treina os seus membros para participarem da verdadeira igreja de Cristo. Entretanto, nenhuma igreja visível tem o direito de dizer: "Nós somos a única igreja verdadeira. Nós somos os homens com quem a sabedoria morrerá". Nenhuma igreja visível deveria ousar dizer: "Nós vamos permanecer para sempre. E as portas do inferno não prevalecerão contra esta igreja".

Verdadeira é a igreja à qual pertencem as promessas graciosas do Senhor de preservação, continuidade, proteção e glória final. Disse Hooker: "O que quer que seja que leiamos nas Escrituras sobre o amor eterno e a misericórdia salvadora que Deus demonstra em relação à sua igreja, tem como único objeto desse amor e misericórdia esta igreja, a qual é convenientemente denominada de "corpo espiritual de Cristo". Por menor e mais desprezada que a igreja verdadeira possa ser nesse mundo, ela é preciosa e nobre aos olhos de Deus. O templo de Salomão, em toda a sua glória, era inferior e desprezível quando comparado à igreja que está edificada sobre a rocha.

Creio que as coisas que tenho dito se fixarão na mente de todos quantos lêem estas palavras. Esteja certo de possuir uma doutrina sã no que diz respeito ao assunto "igreja". Um equívoco nessa área pode levar a erros perigosos e arruinar a alma. A igreja formada pelos verdadeiros crentes é a igreja à qual, nós ministros, somos especialmente ordenados a pregar. A igreja que abrange todo aquele que se arrepende e crê no evangelho é a igreja à qual desejamos que você pertença. Nosso trabalho não estará completo, e nosso coração não estará satisfeito, até que você seja uma nova criatura e membro da única Igreja verdadeira. Fora da igreja que está "edificada sobre a rocha" não há salvação.

2. UM CONSTRUTOR

Passo ao segundo ponto ao qual quero chamar a sua atenção. Nosso texto não apenas contém uma construção, há também um Construtor. O Senhor Jesus Cristo declara: "Edificarei a minha igreja".

A verdadeira igreja de Cristo é cuidada de forma carinhosa pelas três Pessoas da bendita Trindade.

No plano da salvação revelado na Bíblia, não há dúvida de que Deus Pai escolhe; Deus Filho redime; e Deus Espírito Santo santifica cada membro do corpo de Cristo. Deus Pai, Deus Filho e Deus Espírito Santo, três Pessoas em um único Deus, cooperam para a salvação de toda alma que é salva. Esta é a verdade, a qual nunca deve ser esquecida. No entanto, em um certo sentido, a ajuda que a igreja recebe depende particularmente de Jesus Cristo. Ele é o proeminente Redentor e Salvador da igreja. Por essa razão, nós O encontramos dizendo em nosso texto: "Eu edificarei – o trabalho de edificação é minha tarefa especial".

É Cristo quem chama os membros dessa igreja no seu devido tempo. Eles são chamados para ser de Jesus Cristo (Rm 1.6). É Cristo que os vivifica. "O Filho vivifica aqueles a quem quer" (Jo 5.21). É Cristo quem os liberta do pecado. "Aquele que nos ama, e, pelo seu sangue, nos libertou dos nossos pecados" (Ap 1.5). É Cristo quem lhes dá a paz. "Deixo-vos a paz, a minha paz vos dou; não vo-la dou como a dá o mundo. Não se turbe o vosso coração, nem se atemorize" (Jo 14.27). É Cristo quem lhes dá a vida eterna. "Eu lhes dou a vida eterna; jamais perecerão" (Jo 10.28). É Cristo quem lhes concede o arrependimento. "Deus, porém... o exaltou a Príncipe e Salvador, a fim de conceder... o arrependimento" (At 5.31). É Cristo quem os capacita a se tornarem filhos de Deus. "Mas, a todos quantos o receberam, deu-lhes o poder de serem feitos filhos de Deus" (Jo 1.12). É Cristo que continua a obra interior que foi iniciada neles. "Porque eu vivo, vós também vivereis" (Jo 14.19). Em resumo, "aprouve a Deus que, nEle, residisse toda a plenitude" (Cl 1.19). Ele é o Autor e Consumador da fé. Ele é a vida. Ele o Cabeça. Através dEle, toda junta e todo membro do corpo místico de cristãos é suprido. Através dEle, eles são fortalecidos para cumprir o seu dever. Eles são guardados por Ele para não cair. Ele os preservará até o fim e os apresentará inculpáveis diante do trono do Pai, com alegria extrema. Ele é todas as coisas em todos os crentes.

O poderoso agente través de quem o Senhor Jesus completa sua obra na vida dos membros de sua igreja é, sem sombra de dúvida, o Espírito Santo. Ele é quem aplica Cristo e os benefícios de Cristo à alma do crente. Ele é quem está sempre renovando, despertando, convencendo, levando até a cruz, transformando, retirando pedra após pedra do mundo e acrescentando-as ao seu edifício místico. Entretanto, o grande Construtor chefe, o qual foi encarregado de executar a obra da redenção e completá-la, é o Filho de Deus, o "Verbo que se fez carne". É Jesus Cristo quem "edifica".

Ao edificar a verdadeira igreja, o Senhor Jesus concordou em usar muitos instrumentos subordinados a Ele. O ministério do evangelho, a circulação das Escrituras, a repreensão amigável, a palavra dita ao seu tempo, a influência atrativa das aflições – tudo, tudo são meios e instrumentos através dos quais o seu trabalho tem continuidade, e o Espírito leva vida às almas. Porém, Cristo é o grande Arquiteto superintendente, que determina, guia e direciona tudo o que é feito. Paulo pode plantar, e Apolo regar, mas Deus dá o crescimento (1 Co 3.6). Os pastores podem pregar e os escritores, escrever, mas o Senhor Jesus é o único que pode edificar. E a menos que Ele edifique, a obra ficará estagnada. Grandiosa é a sabedoria por meio da qual o Senhor Jesus Cristo edifica a sua igreja! Tudo é feito no tempo certo e da maneira certa. Cada pedra, por sua vez, é colocada no lugar certo. Às vezes, Ele escolhe pedras grandes e, às vezes, pedras pequenas. Às vezes, Ele trabalha depressa e, às vezes, devagar. O homem, muitas vezes, é impaciente e pensa que nada está sendo feito. Entretanto, o tempo do homem não é o tempo de Deus. Mil anos aos seus olhos são como um único dia. Ele vê o fim desde o início. Ele trabalha com um plano perfeito, inalterável e correto. As concepções mais grandiosas dos arquitetos, como Michelangelo e Wren, são simplesmente insignificantes e consideradas como brincadeira de criança quando comparadas aos sábios conselhos de Cristo concernentes a sua igreja. Grandiosa é a condescendência e a misericórdia que Cristo exibe em edificar a sua igreja! Ele escolhe, de forma geral, as pedras mais impróprias e brutas e as encaixa à obra mais excelente. Ele não despreza, nem rejeita nenhuma delas por causa de pecados anteriores e transgressões passadas. Ele, muitas vezes, faz com que fariseus e publicanos se tornem colunas de sua casa. Ele se deleita em demonstrar misericórdia. Ele geralmente toma as pedras mais desprezíveis e más e as transforma em pedras angulares polidas em seu templo espiritual.

Grande é o poder que Cristo manifesta ao edificar a sua igreja! Ele leva a cabo sua obra apesar da oposição do mundo, da carne e do diabo. Nas procelas, no temporal, em tempos turbulentos, silenciosamente, tranqüilamente, sem barulho, sem movimento, sem agitação, o edifício avança como o templo de Salomão. "Agindo eu", Ele declara, "quem o impedirá?"(Is 43.13).

Os filhos deste mundo possuem pouco ou nenhum interesse na edificação desta igreja. Eles não se importam com a salvação das almas. O que significa espírito quebrantado e coração arrependido para eles? O que significa convicção de pecado ou fé no Senhor Jesus para eles? Todas essas coisas são "tolices" aos olhos deles. Entretanto, enquanto os filhos deste mundo não se importam, há regozijo na presença dos anjos de Deus. Para que a igreja fosse preservada, as leis da natureza muitas vezes foram suspensas. Para o bem da igreja, toda a conduta da providência de Deus neste mundo é organizada e harmoniosa. Por causa dos eleitos, guerras chegam ao fim e a paz é dada à nação. Os estadistas, legisladores, imperadores, reis, presidentes e chefes de governos possuem seus projetos e planos e pensam que eles são da maior importância. Entretanto, existe uma outra obra em andamento para um momento infinitamente maior, no qual eles são apenas "machados e serras" nas mãos de Deus (Is 10.15). Esta obra é a construção do templo espiritual de Cristo, o ajuntamento das pedras vivas na única igreja verdadeira.

Devemos ser profundamente gratos pelo fato de que a edificação da verdadeira igreja está sobre os ombros de Alguém que é poderoso. Se esta obra dependesse do homem, logo seria abandonada. Mas, bendito seja Deus, porque esta obra está nas mãos do Construtor que nunca falha em cumprir os seus desígnios! Cristo é o Construtor Todo-poderoso. Ele dará continuidade a sua obra, mesmo que as nações e as igrejas visíveis não reconheçam suas obrigações. Cristo nunca falhará. Aquele que se encarregou dessa tarefa, certamente há de completá-la.

3. UM FUNDAMENTO

Passo agora ao terceiro ponto a que me propus considerar: o fundamento sobre o qual está igreja é construída. O Senhor Jesus nos diz: "Sobre esta pedra edificarei a minha igreja".

O que o Senhor Jesus queria dizer quando falou sobre este fundamento? Queria dizer que era o apóstolo Pedro – com quem Ele estava falando? Penso que não há dúvida que não. Não vejo razão para isso. Se Ele intentava dizer que era Pedro, por que não disse: "Sobre ti edificarei a minha igreja"? Se Ele tivesse a intenção de dizer que a rocha era Pedro, certamente teria dito: "Edificarei a minha igreja sobre ti" de forma tão clara quanto disse: "Dar-te-ei as chaves". Não, ele não falava do Apóstolo Pedro, e sim da confissão verdadeira que o apóstolo havia acabado de fazer. Não era Pedro, o apóstolo errante e instável, e sim a poderosa verdade que o Pai havia revelado a Pedro. Era a verdade de que o próprio Jesus Cristo era a rocha. Era a mediação de Cristo e o messianismo de Cristo. Era a promessa bendita de que Jesus era o Salvador prometido, o verdadeiro Fiador, o veraz Intercessor entre Deus e os homens. Esta era a rocha, este era o fundamento, sobre o qual a igreja de Deus deveria ser edificada.

O fundamento da igreja verdadeira foi lançado com um custo elevado. Foi preciso que o Filho de Deus tomasse nossa natureza sobre Si e vivesse com essa natureza; sofresse e morresse, não pelos seus próprios pecados, mas pelos nossos. Foi necessário que Ele fosse ao sepulcro com essa natureza e ressuscitasse. Foi necessário que Ele subisse ao céu com essa natureza e sentasse à destra de Deus, obtendo eterna redenção para todo o seu povo. Nenhum outro fundamento poderia ir ao encontro das necessidades de pecadores desamparados, fracos, corruptos, culpados e perdidos.

Uma vez que se obtenha este fundamento, ele é bem resistente. Ele pode suportar o peso dos pecados de todo o mundo. Ele tem suportado o peso de todos os pecados de todos os crentes que têm edificado sobre ele. Pecados de pensamento, pecados da imaginação, pecados do coração, pecados da mente, pecados que têm sido vistos por todos e pecados que nenhum homem conhece, pecados contra Deus e pecados contra o homem, pecados de todos os tipos e descrições – aquela rocha poderosa pode suportar o peso de todos esses pecados sem ceder. O ofício mediador de Cristo é um remédio suficiente para todos os tipos de pecado de todo o mundo.

Todo membro da verdadeira igreja de Cristo está unido a este fundamento. Os crentes são desunidos em muitas coisas e discordam entre si a respeito de muitas delas. Mas na questão do fundamento de sua alma, todos possuem uma só mente. Quer sejam episcopais ou presbiterianos, batistas ou metodistas, todos os crentes concordam em um ponto. Todos eles estão edificados sobre a rocha. Pergunte-lhes de onde eles obtêm a paz e a esperança, e a exultante expectativa das coisas boas por vir. Você verá que tudo flui de uma fonte poderosa, Cristo, o Mediador entre Deus e os homens e do ofício que Ele ocupa como Sumo Sacerdote e Fiador dos pecadores.

Se você deseja saber se é um membro da verdadeira igreja ou não, olhe para o seu fundamento. Este é um ponto que você deve conhecer por si mesmo. Nós podemos ver sua adoração pública, mas não podemos ver se você está pessoalmente edificado sobre a rocha. Podemos ver sua participação na mesa do Senhor, mas não podemos ver se está unido a Cristo, se é um com Cristo, e se Cristo está em você. Tome cuidado para não cometer erros em relação à sua salvação pessoal. Veja se sua própria alma está sobre a rocha. Sem isso, todas as outras coisas são nada. Sem isso, você não resistirá no dia do juízo. Será mil vezes melhor ser achado em uma cabana "sobre a rocha" naquele dia, do que em um palácio sobre a areia!

4. PERIGOS IMPLÍCITOS

Em quarto lugar, falarei sobre as provações da igreja, às quais estão implícitas no nosso texto. Foram mencionadas as "portas do inferno". Essa expressão deve ser compreendida como sendo o "poder do príncipe do inferno", ou seja, do próprio diabo (Cf. Sl 9.13; 107.18; Is 38.10).

A história da verdadeira igreja de Cristo tem sido uma história de conflitos e guerras. A igreja verdadeira tem sido constantemente atacada por um inimigo mortal, Satanás, o príncipe deste mundo. O diabo odeia a Igreja de Cristo com um ódio infinito. Ele sempre levanta oposição contra todos os seus membros. Ele sempre instiga os filhos deste mundo a fazerem sua vontade, a injuriarem e a atormentarem o povo de Deus. Se ele não puder ferir o Cabeça, ferirá o calcanhar. Se ele não puder roubar os crentes do céu, ele os envergonhará no caminho.

O combate contra os poderes do inferno tem sido a experiência de todo o corpo de Cristo por seis mil anos. Esse combate tem sido uma sarça ardente, embora não consumida; uma mulher fugindo para o deserto, embora não engolida pela terra (Ex 3.2; Ap 12.6, 16). A igreja visível tem seus tempos de prosperidade e períodos de paz, porém nunca tem havido tempo de paz para a verdadeira igreja. Seus conflitos são perpétuos. Sua batalha nunca termina.

O combate contra os poderes do inferno tem sido a experiência de todo membro da igreja de Cristo individualmente. Cada um deles tem de lutar. O que é a vida de todos os santos, senão um memorial de batalhas? Quem eram os homens como Paulo, Tiago, Pedro, João, Policarpo, Crisóstomo, Agostinho, Lutero, Calvino, Latimer, Baxter... senão soldados engajados em uma batalha constante? Por vezes, muitos crentes têm sido assaltados: outras vezes, suas propriedades destruídas. Às vezes, são atormentados pela calúnia e difamação e, às vezes, pela perseguição declarada. E, de uma maneira ou de outra, o diabo tem guerreado contra a igreja continuamente. As "portas do inferno" têm atacado o povo de Cristo continuamente.

Nós, que pregamos o evangelho, podemos presentear todo aquele que vem a Cristo com "preciosas e mui grandes promessas" (2 Pe 1.4). Podemos oferecer confiantemente a você, em nome de nosso Mestre, a paz de Deus que excede todo o entendimento. Misericórdia, livre graça e salvação completa são oferecidas a todos quantos vêm a Cristo e crêem nEle. Entretanto, não prometemos nenhuma paz com o mundo ou com o diabo. Ao contrário, nós o alertamos para o fato de que existirá uma batalha, enquanto você estiver nesse corpo. Não queremos detê-lo ou impedi-lo de servir a Cristo. Mas queremos que você calcule o preço e compreenda totalmente as conseqüências de servir a Cristo (Lc 14.28).

a. Não se surpreenda diante do inimigo que vem das portas do inferno. "Se vós fôsseis do mundo, o mundo amaria o que era seu" (Jo 15.19). Enquanto o mundo continuar sendo mundo, e o diabo continuar sendo diabo, haverá um combate, e os crentes em Cristo deverão ser soldados. O mundo odiou a Cristo e odiará os crentes verdadeiros, enquanto a terra existir. Como disse o grande reformador Lutero: "Caim continuará assassinando Abel, enquanto a igreja estiver na terra".

b. Esteja preparado para o inimigo que vem das portas do inferno. Revesti-vos de toda a armadura de Deus. A torre de Davi contém milhares de escudos, todos prontos para serem usados pelo povo de Deus. Nossas armas de guerra têm sido provadas por milhares de pecadores como nós e nunca têm falhado.

c. Seja paciente quando for provado pelo inimigo que vem das portas do inferno. Isso está cooperando para o seu bem e tende a produzir santificação. Isso o manterá em alerta e o tornará humilde. Isso o fará aproximar-se do Senhor Jesus Cristo e fará com que você se desapegue do mundo. Isso o levará a orar mais. E acima de tudo, isso o levará a ansiar pelo céu e o ensinará a dizer com o coração e também com os lábios: "Vem, Senhor Jesus. Venha o teu reino".

d. Não seja subjugado pelo inimigo que vem do inferno. O combate do verdadeiro cristão é um sinal da graça, assim como a paz interior que ele desfruta. Sem cruz, sem coroa! Sem conflitos, sem cristianismo salvador! "Bem-aventurados sois", disse o Senhor Jesus Cristo, "quando, por minha causa, vos injuriarem, e vos perseguirem, e, mentindo, disserem todo mal contra vós". Se você nunca é perseguido por causa da religião, e se os homens falam bem de você, você deve questionar se pertence à "igreja que está sobre a rocha" (Mt 5.11; Lc 6.26).

5. UMA DECLARAÇÃO DE SEGURANÇA

Ainda restou mais uma coisa a ser considerada: a segurança da igreja de Cristo. Existe uma promessa gloriosa que foi dada pelo Construtor: "As portas do inferno não prevalecerão".

Aquele que não pode mentir empenhou sua palavra dizendo que todos os poderes do inferno não derrotarão a sua igreja. Ela continuará e permanecerá, apesar de todos os ataques. Ela nunca será vencida. Todas as outras coisas criadas perecerão e desaparecerão, entretanto, isso não acontecerá com a igreja que está edificada sobre a rocha.

Impérios têm se levantado e decaído em sucessão rápida. Egito, Assíria, Babilônia, Pérsia, Tiro, Cartago, Roma, Grécia – onde estão hoje? Todos eram criação das mãos humanas e desapareceram. Contudo, a verdadeira igreja de Cristo continua viva.

As cidades mais poderosas tornaram-se um amontoado de ruínas. As vastas muralhas da Babilônia vieram abaixo. Os palácios de Nínive estão cobertos pelo pó. Os portões de Tebas são apenas assuntos de história. Tiro é um lugar onde os pescadores lançam suas redes. Cartago é uma desolação. No entanto, a igreja verdadeira têm permanecido durante todo esse tempo. As portas do inferno não prevalecem contra ela.

Muitas das igrejas primitivas visíveis decaíram e pereceram. Onde estão as igrejas de Éfeso e de Antioquia? Onde estão as igrejas de Alexandria e Constantinopla? Onde estão as igrejas de Corinto, Filipos e Tessalônica? Onde todas elas estão, afinal? Apostataram da Palavra de Deus. Elas se orgulhavam de seus bispos e sínodos, cerimônias, erudição e antiguidade. Elas não se gloriaram na verdadeira cruz de Cristo. Não se apegaram com firmeza ao evangelho. Não deram ao Senhor Jesus o ofício que Lhe é por direito ou não creram que Ele tinha essa posição por direito. Agora, estão entre as coisas que já passaram. O seu candelabro foi roubado. No entanto, durante todo esse tempo, a igreja verdadeira continua viva.

A igreja verdadeira foi oprimida em algum país? Fugiu para outro. Foi maltratada e afligida em algum solo? Criou raiz e floresceu em outro clima. Fogo, espada, prisões, punições, penalidades nunca puderam destruir sua vitalidade. Seus perseguidores morreram e foram para o seu próprio lugar, porém, a Palavra de Deus está viva e tem se expandido e se espalhado. Mesmo parecendo fraca aos olhos do homem, esta igreja verdadeira é a bigorna que já quebrou muitos martelos no passado e, talvez, continue quebrando muitos mais, antes que chegue o fim. Aquele que fere a igreja verdadeira está tocando na menina dos olhos de Deus (Zc 2.8).

A promessa de nosso texto é verdadeira para todo o corpo da igreja verdadeira. Cristo nunca estará sem testemunhas no mundo. Ele tem mantido um povo até nos piores tempos. Ele tinha sete mil em Israel nos dias de Acabe. Creio que Ele tem alguns hoje, em meio às trevas da igreja Católica e Grega, que apesar de muita fraqueza, estão servindo a Cristo. O inimigo pode se enfurecer terrivelmente. A igreja tem sido excessivamente humilhada em muitos países. Entretanto, as portas do inferno não "prevalecerão" totalmente.

A promessa de nosso texto é verdadeira para todo membro da igreja, individualmente. Algumas pessoas do povo de Deus têm sido tão subjugadas e perturbadas, que chegaram a desesperar de sua segurança. Alguns caíram de modo lamentável, como Davi e Pedro. Outros abandonaram a fé por um tempo, como no caso de Cranmer e Jewell. Muitos foram provados por dúvidas cruéis e temores. Mas, no final, todos eles chegaram ao lar em segurança; os mais jovens, bem como os mais velhos; os mais fracos, bem como os mais fortes. E assim será até o fim. Você pode impedir que o sol nasça amanhã? Você pode impedir a vazante ou a elevação da maré no canal de Bristol? Você pode impedir que os planetas se movam em suas respectivas órbitas? Depois, somente depois de fazer estas coisas, você poderá impedir a salvação de algum crente, a segurança final de cada pedra viva daquela igreja que está construída sobre a rocha; mesmo que sejam pedras frágeis e por mais insignificantes e diminutas que possam parecer.

A igreja verdadeira é o corpo de Cristo. Nenhum osso será quebrado nesse corpo espiritual de Cristo. A verdadeira igreja é a noiva de Cristo. Aqueles a quem Deus uniu em aliança eterna jamais serão deixados à parte. A verdadeira igreja é o rebanho de Cristo. Quando veio o leão e tomou um cordeiro do rebanho de Davi, Davi levantou-se e libertou o cordeiro da boca do leão. Cristo fará o mesmo. Ele é o grandioso Filho de Davi. Nem sequer um cordeiro doente do rebanho de Cristo perecerá. Ele dirá ao Pai no dia do juízo: "Não perdi nenhum dos que me deste" (Jo 18.9). A verdadeira igreja é o trigo da terra. Ela pode ser peneirada, escolhida, malhada e sacudida para lá e para cá. Contudo, nem sequer um grão se perderá. A palha e o joio serão queimados. O trigo será ajuntado no celeiro. A verdadeira igreja é o exército de Cristo. O Capitão da nossa salvação não perde nenhum de seus soldados. Seus planos nunca são frustrados. O seu suprimento nunca acaba. No final da batalha, a relação de nomes de suas tropas é a mesma que havia no início. Dos homens que partiram da Inglaterra, marchando galantemente para a guerra da Criméia, alguns anos atrás, quantos há que jamais voltaram! Regimentos que partiram fortes e contentes, com bandas tocando e estandartes agitando-se no ar, depositaram seus ossos em terra estrangeira e nunca retornaram ao seu país de origem. Entretanto, isso não acontece com o exército de Cristo. Não se achará falta de nenhum deles no final. Ele mesmo declarou: "Jamais perecerão" (Jo 10.28).

O diabo pode lançar alguns membros da igreja verdadeira na prisão. Ele pode matar e queimar, torturar e enforcar. Mas depois de matar o corpo, não há mais nada que ele possa fazer. Ele não pode ferir a alma. Quando as tropas francesas foram para Roma, há alguns anos, eles encontraram nas paredes de uma cela da prisão, durante a Inquisição, as palavras de um prisioneiro. Quem era ele, não sabemos, mas as suas palavras são dignas de serem recordadas. "Mesmo depois de morto, ainda fala". Ele havia escrito na parede, provavelmente após uma provação injusta e uma excomunhão mais injusta ainda, as seguintes palavras surpreendentes: "Bendito Jesus, eles não podem me expulsar de tua igreja verdadeira". Aquela inscrição é verdadeira! Nem todo o poder de Satanás poderá expulsar um único crente sequer da igreja verdadeira de Cristo.

Estou confiante de que nenhum leitor deste capítulo permitirá que o medo o impeça de começar a servir a Cristo. Aquele a quem você entregou sua alma tem todo o poder no céu e na terra e Ele o guardará. Ele nunca o lançará fora. Os parentes podem se opor. Os vizinhos podem escarnecer. O mundo pode caluniar e ridicularizar, zombar e olhar com desprezo. Não tema! Não tema! As portas do inferno não prevalecerão contra a sua alma. Maior é Aquele que é por você, do que aqueles que são contra você.

Não tema pela igreja de Cristo quando os pastores morrem e os santos são levados. Cristo sempre poderá manter a sua causa. Ele levantará servos melhores e estrelas mais brilhantes. Todas as estrelas estão em sua mão direita. Abandone todos os pensamentos ansiosos a respeito do futuro. Deixe de ser subjugado pelas medidas políticas ou pelas tramas dos lobos vestidos de ovelhas. Cristo sempre suprirá a sua igreja. Cristo se encarregará de fazer com que "as portas do inferno não prevaleçam contra ela". Tudo está indo bem, embora nossos olhos não consigam enxergar. Os reinos deste mundo logo se tornarão o reino de nosso Deus e de seu Cristo.

E agora, concluo com algumas palavras de aplicação prática.

1. Minha primeira palavra de aplicação será uma pergunta. E que pergunta será essa? Retornarei ao ponto onde começamos. Voltarei até a primeira frase com a qual abri este capítulo. Pergunto se você é um membro da verdadeira igreja de Cristo. Você é, no bom sentido da palavra, um "homem da igreja" aos olhos de Deus? Agora você já sabe o que estou querendo dizer. Estou olhando para além da Igreja da Inglaterra. Não estou falando de um edifício ou capela. Falo da "igreja que está edificada sobre a rocha". Pergunto com toda a seriedade: você é um membro dessa igreja? Você está unido ao grande Fundamento? Você está sobre a Rocha? Você recebeu o Espírito Santo? O Espírito testifica com o seu espírito que você é um com Cristo, e que Cristo é um com você? Imploro que você coloque estas questões no coração e pondere bem sobre elas. Se você não é convertido, você ainda não pertence à "igreja que está sobre a rocha".

Que cada leitor destas palavras preste atenção a si mesmo, se não puder dar uma resposta satisfatória à minha indagação. Preste atenção, preste muita atenção para que sua alma não naufrague por toda a eternidade. Preste atenção para que no fim, as portas do inferno não prevaleçam contra você; para que o diabo não reivindique que você é propriedade dele, e você seja lançado fora para sempre. Tome cuidado para não ir para o inferno, mesmo estando rodeado de Bíblias, debaixo da plena luz do evangelho de Cristo. Tome cuidado para que, no final, você não seja achado à mão esquerda de Cristo; um episcopal perdido ou um presbiteriano perdido, ou um batista perdido, ou um metodista perdido; perdido porque apesar de todo zelo de sua parte e de participar de sua própria mesa de comunhão, você nunca se uniu à única igreja verdadeira.

2. Minha segunda aplicação será um convite. Dirijo este convite a todo aquele que ainda não é um crente verdadeiro. Eu lhe digo, venha e una-se à única igreja verdadeira sem demora. Venha e una-se ao Senhor Jesus Cristo em uma aliança eterna que não será esquecida.

Considere o que eu digo. Recomendo solenemente que você não interprete mal o meu convite. Não estou propondo que você deixe a igreja visível a qual você pertence. Abomino toda a idolatria em todas as suas formas. Detesto o espírito de proselitismo. Assim, proponho que você venha a Cristo e seja salvo. O dia da decisão terá de chegar algum dia. Por que não agora? Por que não hoje, antes que o dia se acabe? Por que não hoje à noite, antes que o sol nasça amanhã de manhã? Venha a Ele, Aquele que morreu pelos pecadores na cruz e convida a todos os pecadores a virem a Ele, e serem salvos. Venha ao meu Mestre, Jesus Cristo. Eu digo, venha, pois todas as coisas já estão preparadas para você. A misericórdia está preparada para você. O céu está preparado para você. Os anjos estão preparados para se regozijarem por sua causa. Cristo está preparado para recebê-lo. Cristo o receberá alegremente e lhe dará as boas-vindas entre os seus filhos. Venha para a arca. A inundação da ira de Deus logo irromperá sobre a terra. Venha para a arca e esteja em segurança.

Venha para o bote salva-vidas da única igreja verdadeira. Este velho mundo logo se fará em pedaços! Você não está ouvindo os seus tremores? Este mundo não passa de destroços de um navio em um banco de areia. A noite já se esgotou, as ondas estão começando a se levantar, o vento está despertando, a tempestade logo virá e destruirá o velho navio. Entretanto, o bote salva-vidas já foi lançado ao mar, e nós, ministros do evangelho, imploramos para que você entre no barco e seja salvo. Imploramos para que você se levante imediatamente e venha a Cristo.

Você perguntará: "Como irei? Meus pecados são muitos. Ainda estou muito fraco. Não ouso ir". Fora com este pensamento! Ele é uma tentação de Satanás. Venha a Cristo sendo um pecador. Venha do jeito que está. Ouça a letra daquele belo hino:

Tal qual estou, eis-me aqui
Pois o teu sangue remidor
Verteste pelo pecador
Ó Salvador, me achego a ti

(Cantor Cristão – nº 266)

Esta é a maneira de vir a Cristo. Você deve vir sem esperar nada e sem impor nada. Você deve vir como um pecador faminto para ser alimentado; como um pobre pecador para ser enriquecido; como um pecador mau e indigno para ser vestido com justiça. Vindo desta maneira, Cristo o receberá. "Aquele que vem" a Cristo, "Ele, de modo nenhum, lançará fora". Oh! venha, venha a Jesus Cristo! Venha para a verdadeira igreja, pela fé, e seja salvo.

3. Finalmente, deixe-me dar uma palavra de exortação a todo crente que lê estas linhas.

Empenhe-se para ter uma vida *santa*. Ande de modo digno da igreja a qual você pertence. Viva como um cidadão do céu. Deixe que sua luz brilhe diante dos homens, de modo que o mundo possa ser beneficiado através de sua conduta. Deixe que eles saibam a quem você pertence e a quem você serve. Seja uma carta de Cristo, conhecida e lida por todos os homens, escrita com letras tão claras que ninguém possa dizer de você: "Eu não sei se este homem é um membro de Cristo ou não". Aquele que não conhece algo da santidade prática e verdadeira não é membro da igreja que está sobre a rocha.

Empenhe-se para viver uma vida de *coragem*. Confesse a Cristo diante dos homens. Qualquer que seja a posição que você ocupe, confesse a Cristo nessa posição. Por que você se envergonharia dEle? Ele não se envergonhou de você na cruz. Agora, Ele está pronto para confessá-lo diante do Pai, no céu. Por que você se envergonharia dEle? Seja corajoso. Seja muito corajoso. O bom soldado não se envergonha do próprio uniforme. O verdadeiro crente nunca deve se envergonhar no empenho por viver uma vida de *júbilo*. Viva como um homem que olha para aquela bendita esperança – a segunda vinda de Jesus Cristo. Esta é a perspectiva pela qual todos nós devemos ansiar. O que deve preencher a nossa mente, não é o pensamento de irmos para o céu e sim o pensamento de que o céu veio até nós. "Há uma era perfeita se aproximando" para todo o povo de Deus, uma era perfeita para toda a igreja de Cristo, uma era perfeita para todos os crentes – um tempo ruim para os impenitentes e descrentes, mas uma era perfeita para os cristãos verdadeiros. Que possamos esperar, vigiar e orar por esta era perfeita.

O andaime em breve será removido. A última pedra será lançada. A pedra do topo será colocada no edifício. Ainda, um pouco mais de tempo e toda a beleza da igreja que Cristo está edificando poderá ser vista claramente.

O grande Mestre Construtor logo voltará. Um edifício, no qual não haverá imperfeições, será mostrado a toda a humanidade reunida. O Salvador e os salvos se regozijarão juntos. O universo inteiro reconhecerá que tudo foi muito bem feito na edificação da igreja de Cristo. Naquele dia, ela será chamada de "bendita", se ela nunca for chamada assim antes. "Benditos" são todos aqueles que pertencem à igreja que está sobre a rocha.

Capítulo 14

Admoestações à igreja

Quem tem ouvidos, ouça o que o Espírito diz às igrejas.
Apocalipse 3.22

Suponho que posso tomar por certo que cada leitor deste livro pertence a alguma igreja visível de Cristo. Não estou perguntando se você é episcopal, presbiteriano ou independente. Apenas suponho que você não gostaria de ser chamado de ateu ou infiel. Você freqüenta um culto de adoração pública de algum corpo de cristãos professos, seja um grupo específico ou nacional.

Agora, seja qual for o nome de sua igreja, peço que dê uma atenção especial ao verso das Escrituras que está diante de seus olhos. Recomendo que lembre-se de que as palavras deste verso referem-se a você mesmo. Elas foram escritas para o seu ensino, bem como para o ensino de todos quantos se denominam cristãos. “Quem tem ouvidos, ouça o que o Espírito diz às igrejas”.

Este verso é repetido por sete vezes consecutivas no segundo e no terceiro capítulo do livro de Apocalipse. O Senhor Jesus enviou sete cartas diferentes à sete igrejas da Ásia, pelas mãos de seu servo João. Por sete vezes consecutivas, Ele finaliza sua carta com as mesmas palavras solenes: “Quem tem ouvidos, ouça o que o Espírito diz às igrejas”.

Deus é perfeito em todas as suas obras. Ele não faz nada por acaso. Deus determinou que nenhuma porção das Escrituras fosse escrita por acaso. Em todos os seus procedimentos, podemos ver que há traços de um desígnio, de um propósito e de um plano. Houve um desígnio no tamanho e órbita de cada planeta. Houve um desígnio na forma e na estrutura da mínima asa de uma mosca. Houve um desígnio em cada verso da Bíblia. Houve um desígnio na repetição de um verso, onde quer que ele apareça. Houve um desígnio para que o verso que está diante de nossos olhos fosse repetido sete vezes. Essa repetição tinha uma intenção, e espera-se que observemos isso.

Este verso me parece estar pedindo atenção especial por parte de todo cristão verdadeiro para as sete cartas enviadas às igrejas. Creio que ele tem a intenção de fazer com que os crentes prestem atenção especial ao conteúdo dessas sete cartas.

Deixe-me apontar certos princípios norteadores que estas sete cartas parecem ensinar. São verdades para os tempos que estamos vivendo; verdades para os últimos dias; verdades as quais nunca é demais conhecer; verdades as quais seria bom que todos nós conhecêssemos muito mais.

1. Em primeiro lugar, peço que meus leitores observem que o Senhor Jesus, em todas as sete cartas, não fala de nada mais, senão de questões de doutrina, prática, admoestações e promessas.

Peço que você dê uma olhada nessas sete cartas, silenciosamente, em seu tempo livre, e logo entenderá o que quero dizer.

Você observará que o Senhor Jesus encontra falhas em relação às falsas doutrinas e práticas ímpias e incoerentes e as repreende categoricamente.

Você verá, também, que Ele elogia a fé, a paciência, as obras, o labor, a perseverança e confere grande aprovação a essas graças.

No texto, você O encontrará ordenando que os crentes se arrependam, que se corrijam, que retornem ao primeiro amor, que renovem sua dedicação a Ele e coisas semelhantes a estas.

Mas, quero que observe que você não encontrará o Senhor, em nenhuma dessas cartas, discorrendo sobre as formas de governo da igreja ou cerimoniais. Ele não diz uma palavra sobre sacramentos e ordenanças. Ele não menciona qualquer coisa sobre liturgias e formalismos. Ele não instrui João a escrever sequer uma palavra sobre o batismo ou sobre a ceia do Senhor, ou sobre a sucessão apostólica. Em resumo, os princípios norteadores que podem ser chamados de "sistema sacramental" não são apresentados em nenhuma das sete cartas, desde a primeira até a última.

Por que estou discorrendo sobre isto? Porque muitos cristãos professos, no presente, querem que acreditemos que estas coisas são primordiais, essenciais e de suma importância.

Não são poucos os que parecem abraçar a idéia de que não pode haver igreja sem que haja um bispo, e que não pode haver piedade sem uma liturgia. Eles parecem acreditar que ensinar o valor das ordenanças é a tarefa primordial de um ministro e que sustentar sua igreja local é a tarefa fundamental de um povo.

Que ninguém me interprete mal quando digo isso. Não saia correndo com a noção de que não vejo importância alguma nas ordenanças. Ao contrário, considero-as como grandes bênçãos a todos aqueles que as recebem de forma "justa, digna e com fé". Não se iludam com a idéia de que não dou valor algum às hierarquias eclesiásticas, às liturgias e ao sistema organizacional das igrejas. Pelo contrário, considero que uma igreja bem administrada, que possua essas três coisas, além de ter um ministro evangélico, é uma igreja mais completa e útil do que aquelas onde essas coisas não são encontradas.

Mas uma coisa eu digo, que as ordenanças, a liderança da igreja, o uso da liturgia, a observância de cerimônias e formalismos são nada quando comparadas à fé, ao arrependimento e à santidade. E a autoridade que tenho para fazer tal afirmação é o teor das palavras de nosso Senhor às sete igrejas.

Não acredito que o Cabeça da igreja não teria dito algo a respeito desse assunto nessas cartas, se certas formas de liderança de igreja fossem de fato tão importantes como alguns afirmam. Deveríamos encontrar algo sobre isso dito às igrejas de Sardes e Laodicéia. Entretanto, não encontrei uma palavra a esse respeito. E penso que o silêncio é um fato importante.

A única coisa que posso fazer é observar o mesmo fato nas palavras de despedida de Paulo aos presbíteros de Éfeso (At 20.27-35). Ele os estava deixando para sempre. Ele estava dando suas últimas instruções aqui na terra e falava como alguém que não mais veria a face de seus ouvintes. Mesmo assim, não há sequer uma palavra de instrução sobre as ordenanças e o sistema de governo da igreja. Se havia uma hora para falar dessas coisas, aquela era a hora. Mas afinal, ele não disse uma palavra, e creio que esse silêncio foi intencional.

Aqui está um motivo pelo qual nós, que somos chamados, com razão ou sem razão, de clero evangélico, não pregamos sobre bispos, livros de orações e ordenanças mais do que o fazemos. Não é porque não valorizamos essas coisas em seu devido lugar, na devida proporção e na maneira devida. Nós de fato valorizamos essas coisas, da mesma maneira que valorizamos outras, e somos gratos por elas.

Entretanto, cremos que o arrependimento para com Deus, a fé no Senhor Jesus Cristo e a conversação santa são assuntos de maior importância para as almas dos homens. Sem isto, o homem não pode ser salvo. Estas são as questões primordiais e mais importantes e, por isso, discorremos sobre elas.

Aqui está um motivo pelo qual insistimos para que os homens não se contentem com a parte exterior da religião. Você deve ter observado que freqüentemente o advertimos a não se apoiar no fato de ser membro de uma igreja nem nos privilégios religiosos. Dizemos para que você não pense que tudo está bem apenas porque você vai à igreja no domingo e participa da ceia do Senhor. Insistimos para que você se lembre que cristão não é aquele que o é externamente, mas é aquele que "nasceu de novo", tem a "fé que atua pelo amor", que é uma "nova criação", realizada pelo Espírito de Deus no coração. Afirmamos isso porque parece ser o que Cristo tinha em mente. Estas são as coisas sobre as quais Ele escreve por sete vezes consecutivas à sete igrejas diferentes. Acreditamos que se seguirmos a Cristo, não poderemos errar de forma grave.

Estou cônscio de que os homens nos acusam de termos uma "visão estreita" a respeito do assunto sobre o qual tenho chamado a atenção. É algo insignificante que nossa visão seja considerada "estreita", contanto que nossas consciências nos digam que ela é bíblica. A tal "visão ampla", como é chamada, nem sempre é uma posição segura. A nossa resposta deve ser aquilo que Balaão disse: "O que o SENHOR falar, isso falarei" (Nm 24.13).

A pura verdade é que há na Inglaterra dois sistemas de cristianismo distintos e separados no presente momento. É inútil negar. A existência deles é um grande fato, o qual não é tão facilmente reconhecido.

De acordo com um dos sistemas, a religião é simplesmente uma questão de associação. Você tem de pertencer a um certo grupo de pessoas. Em virtude de sua associação como membro desse grupo, inúmeros privilégios, para o presente e para a eternidade, ser-lhe-ão concedidos. O que você é ou o que você sente é uma questão de pouca importância. Você não precisa colocar seus sentimentos à prova. Você é membro de uma grande organização eclesiástica. E assim, tem todos os privilégios e imunidades. Você pertence a uma corporação eclesiástica visível? Essa é a grande questão.

De acordo com o outro sistema, a religião é eminentemente um assunto pessoal entre você e Cristo. Ser um membro visível de uma organização eclesiástica não salvará a sua alma, por mais idônea que esta organização seja. O fato de você ser um membro dela não poderá lavar um só pecado seu e dar-lhe confiança no dia do juízo. É preciso que haja uma fé pessoal no Senhor Jesus Cristo; uma interação pessoal entre você e Deus; uma comunhão pessoal íntima entre o seu coração e o Espírito Santo. Você tem essa fé pessoal? Você sente a atuação do Espírito Santo em sua alma? Essa é a grande questão. Se você não tem essas coisas, você estará perdido.

Este último sistema é o que aqueles que são chamados de ministros evangélicos ensinam e ao qual eles buscam ser fiéis. Eles assim o fazem porque estão convencidos de que este é o sistema das Sagradas Escrituras. Eles assim o fazem porque estão convictos de que qualquer outro sistema pode produzir as conseqüências mais perigosas e fatalmente tem a intenção de iludir os homens em relação ao estado em que suas almas se encontram. Eles assim o fazem porque crêem que este é o único sistema de ensino ao qual Deus abençoa, e que nenhuma igreja irá florescer muito, a menos que o arrependimento, a fé, a conversão e a obra do Espírito Santo sejam o assunto principal dos sermões dos ministros.

Digo uma vez mais, que possamos examinar cuidadosamente as sete cartas enviadas às igrejas.

2. Peço aos meus leitores, em segundo lugar, que observem o que Jesus diz em cada uma das cartas: "Conheço as tuas obras".

A repetição destas palavras chama muito a atenção. Não é sem motivo que as lemos por tantas vezes consecutivas.

A uma igreja Ele diz: "Conheço... tanto o teu labor como a tua perseverança", a outra: "Conheço tua tribulação, a tua pobreza"; a outra: "Conheço... o teu amor, a tua fé, o teu serviço". Mas, a praticamente todas elas, Ele diz a expressão sobre a qual estou discorrendo: "Conheço as tuas obras". Ele não diz: "Conheço a tua profissão de fé, teus desejos, tuas resoluções, teus anseios", e sim: "tuas obras". "Conheço as tuas obras".

As obras de um cristão professo são de extrema importância. Elas não podem salvar sua alma. Elas não podem justificá-lo. Elas não podem apagar os seus pecados. Elas não podem livrá-lo da ira de Deus. Mas o fato de elas não poderem salvá-lo não significa que não tenham importância. Guarde-se e tome cuidado com essa noção. O homem que pensa desta maneira está terrivelmente enganado.

Geralmente eu penso que, de boa vontade, morreria pela doutrina da justificação pela fé, independentemente das obras da lei. Mas sinceramente, devo argumentar como um princípio geral, que as obras do homem são as evidências de sua religião. Se você se intitula cristão, você deve mostrar isso em seus modos e comportamento diários. Traga a mente o fato de que a fé tanto de Abraão e como de Raabe foi provada por meio de suas obras (Tg 2.21-25). Lembre-se de que é inútil, a mim e a você, professar que conhecemos a Deus, se o negamos com as nossas obras (Tt 1.16). Lembre-se das palavras do Senhor Jesus: "Porquanto cada árvore é conhecida pelo seu próprio fruto" (Lc 6.44).

Quaisquer que sejam as obras de um cristão professo, Jesus diz: "Eu as conheço!" Seus olhos estão em todo lugar, contemplando os maus e os bons (Pv 15.3). Você nunca praticou uma ação, por mais secreta que fosse, que Jesus não tenha visto. Você nunca disse uma palavra, mesmo que fosse em um sussurro, que Jesus não tenha ouvido. Você nunca escreveu uma carta, mesmo que fosse ao seu amigo mais querido, que Jesus não tenha lido. Você nunca teve um pensamento, por mais secreto que fosse, com o qual Jesus não esteja familiarizado. Os olhos dEle são como labaredas de fogo. As trevas não são trevas para Ele. Todas as coisas estão expostas e manifestas diante dEle. Ele diz a qualquer um: "Eu conheço as tuas obras".

a. O Senhor Jesus conhece as obras de todas as almas impenitentes e incrédulas e, um dia, irá castigá-las. Essas obras não são esquecidas no céu, embora possam ser esquecidas na terra. Quando o grande trono branco é estabelecido, e os livros são abertos, os ímpios mortos são julgados "segundo as suas obras".

b. O Senhor Jesus conhece as obras de seu povo e pondera sobre elas. Ele "pesa todos os feitos na balança" (1 Sm 2.3). Ele sabe os porquês e a motivação das obras de todos os crentes. Ele vê a motivação em cada passo dado por eles. Ele pode discernir o quanto é feito por sua própria causa e o quanto é feito por causa dos elogios. Infelizmente, não são poucas as coisas que são feitas pelos crentes, as quais podem parecer muito boas para você e para mim, mas que são avaliadas em bem pouco por Cristo.

c. O Senhor Jesus conhece as obras de todo o seu povo e um dia irá recompensá-las. Ele jamais deixará passar despercebida uma palavra bondosa ou uma obra bondosa feita em seu nome. Ele reconhecerá até o menor fruto da fé e o declarará diante do mundo no dia de sua aparição. Se você ama ao Senhor Jesus e O segue, esteja certo de que seu trabalho e labor não é vão no Senhor. As obras daqueles que morrem no Senhor os seguirão (Ap 14.13). Elas não irão adiante deles, nem ao lado deles, mas elas os seguirão e serão reconhecidas no dia em que Cristo voltar. A parábola das minas se tornará real. "E cada um receberá o seu galardão, segundo o seu próprio trabalho" (1 Co 3.8). Você não é reconhecido pelo mundo, porque ele não reconhece o seu Mestre. Mas Jesus vê e reconhece as obras de todos: "Eu conheço as tuas obras".

Pense na séria admoestação que há nessas palavras a todos aqueles que professam ter uma religião, mas são ímpios e hipócritas. Que os tais possam ler, prestar atenção e assimilar estas palavras. Jesus diz: "Eu conheço as tuas obras". Vocês podem me enganar ou enganar outro ministro qualquer; é fácil fazer isso. Vocês podem receber o pão e o vinho de minhas mãos e, ainda assim, estar apegados à iniqüidade em seu coração. Vocês podem sentar diante do púlpito de um pregador evangélico, semana após semana, ouvir suas palavras com uma expressão de seriedade no rosto e, ainda assim, não acreditar nelas. Mas lembre-se disso, vocês não podem enganar a Cristo. Aquele que descobriu a morte de Sardes e a mornidão de Laodicéia pode vê-los completamente e os deixará expostos no último dia, a menos que vocês se arrependam.

Acredite-me, a hipocrisia é um jogo perdido. Será inútil tentar parecer uma coisa e ser de fato outra; ter o nome de cristão, mas não o ser verdadeiramente. Esteja certo de que sua consciência não o incomoda e não o condena nesta questão; esteja certo de que o pecado não irá desmascará-lo. O olho que viu Acã roubar o ouro e escondê-lo, enterrando-o, também está sobre você. O livro que registrou as obras de Geazi e Ananias e Safira, também está registrando as suas obras. Jesus, misericordiosamente lhe envia uma palavra de admoestação hoje. Ele diz: "Eu conheço as tuas obras".

Pense também sobre o encorajamento que há nas palavras de Jesus para todo cristão honesto e sincero. Jesus também lhe diz: "Conheço as tuas obras". Você não vê beleza em nenhuma ação que você faz. Tudo parece imperfeito, maculado e corrompido. Você sempre fica com o coração doente por causa de suas fraquezas. Sente que está aquém do que deveria ser e que cada dia é uma página vazia ou um borrão. Mas agora você sabe que Jesus pode ver alguma beleza em tudo aquilo que você fez com um desejo cuidadoso de agradá-Lo. Seus olhos podem discernir a excelência na mínima coisa que seja obra do seu próprio Espírito. Ele pode garimpar as partículas de ouro do meio da escória de seu comportamento e peneirar o trigo do meio do joio de todas as suas obras. Ele coloca todas as suas lágrimas em um frasco. Os seus esforços em fazer o bem aos outros, mesmo que sejam débeis, estão escritos em seu livro de memórias. O menor copo de água dado em seu nome não ficará sem recompensa. Ele não esquece de suas obras e de seus labores de amor, embora o mundo possa considerá-los insignificantes.

Isso parece maravilhoso demais, mas é a realidade. Jesus aprecia honrar a obra de seu Espírito em seu povo e perdoar-lhes as fraquezas. Ele enfatiza a fé demonstrada por Raabe, mas não a sua mentira. Ele elogia os apóstolos por terem permanecido com Ele em suas tentações, mas omitiu a ignorância deles e sua falta de fé (Lc 22.28).

"Como um pai se compadece de seus filhos, assim o SENHOR se compadece dos que o temem" (Sl 103.13). E do mesmo modo que um pai encontra prazer nas mínimas atitudes de seus filhos, as quais são desconhecidas pelo estranho, suponho que o Senhor encontre prazer em nossos pobres e débeis esforços em servi-Lo.

Tudo isso é maravilhoso demais. Posso compreender perfeitamente a fala do justo no dia do juízo: "Senhor, quando foi que te vimos com fome e te demos de comer? Ou com sede e te demos de beber? E quando te vimos forasteiro e te hospedamos? Ou nu e te vestimos? E quando te vimos enfermo ou preso e te fomos visitar?" (Mt 25.37-39) Parece inacreditável e impossível que eles tenham feito alguma coisa digna de ser mencionada naquele grande dia! Mas será assim. Que todos os crentes possam sentir conforto nessas palavras. O Senhor diz: "Eu conheço as tuas obras". Isso deveria humilhá-lo, mas não deveria deixá-lo amedrontado.

3. Peço aos meus leitores que observem, em terceiro e último lugar, que em cada uma das cartas, Jesus faz uma promessa ao homem que vencer.

Sete vezes consecutivas, Jesus dá promessas grandiosas e preciosas às igrejas. Cada promessa é diferente e cada uma delas é cheia de consolação; cada uma delas é dirigida ao cristão vencedor. A promessa é sempre "ao vencedor" ou "o vencedor". Peço que atente a isso.

Cada cristão professo é um soldado de Cristo. Ele entrou, pelo batismo, numa batalha contra o pecado, o mundo e o diabo. O homem que não cumpre essa missão quebra o seu voto e é um delinqüente espiritual. Não cumpre os compromissos feitos por ele mesmo. O homem que não entra nessa batalha está praticamente renunciando ao seu cristianismo. O simples fato de alguém pertencer a uma igreja, freqüentar um lugar cristão de adoração e se intitular cristão já é uma declaração pública de que ele deseja ser reconhecido como um soldado de Jesus Cristo.

Uma armadura é providenciada para todo o que professa ser cristão, se ele quiser usá-la. "Portanto, tomai", diz Paulo aos efésios, "toda a armadura de Deus..." "Estai, pois, firmes, cingindo-vos com a verdade e vestindo-vos da couraça da justiça..." "Embraçando sempre o escudo da fé..." "Tomai também o capacete da salvação e a espada do Espírito, que é a palavra de Deus..." (Ef 6.13-17). E mais importante do que isso, aquele que professa ser cristão tem o melhor de todos os líderes, Jesus, o Capitão da salvação, através de quem ele pode ser mais que vencedor; tem o melhor dos suprimentos, o pão e a água da vida; e a promessa de o melhor dos soldos, um eterno peso de glória.

Todas essas verdades já são bem conhecidas. Não me desviarei do assunto para discorrer sobre elas.

O ponto que quero deixar marcado em sua alma, agora, é este: que o cristão verdadeiro não é só um soldado, mas é um soldado vitorioso. Ele não só professa estar ao lado de Cristo em uma luta contra o pecado, o mundo e o diabo, mas ele realmente luta e é vencedor.

Essa é uma grande marca que distingue os cristãos verdadeiros. Os outros homens talvez gostariam de constar nas fileiras do exército de Cristo. Outros talvez tenham uma vontade morosa e um desejo fraco de obter a coroa da glória. Entretanto, somente o cristão verdadeiro realiza o trabalho de um soldado. Apenas ele enfrenta diretamente os inimigos de sua alma; e realmente luta com eles e os vence.

Uma grande lição que desejo que os homens aprendam dessas sete cartas é esta: que se você quer provar que nasceu de novo e que vai para o céu, então, precisa ser um soldado vitorioso de Cristo. Se quer deixar claro que você tem algum direito às preciosas promessas de Cristo, deve combater o bom combate na causa de Cristo e, nesse combate, deve ser vencedor.

A vitória é a única evidência satisfatória de que você possui uma religião salvadora. Talvez, você goste de bons sermões, respeite a Bíblia e a leia ocasionalmente. Você ora pela manhã e à noite. Faz orações em família e contribui para associações religiosas. Sou grato a Deus por isso; tudo isso é muito bom. Mas, como vai a batalha? Como anda o grande conflito nesse momento? Você está vencendo o amor ao mundo e o temor do homem? Está vencendo as paixões, a dureza e a lascívia do seu próprio coração? Está resistindo ao diabo e fazendo com que ele fuja de você? Como anda essa questão? Ou você domina o pecado, o diabo e o mundo ou você os serve. Não existe meio-termo. Ou você é vencedor ou está perdido.

Sei que o combate que temos pela frente é um combate difícil e quero que você também saiba disso. Você deve combater o bom combate e perseverar no sofrimento, se deseja apoderar-se da vida eterna. Se deseja chegar ao céu, você deve estar decidido a ter um conflito diário. Deve haver atalhos inventados pelo homem para se chegar ao céu, mas no cristianismo antigo, o bom e antigo caminho é o caminho da cruz, o caminho do conflito. É preciso de fato mortificar o pecado, o mundo e o diabo, resistir a eles e vencê-los.

Este é o caminho que os santos pisaram no passado e deixaram suas pegadas registradas para o céu.

a. Quando Moisés recusou os prazeres do pecado no Egito e escolheu a aflição junto com o povo de Deus, isso era vencer: ele venceu o *amor pelo prazer*.

b. Quando Micaías recusou-se a profetizar coisas agradáveis ao rei Acabe, apesar de saber que seria perseguido, se profetizasse a verdade, isso era vencer: ele venceu o *amor pelo bem-estar*.

c. Quando Daniel recusou-se a desistir de orar, apesar de saber que a cova dos leões estava preparada para ele, isso era vencer: ele venceu o *medo da morte*.

d. Quando Mateus levantou-se da coletoria diante da ordem do Senhor, deixando tudo e seguindo-O, isso era vencer: ele venceu o *amor ao dinheiro*.

e. Quando Pedro e João se levantaram corajosamente diante do Sinédrio, dizendo: "Nós não podemos deixar de falar das coisas que vimos e ouvimos", isso era vencer: eles venceram o *temor do homem*.

f. Quando Saulo, o fariseu, abandonou a possibilidade de ocupar um cargo de primazia entre os judeus e começou a pregar a Jesus, a quem ele perseguira anteriormente, isso era vencer: ele venceu o *amor ao louvor dos homens*.

Você deve fazer as mesmas coisas que estes homens fizeram, se deseja ser salvo. Estes homens eram sujeitos aos mesmos sentimentos que você, mas mesmo assim, eles venceram. Eles tinham tantas provações quanto é provável que você tenha, mas mesmo assim, venceram. Eles lutaram. Eles combateram. Eles pelejaram. Você deve fazer o mesmo.

Qual era o segredo da vitória deles? A fé. Eles criam em Jesus e, crendo, foram fortalecidos. Eles criam em Jesus e, crendo, foram sustentados. Em suas batalhas, mantinham os olhos em Jesus, e Ele nunca os deixou, nem os desamparou. "Eles, pois, o venceram por causa do sangue do Cordeiro e por causa da palavra do testemunho que deram" (Ap 12.11).

Apresento-lhe essas palavras e peço que as guarde em seu coração. Decida, pela graça de Deus, a ser um cristão vencedor.

Temo por muitos que se denominam cristãos. Não vejo neles sinal de lutas, muito menos de vitórias. Eles nunca dão ao menos um golpe ao lado de Cristo. Estão sempre em paz com os seus inimigos. Não têm sequer uma disputa com o pecado. Eu o advirto, isso não é cristianismo. Este não é o caminho para o céu.

Temo muito por aqueles que ouvem o evangelho com regularidade. Temo que fiquem tão familiarizados com o som dessas doutrinas que isso os torne gradualmente mortos para o poder que elas têm. Temo que sua religião decaia para uma simples conversa vaga sobre suas fraquezas e corrupções, com umas poucas expressões sentimentais a respeito de Cristo, enquanto a verdadeira batalha prática ao lado de Cristo seja completamente negligenciada. Oh, tome cuidado com esse estado mental. Sejam "praticantes da palavra e não somente ouvintes". Sem vitória – sem coroa! Lute e seja vencedor! (Tg 1.22)

Moços e moças, e principalmente aqueles que foram criados em famílias religiosas, temo muito por vocês. Temo que vocês criem o hábito de ceder às tentações. Temo que tenham medo de dizer: "Não!" ao mundo e ao diabo, quando os pecadores os instigam, pensando que consentir com eles seja algo irrelevante. Tomem cuidado; imploro para que não cedam. Cada concessão os tornará mais fracos. Vivam neste mundo decididos a lutar na batalha de Cristo; lutem bravamente.

Crentes no Senhor Jesus, de todas as igrejas e posições sociais, temo muito por vocês. Sei que sua trajetória é difícil. Sei que sua batalha é árdua. Sei que geralmente vocês são tentados a dizer: "Isso é inútil" e a depor as armas completamente.

Alegrem-se, amados irmãos e irmãs. Confortem-se, eu lhes suplico. Vejam o lado favorável de sua posição. Encorajem-se e continuem lutando. O tempo é curto. O Senhor está perto. A noite está declinando. Milhares de crentes tão fracos quanto vocês já lutaram o mesmo combate. Nem mesmo um, entre esses milhares foram levados cativos por Satanás, no final. Os seus inimigos são poderosos, mas o Capitão da sua salvação é o Todo-poderoso. O braço, a graça e o Espírito de Cristo os sustentarão. Alegrem-se. Não sejam subjugados.

E se vocês perderem uma batalha ou outra? Não perderão todas. E, se desfalecerem algumas vezes? Não serão totalmente derrotados. Se caírem sete vezes? Não serão destruídos. Sejam vigilantes contra o pecado, e o pecado não terá domínio sobre vocês. Resistam ao diabo, e ele fugirá de vocês. Saiam do mundo corajosamente, e o mundo será obrigado a deixá-los ir. Vocês perceberão no final, que são mais que vencedores; vocês "vencerão".

Deixe-me extrair algumas palavras de aplicação de todo esse assunto e, assim, concluirei.

1. Em primeiro lugar, deixe-me admoestar a todos quantos estão vivendo somente para esse mundo, para que prestem atenção ao que estão fazendo. Você é inimigo de Cristo, apesar de não o saber. Ele está atento aos seus caminhos, embora você vire as costas para Ele e recuse-se a Lhe dar o seu coração. Jesus está observando sua vida diariamente e examina diariamente os seus passos. Haverá uma ressurreição de todos os seus pensamentos, palavras e ações. Você pode ter se esquecido deles, mas Deus não. Você pode ser desatento em relação a essas coisas, mas elas estão cuidadosamente anotadas no livro de memórias. Oh, homem impiedoso, pense nisso! Trema, trema e arrependa-se.

2. Em segundo lugar, deixe-me advertir a todos que são formalistas e confiam na justiça própria; que prestem atenção, pois estão enganados. Você imagina que irá para o céu, indo à igreja com freqüência. Você se regozija com a expectação da

vida eterna, somente por comparecer sempre à mesa do Senhor e por seu banco na igreja nunca ficar vazio. Mas onde está o seu arrependimento? Onde está a sua fé? Onde estão as evidências de um novo coração? Onde está a obra do Espírito? Onde estão as evidências da regeneração? Oh, cristão formalista, considere essas questões! Trema, trema e arrependa-se.

3. Em terceiro lugar, quero advertir aos membros negligentes das igrejas; prestem atenção a fim de não jogarem sua alma no inferno. Você vive, ano após ano, como se não tivesse de lutar em uma batalha contra o pecado, o mundo e o diabo. Você passa pela vida sorrindo, como um cavalheiro ou dama bem educada, comportando-se como se o diabo, o céu e o inferno não existissem. Oh, freqüentador de igreja negligente, ou evangélico negligente, episcopal negligente, presbiteriano negligente, batista negligente, desperte para ver as realidades eternas em sua verdadeira luz! Desperte e coloque toda a armadura de Deus! Desperte e lute com ardor pela vida! Trema, trema e arrependa-se.

4. Deixe-me ainda advertir a todo aquele que deseja ser salvo; que não se satisfaça com o padrão mundano de religiosidade. É certo que nenhum homem que esteja com os olhos bem abertos deixará de ver que o cristianismo do Novo Testamento é algo bem mais superior e profundo do que o cristianismo de muitos cristãos. Esse formalismo despreocupado, que faz menos do que o esperado, o qual a maioria das pessoas chama de "religião", é evidente que não é a religião do Senhor Jesus. O que Ele elogia, nessas sete cartas, não é o que o mundo elogia. O que Ele condena são as coisas nas quais o mundo não vê mal algum. Oh, se você quer seguir a Cristo, não se satisfaça com esse cristianismo mundano! Trema, trema e arrependa-se.

5. Em último lugar, deixe-me advertir a todos quantos professam ser crentes no Senhor Jesus; que não estejam contentes com uma religião pequena.

Entre todas as coisas que tenho visto na igreja de Cristo, nada tem sido tão doloroso quanto ver um cristão satisfeito e contente com uma graça pequena, um arrependimento pequeno, uma fé pequena, um conhecimento pequeno, um amor pequeno e uma santidade pequena. Imploro e suplico a toda alma crente que lê estas linhas para que não seja este tipo de pessoa. Se você tem algum desejo de ser útil, se você tem algum desejo de promover a glória de Deus, se anseia muita paz interior, não esteja satisfeito com uma religião pequena.

Em vez disso, que possamos, cada ano de nossa vida, buscar um progresso espiritual maior do que aquele que tivemos; que possamos crescer na graça e no conhecimento de nosso Senhor Jesus; crescer em humildade e no conhecimento próprio; crescer em espiritualidade e em devoção; crescer em semelhança à imagem de nosso Senhor.

Que possamos nos guardar de perder o primeiro amor, como a igreja de Éfeso; de nos tornar mornos, como a igreja de Laodicéia; de tolerar falsas práticas, como a igreja de Pérgamo; de adulterar a doutrina, como a igreja de Tiatira e de nos tornar quase mortos, à beira da morte, como a igreja de Sardes.

Que possamos desejar os melhores dons. Que almejemos uma santidade elevada. Que nos esforcemos para ser como as igrejas de Esmirna e Filadélfia. Que possamos nos apegar firmemente àquilo que já temos e crescer mais continuamente. Que possamos trabalhar para sermos cristãos inconfundíveis. Que a nossa marca distintiva não seja ser homens da ciência ou homens de realizações literárias, ou homens do mundo, ou homens dos prazeres, ou homens de negócios, e sim "homens de Deus". Que possamos viver de tal maneira que todos possam ver que as coisas de Deus são a nossa prioridade; que a glória de Deus é o maior alvo de nossa vida; que seguir a Cristo é o nosso grande objetivo no presente e que estar com Cristo é nosso maior desejo no porvir.

Vivamos dessa maneira e, assim, seremos felizes. Vivamos dessa maneira e estaremos fazendo um bem ao mundo; estaremos deixando para trás boas evidências quando formos sepultados; e a palavra do Espírito não nos terá sido anunciada em vão.

Capítulo 15

Tu me amas?

Tu me amas?
João 21.16

Esta pergunta foi feita por Cristo ao apóstolo Pedro. Pergunta mais importante do que esta não poderia ser feita. Dezoito séculos se passaram desde que estas palavras foram ditas. Esta indagação é ainda mais perscrutadora e útil para os dias de hoje.

A disposição para amar alguém é um dos sentimentos mais comuns que Deus implantou na natureza humana. Infelizmente, com muita freqüência, as pessoas colocam suas afeições em coisas indignas. Neste dia, desejo reivindicar um lugar para Aquele que é o único digno de todos os melhores sentimentos de nosso coração. Desejo que as pessoas dêem parte de seu amor para aquela Pessoa divina que nos amou e se entregou por nós. Que dentre todas as suas demonstrações de amor, não se esqueçam de amar a Cristo.

Causa-me sofrimento ter de impor este assunto poderoso à atenção de cada leitor destas páginas. Esta não é uma questão para meros entusiastas e fanáticos. Este assunto merece a atenção de todo cristão racional que acredita na Bíblia. Nossa própria salvação está intimamente ligada a este assunto. Vida ou morte, céu ou inferno, dependem de nossa habilidade de responder a uma simples pergunta: "Você ama a Cristo?"

Há dois pontos que gostaria de levar à sua consideração:

1. O SENTIMENTO CARACTERÍSTICO DO CRISTÃO EM RELAÇÃO A CRISTO

Em primeiro lugar, deixe-me mostrar qual é o sentimento característico do cristão em relação a Cristo – ele ama a Cristo.

O cristão verdadeiro não é um mero homem batizado ou uma mulher batizada. Ele é algo mais. Não é uma pessoa que vai a uma igreja ou capela aos domingos, apenas por formalismo, e vive o resto da semana como se Deus não existisse. Formalismo não é cristianismo. A adoração de lábios ignorantes não é religião verdadeira. As Escrituras afirmam expressamente: "Nem todos os de Israel são, de fato, israelitas" (Rm 9.6). A lição prática desses versos é clara e óbvia. Nem todos os que são membros da igreja visível de Cristo são, de fato, cristãos.

O cristão verdadeiro é aquele cuja religião está em seu coração e vida. Sua religião é sentida por ele em seu próprio coração e é vista por outros em sua conduta e vida. Ele sente sua pecaminosidade, sua culpa e sua maldade e se arrepende. Ele vê a Jesus Cristo como sendo o divino Salvador de que sua alma precisa e se compromete com Ele. Ele se despoja do velho homem com sua corrupção e hábitos carnais e se reveste do novo homem. Ele vive uma vida nova e santa, geralmente lutando contra o mundo, a carne e o diabo. O próprio Cristo é a pedra angular de seu cristianismo. Pergunte-lhe em que ele confia para ter o perdão de seus muitos pecados, e ele lhe dirá: na morte de Cristo. Pergunte-lhe em que justiça ele põe sua esperança para se levantar inocente no dia do julgamento, e ele lhe dirá que é na justiça de Cristo. Pergunte-lhe por quais padrões deseja moldar sua vida, e ele lhe dirá que é pelo exemplo de Cristo.

Todavia, além de tudo isso, existe algo que é peculiar e notável ao crente verdadeiro. Esse algo é o seu amor por Cristo. Conhecimento, fé, esperança, reverência, obediência, todos estes são traços do caráter do cristão verdadeiro. Mas esse quadro seria muito imperfeito se você omitisse o seu "amor" pelo seu divino Mestre. Ele não só conhece, confia e obedece. Ele vai muito além disso – ele ama.

Esta marca peculiar do cristão verdadeiro é aquela mencionada por várias vezes na Bíblia. "Fé em nosso Senhor Jesus Cristo" é uma expressão com a qual muitos cristãos estão familiarizados. Que nunca nos esqueçamos de que o amor é mencionado pelo Espírito Santo de forma quase tão enfática quanto a fé. Tão grande quanto o perigo que corre aquele que "não crê" é o perigo que corre aquele que "não ama". Não crer e não amar, ambos são passos para a ruína eterna.

Ouça o que o apóstolo Paulo diz aos Coríntios: "Se alguém não ama ao Senhor, seja anátema. Maranata" (1 Co 16.22). O apóstolo Paulo não deixa escapatória para o homem que não ama a Cristo. Ele não lhe permite uma brecha ou subterfúgio. Um homem pode ter falta de conhecimento racional e lúcido e ainda ser salvo. Ele pode ter falta de coragem e ser vencido pelo medo, da mesma maneira como Pedro. Ele pode cair de forma tremenda, como Davi e, ainda assim, se levantar. Entretanto, se um homem não ama a Cristo, não está no caminho da vida. A maldição ainda está sobre ele. Ele está no espaçoso caminho que conduz para a perdição.

Ouça o que o apóstolo Paulo diz aos efésios: "A graça seja com todos os que amam sinceramente a nosso Senhor Jesus Cristo" (Ef 6.24). Aqui, o apóstolo Paulo envia saudações e declara sua boa vontade em relação a todos os cristãos verdadeiros. Muitos deles, não há dúvida, ele jamais havia visto. Muitos deles, nas igrejas recém-formadas, podemos estar certos, eram fracos na fé e no conhecimento, e na abnegação. Como, então, ele os descreve ao enviar sua mensagem? Que palavras ele usa para não desencorajar os irmãos mais fracos? Ele usa uma expressão genérica que descreve exatamente todos os cristãos verdadeiros que levam o mesmo nome. Nem todos alcançaram o mesmo nível, quer seja na doutrina, quer na prática. Porém, todos amavam a Cristo com sinceridade.

Ouça o que o próprio Senhor Jesus Cristo disse aos judeus: "Se Deus fosse, de fato, vosso pai, certamente, me havíeis de amar" (Jo 8.42). Ele viu que seus equivocados inimigos estavam satisfeitos com sua própria condição espiritual, baseados unicamente no fato de serem filhos de Abraão. Ele os viu, como muitos cristãos ignorantes hoje em dia, alegando serem filhos de Deus, por razões não melhores do que esta: eram circuncidados e pertenciam à sinagoga judaica. Ele estabeleceu o princípio geral de que nenhum homem pode ser um filho de Deus, se não amar ao Unigênito Filho de Deus. Nenhum homem tem o direito de invocar a Deus Pai, se não amar a Cristo. Seria melhor para muitos cristãos, se recordassem de que este poderoso princípio se aplica também a eles, da mesma forma que aos judeus. Não há amor a Cristo – então, não há relação de filiação com Deus!

Ouça uma vez mais o que nosso Senhor Jesus disse ao apóstolo Pedro, após ter ressuscitado dentre os mortos. Por três vezes, Ele repetiu a pergunta: "Simão, filho de João, tu me amas?" (Jo 21.15-17). A ocasião era notável. Jesus tinha a intenção de fazer com que seu discípulo errante se lembrasse de ter caído três repetidas vezes. Desejava extrair de Pedro uma nova confissão de fé, antes de restaurar publicamente sua comissão para apascentar a igreja. E qual foi a pergunta que Ele fez a Pedro? Ele poderia ter dito: "Crês tu?" "És convertido?" "Estás pronto para confessar-Me?" "Queres tu obedecer-Me?" Ele não usou quaisquer dessas expressões. Ele simplesmente disse: "Tu me amas?" Ele queria que compreendêssemos do que deve depender o cristianismo de um homem. Apesar de soar como uma pergunta simples, ela era perscrutadora. Clara e fácil de ser entendida por qualquer pobre homem iletrado, mas que continha um assunto que poderia colocar o maior dos apóstolos à prova. Se um homem ama a Cristo de verdade, tudo está correto; se não ama, tudo está errado.

Você conhece o segredo desse sentimento peculiar em relação a Cristo, o qual distingue o verdadeiro cristão? Você pode percebê-lo nas palavras do apóstolo João: "Nós amamos porque ele nos amou primeiro" (1 Jo 4.19). Não há dúvida de que este versículo se aplica especialmente a Deus Pai, mas ele não é menos verdadeiro em relação ao Deus Filho.

O verdadeiro cristão ama a Cristo por tudo o que Cristo fez por ele. Cristo sofreu em seu lugar e morreu por ele na cruz. Jesus o redimiu da culpa, do poder e das conseqüências do pecado através de seu sangue. Ele o chamou através de seu Espírito para o autoconhecimento, arrependimento, fé, esperança e santidade. Ele perdoou os seus muitos pecados e os removeu. Ele o libertou da escravidão do mundo, da carne e do diabo. Ele o tirou do abismo do inferno, colocou-o no caminho estreito e direcionou seu olhar para o céu. Deu-lhe luz em vez de trevas, paz de consciência em vez de intranqüilidade, esperança em vez de incertezas, vida em vez de morte. Você se admira que o verdadeiro cristão ame a Cristo?

Além disso, o cristão ama a Cristo por tudo o que Ele continua fazendo. Ele sente que Cristo o lava diariamente de suas fraquezas e falhas, defendendo sua causa diante de Deus. Ele está diariamente suprindo todas as necessidades de sua alma e provendo-o com suprimentos de misericórdia e graça.

Ele o guia diariamente, pelo seu Santo Espírito, a uma cidade habitada, sustendo-o quando ele é fraco e ignorante, levantando-o quando tropeça e cai, protegendo-o contra seus muitos inimigos, preparando-lhe um lar eterno, no céu. Você se admira que o verdadeiro cristão ame a Cristo?

O devedor que está na prisão ama o amigo que, de forma inesperada, paga todas as suas contas, fornece-lhe dinheiro e torna-o seu próprio sócio, mesmo quando ele não merece? O prisioneiro de guerra ama aquele que, arriscando a própria vida, rompe as fronteiras inimigas, resgata-o e o liberta? O marinheiro que está se afogando ama o homem que se lança ao mar, nada até ele, agarra-o pelos cabelos e, através de um esforço imenso, salva a sua vida do túmulo das águas? Até mesmo uma criança pode responder a perguntas como essas? Exatamente da mesma forma, e conforme os mesmos princípios, o cristão verdadeiro ama a Jesus Cristo.

a. O amor a Cristo é o companheiro inseparável da fé salvadora. A fé que um homem pode ter sem amor é a fé dos demônios, uma fé meramente intelectual, mas nunca aquela fé que salva. O amor não pode usurpar o ofício da fé. O amor não pode justificar. Não pode unir a alma a Cristo. Não pode trazer paz à consciência. Mas onde houver verdadeira fé justificadora em Cristo sempre haverá amor sincero a Cristo. O homem que foi realmente perdoado é o homem que realmente ama (Lc 7.47). Se um homem não tem nenhum amor por Cristo, esteja certo de que ele não tem fé.

b. O amor a Cristo é a principal motivação para se trabalhar para Cristo. Pouco tem sido feito na terra, em favor da causa de Cristo, devido ao senso de obrigação ou ao conhecimento daquilo que é correto e apropriado. O coração precisa estar interessado antes que as mãos se movam e continuem a se mover. A agitação pode estimular as mãos do cristão a uma atividade espasmódica e convulsiva, como se fosse um estímulo elétrico. Mas não haverá uma perseverança paciente em fazer o bem, nem trabalho incansável na obra missionária, em nosso país ou fora dele, se não houver amor. Uma enfermeira em um hospital pode realizar seu dever de maneira apropriada e bem feita, pode medicar um homem doente na hora certa, pode alimentá-lo, pode servi-lo e auxiliá-lo naquilo que ele deseja. Entretanto, há uma diferença muito grande entre aquela enfermeira e uma esposa inclinando-se no leito de seu amado esposo ou uma mãe zelando pela sua criança que está morrendo. Uma age movida pelo senso de obrigação, a outra o faz por afeição e amor. Uma cumpre sua obrigação porque é paga para isso; a outra, por causa de seu coração. O mesmo acontece em relação ao serviço para Cristo. Os grandes obreiros da igreja, os homens que lideraram expedições desoladoras no campo missionário e transtornaram o mundo, todos eles foram homens que amaram a Cristo de forma extraordinária.

Examine o caráter de Owen e Baxter, de Rutherford e George Herbert, de Leighton e Hervey, de Whitefield e Wesley, de Henry Martyn e Judson, de Bickersteth e Simeon, de Hewitson e M'Cheyne, de Stowell e M'Neile. Esses homens deixaram marcas no mundo. E qual era o traço comum de seu caráter? Todos eles amavam a Cristo. Amavam a Pessoa de Cristo, além de amar ao Senhor Jesus Cristo.

c. Amor a Cristo é o ponto sobre o qual devemos discorrer de forma especial ao ensinar religião às crianças. Eleição, justiça imputada, pecado original, justificação, santificação e até a fé, em si mesmas são questões que às vezes confundem as crianças de tenra idade. Mas o amor a Jesus parece estar bem mais ao alcance de seu entendimento. Ele os amou até morte e eles precisam amá-Lo em retribuição: esta é a crença que vai ao encontro da capacidade da mente deles. Quão verdadeira é a afirmação: "Da boca de pequeninos e crianças de peito tiraste perfeito louvor" (Mt 21.16). Existem miríades de cristãos que conhecem cada artigo dos credos Atanasiano, Niceno e Apostólico e, ainda assim, sabem menos sobre o verdadeiro cristianismo do que uma criança que só sabe que ama a Cristo.

d. O amor a Cristo é o ponto de convergência comum para os crentes de cada ramo da igreja de Cristo na terra. Quer sejam episcopais, presbiterianos, batistas ou independentes, calvinistas ou arminianos, metodistas ou morávios, luteranos ou reformados, igrejas reconhecidas pelo governo ou livres – pelo menos nessa questão, eles concordam. Em questões como métodos e cerimônias, liderança da igreja e costumes de adoração, eles podem divergir amplamente. Entretanto, em um ponto, de alguma maneira, estão unidos. Todos têm um sentimento comum em relação Àquele sobre quem fundamentam sua esperança de salvação. Eles "amam sinceramente a nosso Senhor Jesus Cristo" (Ef 6.24). Muitos deles, talvez, sejam ignorantes a respeito da teologia sistemática e argumentem de forma inconsistente sobre seu próprio credo. Mas todos sabem o que sentem em relação Àquele que morreu pelos seus pecados. "Não sou capaz de falar muito de Cristo, senhor", disse uma cristã iletrada ao Dr. Chalmers, "mas, se não sou capaz de falar sobre Ele, seria capaz de morrer por Ele."

e. Amor a Cristo será a marca distintiva das almas salvas no céu. A multidão que ninguém pode enumerar terá uma única mente. As antigas diferenças serão fundidas em um único sentimento comum. As antigas peculiaridades doutrinárias, ferozmente discutidas na terra, serão encobertas por um senso comum de dívida para com Cristo. Lutero e Zwínglio não mais vão disputar. Wesley e Toplady não mais perderão tempo em controvérsias. Cléricos e dissidentes não mais morderão e devorarão uns aos outros. Todos se encontrarão unidos em um só coração e em uma só voz, em um hino de louvor: "Àquele que nos ama e, pelo seu sangue, nos libertou dos nossos pecados e nos constituiu reino, sacerdotes para o seu Deus e Pai, a ele a glória e o domínio pelos séculos dos séculos. Amém!" (Ap 1.5-6)

As palavras que John Bunyan colocou na boca do personagem Sr. Firme, quando este estava em pé, no rio da morte, são belíssimas. Ele disse:

> *Este rio tem sido um terror para muitos; até o simples fato de pensar nele geralmente me deixa atemorizado. Mas, agora, sinto-me mais confortável; meus pés estão apoiados no mesmo lugar em que sacerdotes que carregavam a arca firmaram os seus pés, enquanto Israel atravessava o Jordão. Na verdade, estas águas são amargosas ao paladar e geladas para o estômago; apesar disso, os pensamentos a respeito do lugar para onde vou e da escolta que me aguarda do outro lado repousam como uma brasa incandescente em meu coração. Agora me vejo no final de minha jornada; meus dias laboriosos terminaram. Verei aquela cabeça que foi coroada com espinhos e aquela face que foi cuspida por minha causa. Outrora, vivi pela fé e pelo ouvir, mas, agora, irei para onde viverei por vista e estarei com Ele, em cuja companhia me deleito. Tenho me deleitado em ouvir falar de meu Senhor e onde quer que tenha visto a sua pegada na terra, desejei colocar o meu pé ali também. O seu nome tem sido para mim como um frasco de almíscar, mais aromático que todos os perfumes! Sua voz tem sido para mim a mais doce, e o seu semblante tenho desejado, muito mais do que a luz do Sol!*

Felizes são os que conhecem um pouco dessa experiência! Aquele que está em sintonia com o céu deve conhecer algo do amor a Cristo. Seria melhor nunca haver nascido, aquele que morre ignorante quanto a esse amor.

2. AS MARCAS PECULIARES PELAS QUAIS O AMOR A CRISTO SE FAZ CONHECIDO

Deixe-me mostrar, em segundo lugar, as marcas peculiares pelas quais o amor a Cristo se faz conhecido.

Este é um ponto da maior importância. Se não há salvação sem amor a Cristo, e se aquele que não ama a Cristo corre o risco de receber condenação eterna, convém que verifiquemos o quanto sabemos sobre essa questão. Cristo está no céu, e nós, sobre a terra. De que maneira o homem poderá discernir se O ama?

Felizmente, não é tão difícil de se chegar a um acordo quanto a este ponto. Como sabemos se amamos alguma pessoa aqui na terra? De que maneiras o amor entre as pessoas deste mundo se revela? Entre marido e esposa, entre pais e filhos, entre irmão e irmã, entre amigo e amigo? Deixe que estas perguntas sejam respondidas pelo senso comum e pela observação, e não perguntarei mais nada. Deixe que estas perguntas sejam respondidas de forma honesta, e o nó que se encontra diante de nós será desfeito. Como demonstramos afeição entre nós?

a. Se amamos alguém, gostamos de pensar nele. Não precisamos que ninguém nos lembre dele. Não esquecemos de seu nome ou de sua aparência, ou de seu caráter, ou de suas opiniões, ou de seus gostos, ou de sua posição social, ou de sua profissão. Ele vem à nossa mente muitas vezes ao dia. Apesar de, talvez, estar bem distante, ele está sempre presente em nosso pensamento. Bem, o mesmo se dá entre o verdadeiro cristão e Cristo! Cristo habita o seu coração, e ele pensa em Cristo todos os dias (Ef 3.17). O cristão verdadeiro não precisa que ninguém o lembre de que ele tem um Mestre crucificado. Ele sempre pensa nEle. Ele nunca se esquece que Cristo tem um Dia, uma causa e um povo e que, para seu povo, Ele é único. O verdadeiro segredo de uma boa memória na religião é a afeição. Nenhum homem mundano pode pensar muito em Cristo, a menos que ele seja forçado a isso, pois ele não tem afeição alguma por Cristo. O verdadeiro cristão tem pensamentos sobre Cristo em todos os dias de sua vida, pelo simples fato de que ele O ama.

Quando amamos uma pessoa, gostamos de ouvir a respeito dela. Sentimos satisfação ao ouvirmos aqueles que falam sobre ela. Temos interesse em qualquer informação que os outros nos dêem em relação a ela. Damos a maior atenção quando outros nos falam sobre ela, descrevem sua condição, suas palavras, seus feitos e seus planos. Alguns podem ouvir a menção desta pessoa com uma certa indiferença, mas o nosso coração salta dentro de nós ao mero som do nome dela. Bem, também é assim entre o cristão verdadeiro e Cristo! O verdadeiro cristão se deleita em ouvir algo sobre seu Mestre. Ele valoriza mais aqueles sermões que estão repletos de Cristo. Ele aprecia as comunidades onde as pessoas falam mais sobre as obras de Cristo. Li sobre uma senhora de Gales que costumava caminhar muitos quilômetros, todos os domingos, para ouvir um ministro inglês pregar, apesar de não entender sequer uma palavra do inglês. Perguntaram-lhe porque fazia isso e ela respondeu que aquele ministro mencionava o nome de Cristo tantas vezes em seu sermão, que isso fazia bem a ela. Ela amava até mesmo o nome de seu Salvador.

c. Se amamos uma pessoa, gostamos de ler sobre ela. Que satisfação intensa a carta de um esposo ausente produz em sua esposa ou a carta de um filho ausente traz à sua mãe. Outros não vêem nenhum significado nela. Raramente se dão ao trabalho de ler a carta toda. Mas aqueles que amam o autor da carta vêem algo nela que ninguém mais pode ver. Eles a carregam com eles, como se fosse um tesouro. Eles a lêem repetidas vezes. Assim também acontece entre o verdadeiro cristão e Cristo! O verdadeiro cristão se deleita em ler as Escrituras, porque falam de seu amado Salvador. Essa não é uma tarefa entediante para ele. Ele não precisa ser lembrado de levar sua Bíblia quando viaja. Ele não ficaria feliz sem ela. Qual é o motivo de tudo isso? É porque as Escrituras testificam dAquele que sua alma ama, do próprio Cristo.

d. Se amamos uma pessoa, gostamos de agradá-la. Ficamos contentes em procurar saber seus gostos e opiniões e em agir de acordo com os seus conselhos, e em fazer as coisas que ela aprova. Chegamos até a negar-nos a nós mesmos para satisfazer seus desejos, abstemo-nos de coisas que sabemos que a desagrada e aprendemos a fazer coisas para as quais não temos muita inclinação, porque achamos que ela se alegrará com isso. Bem, dá-se o mesmo entre o verdadeiro cristão e Cristo! O verdadeiro cristão estuda sobre como agradá-Lo, sendo santo, tanto em seu corpo quanto em seu espírito. Mostre-lhe algo, em sua prática diária, que Cristo abomine, e ele abandonará tal coisa. Mostre-lhe algo com o que Cristo se alegra, e ele se dedicará a isso. Ele não murmura contra as exigências de Cristo, como se fossem muito rigorosas e severas, como os filhos do mundo fazem. Para ele, os mandamentos de Cristo não são penosos e seu fardo é leve. E por quê? Simplesmente porque ele ama a Cristo.

e. Se amamos alguém, gostamos dos seus amigos. Temos uma inclinação favorável em relação a eles, antes mesmo de os conhecermos. Somos atraídos a eles pelos laços de amor que nos unem a uma mesma pessoa. De modo geral, quando os encontramos, não nos sentimos como se fôssemos estranhos. Existe um elo de união entre nós. Eles amam a mesma pessoa que amamos, e isso, por si só, já serve como uma apresentação entre nós. Bem, o mesmo acontece entre o cristão verdadeiro e Cristo! O verdadeiro cristão considera os amigos de Cristo como seus próprios amigos, membros do mesmo corpo, filhos de uma mesma família, soldados de um mesmo exército, viajantes em rumo ao mesmo lar. Quando ele os encontra, sente como se os conhecesse há muitos anos. Ele se sente mais à vontade com eles, em alguns minutos, do que com muitas pessoas do mundo, após muitos anos de familiaridade. E qual é o segredo disso? Simplesmente por causa da afeição que têm pelo mesmo Salvador e por causa do amor pelo mesmo Senhor.

f. Se amamos uma pessoa, somos zelosos a respeito de seu nome e de sua honra. Não gostamos de ouvir as pessoas falarem mal dela sem que levantemos a voz em sua defesa. Tratamos a pessoa que a maltrata com quase o mesmo desagrado, como se ela tivesse maltratado a nós mesmos. Isso também acontece entre o verdadeiro cristão e Cristo! O verdadeiro cristão repudia com zelo todos os esforços feitos para depreciar a Palavra de seu Mestre ou o seu nome, ou sua igreja, ou o dia do julgamento. Ele O confessará diante dos príncipes, se necessário, e se sensibilizará com a menor desonra que for imputada a Cristo. Ele não se calará e não suportará que a causa de seu Mestre seja envergonhada sem que testemunhe contra isso. E por que tudo isso? Simplesmente porque ele O ama.

g. Se amamos alguém, gostamos de conversar com ele. Dizemos a ele todos os nossos pensamentos e derramamos nosso coração diante dele. Não encontramos qualquer dificuldade em arranjar assuntos para conversar com ele. Por mais calados e reservados que possamos ser com os outros, achamos fácil conversar com um amigo muito amado. Por mais que nos encontremos, nunca ficamos sem assunto para conversar. Sempre temos muito a dizer. Bem, acontece o mesmo entre o verdadeiro cristão e Cristo! O verdadeiro cristão não encontra dificuldade para falar com seu Salvador. Todos os dias ele tem algo para dizer a Ele e não fica feliz a menos que o diga. Ele fala com Cristo em oração todas as manhãs e todas as noites. Ele fala com Cristo sobre seus desejos e anseios, seus sentimentos e seus temores. Ele pede conselho a Cristo nas dificuldades. Ele pede conforto quando tem problemas. Ele não consegue parar de fazer isso. Ele precisa conversar com seu Salvador continuamente, senão desfalece pelo caminho. E por que isso acontece? Simplesmente porque ele ama a Cristo.

h. Finalmente, quando amamos uma pessoa, queremos estar sempre com ela, Pensar na pessoa amada, ouvir a respeito dela, ler sobre ela e, ocasionalmente, falar com ela são coisas boas. Mas quando amamos a pessoa de fato, desejamos algo mais. Ansiamos por estar sempre em sua companhia. Queremos conviver com ela continuamente e manter comunhão sem interrupções ou despedidas. O mesmo acontece entre o cristão verdadeiro e Cristo! O coração do crente verdadeiro anseia por aquele dia abençoado em que ele verá seu Mestre face a face, sem jamais ter de deixá-Lo. Ele almeja pôr um fim ao pecado e ao arrependimento, e à necessidade de crer, e começar aquela vida eterna, quando poderá ver da mesma maneira como tem sido visto; sem pecar mais. O cristão tem achado agradável viver por fé e sente que será ainda melhor viver por aquilo que vê. Tem achado prazeroso ouvir sobre Cristo, falar de Cristo e ler sobre Cristo. Quão mais prazeroso será ver a Cristo com seus próprios olhos e nunca mais deixá-Lo. Ele sente que: “Melhor é a vista dos olhos do que o andar ocioso da cobiça” (Ec 6.9). E por que tudo isso? Simplesmente porque ele ama a Cristo.

Estas são as marcas pelas quais o amor pode ser revelado. Elas são evidentes, simples e fáceis de serem entendidas. Nada há obscuro, oculto e misterioso a respeito delas. Use-as de forma honesta e lide com elas de forma íntegra, e você não falhará em adquirir luz para o assunto tratado neste capítulo.

Talvez você tivesse um filho amado no exército, na época em que houve o motim na Índia ou na guerra da Criméia. Talvez ele estivesse ativamente envolvido nessa guerra, bem no meio da batalha. Você pode se lembrar de quão intensos, profundos e aflitivos eram os seus sentimentos sobre aquele filho? Aqueles sentimentos eram amor!

Talvez você saiba o que é ter um marido amado na marinha, sempre chamado pelo dever, sempre separado de você por muitos meses, ou até mesmo anos. Você pode trazer à lembrança os tristes sentimentos que teve na hora da separação? Aqueles sentimentos eram amor!

Talvez você tenha, neste presente momento, um irmão amado começando sua vida em Londres, tentando progredir nos negócios, em meio às tentações da cidade grande pela primeira vez. Conseguirá ele se sair bem? Como fará para progredir? Você o verá novamente? Você reconhece que pensa sempre naquele irmão? Isso é afeição!

Talvez você esteja para se casar com uma pessoa que combina com você em tudo, mas a prudência o faz adiar o casamento por um período mais longo, e o trabalho faz com seja necessário ficar distante daquela a quem você prometeu tornar sua esposa. Você não vai admitir que ela está sempre em seus pensamentos? Você não vai admitir que gosta de ouvir sobre ela, de ouvir a voz dela e que anseia por vê-la? Isso é afeição!

Estou falando de coisas que são familiares para qualquer um. Não preciso me delongar mais em nenhuma delas, pois são coisas conhecidas desde a antiguidade. São conhecidas em todo o mundo. Raramente encontraremos um ramo da família de Adão que não conheça algo sobre afeição e amor. Então, que jamais se diga que não podemos descobrir se um cristão realmente ama a Cristo. Isso pode se dar a conhecer; isso pode ser revelado; as provas estão bem diante de seus olhos. Hoje mesmo você leu sobre elas. O amor a Cristo não é algo escondido, secreto e impalpável. Ele é como a luz; será visto. É como o som; será ouvido. É como o calor; será sentido. Onde ele existir, não poderá ser ocultado. Onde o amor a Cristo não pode ser visto, esteja certo de que ele não existe.

É hora de concluir este assunto. Mas não posso terminá-lo sem antes fazer um esforço para inculcá-lo na consciência de cada um daqueles em cujas mãos este livro tenha caído. Faço isso com todo amor e afeição. O desejo do meu coração e minha oração a Deus, ao escrever este material, é fazer o bem para as almas.

1. Deixe-me pedir-lhe que olhe para a pergunta que Cristo fez a Pedro e tente respondê-la por si mesmo. Olhe para esta questão com seriedade. Examine-a cuidadosamente. Pondere-a bem. Depois de haver lido tudo o que eu disse a respeito deste assunto, você pode dizer, com honestidade, que ama a Cristo?

Não me dê uma resposta somente para dizer que você acredita na veracidade do cristianismo e que crê nos artigos de confissão da fé cristã. Uma religião como essa jamais poderá salvar sua alma. Os demônios também possuem um certo grau de crença e tremem (Tg 2.19). O verdadeiro cristianismo salvador não é meramente acreditar em um conjunto de opiniões e abraçar um conjunto de noções. A essência do cristianismo é confiar em uma certa Pessoa, que está viva, e que morreu por nós; é conhecê-La e amá-La; essa Pessoa é o próprio Cristo. Os cristãos primitivos como Febe e Pérside, Trifena e Trifosa, e Gaio, e Filemon, provavelmente conheciam pouco sobre teologia dogmática. Entretanto, todos possuíam esse traço importante e magnífico em sua religião: eles amavam a Cristo.

Não me dê uma resposta apenas para afirmar que você desaprova uma religião de emocionalismo. Se com estas palavras, você estiver querendo dizer que desaprova uma religião que não consiste em nada mais além de emoções, concordo plenamente. Porém, se você pretende afirmar que devemos excluir completamente as emoções da religião, então, você conhece bem pouco sobre o cristianismo. A Bíblia nos ensina claramente que um homem pode ter bons sentimentos sem que tenha alguma fé verdadeira. Mas também nos ensina, de forma não menos clara, que não pode haver religião verdadeira sem que haja algum sentimento em relação a Cristo.

É inútil tentar esconder o fato de que se você não ama Cristo, sua alma corre grande perigo. Você não possui nenhuma fé salvadora em sua vida. Você está desqualificado para o céu, caso morra agora. Aquele que vive sem amor a Cristo pode achar que não tem qualquer obrigação para com Ele. Aquele que morre sem amor a Cristo, jamais poderia ficar feliz naquele céu onde Cristo é tudo em todos. Acorde para o perigo de seu posicionamento. Abra os olhos. Considere seus caminhos e seja sábio. A única coisa que posso fazer é adverti-lo como a um amigo. Mas o faço com todo meu coração e alma. Deus permita que esta advertência não seja em vão!

2. Neste próximo ponto, se você não ama a Cristo, deixe-me dizer claramente qual é razão disto. Você não tem qualquer senso de dívida para com Ele. Você

não possui sequer um sentimento de que está em falta com Ele. Você não tem a lembrança contínua de ter recebido qualquer coisa dEle. Se esse é o seu caso, não é plausível, não é provável nem razoável que você O ame.

Existe somente um remédio, quando as coisas chegam nesse estado. O remédio é o autoconhecimento e o ensino do Espírito Santo. Os olhos do seu entendimento precisam ser abertos. Você precisa descobrir aquilo que você realmente é por natureza. Precisa descobrir aquele grande segredo: sua culpa e sua insignificância aos olhos de Deus.

Talvez você nunca leia sua Bíblia de fato, ou leia algum capítulo ocasionalmente, por mera formalidade, sem nenhum interesse, sem entendimento e sem aplicá-lo em sua vida. Aceite o meu conselho neste dia e mude seus planos. Comece a ler a sua Bíblia com determinação e nunca descanse até tornar-se familiarizado com ela. Leia sobre as exigências da Lei, conforme explicadas pelo senhor Jesus, no quinto capítulo de Mateus. Leia sobre como o apóstolo Paulo descreve a natureza humana, nos dois primeiros capítulos da carta aos Romanos. Estude passagens como estas, orando para que o Espírito Santo o ensine e, depois, diga se você é ou não devedor a Deus, um devedor imensamente necessitado de um amigo igual a Cristo.

Talvez você seja alguém que não conhece coisa alguma sobre a oração verdadeira, sincera e metódica. Você tem se acostumado a considerar a religião como uma tarefa das igrejas, dos protestantes, do ritualismo, dos cerimoniais religiosos e dos domingos, mas não como algo que requer a atenção franca e sincera do homem interior. Aceite meu conselho neste dia e mude seus planos. Comece a ter o hábito de suplicar por sua alma de forma determinada e verdadeira. Peça que Ele o ilumine, que o ensine e lhe dê autoconhecimento. Implore para que Ele lhe mostre qualquer coisa que você ainda precisa saber para a salvação de sua alma. Faça isso com todo o seu coração e mente e não tenha dúvidas de que, em breve, sentirá necessidade de Cristo.

Este conselho que lhe dou pode parecer um tanto simplório e antiquado. Não o despreze por conta disso. Ele é o bom caminho pelo qual milhões de pessoas já têm passado e encontrado paz para a alma. Não amar a Cristo é estar em perigo eminente de ruína eterna. Perceber sua necessidade de ter a Cristo e a sua tremenda dívida para com Ele é o primeiro passo para poder amá-Lo. Conhecer a si mesmo e descobrir qual é sua real condição diante de Deus é o único caminho para perceber a sua necessidade. Buscar a Palavra de Deus e pedir iluminação é a trajetória correta para alcançar o conhecimento salvífico. Não se sinta tão bom a ponto de não acatar o conselho que lhe dou. Aceite-o e seja salvo.

3. Finalmente, se você realmente conhece algo sobre o amor a Cristo, aceite essas duas palavras de conforto e aconselhamento. Que Deus conceda que lhe façam bem.

Primeiramente, se você ama Cristo de fato e de verdade, regozije-se com o pensamento de que você tem evidências seguras sobre o estado de sua alma. O amor, eu lhe afirmo neste dia, é uma evidência da graça.

Suponha que às vezes você esteja perplexo com dúvidas e temores. Suponha que você ache difícil dizer se sua fé é genuína e se sua graça é verdadeira. Suponha que seus olhos estejam sempre tão embaçados de lágrimas, que você não possa ver claramente o seu chamado e a eleição de Deus. Ainda assim, há motivo para esperança e poderosa consolação, se o seu coração puder testemunhar que você ama Cristo. Onde há amor verdadeiro, há fé e graça. Você não O amaria, se Ele nada tivesse feito por você. Ter esse amor é um bom sinal.

Em segundo lugar, se você ama a Cristo, nunca se envergonhe que outros vejam e reconheçam isso. Fale dEle. Testemunhe a respeito dEle. Viva para Ele. Trabalhe para Ele. Se Ele o amou e o lavou de seus pecados em seu próprio sangue, deixe que os outros saibam que sente amor por Cristo e que O ama em retribuição ao amor dEle.

"Homem", disse um viajante inglês, incrédulo e insensato, a um índio norte-americano convertido, "qual é a razão de você valorizar tanto a Cristo e de falar tanto sobre Ele? O que este Cristo fez por você para que você faça tanto estardalhaço a respeito dEle?"

O índio convertido não lhe respondeu com palavras. Juntou algumas folhas secas e líquens e fez um círculo no chão com eles. Apanhou um verme vivo e o colocou no centro do círculo. Pôs fogo nas folhas e nos líquens. As chamas aumentaram rapidamente e o calor chamuscou o verme. Ele se retorceu em agonia e depois de, em vão, tentar escapar por todos os lados, enrolou-se no meio do círculo, como se estivesse para morrer em desespero. Nesse momento, o índio estendeu a mão, pegou o verme gentilmente e o colocou sobre seu peito. "Estrangeiro", disse o índio ao inglês, "você vê esse verme? Eu era essa criatura que estava perecendo. Eu estava morrendo em meus pecados, sem esperança, sem ajuda, prestes a ir para o fogo eterno. Foi Jesus Cristo quem estendeu o braço de poder. Foi Jesus Cristo quem me libertou pela mão de sua graça e me arrancou das chamas eternas. Foi Jesus Cristo quem me colocou, um pobre verme pecador, perto do coração de seu amor. Estrangeiro, essa é a razão porque eu falo de Jesus Cristo e O tenho em tão alta conta. Não me envergonho disso, porque O amo".

Se conhecemos algo sobre o amor a Cristo, que tenhamos a mente deste índio norte-americano! Que jamais pensemos que podemos conhecer a Cristo o suficiente, que podemos viver para Ele de forma satisfatória, que podemos confessá-Lo de forma excessivamente ousada, que podemos nos desgastar por Ele com demasiado entusiasmo! Dentre todas as coisas que nos surpreenderão na manhã da ressurreição, creio que nada nos surpreenderá mais do que o fato de não termos amado mais a Cristo antes de termos morrido.

Capítulo 16

Sem Cristo

Estáveis sem Cristo.
Efésios 2.12

Este texto descreve o estado em que os efésios se encontravam, antes de se tornarem cristãos. Mas isso não é tudo. Ele também descreve o estado de cada homem e mulher, que ainda não se converteu a Deus. Um estado mais miserável do que este é inconcebível! É muito ruim estar sem dinheiro ou sem saúde, ou sem teto, ou sem amigos. Porém, pior ainda é estar "sem Cristo".

Examinemos este texto, hoje, e vejamos o que ele contém. Quem poderia dizer que ele não é a mensagem de Deus para alguns leitores deste capítulo?

1. QUANDO PODEMOS DIZER QUE UMA PESSOA ESTÁ SEM CRISTO?

Consideremos, em primeiro lugar, quando pode ser dito que uma pessoa está "sem Cristo".

Lembre-se que a expressão "sem Cristo" não é uma invenção minha. Estas palavras não foram cunhadas primeiramente por mim, e sim, escritas sob a inspiração do Espírito Santo. Elas foram usadas pelo apóstolo Paulo, quando estava lembrando os cristãos efésios sobre qual era sua condição anterior, antes de terem ouvido o evangelho e crido. Eles eram ignorantes e faltos de entendimento, estavam enterrados em idolatria e paganismo e eram adoradores da falsa deusa Diana. Mas Paulo não fez caso disso tudo. Ele parecia pensar que essas coisas descreviam o estado deles apenas de maneira parcial. Por esta razão, ele pinta um quadro, no qual o contorno que se destaca é a expressão que está diante de nós: "naquele tempo, estáveis sem Cristo" (Ef 2.12). Mas o que esta expressão significa?

a. Um homem está sem Cristo *quando não possui sequer um conhecimento racional sobre Ele*. Sem dúvida, milhares de pessoas encontram-se nesta condição. Eles não sabem quem é Cristo, nem o que Ele fez, nem o que Ele ensinou, nem porque Ele foi crucificado, nem onde Ele está agora, nem o que Ele significa para a humanidade. Resumindo, eles são totalmente ignorantes a respeito dEle. É óbvio, os pagãos que nunca ouviram o evangelho são os primeiros que se encaixam nesta descrição. Mas, infelizmente, eles não são os únicos. Milhares de pessoas que vivem hoje na Inglaterra dificilmente possuem idéias mais esclarecedoras a respeito de Cristo do que os próprios pagãos. Pergunte-lhes o que eles sabem a respeito de Cristo e você ficará pasmado com a tamanha obscuridade que encobre suas mentes. Visite-os em seu leito de morte e descobrirá que eles não poderão falar a respeito de Cristo mais do que poderiam dizer sobre Maomé. Milhares de pessoas encontram-se nesta condição nas cidades e nas paróquias de nosso país. E a respeito de todas essas pessoas, somente uma conclusão pode ser tirada: elas estão sem Cristo.

Estou ciente de que alguns ministros eclesiásticos modernos não aceitam a visão que especifiquei aqui. Eles nos dizem que toda a humanidade possui uma porção e benefícios em Cristo, quer conheça a Cristo ou não. Eles dizem que todo homem e toda mulher, apesar de terem vivido na ignorância, serão levados ao céu quando morrerem, por meio da misericórdia de Deus! Tal opinião, creio eu com toda firmeza, não está em harmonia com a Palavra de Deus. Está escrito: "E a vida eterna é esta: que te conheçam a ti, o único Deus verdadeiro, e a Jesus Cristo, a quem enviaste" (Jo 17.3). Tal opinião é uma das marcas dos perversos contra os quais Deus tomará vingança no dia do juízo, porque eles "não conhecem a Deus" (2 Ts 1.8). Um Cristo desconhecido não pode ser Salvador. A condição dos pagãos após a morte; o julgamento dos povos não civilizados, que nunca ouviram o evangelho; a forma como Deus lidará com os ignorantes e iletrados desamparados – todas essas são questões que podemos descansar seguros de que "fará justiça o Juiz de toda a terra" (Gn 18.25). Porém, não podemos recuar diante das Escrituras. Se as palavras da Bíblia possuem algum significado, ser ignorante a respeito de

Cristo é o mesmo que estar sem Cristo.

b. Mas isso não é tudo. Um homem está sem Cristo *quando não tem, em seu coração, a fé em Cristo* como seu Salvador. É bem possível conhecer tudo sobre Cristo e, ainda assim, não depositar a confiança nEle. Existem multidões de pessoas que conhecem cada artigo de algum credo e que dizem fluentemente que Jesus "nasceu da virgem Maria, sofreu sob a autoridade de Pôncio Pilatos, foi crucificado, morto e sepultado". Eles aprenderam isso na escola e o gravaram em sua memória. Entretanto, não fazem uma aplicação prática desse conhecimento. Eles depositam sua confiança em algo que não é Cristo. Eles têm esperança de ir para o céu, porque são virtuosos e possuem boa conduta; porque fazem suas orações e vão à igreja; porque foram batizados e participam da ceia do Senhor. Mas no que diz respeito a uma fé viva na misericórdia de Deus, através de Cristo – uma confiança real e racional no sangue, na justiça e na intercessão de Cristo – eles são absolutamente ignorantes. Eu posso chegar somente a uma única conclusão verdadeira a respeito dessas pessoas: elas estão sem Cristo.

Estou ciente de que muitos não admitem a veracidade daquilo que acabei de dizer. Alguns dizem que todas a pessoas batizadas são membros de Cristo devido à eficácia de seu batismo. Outros nos dizem que onde há conhecimento intelectual, não devemos questionar o interesse que a pessoa tem por Cristo. Tenho uma única resposta categórica para todas estas opiniões: a Bíblia nos proíbe de dizer que um homem está unido a Cristo até que ele creia. O batismo não prova que estamos unidos a Cristo. Simão, o mágico, era batizado e, mesmo assim, sobre ele foi dito de forma contundente: "Não tens parte nem sorte neste ministério" (At 8.21). Conhecimento intelectual não é prova de estarmos unidos a Cristo. Os demônios conhecem a Cristo razoavelmente bem, mas não têm parte nEle. Não há dúvida de que Deus conhece aqueles que são dEle desde a eternidade. Porém, o homem nada conhece a respeito da justificação até que creia. A grande pergunta é: "Cremos?" Está escrito: "O que, todavia, se mantém rebelde contra o Filho não verá a vida, mas sobre ele permanece a ira de Deus". "Quem, porém, não crer será condenado" (Jo 3.36; Mc 16.16). Se as palavras da Bíblia possuem algum significado, estar sem fé significa estar sem Cristo.

c. Tenho ainda mais uma coisa a dizer. Um homem está sem Cristo *quando a obra do Espírito Santo não pode ser vista em sua vida*. Quem poderia deixar de ver, com seus próprios olhos, que miríades de pessoas que se professam cristãs não conhecem nada sobre a conversão íntima do coração. Elas lhe dirão que acreditam na religião cristã; elas freqüentam um lugar de adoração com certa regularidade;

elas acham apropriado casarem-se e serem sepultadas com todos os cerimoniais da igreja; elas se sentiriam muito ofendidas, se seu cristianismo fosse colocado em dúvida. Mas onde o Espírito Santo pode ser visto em sua vida? Em que elas colocam seu coração e suas afeições? De quem é a efígie e inscrição cunhada em seus gostos, em seus hábitos e em seus modos? Infelizmente, só pode haver uma resposta! Elas não experimentaram absolutamente nada da obra regeneradora e santificadora do Espírito Santo. Elas ainda estão mortas para Deus. E podemos tirar uma única conclusão a respeito de todas essas pessoas: elas estão sem Cristo.

Novamente, estou ciente de que poucos admitirão isso. A maioria das pessoas lhe dirá que é um exagero, uma extravagância e um ato impensado exigir tantas características em um cristão e fazer tanta pressão em relação à conversão de alguém. Elas dirão que é impossível manter o alto padrão de vida ao qual tenho me referido, sem que saiamos deste mundo, e que certamente iremos para o céu sem conseguirmos ser cristãos tão santos assim. A tudo isso eu só posso responder: "O que dizem as Escrituras? O que diz o Senhor?" Está escrito: "Se alguém não nascer de novo, não pode ver o reino de Deus". "Se não vos converterdes e não vos tornardes como crianças, de modo algum entrareis no reino dos céus". "Aquele que diz que permanece nele, esse deve também andar assim como ele andou". "Se alguém não tem o Espírito de Cristo, esse tal não é dele" (Jo 3.3; Mt 18.3; 1 Jo 2.6; Rm 8.9). As escrituras não podem ser transgredidas. Se as palavras da Bíblia possuem algum significado, estar sem o Espírito é estar sem Cristo.

Recomendo que você considere com seriedade e devoção estas três proposições que lhe apresento. Note bem o que elas significam. Examine cuidadosamente cada ponto. Para que haja um interesse salvífico em Cristo, o conhecimento, a fé e a graça do Espírito Santo são absolutamente necessárias. Aquele que não possui estas características está sem Cristo.

Como é doloroso ver tantas pessoas sem conhecimento! Elas literalmente não sabem nada sobre religião. Cristo, o Espírito Santo, a fé, a graça, a conversão e a santificação são meras "palavras e nomes" para elas. Tais pessoas não saberiam explicar o que significam essas palavras, mesmo que isso pudesse salvá-las. Poderia tal ignorância conduzir alguém para o céu? Impossível! Sem conhecimento, sem Cristo!

Como é doloroso ver tantos confiando em sua justiça-própria! Eles podem falar de forma complacente sobre terem "feito sua obrigação", serem "bons para com todos", terem "seguido sua igreja" sempre, e não serem "tão maus quanto os outros", e, por essa razão, pensam que irão para o céu! Mas parece não haver lugar em sua religião para o profundo senso de pecado e a fé simples no sacrifício e no sangue de Cristo. A conversa deles gira em torno do *fazer* e nunca em torno do *crer*. E tal justiça-própria poderá fazer com que alguém alcance o céu? Jamais! Sem fé, sem Cristo!

Como é doloroso ver tantos incrédulos! Eles vivem em habitual negligência em relação ao Dia do Senhor, à Bíblia de Deus e às ordenanças de Deus. Eles não ponderam sobre o fato de fazerem coisas que Deus proíbe completamente. Vivem constantemente em costumes que são diretamente contrários aos mandamentos de Deus. E poderia tal incredulidade resultar em salvação? Impossível! Sem o Espírito Santo, sem Cristo!

Sei que, à primeira vista, essas afirmações podem parecer duras e ríspidas, ásperas e severas. Mas, afinal, não são elas a verdade de Deus conforme nos revelam as Escrituras? Se elas são a verdade, não deveriam tornar-se conhecidas? Se é necessário que sejam conhecidas, não deveriam ser claramente apresentadas? Se é que conheço um pouquinho sobre o meu próprio coração, desejo, acima de todas as coisas, magnificar as riquezas do amor de Deus pelos pecadores. Almejo dizer a toda a humanidade sobre a tamanha abundância de misericórdia e bondade que se encontra armazenada no coração de Deus para todo aquele que a busca. Mas não encontro em lugar nenhum da Bíblia que os ignorantes e os incrédulos, e os não-convertidos têm parte em Cristo! Se eu estiver errado, agradecerei a todo aquele que me mostrar um caminho mais excelente. Entretanto, até que me mostrem isso, não cederei em relação às afirmações que tenho apresentado. Não ouso abandoná-las, a fim de que não seja considerado culpado por lidar com a palavra de Deus de forma enganosa. Não ouso silenciar a respeito delas, para que o sangue das almas não seja requerido de minhas mãos. O homem sem conhecimento, sem fé e sem o Espírito Santo é um homem sem Cristo!

2. QUAL É A REAL CONDIÇÃO DE UMA PESSOA SEM CRISTO?

Deixe-me agora passar a outro ponto que desejo considerar. Qual é a real condição de uma pessoa sem Cristo?

Este é um desdobramento de nosso presente assunto que exige uma atenção especial. Ficarei grato, se conseguir apresentá-lo com todas as suas nuanças. Posso facilmente imaginar algum leitor dizendo para si mesmo: “Bem, suponha que eu esteja sem Cristo, qual é o dano a ser considerado? Tenho esperança de que Deus será misericordioso. Não sou pior do que muitos outros. Confio que tudo dará certo no final". Ouça-me e, com a ajuda de Deus, tentarei mostrar que você está lamentavelmente enganado. Sem Cristo, tudo não dará certo, mas tudo dará desesperadamente errado.

a. Estar sem Cristo é estar *sem Deus*. O apóstolo Paulo disse exatamente isso aos efésios, de modo bem franco. Ele conclui a famosa frase que inicia com a expressão "estáveis sem Cristo", dizendo: "E sem Deus no mundo". Quem poderia duvidar disso? Até mesmo aquele que possui idéias limitadas a respeito de Deus, imagina-O como o ser espiritual mais puro, mais santo e mais glorioso. Um homem precisa ser muito cego para não perceber que a natureza humana é corrupta, pecaminosa e pervertida. Como um verme tal qual o ser humano poderia aproximar-se de Deus e sentir-se confortável? Como poderia olhar para Deus e não sentir temor? Como poderia Lhe dirigir a palavra, relacionar-se com Ele, olhar adiante para habitar com Ele e não se sentir apavorado e amedrontado? É necessário que haja um mediador entre Deus e os homens, e existe somente um capaz de exercer esse ofício. Esse Um é Cristo.

Quem é você para falar da misericórdia de Deus e do amor de Deus como algo separado e desvinculado de Cristo? Não há tal amor e misericórdia registrados nas Escrituras. Saiba, neste dia, que Deus sem Cristo é um "fogo consumidor" (Hb 12.29). Misericordioso Ele é, acima de qualquer questionamento; rico em misericórdia, grandioso em misericórdia. Entretanto, sua misericórdia está inseparavelmente ligada à mediação de seu amado Filho, Jesus Cristo. Essa misericórdia precisa fluir através dEle, como sendo um canal previamente designado para isso ou não fluirá de forma alguma. Está escrito: "Quem não honra o Filho não honra o Pai que o enviou". "Eu sou o caminho, e a verdade, e a vida; ninguém vem ao Pai senão por mim" (Jo 5.23; 14.6). Se estamos sem Cristo, estamos sem Deus.

b. Estar sem Cristo é estar *sem paz*. Todo homem tem uma consciência interior, a qual precisa ser aliviada antes que ele possa ser verdadeiramente feliz. Enquanto sua consciência permanecer adormecida ou semimorta, sem dúvida, ele poderá progredir muito bem. Mas assim que a consciência de um homem desperta, e ele começa a pensar em seus pecados passados, nas falhas do presente e no julgamento futuro, imediatamente descobre que precisa de algo que lhe dê descanso interior. E o que pode lhe dar isso? Ele pode tentar o arrependimento, a oração, a leitura da Bíblia, a freqüência à igreja, a participação nas ordenanças, a automortificação, e tentar em vão. Essas coisas jamais poderão remover o fardo da consciência de alguém. É preciso que haja paz!

Há somente uma coisa que pode trazer paz à consciência: o sangue de Jesus

Cristo espargido sobre ela. Um entendimento seguro de que a morte de Cristo foi um pagamento real das nossas dívidas para com Deus, e de que o mérito dessa morte é transferido ao homem quando ele crê, é o segredo da paz interior. Esse entendimento vai ao encontro dos maiores anseios da consciência. Ele responde a todas as acusações. Acalma todos os temores. Está escrito: "Estas coisas vos tenho dito para que tenhais paz em mim". "Porque ele é a nossa paz". "Justificados, pois, mediante a fé, temos paz com Deus por meio de nosso Senhor Jesus Cristo" (Jo 16.33; Ef 2.14; Rm 5.1). Temos paz através do sangue de Cristo, na cruz; paz como uma mina profunda; paz como uma torrente que está sempre fluindo. Entretanto, sem Cristo, estamos sem paz.

c. Estar sem Cristo é estar *sem esperança*. Esperança de ter alguma sorte ou outra esperança qualquer é algo que quase todas as pessoas possuem. Na verdade, é raro encontrar um homem que lhe diga que não possui esperança alguma a respeito de sua alma. Mas quão poucos podem dar a "razão da esperança" que há neles. (1 Pe 3.15). Quão poucos podem explicá-la, descrevê-la e mostrar em que ela está fundamentada! Quantos há para quem a esperança não é nada melhor do que um sentimento vazio e vago, o qual o dia da enfermidade e a hora da morte comprovarão ser completamente inútil; impotente tanto para dar conforto, como para salvar.

No entanto, existe uma esperança que tem raízes, vida, força e solidez, e esta é a esperança que está fundada na grande rocha da obra de Cristo e em seu ofício de Redentor do homem. "Porque ninguém pode lançar outro fundamento, além do que foi posto, o qual é Jesus Cristo" (1 Co 3.11). Aquele que edifica sobre esta pedra angular "não será confundido". Existe uma verdade a respeito desta esperança. Ela pode ser vista e avaliada. Ela pode resistir a qualquer questionamento. Procure de ponta a ponta e você não encontrará nenhuma falha nela. Todas as outras esperanças, quando comparadas a esta, não têm valor. Semelhantemente às fontes ressequidas pelo verão, elas minguam quando a necessidade do homem é a mais desesperadora. Elas são como barcos estragados, os quais parecem bons enquanto permanecem imóveis no porto, mas quando os ventos e as ondas do oceano começam a prová-los, sua condição apodrecida é revelada e eles submergem sob as águas. Tal coisa como "boa esperança" sem Cristo é algo que não existe, e sem Cristo, não há esperança (Ef 2.12).

d. Estar sem Cristo é estar sem o céu. Com esta afirmação, não estou apenas querendo dizer que não pode haver entrada no céu, e sim que sem Cristo não pode haver alegria no céu. Um homem sem um Salvador e um Redentor não poderia sentir-se em casa no céu. Ele não teria direito legal ou título de nobreza para estar lá; ousadia, confiança e tranqüilidade de coração seriam impossíveis de serem obtidas. Estando entre os anjos santos e puros, sob o olhar de um Deus santo e puro, ele não poderia nem mesmo levantar a cabeça; ficaria confuso e envergonhado. Esta é a real essência de todas as visões verdadeiras a respeito do céu: que Cristo está lá.

Quem é você para sonhar com um céu onde não há lugar para Cristo? Desperte para reconhecer sua loucura. Saiba que em todas as descrições do céu contidas na Bíblia, a presença de Cristo é o ponto essencial. "Vi no meio do trono...", diz o apóstolo João, "um Cordeiro como tendo sido morto". O trono do céu é chamado de "o trono de Deus e do Cordeiro". O Cordeiro é a lâmpada do céu e o seu santuário. O Cordeiro "apascentará... e... guiará para as fontes da água da vida" todos os santos que habitam no céu. O encontro dos santos no céu é descrito como a "ceia das bodas do Cordeiro" (Ap 5.6; 22.3; 21.22,23; 7.17; 19.9). Um céu sem Cristo não pode ser o céu da Bíblia. Estar sem Cristo é estar sem o céu.

Eu poderia facilmente acrescentar muitas outras coisas. Poderia dizer que estar sem Cristo é estar sem vida, sem poder, sem segurança, sem alicerce, sem um amigo no céu, sem justiça. Ninguém está em piores circunstâncias do que aqueles que estão sem Cristo!

O que a arca significava para Noé; o que o cordeiro pascal significava para Israel no Egito; o que o maná, a rocha que foi ferida, a serpente de bronze, a coluna de nuvem e de fogo e o bode expiatório significavam para as tribos no deserto – tudo isso é o que Cristo significa para a alma de um homem. Ninguém é mais destituído do que aqueles que estão sem Cristo!

O que a raiz significa para os ramos; o que o ar significa para os nossos pulmões; o que o alimento e a água significam para nossos corpos; o que o sol significa para a criação – tudo isso e, muito mais, é o que Cristo significa para nós. Ninguém está mais sem esperança, e ninguém está em estado mais deplorável do que aqueles que estão sem Cristo!

Garanto que este assunto não teria a menor importância, se não houvesse coisas como: doença e morte, se os homens e as mulheres nunca envelhecessem e vivessem para sempre nesta terra. Entretanto, você deve saber que doença, morte e túmulo são tristes realidades.

Se essa vida fosse tudo – seria uma perda de tempo preocupar-se com questões como as que sugeri neste tratado. No entanto, você tem uma consciência. Você bem sabe que existe um dia de ajuste de contas, após o túmulo. Há um julgamento que está para vir.

Certamente que este assunto não é coisa de pouca importância. Não é algo mínimo, insignificante. Ele exige a atenção de toda pessoa que tem sensibilidade. Ele encontra-se na raiz daquela questão de extrema importância: a salvação de nossas almas. Estar sem Cristo é ser o mais miserável de todos.

1. Agora peço-lhe que examine a si mesmo e descubra qual é a sua exata condição. Você está sem Cristo?

Não permita que a vida se esvaia sem que você pense com seriedade e faça um auto-exame. Você não continuará para sempre do mesmo modo em que se encontra agora. Haverá um dia em que comer e beber, dormir e vestir-se, divertir-se e gastar dinheiro terão um fim. Haverá um dia em que o seu lugar estará vazio, e que falarão de você como alguém que já morreu, que já se foi. E, onde você estará, se tiver vivido e morrido sem pensar a respeito de sua alma; sem Deus e sem Cristo? Oh! Lembre-se, é mil vezes melhor estar sem dinheiro, sem saúde, sem amigos, sem companhia e sem ânimo do que estar sem Cristo!

2. Se você tem vivido sem Cristo até agora, eu o convido, com toda minha afeição, a mudar o seu rumo sem demora. Busque ao Senhor Jesus, enquanto se pode achar. Invoque-O, enquanto Ele está perto. Ele está assentado à destra de Deus, capaz de salvar qualquer um que se achegue a Ele, por mais pecador e negligente que tenha sido. Ele está assentado à destra de Deus, desejoso de ouvir a oração de todo aquele que sente que seu passado foi vivido de forma errada e que deseja corrigir-se. Busque a Cristo, busque-O sem demora. Sujeite-se a Ele. Não se envergonhe de dirigir-se a Ele. Apenas torne-se um dos amigos de Cristo, agora, e você dirá, algum dia, que este foi o melhor dia que você já teve.

3. Se você já se tornou um amigo de Cristo, eu o exorto a ser grato. Desperte para um senso mais profundo da infinita misericórdia de ter um Salvador Todo-poderoso, uma posição no céu, um lar eterno, um Amigo que nunca morre! Mais alguns poucos anos e nossas reuniões familiares se acabarão. Como é confortador saber que, em Cristo, nós temos algo que nunca poderemos perder.

Desperte para ter um senso do estado deplorável em que se encontram aqueles que não têm Cristo. Geralmente, nos lembramos dos que estão sem comida, sem roupas, sem escola ou sem igreja. Que tenhamos compaixão deles e os ajudemos tanto quanto nos seja possível. Porém, nunca nos esqueçamos de que existem pessoas que estão em um estado muito mais deplorável. Quem são elas? As pessoas que estão sem Cristo!

Temos parentes que estão sem Cristo? Que sejamos sensíveis em relação a eles, que oremos por eles, que falemos sobre eles ao Rei, que nos esforcemos para recomendar o evangelho a eles. Que tentemos de tudo para levá-los a Cristo.

Temos vizinhos que estão sem Cristo? Que possamos trabalhar de todas as maneiras pela salvação deles. A noite vem, quando ninguém pode trabalhar. Feliz aquele vive com a convicção permanente de que estar em Cristo é ter paz, segurança e felicidade; e que estar sem Cristo é estar às margens da destruição.

Capítulo 17

Sede aliviada

No último dia, o grande dia da festa, levantou-se Jesus e exclamou: Se alguém tem sede, venha a mim e beba. Quem crer em mim, como diz a Escritura, do seu interior fluirão rios de água viva.
João 7.37,38

O texto no início desta página contém uma das mais poderosas declarações de Cristo, a qual merece ser impressa com letras douradas. Todas as estrelas do céu são brilhantes e belas; e até mesmo uma criança pode perceber que uma estrela pode exceder em glória às demais. Toda a Escritura é inspirada por Deus; mas o coração que não consegue perceber que alguns versículos são particularmente ricos e completos deve ser um coração endurecido e entorpecido. O verso acima é um desses.

Para que possamos enxergar a completude da força e da beleza deste texto, precisamos nos lembrar do lugar, do tempo e da ocasião em ele foi proferido.

O *lugar* era Jerusalém, a metrópole do judaísmo e a fortaleza dos sacerdotes e escribas, dos fariseus e saduceus. A *ocasião* era a festa dos tabernáculos, quando todo judeu, se pudesse, compareceria ao templo, de acordo com a lei. O *tempo* era "o último dia... da festa", quando todas as cerimônias estavam se encerrando; quando a água extraída da fonte de Siloé já havia sido solenemente derramada sobre o altar, conforme a tradição; e nada mais restava aos adoradores, senão voltar para casa.

Nesse momento crítico, o Senhor Jesus se levanta e, de um lugar elevado, fala à multidão reunida. Não tenho dúvida, Ele lia cada coração ali presente. Ele os viu indo embora com a consciência pesada e com a mente insatisfeita, sem receber nada de seus mestres cegos, os fariseus e saduceus; e sem levar nada, a não ser uma recordação, sem proveito, de formalismos pomposos. Ele os viu, teve pena deles e clamou em alta voz, como um arauto: "Se alguém tem sede, venha a mim e beba". Não creio que Jesus tenha dito somente isso naquela ocasião tão memorável. Suponho que esta tenha sido apenas a idéia básica de seu discurso. Porém, imagino que esta pode ter sido a primeira frase que saiu de seus lábios: "Se alguém tem sede, venha a mim e beba". Se alguém deseja água viva, uma água que satisfaz, venha a mim.

A propósito, deixe-me lembrar aos meus leitores que nenhum profeta ou apóstolo usou uma linguagem como essa em relação a si mesmo. "Vem conosco", foi o que Moisés disse a Hobabe (Nm 10.29); "Vinde às águas", disse Isaías (Is 55.1); "Eis o Cordeiro", disse João Batista (Jo 1.29); "Crê no Senhor Jesus", disse o apóstolo Paulo (At 16.31). Mas nenhum homem, exceto Jesus, disse: "Venha a mim". Este fato é muito significativo. Aquele que disse: "Venha a mim", ao dizer isso, sabia e sentia que Ele era o eterno Filho de Deus, o Messias Prometido, o Salvador do mundo.

Proponho que agora dirijamos nossa atenção para três pontos nessa frase formidável de Jesus.

1. Há uma doença detectada: "Se alguém tem sede".
2. Há um remédio indicado: "Venha a mim e beba".
3. Há uma promessa oferecida: "Quem crer em mim, como diz a Escritura, do seu interior fluirão rios de água viva".

Cada um desses pontos é concernente a todos aqueles em cujas mãos este livro vier a cair. E tenho algo a dizer sobre cada um desses pontos.

1. UMA DOENÇA DETECTADA

Em primeiro lugar, temos uma doença detectada. Nosso Senhor diz: "Se alguém tem sede".

Sede física é a sensação mais dolorosa conhecida, a qual o corpo humano está sujeito. Leia a história dos miseráveis que sofreram no buraco negro de Calcutá. Pergunte a qualquer um que tenha viajado pelas planícies do deserto, debaixo de um sol tropical. Ouça o que qualquer soldado diria ser o principal desejo de um ferido nos campos de batalha. Lembre-se do que as tripulações dos navios perdidos em meio ao oceano passaram, sendo agitadas de um lado para o outro, em botes, durante vários dias, sem água. Note as terríveis palavras ditas pelo homem rico na parábola: "Manda a Lázaro que molhe em água a ponta do dedo e me refresque a língua, porque estou atormentado nesta chama" (Lc 16.24). O testemunho é imutável. Nada é mais terrível e mais difícil de se suportar do que a sede.

Mas, se a sede física é tão dolorosa, quão mais dolorosa será a sede da alma? O sofrimento físico não é o pior castigo da punição eterna. Mesmo nesse mundo, ele é algo suave quando comparado ao sofrimento da mente e do homem interior. Perceber o valor de nossa alma e descobrir que ela corre o risco de ruína eterna; sentir o fardo do pecado não perdoado e não saber para onde se voltar para encontrar alívio; ter a consciência doente e constrangida e ignorar o remédio para ela; descobrir que estamos morrendo, morrendo diariamente e, ainda assim, estarmos despreparados para encontrar com Deus; ter plena consciência de nossa culpa e impiedade e, ainda assim, estar em completa escuridão em relação à absolvição; este é o grau mais elevado da dor – a dor que esvazia a alma e o espírito e transpassa juntas e medulas! E, sem sombra de dúvida, essa é a sede da qual nosso Senhor está falando. É a sede de perdão, de remissão, de absolvição e de paz com Deus. É o desejo ardente de uma consciência que foi realmente despertada; desejando satisfação sem saber onde encontrá-la; andando por lugares áridos sem poder achar descanso.

Esta foi a sede que os judeus sentiram, quando Pedro pregou para eles no dia de pentecostes. Está escrito que "compungiu-se-lhes o coração e perguntaram... Que faremos, irmãos?" (At 2.37)

Esta é a sede que o carcereiro de Filipos sentiu, quando teve consciência do perigo espiritual em que se encontrava e sentiu o terremoto fazendo com que a prisão oscilasse debaixo de seus pés. Está escrito que ele "entrou precipitadamente e, trêmulo, prostrou-se diante de Paulo e Silas. Depois, trazendo-os para fora, disse: Senhores, que devo fazer para que seja salvo?" (At 16.29,30)

Esta é a sede que muitos dos grandes servos de Deus sentiram, ao terem a mente iluminada pela primeira vez. Agostinho, ao procurar descanso entre os maniqueístas hereges, sem encontrar descanso algum; Lutero, ao tatear no escuro para encontrar a verdade entre os monges do Monastério de Erfurt; John Bunyan, ao agonizar em dúvidas e conflitos em uma cabana em Elstow; George Whitefield, gemendo sob um asceticismo que impôs a si mesmo, desejando um ensinamento claro, quando estudava em Oxford – todos deixaram suas experiências registradas. Creio que todos sabiam o que o Senhor tinha em mente ao falar sobre a "sede".

Certamente não é exagero dizer que todos nós devemos conhecer algo sobre essa sede, ainda que não a conheçamos na mesma proporção que Agostinho, Lutero, Bunyan ou Whitefield. Vivendo neste mundo que está para morrer; sabendo, como de fato deveríamos saber, que existe um mundo além do sepulcro, e que depois da morte vem o julgamento, se é que confessamos essa doutrina; sentindo aquilo que deveríamos sentir em nossos melhores momentos: que somos pobres criaturas imperfeitas, instáveis e fracas; tendo no mais íntimo de nosso coração, como de fato deveríamos ter, a consciência de que o nosso lugar na eternidade depende do uso que agora fizermos do tempo; deveríamos sentir e perceber algo semelhante a essa "sede", um desejo de ter paz com o Deus vivo. Mas, infelizmente, de forma geral, nada prova a queda da natureza humana de forma tão contundente quanto o sentimento comum de apetite espiritual! Apetite por dinheiro, poder, prazer, posição, honra, superioridade – a maioria das pessoas neste momento está sedenta por todas essas coisas. Para liderar uma missão suicida, para escavar a procura de ouro, para abrir uma brecha em um forte, para abrir caminho na encosta de uma geleira na direção do Pólo Norte; não faltam voluntários e aventureiros para essas coisas. A competição para obter essas coroas corruptíveis é incessante e violenta! Mas em comparação com essas coisas, são bem poucos aqueles que têm sede de vida eterna. Não é de admirar que o homem natural seja chamado de "morto" e de "adormecido", de "cego" e de "surdo", nas Escrituras. Não é de admirar que as Escrituras digam que ele precisa de um novo nascimento e de uma nova criação. Não há sintoma mais claro sobre a mortificação do corpo do que a perda de todos os sentidos. Não há sinal mais doloroso sobre o estado doentio de uma alma do que a total ausência de sede espiritual. Ai daquele de quem o Salvador disser: "Nem sabes que tu és infeliz, sim, miserável, pobre, cego e nu" (Ap 3.17).

Contudo, quem dentre os meus leitores sente o fardo do pecado e anseia ter paz com Deus? Quem há que realmente sinta as palavras do livro de orações de nossa confissão de fé? "Tenho errado e me desviado como uma ovelha desgarrada, não há nada saudável em mim, eu sou um miserável transgressor." "A lembrança dos meus pecados é penosa, e o seu fardo é intolerável." Existe alguém que pode entrar na plenitude do culto de comunhão e dizer estas verdades. Quem reconhece isto é o homem que deveria dar graças a Deus. O senso do pecado, da culpa e da pobreza da alma é a primeira pedra lançada pelo Espírito Santo, quando Ele constrói um templo espiritual. Ele convence do pecado. A luz foi a primeira coisa chamada à existência na criação material (Gn 1.3). A luz a respeito daquilo que somos é a primeira obra na nova criação. Alma sedenta, digo novamente, você é a pessoa que deveria dar graças a Deus. O reino de Deus está próximo de você. Não é quando começamos a nos sentir *bem*, e sim quando começamos a nos sentir *mal*, que damos o primeiro passo em direção ao céu. Quem o fez saber que você estava nu? De onde veio essa luz interior? Quem lhe abriu os olhos e o fez ver e sentir? Saiba hoje, que não foi carne e sangue quem o revelou, e sim nosso Pai, que está nos céus. As universidades podem conferir diplomas, as escolas podem comunicar sobre todos os mistérios, mas não podem fazer com que o homem perceba o seu pecado. Para percebermos nossa necessidade espiritual e sentir verdadeira sede espiritual, precisamos da cartilha do cristianismo salvador. A frase dita por Eliú, no livro de Jó, é uma grande frase; Deus olhará para os homens, e se algum deles disser: "Pequei, perverti o direito e não fui punido segundo merecia", então, Ele redimirá a sua alma da cova, e a sua vida verá a luz" (Jó 33.27,28). Saiba o homem que nenhum tipo de "sede" espiritual será desprezada. Melhor será que ele levante a cabeça e comece a ter esperança. Que ore para que Deus continue a obra que começou e o faça perceber seus pecados ainda mais.

2. UM REMÉDIO INDICADO

Passarei de uma doença detectada para o remédio indicado. "Se alguém tem sede", disse nosso bendito Senhor Jesus Cristo, "venha a mim e beba".

Há uma grande simplicidade nesta pequena frase, que nunca será suficientemente admirada. Em seu sentido literal, não há uma palavra nela que não seja clara até mesmo para uma criança. Embora pareça simples, esta frase é rica em significado espiritual. Semelhante ao diamante Koh-i-noor , que pode ser carregado entre o polegar e o indicador,[1] esta frase possui um valor incalculável. Ela resolve um grande problema que nem mesmo todos os filósofos gregos e romanos puderam resolver: "Como o homem pode ter paz com Deus?" Guarde esta frase em sua memória, juntamente com outras seis frases preciosas ditas pelo nosso Senhor: "Eu sou o pão da vida: o que vem a mim jamais terá fome; e o que crê em mim jamais terá sede". "Eu sou a luz do mundo; quem me segue não andará nas trevas; pelo contrário, terá a luz da vida". "Eu sou a porta. Se alguém entrar por mim, será salvo". "Eu sou o caminho, e a verdade, e a vida; ninguém vem ao Pai

1 Nota do Tradutor. O diamante Koh-i-noor é um diamante indiano valiosíssimo. Há uma lenda que ele pode ser usado somente por mulheres, por trazer azar aos homens. Quando a Índia foi incorporada à Grã-Bretanha, o Koh-i-noor passou a fazer parte do tesouro real. Após sua última lapidação, passou a ser parte da coroa da rainha Elizabeth 1ª, onde permanece até hoje, possuindo 106 quilates.

senão por mim". "Vinde a mim, todos os que estais cansados e sobrecarregados, e eu vos aliviarei". "O que vem a mim, de modo nenhum o lançarei fora". Acrescente a estes seis versos, o verso que está diante de você hoje. Decore estes sete versos. Crave-os no mais profundo de sua mente e não os deixe sair de lá. Quando os seus pés tocarem o rio gelado, em seu leito de enfermidade, na hora da morte, você descobrirá que eles possuem um valor incalculável (Jo 6.35; 8.12; 10.9; 14.6; Mt 11.28; Jo 6.37).

Qual é o resumo e a essência dessas simples palavras? O resumo e a essência delas é: Cristo é aquela Fonte de água viva que Deus graciosamente providenciou para a alma sedenta. De Cristo, assim como da rocha ferida por Moisés, flui um rio abundante para todo aquele que atravessa o deserto deste mundo. Em Cristo, que é nosso Redentor e Substituto, crucificado por causa de nossos pecados e ressuscitado para a nossa justificação, existe um suprimento eterno para tudo o que o homem precisa: perdão, absolvição, misericórdia, graça, paz, descanso, conforto e esperança.

Cristo comprou esta rica provisão para nós através de seu precioso sangue. Para abrir esta fonte magnífica, Ele sofreu por causa do pecado, o justo pelos injustos, e carregou nossos pecados sobre o seu próprio corpo, no madeiro. Deus "o fez pecado por nós", Aquele que não conheceu pecado, "para que, nele, fôssemos feitos justiça de Deus" (1 Pe 2.24; 3.18; 2 Co 5.21). Agora Ele é selado e designado para ser o Alívio de todo aquele que está cansado e sobrecarregado, bem como o Doador da água da vida a todo o que tem sede. É seu ofício receber pecadores. Ele tem prazer em lhes dar perdão, vida e paz. E as palavras do texto são uma proclamação que Ele faz para toda a humanidade: "Se alguém tem sede, venha a mim e beba".

A eficácia de um medicamento depende, em grande parte, da maneira como é administrado. A melhor receita, dada pelo melhor dos médicos, será inútil se nos recusarmos a seguir as prescrições que a acompanham. Permita-me uma palavra de exortação, enquanto dou alguns avisos e recomendações a respeito da Fonte de água viva.

a. Aquele que tem sede e deseja alívio deve vir ao próprio Cristo. Ele não deve se contentar em vir à igreja e às ordenanças ou à assembléia do povo de Deus para orar e adorar. Ele não deve nem mesmo parar abruptamente diante da santa mesa do Senhor e descansar satisfeito, abrindo o seu coração, em particular, para os ministros ordenados de Cristo. Oh, não! Aquele que se contenta em beber essas águas "tornará a ter sede" (Jo 4.13). Ele deve ir mais alto; mais além, muito além do que isso. Ele deve ter um relacionamento pessoal com o próprio Cristo; tudo o mais, em termos de religião, será inútil sem Cristo. O palácio do rei, os criados, a mobília da casa do banquete, o próprio banquete – nada vale, a menos que possamos falar com o Rei. Ele pode tirar o fardo de nossas costas e nos libertar, com apenas uma das mãos. A mão do homem pode remover a pedra do sepulcro e revelar o morto; mas ninguém, senão Jesus, pode dizer ao morto: "Vem para fora" e vive (Jo 11.41-43). Precisamos tratar diretamente com Cristo.

b. Novamente, aquele que tem sede e deseja o alívio de Cristo deve de fato vir a Ele. Não é suficiente desejar vir, falar de vir, pretender vir, intentar vir, resolver vir e ter a esperança de vir. O inferno é uma realidade muito terrível para ser pavimentada com boas intenções. Milhares se perdem desta maneira e perecem de forma miserável fora do porto. Vivem pretendendo e intentando, e morrem pretendendo e intentando. Oh, não! Precisamos nos "levantar e vir"! Se o filho pródigo tivesse se contentado em dizer: "Quantos trabalhadores de meu pai têm pão com fartura, e eu aqui morro de fome! Espero poder voltar para casa algum dia", ele teria permanecido para sempre no meio dos porcos. Porém, foi quando se levantou e voltou para o seu pai, que o seu pai correu ao seu encontro e lhe disse: "Trazei depressa a melhor roupa, vesti-o... Comamos e regozijemo-nos" (Lc 15.20-23). Do mesmo modo que ele, não podemos simplesmente "nos voltar para nós mesmos" e pensar, e sim precisamos vir de fato ao Sumo Sacerdote, Cristo. Precisamos vir ao Médico.

Uma vez mais, aquele que tem sede e deseja vir a Cristo deve se lembrar de que a fé simples é a única coisa exigida. Que ele use de todos os meios para vir com um coração contrito, quebrantado e penitente, mas que não sonhe em confiar nessas coisas para ser aceito. A fé é a única mão que pode levar a água da vida até os lábios. A fé é a dobradiça sobre a qual todas as questões relacionadas à justificação se movem. Está escrito muitas vezes que "o que nele crê" não perecerá, mas terá "a vida eterna" (Jo 3.15,16). "Ao que não trabalha, porém crê naquele que justifica o ímpio, a sua fé lhe é atribuída como justiça" (Rm 4.5). Feliz é aquele que se agarra ao princípio declarado naquele hino sem igual:

Tal qual estou, eis-me, Senhor
Pois o teu sangue remidor
Verteste pelo pecador
Ó Salvador, me achego a ti

Cantor Cristão – nº 266

Quão simples este remédio pode parecer ao sedento! Mas, oh! Como é difícil persuadir algumas pessoas a recebê-lo. Diga-lhes para fazerem algo grandioso; para mortificarem seus corpos; para fazerem uma peregrinação; para darem todos os seus bens aos pobres e assim merecer a salvação; e eles tentarão fazer exatamente conforme foram ordenados. Diga-lhes para abandonarem toda idéia de méritos, obras e feitos e virem a Cristo como pecadores destituídos, de mãos vazias e, do mesmo modo como fez Naamã, eles estarão prontos a virarem as costas com desdém (2 Re 5.12). A natureza humana é a mesma em todas as eras. Ainda há algumas pessoas semelhantes aos judeus e alguns semelhantes aos gregos. Para os judeus, o Cristo crucificado é escândalo e para os gregos, loucura. Os seus sucessores, de certo modo, nunca deixaram de existir! Jesus disse uma palavra bem verdadeira aos escribas orgulhosos quando estava no Sinédrio: "Contudo, não quereis vir a mim para terdes vida" (Jo 5.40).

Entretanto, por mais simples que esse remédio para sede possa parecer, ele é a única cura para a doença espiritual do homem e a única ponte entre a terra e o céu. Os reis e seus súditos, pregadores e ouvintes, senhores e servos, pequenos e grandes, ricos e pobres, cultos e iletrados, todos precisam igualmente beber da água da vida e bebê-la de um mesmo modo. Por dezoito séculos, os homens vêm tentando encontrar um outro remédio para a consciência pesada, mas têm trabalhado em vão. Milhares de pessoas, após terem enchido suas mãos de bolhas e terem envelhecido cavando "cisternas rotas, que não retém as águas" (Jr 2.13), no final, têm sido obrigadas a voltar para a antiga Fonte e confessar, em seus últimos momentos na terra, que só em Cristo há verdadeira paz.

Por mais simples que esse remédio para a sede possa parecer, ele é a raiz da vida interior de todos os grandes servos de Deus em todas as eras. O que os santos e os mártires de cada era da história da igreja têm sido, senão homens que vinham a Cristo pela fé, diariamente, os quais haviam descoberto que sua "carne é verdadeira comida", e o seu "sangue é verdadeira bebida"? (Jo 6.55) O que todos eles têm sido, senão homens que viveram pela fé no Filho de Deus e que diariamente bebiam da plenitude que há nEle? (Gl 2.20) Em todo o caso, os melhores cristãos e os mais verdadeiros; aqueles que marcaram o mundo, tiveram uma só mente. Os pais da igreja e os reformadores, os teólogos anglicanos e puritanos, os episcopais e os não conformistas; todos eles, em seus melhores momentos, mantiveram um único testemunho a respeito da Fonte da vida. Por mais separados e controversos que tenham sido durante suas vidas, eles não estiveram divididos na hora da morte. Em sua última batalha contra o pior de todos os terrores, simplesmente se apegaram à cruz de Cristo e não se gloriaram em nada além do que no "precioso sangue" e na Fonte que está disponível a todos os pecadores e impuros.

Como deveríamos ser gratos por viver em uma terra onde o grande remédio para a sede espiritual é conhecido; uma terra de Bíblias abertas, de pregação do evangelho e meios abundantes da graça; uma terra onde a eficácia do sacrifício de Cristo ainda é proclamada, em maior ou menor proporção, em vinte mil púlpitos todos os domingos! Não percebemos de fato o valor de nosso privilégio. A familiaridade com o maná nos leva a menosprezá-lo, assim como Israel que se enfastiou do "pão vil" no deserto (Nm 21.5). Porém, dirija-se às paginas dos escritos de um dos filósofos pagãos, como o incomparável Platão, e veja como tateou em busca da luz, em semelhança a alguém que tem os olhos tampados e fatiga-se tentando encontrar a porta. O camponês mais humilde que consegue compreender as quatro "palavras de conforto" do livro de orações, ditas em nosso belo culto de comunhão, conhece mais do caminho da paz com Deus do que o sábio de Atenas. Dirija-se aos relatórios que os missionários e viajantes dão a respeito dos pagãos que nunca ouviram o evangelho. Leia sobre os sacrifícios humanos que são feitos na África e sobre as horríveis práticas de autoflagelo a que os devotos do hinduísmo se submetem, e lembre-se que isso é o resultado de uma sede insaciável e de um desejo cego e insatisfeito de aproximar-se de Deus. Aprenda a ser grato pelo fato de ter nascido em uma terra como a sua. Infelizmente, temo que Deus tenha uma controvérsia conosco por causa de nossa ingratidão! O coração que estuda a condição da África, da China e da Índia e não é grato a Deus por viver na Inglaterra cristã, deve ser um coração frio e morto.

3. UMA PROMESSA OFERECIDA

Dirijo-me agora, em último lugar, à promessa oferecida a todo aquele que vem a Cristo. "Quem crer em mim, como diz a Escritura, do seu interior fluirão rios de água viva".

O assunto sobre as promessas das Escrituras é vasto e um dos mais interessantes. Duvido que ele receba a atenção merecida nos dias de hoje. *Scripture Promises* (Promessas das Escrituras), de Clarke, é um livro antigo que suponho não seja tão estudado hoje quanto o era nos dias de nossos pais. Poucos cristãos percebem o número, o comprimento, a largura, a profundidade, a altura e a variedade das preciosas expressões no "tempo verbal futuro" que estão dispostas na Bíblia para o benefício e encorajamento de todo aquele que as utiliza.

Ainda que as promessas permaneçam no fim da lista de todas negociações humanas, nas ocupações desta vida, a maioria dos filhos de Adão, em cada país civilizado, age todos os dias baseada em promessas. O trabalhador da terra trabalha arduamente de segunda de manhã a sábado à noite, porque acredita que no final da semana receberá o salário prometido. O soldado se alista no exército, e o marinheiro coloca seu nome no livro de matrículas da marinha, na plena confiança de que aqueles a quem eles se submetem lhes darão o pagamento prometido, no futuro. A mais humilde das empregadas domésticas trabalha dia a dia nas tarefas que lhe foram designadas, crendo que sua patroa lhe dará o salário prometido. Nos negócios das cidades grandes, entre comerciantes, banqueiros e homens de negócio, nada poderia ser feito sem que houvesse uma fé incessante em promessas. Toda pessoa de bom senso sabe que os cheques, as faturas e as notas promissórias são os únicos meios pelos quais a maioria das negociações mercantis pode ser concretizada. Os homens de negócio são compelidos a agirem por fé e não por vista. Eles acreditam nas promessas feitas e esperam que acreditem nas promessas que eles fazem. De fato, promessas, fé nas promessas e ações movidas pela fé nas promessas são a espinha dorsal de grande parte da conduta entre o homem e seus semelhantes na cristandade.

De modo semelhante, as promessas, na religião da Bíblia, são os meios pelos quais Deus se agrada de Se aproximar da alma do homem. O estudante cuidadoso das Escrituras não pode deixar de observar que Deus continuamente induz o homem a ouvi-Lo, a obedecê-Lo e a servi-Lo, comprometendo-Se a fazer grandes obras, se o homem tão somente crer e prestar atenção a Ele. Em resumo, como disse o apóstolo Pedro, "nos têm sido doadas as suas preciosas e mui grandes promessas" (2 Pe 1.4). Aquele que misericordiosamente determinou que toda a Sagrada Escritura fosse escrita para o nosso ensino, também demonstrou seu perfeito conhecimento da natureza humana ao deixar espalhada por todo o livro uma riqueza perfeita de promessas; promessas essas apropriadas para todo tipo de experiência e todo tipo de condição de vida. Ele parece dizer: "Você quer saber o que Eu prometi fazer a você? Você quer ouvir quais são as minhas condições? Então, tome sua Bíblia e leia".

Entretanto, existe uma grande diferença entre as promessas feitas por um filho de Adão e as promessas feitas por Deus, as quais nunca devem ser esquecidas. Não existe certeza de que as promessas feitas pelo homem serão cumpridas. Mesmo com os melhores sentimentos e a melhor das intenções, ele não pode manter sua palavra sempre. A doença e a morte podem interferir como se fossem um homem armado, e levar deste mundo aquele que fez a promessa. A guerra ou as epidemias, ou a fome, ou a colheita ruim, ou os furacões podem despojá-lo de sua propriedade e tornar impossível o cumprimento de seus compromissos. As promessas de Deus, ao contrário, certamente serão mantidas. Ele é Todo-poderoso; nada poderá impedi-Lo de fazer aquilo que prometeu. Ele é imutável; tem sempre uma mesma mente e nEle não há variação ou sombra de mudança (Jó 23.13; Tg 1.17). Ele sempre manterá a sua palavra. Como disse uma garotinha, para surpresa de sua professora, existe uma coisa que Deus não consegue fazer: "É impossível que Deus minta" (Hb 6.18). Se Deus alguma vez disse que faria algo, por mais inacreditável e improvável que isso possa parecer, Ele o fará. A destruição do mundo pelo dilúvio e a preservação de Noé na arca, o nascimento de Isaque, a libertação do povo de Israel do Egito, a ascensão de Davi ao trono de Saul, o nascimento miraculoso de Cristo, a ressurreição de Cristo, a dispersão dos judeus pelo mundo e sua contínua preservação como um povo singular – quem poderia imaginar eventos mais inacreditáveis e improváveis do que esses? Ainda assim, Deus disse que eles aconteceriam e, no devido tempo, eles aconteceram. Na verdade, para Deus é tão fácil realizar algo, quanto dizer. Aquilo que Ele promete, Ele certamente executa.

Muito mais poderia ser dito a respeito da variedade e das riquezas das promessas das Escrituras do que é possível dizer em um artigo como este. O nome delas é profusão. Este é um assunto quase inesgotável. É difícil haver um passo na vida de um homem, desde sua infância até a velhice, ou um cargo no qual o homem possa ser colocado, para o qual a Bíblia não ofereça encorajamento a todo aquele que deseja fazer o que é reto aos olhos de Deus. No tesouro de Deus, existem muitas promessas para cada tipo de situação. A respeito da infinita misericórdia e compaixão de Deus; a respeito de sua prontidão para receber todo aquele que se arrepende e crê; a respeito de sua boa vontade em perdoar, absolver e escusar ao pior dos pecadores; a respeito do seu poder de mudar nosso coração e transformar nossa natureza corrupta; a respeito dos encorajamentos para orar, ouvir o evangelho e se aproximar do trono da graça; a respeito de receber forças para cumprir as obrigações, conforto em meio aos problemas, direção na perplexidade, ajuda na doença, consolo na morte, sustento nas privações, felicidade além do túmulo, recompensa na glória – a respeito de todas essas coisas, existe um suprimento abundante de promessas na Palavra. Ninguém poderá ter uma idéia dessa abundância sem que a procure cuidadosamente nas Escrituras, mantendo este assunto sempre em mente. Se alguém duvida disso, só posso dizer: "Vinde e vede". Tal como a rainha de Sabá na corte de Salomão, você logo dirá: "Eis que não me contaram a metade" (1 Rs 10.7).

A promessa de nosso Senhor Jesus Cristo, na passagem bíblica que estamos meditando, é de certa forma peculiar. De forma singular, ela é rica em encorajamento a todos quantos sentem sede espiritual e vêm a Ele em busca de alívio, e, por essa razão, ela merece uma atenção especial. A maioria das promessas de nosso Senhor refere-se principalmente aos benefícios estendidos à pessoa a quem Ele se dirige. A promessa que está diante de nós possui um alcance muito maior: ela parece referir-se a muitos outros além daqueles para os quais Ele falou. E por que razão Ele disse isso? "Quem crer em mim, como diz a Escritura" (e isso é ensinado em todo lugar), "do seu interior fluirão rios de água viva". Ele falava do Espírito, o qual aqueles que cressem nEle iriam receber. Sem dúvida alguma, essas palavras têm um sentido figurado; sentido figurado do mesmo modo que as primeiras palavras da frase; sentido figurado do mesmo modo que "sede" e "beber". Entretanto, todas as figuras usadas nas Escrituras contêm grandes verdades; e tentarei agora demonstrar o que esta figura deseja transmitir.

1. Em primeiro lugar, creio que o Senhor tinha a intenção de dizer que todo aquele que vem a Ele pela fé receberá um suprimento abundante para o alívio de todos os desejos de sua alma. O Espírito dará a ele, um senso duradouro de perdão, paz e esperança em seu homem interior, que será como uma fonte que nunca seca. Ele se sentirá tão satisfeito com "as coisas de Cristo", as quais o Espírito lhe mostrará (Jo 16.15), que descansará das ansiedades espirituais a respeito da morte, do julgamento e da eternidade. Ele pode ter seus momentos de escuridão e dúvidas, devido às suas próprias debilidades ou às tentações do diabo. Mas, falando de modo geral, uma vez que tenha ido a Cristo pela fé, encontrará uma fonte infalível de consolação no mais íntimo de seu coração. Que possamos entender que esta é a primeira bênção que esta promessa contém. "Somente venha a Mim, pobre alma ansiosa" é o que o Senhor parece estar dizendo, "somente venha a Mim", e sua ansiedade espiritual será aliviada. Colocarei em seu coração, pelo poder do Espírito Santo e através de minha expiação e intercessão, um senso tal de perdão e paz, que você jamais sentirá sede de novo. Você poderá ter suas dúvidas, temores, conflitos, enquanto estiver no corpo. Porém, uma vez que tenha vindo a Mim e me tomado como seu Salvador, nunca mais se sentirá completamente sem esperança. A condição de seu homem interior mudará totalmente e de tal forma, que você sentirá como se houvesse uma fonte de água a jorrar constantemente de seu interior".

E o que diremos sobre essas coisas? Vou declarar aquilo que é a minha convicção: que essa promessa é cumprida sempre que um homem, ou uma mulher vem a Cristo pela fé. Ele pode ser fraco em graça e ser muito receoso a respeito de sua própria condição. Pode não ousar dizer que é convertido, justificado, santificado e apropriado para a herança dos santos em luz. Mas, a despeito de tudo isso, me atrevo a dizer que o mais humilde e insignificante crente em Cristo tem algo do qual não pode se separar, mesmo que não compreenda isso totalmente. E o que é esse "algo"? É simplesmente o "rio de água viva" que começa a fluir no coração de todo filho de Adão, assim que ele vem a Cristo e bebe. Nesse sentido, eu creio que essa maravilhosa promessa de Cristo é sempre cumprida.

2. Mas isso é tudo o que esta promessa contém? De modo algum. Ainda resta muito mais por detrás dela; ainda há muito a ser observado. Creio que o Senhor queria que compreendêssemos que aquele que vem a Ele pela fé não tem apenas um suprimento abundante para todas as necessidades de sua alma, como também se torna uma fonte de bênçãos para a alma de outros. O Espírito que habita nele fará dele uma fonte de benefícios para o seu semelhante, de sorte que fluirão dele, "rios de água viva", até o último dia.

Esta é a parte mais importante da promessa de nosso Senhor e ela esclarece um assunto que raramente é percebido e compreendido pela maioria dos cristãos. Contudo, esse é um assunto de profundo interesse e merece mais atenção do que costuma receber. Creio que este assunto é uma verdade de Deus. Creio que, assim como "nenhum de nós vive para si mesmo" (Rm 14.7), nenhum de nós é convertido apenas para si mesmo, e que a conversão de um homem ou mulher, na maravilhosa providência de Deus, sempre conduz à conversão de outros. Não afirmo, nem por um momento, que todos os crentes estão a par desta questão. Penso que é bem mais provável que muitos vivam e morram na fé, sem terem a consciência de terem feito o bem a alguma alma. Creio que a manhã da ressurreição e o dia do julgamento, quando a história secreta de todos os crentes será revelada, provará que o pleno significado desta promessa jamais falhou. Duvido que haverá algum crente que não tenha sido "um rio de água viva" para alguém; um canal através de quem o Espírito tenha conduzido a sua graça. Até mesmo o ladrão arrependido, embora seu tempo após a conversão tenha sido curto, tornou-se uma fonte de bênçãos para milhares de almas!

a. Alguns crentes são rios de água viva enquanto vivem. Suas palavras, suas conversas, sua pregação, seu ensino; tudo isso são meios através dos quais a água da vida tem fluído para o coração de seus semelhantes. Assim foram os apóstolos que não escreveram epístola alguma, mas somente pregaram a Palavra. Assim foram Lutero, Whitefield, Wesley, Berridge, Rowlands e milhares de outros, dos quais não poderia falar de forma particular agora.

b. Alguns crentes são rios de água viva quando morrem. A sua coragem em enfrentar o pior de todos os terrores, sua ousadia em meio aos sofrimentos mais dolorosos, sua fé inabalável em Cristo, mesmo diante da fogueira, sua paz evidente mesmo quando estão prestes a ir para o sepulcro – têm levado milhares de pessoas a refletir, e levado centenas de pessoas a se arrepender e crer. Assim sucedeu, por exemplo, aos mártires da igreja primitiva, a quem o Império Romano perseguiu. Assim sucedeu a John Huss e a Jerônimo de Praga. Assim sucedeu a Cranmer, Ridley, Latimer, Hooper e ao nobre exército de mártires perseguidos por Maria, a sanguinária. A obra realizada no momento da morte, assim como no caso de Sansão, foi muito maior do que a obra realizada durante a vida.

c. Alguns crentes tornam-se rios de água viva muito tempo após a sua morte. Eles fazem o bem através de seus livros e escritos em toda parte do mundo, muito tempo depois, quando as mãos que seguraram a caneta já estão se desfazendo no pó. Assim sucedeu com Bunyan, Baxter, Owen, George Herbert e Robert M'Cheyne. Estes benditos servos de Deus provavelmente têm feito maior bem através de seus livros, do que fizeram com suas línguas enquanto estavam vivos. Mesmo depois de mortos, ainda falam (Hb 11.4).

d. Finalmente, existem alguns crentes que são rios de água viva por causa da beleza de sua conduta e comportamento diários. Existem muitos cristãos silenciosos, gentis e consistentes, que não fazem exibição alguma, nem alarde no mundo, mas que mesmo assim, exercem uma influência para o bem de todos ao seu redor de forma imperceptível. Eles "ganham sem palavra alguma" (1 Pe 3.1). Seu amor, bondade, temperamento meigo, paciência e altruísmo falam silenciosamente a uma ampla esfera de ação e lançam sementes de pensamentos e de auto-exame em muitas mentes. Foi um bom testemunho o daquela senhora que morreu em paz abundante, dizendo que abaixo de Deus, ela devia a sua salvação a Whitefield: "Não foi por causa de nenhum sermão pregado por ele; não foi por nada que ele tenha dito a mim. Foi por causa da beleza da consistência e da bondade de sua vida diária, na casa em que estava hospedado, quando eu era uma garotinha. Eu disse a mim mesma: Se eu tiver que ter alguma religião, o Deus do Sr. Whitefield será o meu Deus".

Que possamos nos agarrar a esta visão da promessa de nosso Senhor, sem esquecê-la jamais. Se você vem a Cristo pela fé e o segue, não pense, nem por um momento, que a sua alma é a única que será salva. Pense na bênção de ser um rio de água viva para outros. Quem disse que você não pode ser um instrumento para trazer muitos outros a Cristo? Viva, aja, fale, ore e trabalhe mantendo isso continuamente em sua mente. Conheço uma família formada por um pai, uma mãe e dez filhos, na qual a religião verdadeira começou com uma das filhas. No início, ela permaneceu sozinha, e todo o resto de sua família estava no mundo. E apesar disso, antes de sua morte, ela viu seus pais e todos os seus irmãos e irmãs convertidos a Deus, e, humanamente falando, tudo isso aconteceu devido a sua influência! É certo que, em face de tudo isso, não podemos duvidar de que um crente possa ser um rio de água viva para outros. As conversões podem não se dar durante o tempo de sua vida, e você pode morrer sem vê-las. Mas não duvide de que uma conversão leva a outras conversões, e que poucos irão sozinhos para o céu. Quando Grimshaw de Haworth, o apóstolo do norte, morreu, deixou seu filho incrédulo e ímpio. Posteriormente, seu filho foi convertido e nunca se esqueceu dos conselhos e do exemplo de seu pai. Suas últimas palavras foram: "O que meu pai dirá quando me vir no céu?" Que possamos ter coragem e esperança, crendo nas promessas de Cristo.

1. Agora, antes de encerrar este capítulo, deixe-me fazer uma pergunta bem clara. Você conhece algo sobre a sede espiritual? Algum dia, você sentiu uma preocupação genuína e profunda a respeito de sua alma? Temo que muitos desconheçam qualquer coisa a respeito disso. Tenho aprendido, através de trinta e poucos anos de experiências dolorosas, que as pessoas podem viver freqüentando a casa de Deus por anos, sem nunca perceberem os seus pecados ou desejarem ser salvas. Os cuidados do mundo, o amor ao prazer, a "cobiça por outras coisas" sufocam a boa semente, todos os domingos, e a tornam infrutífera. Eles vêm para a igreja com o coração tão endurecido quanto o pavimento de pedras sobre o qual caminham. Eles seguem vivendo de maneira tão irrefletida e estática quanto os velhos bustos de mármore que os observam de cima dos monumentos. Bem, as coisas podem ser assim; mas não perca as esperanças em relação a ninguém, enquanto ele viver. O grande sino da Catedral de São Paulo, em Londres, que tem batido as horas por muitos anos, raramente é ouvido durante as horas de pico. Os ruídos e barulhos das ruas têm o estranho poder de enfraquecer o seu som e de impedir que os homens o ouçam. Mas quando o dia de trabalho termina e as gavetas das escrivaninhas são fechadas; quando as portas são trancadas e os livros, deixados de lado; o silêncio reina na cidade grande e a situação é diferente. Quando o sino bate à noite, às onze horas, à meia-noite, à uma, às duas e às três da manhã, milhares de pessoas que nunca o ouviram durante o dia, passam a ouvi-lo. Espero que o mesmo aconteça a muitos em relação à sua alma. Agora, na plenitude da saúde e da força, em meio à pressa e ao turbilhão de afazeres, temo que a voz

de sua consciência seja abafada, e que você não consiga ouvi-la. Mas chegará um dia, quando o grande sino de sua consciência se fará ouvir, quer você goste disso ou não. Pode vir um tempo quando, sendo deixado de lado na quietude, obrigado a permanecer imóvel por causa de uma doença, você seja forçado a olhar para dentro de si e a considerar os interesses de sua alma. E, então, quando o grande sino de uma consciência despertada soar em seus ouvidos, creio que muitos dos que lêem estas linhas poderão ouvir a voz de Deus e se arrepender; poderão aprender a ter sede e aprender a vir a Cristo para ter alívio. Sim, peço a Deus que você possa aprender a ter sede antes que seja tarde!

2. Mas você sente algo nesse exato momento? Sua consciência está despertada e ativa? Você está sensível à sede espiritual e ansiando por alívio? Então, ouça o convite que lhe faço em nome de meu Mestre, hoje: "Se alguém", não importa quem seja, ilustre ou humilde, rico ou pobre, culto ou iletrado, "se alguém tem sede, venha a Cristo e beba". Ouça e aceite o convite sem demora. Não espere por nada. Não espere por ninguém. Quem é que pode dizer o que acontecerá, se você ficar esperando por um "momento conveniente" até o ponto de ser tarde demais? A mão do Redentor vivo, que está no céu, agora está estendida, mas poderá ser recolhida. A fonte está disponível agora, mas logo poderá tornar-se inacessível para sempre. "Se alguém tem sede, venha a mim e beba" sem demora. Mesmo que você tenha sido um grande pecador e tenha rejeitado as admoestações, os conselhos e os sermões; mesmo assim, venha. Mesmo que você tenha pecado contra a luz e o conhecimento, contra os conselhos de seu pai e contra as lágrimas de sua mãe; mesmo que você tenha vivido longos anos sem guardar o dia do Senhor e sem orar, mesmo assim, venha. Não diga que você não sabe como vir; que não compreende em que precisa crer; que você precisa esperar por mais iluminação. Pode o homem cansado dizer que está cansado demais para deitar e descansar ou o homem que está se afogando dizer que não sabe como agarrar a mão que está estendida para ajudá-lo; ou o marinheiro de um navio que está naufragando, com um bote salva-vidas preso ao casco, dizer que não sabe como pular para dentro dele? Oh, lance fora essas desculpas! Levante-se e venha! A porta não está fechada. A fonte ainda está acessível. O Senhor Jesus o convida, e isso é suficiente para que você tenha sede e deseje ser salvo. Venha, venha a Cristo sem demora. Quem já chegou à fonte para o pecador e a encontrou seca? Quem se retirou insatisfeito?

3. E você já veio a Cristo e encontrou alívio? Então, venha mais perto, mais perto ainda. Quanto mais íntima for a sua comunhão com Cristo, maior será o conforto que sentirá. Quanto mais próximo da fonte você estiver, mais sentirá

que há, dentro de você, "uma fonte a jorrar para a vida eterna" (Jo 4.14). Você não somente será abençoado, como também será uma fonte para outros.

Neste mundo mau, talvez você pense que não possui todo o conforto que gostaria de ter. Mas lembre-se de que não pode ter dois céus. A alegria perfeita ainda está por vir. O diabo ainda não está amarrado. Existe um tempo muito bom que está para vir a todos os que sentem seus pecados, vêm a Cristo e entregam suas almas sedentas aos cuidados dEle. Quando Cristo voltar, eles ficarão completamente satisfeitos. Serão relembrados de todo o caminho pelo qual foram guiados, e verão a necessidade de todas as coisas que lhes sobrevieram. Acima de tudo, se surpreenderão pelo fato de terem vivido tanto tempo sem Cristo e por terem hesitado em vir a Ele.

Existe um caminho na Escócia chamado Glencroe, que é uma bela ilustração do que será o céu para aqueles que vieram a Cristo. O caminho de Glencroe conduz o viajante por uma subida íngreme, com pouquíssimas curvas em seu curso. Mas quando se chega ao topo do caminho, pode-se ver uma pedra à margem do caminho com estes simples dizeres: "Descanse e seja grato". Estas palavras descrevem o sentimento que toda alma sedenta terá ao entrar no céu. Finalmente, chegaremos ao topo do caminho estreito. Encerraremos nossa jornada fatigante e, assentados no reino de Deus, com gratidão olharemos para trás, para todo o caminho de nossa vida, e veremos a perfeita sabedoria em cada passo dado naquela subida íngreme, através da qual fomos guiados. Naquele descanso glorioso, esqueceremos da fatiga da subida de nossa jornada. Neste mundo, na melhor das hipóteses, o nosso senso de descanso é precário e parcial: dificilmente parecemos desfrutar por completo da água da vida. "Quando, porém, vier o que é perfeito, então, o que é em parte será aniquilado" (1 Co 13.10). Quando acordarmos conforme a sua semelhança, ficaremos satisfeitos (Sl 17.15). Beberemos do rio das alegrias de Cristo e nunca mais teremos sede.[2]

---

2 Há um texto de um autor antigo que lança mais luz sobre alguns pontos mencionados neste capítulo, e não tenho desculpas para deixar de fornecê-lo na íntegra ao leitor. Ele foi extraído de uma obra pouco conhecida e pouco lida. A leitura me fez muito bem, e acredito que fará bem a muitos outros.

"Quando o homem é despertado e levado a se perguntar: 'Que devo fazer para que seja salvo?' (At 16.30,31) – aliás, pergunta essa que todo homem deveria fazer – temos a resposta apostólica para ela: 'Crê no Senhor Jesus e serás salvo, tu e tua casa'. Esta resposta é tão antiga que parece obsoleta para muitos. Entretanto, ela é, e sempre será, uma pergunta atual e nova, agradável, e a única solução para essa grande crise de consciência, enquanto houver mundo e consciências. Nem a perspicácia, nem a sabedoria humana jamais poderão achar sequer uma falha ou imperfeição nela; ou inventar outra resposta; ou uma resposta melhor; ou curar perfeitamente a ferida de uma consciência despertada.

Sendo assim, que possamos conduzir tal homem a buscar a solução dada por alguns mestres de Israel. De acordo com os seus princípios, eles diriam a esse homem: 'Arrependa-se e lamente por seus pecados conhecidos; abandone-os e sinta aversão por eles, e, então, Deus terá misericórdia de você'. 'Infelizmente', diz o pobre homem, 'meu coração é duro, e não posso me arrepender de forma satisfatória; sim, percebo que meu coração está mais duro e mais vil do que quando eu estava amarrado ao pecado'. Se você falar com este homem sobre os requisitos para se servir a Cristo, verá que ele os desconhece completamente; se você falar sobre a obediência sincera, a resposta rápida e natural será: 'Obediência é obra de um homem vivificado, e só há sinceridade em uma alma regenerada'. Conseqüentemente, a obediência sincera é tão impossível para um pecador morto e irregenerado, quanto a perfeita obediência. Então, devemos dar a resposta correta ao pecador que foi despertado: 'Crê no Senhor Jesus e serás salvo'. Diga-lhe quem é Cristo, o que Ele fez e sofreu para obter a redenção eterna para os pecadores; tudo isso de acordo com a vontade de Deus, seu Pai. Ofereça-lhe uma narrativa clara e inequívoca da salvação evangélica realizada pelo Filho de Deus; fale sobre a história e o mistério do evangelho de modo claro. E pode ser que o Espírito Santo use isso para produzir fé, da mesma forma como operou aqueles primeiros frutos entre os gentios (At 10.44).

Se ele perguntar que garantia terá por acreditar em Jesus Cristo, diga-lhe que tem uma necessidade absoluta e indispensável de fazer isso, porque, se não acreditar nEle, perecerá eternamente. Diga que ele tem a graciosa dádiva de Deus, que é Cristo e a redenção; com a promessa de que se aceitar essa dádiva pela fé, Cristo e a salvação serão dele. Diga que ele tem uma ordem expressa de Deus para acreditar no nome de Cristo (1 Jo 3.23) e que deveria ter a consciência de que deve obedecer a este mandamento, como também a qualquer outro mandamento da lei moral de Deus. Fale sobre a capacidade e a boa vontade que Cristo tem para salvar; que Ele jamais rejeitou aquele que vem a Ele; e que os casos desesperadores tornam-se triunfos gloriosos através de obra salvadora. Diga que não existe um meio-termo entre a fé e a incredulidade; que não existem desculpas para se negligenciar uma e permanecer na outra; que crer no Senhor Jesus para a salvação agrada mais a Deus do que toda a obediência à sua lei; e que, dentre todos os pecados, a incredulidade é aquele que mais provoca a Deus e o que mais traz condenação para o homem. Diga-lhe que contra a multidão de seus pecados, só lhe resta a maldição da lei e a severidade de Deus como Juiz; não há alívio algum que possa ser oferecido a ele, a não ser a graça infinita e gratuita de Deus, através do mérito da expiação feita por Cristo, pelo sacrifício de Si mesmo.

E se ele disser: 'O que significa crer em Jesus Cristo?' Não encontro esta pergunta na Palavra, mas, de uma certa maneira, todos compreenderam a noção do que é crer em Cristo: os judeus que não creram nEle (Jo 6.28-30); os principais dos sacerdotes e fariseus (Jo 7.48); o homem cego (Jo 9.35). Quando Cristo perguntou ao homem que fora curado: 'Crês tu no Filho do Homem?', ele respondeu: 'Quem é, Senhor, para que eu nele creia?' Mas quando Jesus lhe respondeu (v. 37), aquele homem não perguntou: 'O que significa crer nele?', mas disse imediatamente: 'Creio, Senhor' e o adorou, e professou e exercitou sua fé nEle. O mesmo aconteceu com o pai do lunático (Mc 9.23, 24) e com o eunuco (At 8.37). Todos eles, tanto os inimigos de Cristo, como os seus discípulos, sabiam que crer nEle era acreditar que o Homem Jesus de Nazaré era o Filho de Deus, o Messias, o Salvador do mundo e receber e buscar salvação em seu nome (At 4.12). Este era o relato comum, divulgado por Cristo e seus discípulos, o qual era conhecido de todos os que o ouviam.

E se ele perguntar em que precisa acreditar? Diga que ele não foi chamado para crer que está em Cristo, que seus pecados foram perdoados e que agora ele é um homem justificado; mas que ele deve acreditar no testemunho de Deus a respeito de Cristo (1 Jo 5.10-12). E o testemunho é este: que Deus nos dá (ou seja, nos oferece) vida eterna em seu Filho Jesus Cristo; e que todo aquele que crê neste testemunho e, de coração, descansa sua alma nessas boas-novas, será salvo (Rm 10.9-11). E só assim ele poderá crer que será justificado (Gl 2.16).

E se ele disser que crer é algo muito difícil? Essa é uma boa questão, que pode ser solucionada com facilidade. Isso é uma indicação de que ele é um homem profundamente humilhado. Qualquer um pode perceber sua própria impotência para obedecer plenamente à lei de Deus; mas poucos encontram dificuldade em crer. Para solucionar este problema, pergunte-lhe qual é a razão de achar dificuldade em crer. Seria por falta de vontade de ser justificado e salvo? Seria por falta de vontade de ser salvo por Cristo e de louvar a graça de Deus que há nEle, e por ter de se esvaziar de todo orgulho? Ele certamente negará isso. Seria por duvidar da veracidade do relato dos evangelhos? Ele não ousaria confessar isso. Seria o fato de duvidar da capacidade ou da boa vontade de Cristo em salvar? Isto seria contradizer o testemunho de Deus no evangelho. Seria porque ele tem dúvidas de seu próprio interesse em Cristo e em sua redenção? Diga que o fato de crer em Cristo fará com que seu interesse por Ele aumente.

E se ele disser que não consegue crer em Cristo por causa da dificuldade de exercitar essa fé; e que seria necessário uma força divina para motivá-la, força essa que ele não consegue encontrar? Diga que crer em Cristo não é trabalho, e sim descanso em Jesus Cristo, e que essa pretensão é tão irracional como se um homem fatigado por sua jornada... sem condições de dar sequer um passo além, argumentasse: 'Estou tão cansado que não consigo descansar', quando na verdade, ele não consegue sequer parar em pé, nem seguir em frente. O pobre pecador fatigado jamais poderá crer em Cristo, a menos que perceba que não pode fazer nada por si mesmo; e que seu primeiro ato de fé sempre o conduzirá a Cristo para receber salvação, como alguém que não possui esperança e socorro em si mesmo. E por meio dessa reflexão no evangelho, Deus concederá a ele (como geralmente faz) a fé, a alegria e a paz em crer." (TRAILL, Robert. *The works of the late reverend Robert Traill, A. M.*. Edinburg: Geo. Caw Printer, 1810; Banner of Truth Trust, 1975, p. 266-269.)

Capítulo 18

Riquezas insondáveis[1]

A mim, o menor de todos os santos, me foi dada esta graça de pregar aos gentios o evangelho das insondáveis riquezas de Cristo.
Efésios 3.8

Se ouvíssemos esta frase pela primeira vez, creio que todos nós a consideraríamos uma frase extraordinária, mesmo que desconhecêssemos o seu autor. Extraordinária por causa das figuras de linguagem originais e impressionantes contidas nela. "O menor de todos os santos", "insondáveis riquezas" – estas expressões são "pensamentos vívidos" e "palavras abrasadoras".

Contudo, esta sentença torna-se duplamente extraordinária quando consideramos a pessoa que a escreveu. O autor desta frase é ninguém menos que o grande apóstolo dos gentios, Paulo, líder daquele pequeno e nobre exército de judeus que deixou a Palestina, dezoito séculos atrás, e transtornou o mundo; aquele bom soldado de Cristo que, com exceção de seu Mestre imaculado, marcou a humanidade profundamente, muito mais do que qualquer outro nascido de mulher

1 Este artigo contém material de um sermão pregado na igreja de Saint James, em Piccadilly, Londres, e na catedral de Winchester, em maio de 1879.

– uma marca que permanece até os dias de hoje. Certamente que tal frase, escrita por um homem tal como ele, exige uma atenção especial.

Olhemos para este texto e notemos três coisas:

1. Primeiro, o que o apóstolo Paulo diz sobre si mesmo. Ele diz: "A mim, o menor de todos os santos".
2. Segundo, o que o apóstolo Paulo diz sobre o seu ministério. Ele diz: "Me foi dada esta graça de pregar".
3. Terceiro, o que o apóstolo Paulo diz sobre o assunto de sua pregação. Ele o chama de: "Insondáveis riquezas de Cristo".

Creio que algumas palavras sobre estes três pontos nos ajudarão a conservar este texto em nossa memória, consciência, coração e mente.

1. O QUE O APÓSTOLO PAULO DIZ SOBRE SI MESMO

Em primeiro lugar, notemos o que o apóstolo Paulo diz sobre si mesmo.

Ele usa uma linguagem enérgica de forma bem peculiar. O fundador de igrejas famosas, o autor de quatorze epístolas inspiradas por Deus, homem que era nada menos que o principal dos apóstolos; que vivia "em trabalhos, muito mais; em açoites, sem medida; muito mais em prisões; em perigos de morte, muitas vezes"; o homem que "se gastava e se deixava gastar" pelas almas; que "considerou tudo como perda por causa de Cristo"; o homem que podia dizer de verdade: "Para mim, o viver é Cristo, e o morrer é lucro" – o que o vemos dizer a respeito de si mesmo? Ele utiliza um enfático superlativo de inferioridade. Ele diz: "O menor de todos os santos". Que pobre criatura é o menor de todos os santos! Mas mesmo assim, Paulo diz: Eu sou "o menor de todos".

Imagino que uma linguagem como essa seja incompreensível para muitos que professam ser cristãos. Sendo ignorantes a respeito da Bíblia, bem como a respeito de seu próprio coração, não podem compreender o que um crente quer dizer quando fala com tanta humildade a respeito de si mesmo e de suas realizações. "É só um jeito de falar", eles dirão, "isso é somente que ele costumava ser quando era novo convertido, quando começou a servir a Cristo". É bem verdade que "o homem natural não aceita as coisas do Espírito de Deus" (1 Co 2.14). As orações, os louvores, os conflitos, os temores, as esperanças, as alegrias, as tristezas do verdadeiro cristão, toda a experiência do capítulo sete de Romanos – tudo, tudo isso não passa de "tolices" para os homens do mundo. Da mesma forma como um cego não pode avaliar um Reynolds ou um Gainsborough, e um surdo não pode apreciar *O Messias*, de Handel, o homem não convertido não pode compreender completamente a baixa estima que um apóstolo tem de si mesmo.

Entretanto, podemos ficar tranqüilos, tendo a certeza de que aquilo que o apóstolo Paulo *escreveu* com sua pena era o que ele realmente *sentia* em seu coração. A forma de linguagem de nosso texto não é usada somente neste único texto. Ela é ainda mais abundante em outras passagens. Ele disse aos filipenses: "Não que eu o tenha já recebido ou tenha já obtido a perfeição: mas prossigo". Aos coríntios, ele disse: "Porque eu sou o menor dos apóstolos, que mesmo não sou digno de ser chamado apóstolo". Ele diz a Timóteo: "...os pecadores, dos quais eu sou o principal". Aos romanos, ele lamenta: "Desventurado homem que sou! Quem me livrará do corpo desta morte?" (Fp 3.12; 1 Co 15.9; 1 Tm 1.15; Rm 7.24) A grande verdade é que o apóstolo Paulo via mais defeitos e debilidades no mais íntimo de seu próprio coração, do que costumava ver nas outras pessoas. Os olhos de seu entendimento foram abertos pelo Espírito Santo de Deus de tal maneira que ele detectava, em si mesmo, uma porção de erros que os olhos obscurecidos dos demais homens nunca havia observado. Em resumo, por ser possuidor de um grande esclarecimento espiritual, ele tinha uma grande percepção de sua própria natureza corrupta e cingia-se de humildade da cabeça aos pés (1 Pe 5.5).

No entanto, entendamos claramente que a humildade do apóstolo Paulo não era uma característica exclusiva do grande apóstolo dos gentios. Ao contrário, ela é a marca principal dos mais eminentes santos de Deus em todas as épocas. Quanto mais genuína for a graça que os homens tiverem em seu coração, maior será o seu senso de pecado. Quanto mais luz o Espírito Santo lançar em suas almas, maior será o seu discernimento sobre sua própria fraqueza, devassidão e perversidade. A alma morta nada sente e nada vê; com a vida, vem a visão esclarecedora, a consciência sensível e a percepção espiritual. Observe que expressões humildes Abraão, Jacó, Jó, Davi e João Batista usaram a respeito de si mesmos. Estude a biografia dos homens santos da modernidade tais como Bradford, Hooker, George Herbert, Beveridge, Baxter e M'Cheyne. Note como todos possuem um traço comum de caráter – um senso profundo do pecado.

Os cristãos superficiais, no entusiasmo de seu primeiro amor, poderão falar sobre "perfeição", se desejarem. Os grandes santos, em todas as eras da história da igreja, desde o apóstolo Paulo até os dias de hoje, sempre têm se "cingido de humildade".

Aqueles meus leitores que desejam ser salvos saibam que o primeiro passo em direção ao céu é um profundo senso do pecado e uma baixa estima a respeito de si mesmo. Portanto, lancem fora aquela tradição tola e sem lógica de que a religiosidade se inicia quando nos sentimos "bem". Em vez disso, compreendam aquele grande princípio bíblico de que devemos começar nos sentindo "mal", e que não conhecemos nada sobre a bondade e o cristianismo salvador, enquanto não chegarmos ao ponto de nos sentirmos "mal". Feliz é aquele que tem aprendido a aproximar-se de Deus com a oração do publicano: "Sê propício a mim, pecador" (Lc 18.13).

Que todos nós possamos buscar a humildade. Nenhuma graça combina tanto com o homem como a humildade. Quem somos nós para nos orgulharmos? Dentre todas as criaturas nascidas neste mundo, nenhuma é tão dependente quanto os filhos de Adão. Do ponto de vista físico, qual é o corpo que exige tanto cuidado e atenção e que diariamente é devedor à boa parte da criação para a obtenção de alimentos e vestimentas como o corpo humano? E do ponto de vista mental, quão pouco conhecimento possuem os homens mais sábios (e eles são poucos) e quanta ignorância há na maioria da humanidade; quanta miséria é gerada por causa de sua própria insensatez! "Nós somos de ontem", afirma o livro de Jó, "e nada sabemos" (Jó 8.9). Certamente que não há outra criatura, no céu ou na terra, que necessite tanto de humildade quanto o homem.

Busquemos a humildade. Nenhuma graça pode beneficiar tanto um ministro da Igreja da Inglaterra como a humildade. Nosso incomparável livro de orações, do começo ao fim, coloca a mais humilde das linguagens na boca de todos aqueles que o usam. As frases de orações matutinas e vespertinas, a confissão geral, a súplica, o culto de comunhão – tudo, tudo isso está repleto de expressões que falam de uma mentalidade simples e da humildade pessoal. Tudo, em uma voz harmoniosa, serve para suprir os adoradores que fazem parte da Igreja da Inglaterra com um entendimento claro a respeito de nossa verdadeira posição aos olhos de Deus.

Se já sabemos algo sobre a humildade, que possamos buscá-la ainda mais. Quanto mais humildade tivermos, mais semelhantes a Cristo seremos. Está escrito a respeito de nosso Mestre (apesar de não haver pecado nEle), que "Ele, subsistindo em forma de Deus, não julgou como usurpação o ser igual a Deus; antes, a si mesmo se esvaziou, assumindo a forma de servo, tornando-se em semelhança de homens; e, reconhecido em figura humana, a si mesmo se humilhou, tornando-se obediente até à morte e morte de cruz" (Fp 2.6-8). Lembremo-nos das palavras que precedem esta passagem: "Tende em vós o mesmo sentimento que houve também em Cristo Jesus". Tomando por base esta passagem, quanto mais próximos do céu os homens estiverem, mais humildes eles serão. Na hora da morte, com um pé no túmulo, com um pouco da luz do céu brilhando sobre eles, centenas de grandes santos e líderes da igreja – homens como Selden, o Bispo Butler, o arcebispo Longley – deixaram um registro de sua confissão de que nunca, até aquele momento, haviam sentido o seu pecado de forma tão clara e o seu débito à misericórdia e à graça de forma tão profunda. Somente o céu, eu suponho, poderá nos ensinar o quão humildes deveríamos ser. Somente lá, quando estivermos em pé além do véu; e olharmos para trás, para todo o caminho através do qual fomos guiados; somente lá, compreenderemos a necessidade e a beleza da humildade. A linguagem enérgica do apóstolo Paulo não nos parecerá tão enérgica naquele dia. Não mesmo! Depositaremos nossas coroas diante do trono e compreenderemos o que aquele grande teólogo quis dizer, quando afirmou: "A música no céu será: Que maravilhas tem feito Deus!"

2. O QUE O APÓSTOLO PAULO DIZ SOBRE O SEU MINISTÉRIO

Em segundo lugar, notemos o que o apóstolo Paulo diz sobre o seu ministério.

Há uma grande simplicidade nas palavras do apóstolo a respeito desse assunto. Ele diz: "Me foi dada esta graça de pregar". O significado desta frase é claro: "A mim foi concedido o privilégio de ser um mensageiro de boas notícias. Fui comissionado para ser um arauto das boas-novas". É óbvio que não duvidamos que a concepção que o apóstolo Paulo tinha a respeito do ofício ministerial incluía ministrar as ordenanças e fazer todas as outras coisas necessárias para a edificação do corpo de Cristo. Mas aqui, bem como em outras passagens, fica evidente que a principal idéia que estava continuamente em sua mente era que a tarefa primordial de um ministro do Novo Testamento é ser um pregador, um evangelista, um embaixador de Deus e um proclamador das boas-novas a um mundo caído. Em outra ocasião, ele diz: "Porque não me enviou Cristo para batizar, mas para pregar o evangelho" (1 Co 1.17).

Não consigo perceber que o apóstolo Paulo tenha apoiado, em algum momento, aquela teoria favorita, tendo a intenção de ser um ministro sacerdotal; um sacerdócio sacrificial na igreja de Cristo. Não há uma palavra em Atos ou nas Epístolas que justifique tal noção. Em lugar algum está escrito: "Estabeleceu Deus na igreja, primeiramente, apóstolos; em segundo lugar", sacerdotes (1 Co 12.28). Há uma completa ausência desta teoria nas epístolas pastorais a Timóteo e a Tito, onde poderíamos esperar encontrá-la, se é que poderíamos esperar encontrá-la em algum lugar. Muito pelo contrário, lemos nessas cartas, expressões como: "Deus manifestou a sua palavra mediante a pregação"; "Para o qual eu fui designado pregador"; "Para isto fui designado pregador"; "Para que, por meu intermédio, a pregação fosse plenamente cumprida" (Tt 1.3; 2 Tm 1.11; 1 Tm 2.7; 2 Tm 4.17). E para completar, uma de suas últimas recomendações ao seu amigo Timóteo, quando o deixou encarregado de uma igreja organizada, foi esta frase categórica: "Prega a Palavra" (2 Tm 4.2). Em resumo, creio que o apóstolo Paulo queria que compreendêssemos que, apesar de um ministro de Deus ter sido separado para realizar inúmeras tarefas, sua tarefa principal, primordial e mais importante é ser um pregador e um proclamador da Palavra de Deus.

Entretanto, enquanto nos recusamos a admitir que o sacerdócio sacrificial possua algum aval das Escrituras, tomemos cuidado para não chegar ao extremo de menosprezar o papel que um ministro de Cristo desempenha. Existe esse perigo. Compreendamos firmemente certos princípios estabelecidos a respeito do ministério cristão, e por mais forte que seja nossa antipatia ao sacerdócio e nossa aversão ao romanismo, que não sejamos tentados a esquecer estes princípios. É certo que existe um meio termo criterioso entre a idolatria humilhante do sacerdotalismo e a anarquia desordenada. É obvio que não se deve concluir que, por não sermos papistas no que diz respeito às questões ministeriais, devemos ser como os quacres ou como os Irmãos de Plymouth.[2] De qualquer forma, não era isso que o apóstolo Paulo tinha em mente.

a. Em primeiro lugar, fixemos em nossa mente que o ofício ministerial é *instituído pela Bíblia*. Não preciso cansá-los com uma série de citações para comprovar isso. Simplesmente, aconselho-os a ler as epístolas a Timóteo e a Tito e a julgar por vocês mesmos. A meu ver, se estas epístolas não sancionam o ministério, é porque as palavras não possuem significado algum. Forme um grupo de jurados com os doze homens mais inteligentes, honestos, altruístas e imparciais que você conhece; coloque-os sentados com um Novo Testamento nas mãos para que examinem por si mesmos essa questão: "O ministério cristão é bíblico ou não?" Não tenho a menor dúvida sobre qual será o veredicto deles.

b. Em segundo lugar, fixemos em nossa mente que o ofício ministerial é a *mais sábia e útil providência de Deus*. Ele assegura a manutenção regular das ordenanças e dos meios de graça. Ele proporciona um mecanismo incessante para promover o despertamento dos pecadores e a edificação dos crentes. A experi-

2 Todo cidadão bem informado sabe que, para a preocupação da maioria das pessoas, os quacres e os Irmãos de Plymouth parecem ignorar completamente o ofício ministerial.

ência comprova que o trabalho de "todo mundo" logo se transforma em trabalho de "ninguém"; e se isso é uma verdade em outros assuntos, não é menos verdade no que diz respeito às questões religiosas. Nosso Deus é um Deus de ordem, que opera através de instrumentos; e não devemos esperar que Ele continue a intervir de forma miraculosa, enquanto os seus servos permanecem desocupados. Para que a Palavra continue a ser pregada, e as ordenanças continuem a ser ministradas de forma ininterrupta, não se poderia traçar melhor plano do que designar uma classe de homens para se dedicar exclusivamente à causa de Cristo.

3. Em terceiro lugar, fixemos em nossa mente que o ofício ministerial é um *privilégio honroso*. É uma honra ser embaixador de um rei: qualquer pessoa que possua esse cargo é respeitada e considerada como oficialmente sagrada. É uma honra levar as notícias da vitória de uma batalha como a de Trafalgar e Waterloo – antes da invenção do telégrafo, essa era uma honra cobiçada. Entretanto, quão maior é a honra de ser embaixador do Rei dos reis e de proclamar as boas notícias da conquista realizada no Calvário! Servir diretamente a um Mestre como esse, levar sua mensagem e saber que o resultado de nosso trabalho será eterno, se Deus abençoar: este é realmente um grande privilégio. Os outros trabalhadores podem trabalhar por uma coroa corruptível, mas o ministro de Cristo trabalha pela incorruptível. Um país nunca poderá estar em pior situação do que quando os seus ministros religiosos forem o motivo de seus ministérios serem ridicularizados e desprezados. Em Malaquias há uma palavra fantástica: "Eu vos fiz desprezíveis e indignos diante de todo o povo, visto que não guardastes os meus caminhos" (Ml 2.9). No entanto, quer os homens ouçam ou não, o ofício de um embaixador fiel é honroso. Um missionário idoso, que morreu aos noventa e seis anos de idade, proferiu uma bela palavra quando estava em seu leito de morte: "A melhor coisa que um homem pode fazer é pregar o evangelho".

Deixe-me concluir esta ramificação de meu assunto com um pedido para que todos aqueles que oram nunca se esqueçam de fazer súplicas e intercessões pelos ministros de Cristo; para que nunca lhes falte o suprimento necessário em casa, nem no campo missionário; para que eles possam permanecer sadios na fé e santos em suas vidas e para que tenham cuidado de si mesmos e da doutrina (1 Tm 4.16).

Oh! Lembrem-se que enquanto nosso ofício é honroso, útil e bíblico, ele também é o mais árduo e de maior responsabilidade! Velamos pelas almas como quem deve prestar contas no dia do juízo (Hb 13.17). Se as almas se perderem por causa da nossa infidelidade, o seu sangue será requerido de nossas mãos. Se nossa tarefa fosse tão somente ler sermões e ministrar as ordenanças, vestir uma roupa esquisita e realizar uma série de cerimônias e exercícios físicos, gestos e posturas, nosso trabalho seria relativamente fácil. Mas isso não é tudo. Temos de entregar a mensagem de nosso Mestre; não retenha algo que possa ser proveitoso; anuncie todo o conselho de Deus. Se anunciarmos algo além da verdade, para as nossas congregações, poderemos arruinar as almas imortais para sempre. A vida e a morte estão no poder da língua do pregador. "Ai de mim, se não pregar o evangelho!" (1 Co 9.16)

Uma vez mais eu digo, orem por nós. Quem é suficiente para estas coisas? Lembrem-se do velho ditado de nossos pais: "Ninguém corre maior perigo espiritual do que os ministros evangélicos". É fácil criticar e encontrar falhas em nós. Temos um tesouro em vasos de barro. Somos homens sujeitos aos mesmos sentimentos que vocês e não somos infalíveis. Orem por nós nesses dias penosos, tentadores e controversos, para que nunca falte à nossa igreja presbíteros, pastores e diáconos que sejam sadios na fé, corajosos como os leões, "prudentes como as serpentes e símplices como as pombas" (Mt 10.16). O mesmo homem que disse "me foi dada esta graça de pregar", também disse "orai por nós, para que a palavra do Senhor se propague e seja glorificada... e para que sejamos livres dos homens perversos e maus; porque a fé não é de todos" (2 Ts 3.1,2).

3. O QUE O APÓSTOLO PAULO DIZ SOBRE O ASSUNTO DE SUA PREGAÇÃO

Observemos, em último lugar, o que o apóstolo Paulo diz sobre o principal assunto de sua pregação. Ele o chama de "insondáveis riquezas de Cristo".

Por causa de seus antecedentes, já era de se esperar que aquele homem convertido de Tarso pregasse a "Cristo". Visto que havia encontrado paz através do sangue da cruz, podemos estar certos de que ele sempre contaria a história da cruz para outros. Ele não perdeu seu tempo precioso exaltando a mera moralidade que não possui raízes; fazendo comentários sobre abstrações vagas e trivialidades tais como a "verdade", "nobreza", sinceridade", "beleza", ou "sementes da bondade na natureza humana", e coisas desse tipo. Ele sempre falava sobre a raiz do problema e revelava aos homens a doença de toda a sua linhagem; discorria sobre seu estado desesperador na condição de pecadores e sobre o grande Médico tão necessário ao mundo doente por causa do pecado.

E mais, que ele pregasse a Cristo entre "os gentios" está em harmonia com tudo o que sabemos sobre sua linha de ação entre todas as pessoas, em todos os lugares. Por onde quer que viajasse e se levantasse para pregar – em Antioquia, Listra, Filipos, Atenas, Corinto, Éfeso, entre judeus e romanos, entre pessoas cultas e iletradas, entre estóicos e epicureus, diante de ricos ou de pobres, bárbaros ou citas, escravos ou livres – Jesus e sua morte substitutiva, Jesus e sua ressurreição, eram os temas de seus sermões. Variando sua maneira de falar, de acordo com seus ouvintes, como sabiamente fazia, o cerne e o âmago de sua pregação era o Cristo crucificado.

Entretanto, você perceberá que ele usa uma expressão bastante peculiar; uma expressão que inquestionavelmente é a única em todos os seus escritos: "Insondáveis riquezas de Cristo". Esta é a linguagem enfática e abrasadora de alguém que nunca esquecia de sua dívida para com a misericórdia e a graça de Cristo e que apreciava demonstrar a intensidade desse sentimento através de suas palavras. O apóstolo Paulo não era homem de agir e de falar sem emoção. Ele nunca esqueceu do caminho de Damasco, da casa de Judas, na rua que se chamava Direita, do bondoso Ananias, das escamas que caíram de seus olhos e de sua maravilhosa passagem da morte para a vida. Ele mantinha esses fatos sempre frescos e vivos em sua mente e, por esta razão, não se contentava em dizer: Foi-me "dada a graça de pregar a Cristo". Não, Ele amplia o tema. Ele o chama de "insondáveis riquezas de Cristo".

Mas o que o apóstolo quis dizer ao falar sobre "insondáveis riquezas de Cristo?" Esta é uma pergunta difícil de responder. Sem dúvida, ele via em Cristo uma provisão tão ilimitada para todas as necessidades da alma do homem que não teria encontrado outra frase para expressar seu significado. Qualquer que fosse o ângulo pelo qual ele observasse a Cristo, via nEle muito mais coisas do que a mente seria capaz de conceber ou a língua capaz de dizer. Podemos apenas fazer conjecturas sobre aquilo que o apóstolo Paulo realmente queria dizer. Entretanto, seria muito útil registrar em detalhes algumas das coisas que mais provavelmente estariam em sua mente. Elas podem, precisam e devem ser úteis. Afinal de contas, precisamos lembrar que estas riquezas de Cristo são as riquezas que eu e você necessitamos hoje, da mesma maneira como apóstolo Paulo; e o melhor de tudo é que essas riquezas estão entesouradas em Cristo, disponíveis para você e para mim, do mesmo modo que dezoito séculos atrás. Elas ainda estão lá. Elas ainda são oferecidas gratuitamente a todos quantos as desejarem. Continuam sendo propriedade de todo aquele que se arrepende e crê. Olhemos rapidamente para algumas delas.

a. Antes de tudo, tenhamos em mente que existem insondáveis riquezas na *pessoa de Cristo*. Essa união miraculosa entre Homem Perfeito e Deus Perfeito na pessoa de Jesus Cristo é um grande mistério, o qual, sem dúvida, não temos meios para perscrutar; é algo muito elevado, além do nosso alcance. Contudo, por mais misteriosa que essa união possa ser, ela é uma mina de conforto e consolação para todos quantos a consideram de modo correto. Poder infinito e empatia infinita estão reunidos e combinados em nosso Salvador. Se Ele tivesse sido homem apenas, não poderia nos salvar. Se Ele tivesse sido somente Deus, falo com reverência, não poderia "compadecer-se das nossas fraquezas", nem ter sofrido e sido tentado (Hb 4.15; 2.18). Sendo Deus, Ele é poderoso para nos salvar; sendo Homem, Ele é precisamente apropriado para ser nosso Cabeça, nosso Representante e nosso Amigo. Deixem que aqueles que nunca pensam com profundidade nos insultem, se assim desejarem, com intrigas sobre credos e teologias dogmáticas. Todavia, que os cristãos atentos jamais se envergonhem de crer e de se apegar firmemente à essa doutrina tão negligenciada, a doutrina da Encarnação e da união dessas duas naturezas em nosso Salvador. O fato de nosso Senhor Jesus Cristo ser Deus e Homem é uma verdade magnífica e preciosa.

b. Tenhamos também em mente que existem insondáveis riquezas na *obra que Cristo realizou por nós*, quando viveu sobre a terra, morreu e ressuscitou. De forma precisa e cabal, Ele completou a obra que o Pai Lhe confiou (Jo 17.4) – a obra da expiação do pecado, a obra da reconciliação, a obra da redenção, a obra da satisfação da justiça de Deus, a obra da substituição do "justo pelo injusto". Sei que alguns se agradam de chamar essas pequenas frases de "termos teológicos feitos pelo homem", "dogmas humanos" e coisas desse tipo. Entretanto, acho difícil que consigam provar que cada uma dessas frases muito usadas não contenha de fato a essência de textos claros das escrituras, que por conveniência, os teólogos sintetizaram em um único termo, como fizeram com a palavra "trindade". No entanto, cada uma dessas frases é muito significativa.

c. Tenhamos também em mente que existem insondáveis riquezas nos ofícios que Cristo ocupa no momento, visto que vive por nós à destra de Deus. Ele é ao mesmo tempo o nosso Mediador, o nosso Advogado, o nosso Sacerdote, o nosso Intercessor, o nosso Pastor, o nosso Bispo, o nosso Médico, o nosso Capitão, o nosso Rei, o nosso Mestre, o nosso Cabeça, o nosso Precursor, o nosso Irmão mais velho, o Noivo de nossas almas. Não duvide que aqueles que nada conhecem sobre a religião vital considerem esses ofícios como algo sem valor. Mas para aqueles que vivem pela fé e que buscam o reino de Deus cada um desses ofícios é precioso como o ouro.

d. Tenhamos em mente que existem insondáveis riquezas nos nomes e títulos que são empregados nas Escrituras em relação a Cristo. O número deles é bem grande; qualquer leitor cuidadoso da Bíblia sabe disso; não tenho a pretensão de fazer nada mais do que selecionar alguns deles. Pense por um momento em títulos como o Cordeiro de Deus, o Pão da Vida, a Fonte de água viva, a Luz do mundo, a Porta, o Caminho, a Videira, a Rocha, a Pedra angular, a Justiça do cristão, o Sacrifício do cristão. Pense em todos esses nomes e considere o que está contido neles. Para os homens negligentes e mundanos, eles são meras "palavras" e nada mais; contudo, para o cristão verdadeiro, cada um desses títulos, quando conhecidos e aprofundados, demonstrará possuir, em seu âmago, uma abundância de verdades benditas.

e. Em último lugar, tenhamos em mente que existem insondáveis riquezas nas qualidades do caráter de Cristo e em seus atributos, como também em suas atitudes com respeito ao homem, visto que isto nos foi revelado no Novo Testamento. Em Cristo há riquezas de misericórdia, amor e compaixão pelos pecadores; riquezas de poder para purificar, perdoar, absolver e salvar até o maior dos pecadores; riquezas de prontidão para receber todos quantos vêm a Ele em arrependimento e fé; riquezas de capacidades para transformar, através de seu Espírito, o coração mais endurecido e o pior caráter; riquezas de terna paciência para conduzir o crente mais fraco; riquezas de força para ajudar seu povo até o final, apesar dos inimigos interiores e exteriores; riquezas de simpatia por todos aqueles que se humilham e entregam seus problemas a Ele e, por último, mas não menos importante, riquezas de glórias para recompensar os crentes, quando Ele voltar novamente para ressuscitar os mortos e reunir o seu povo com Ele em seu reino. Quem poderia avaliar o valor dessas riquezas? Os filhos deste mundo podem considerá-las com indiferença, podem rejeitá-las com desdém; mas aqueles que reconhecem o valor de suas almas são mais sábios. Eles dirão a uma só voz: "Não há maiores riquezas do que aquelas que estão entesouradas em Cristo para o seu povo".

E o melhor de tudo é que essas riquezas são insondáveis. Elas são uma mina, que por mais explorada que venha a ser, nunca se esgotará. Elas são a fonte da qual por mais que se retirem suas águas, nunca se secará. O sol no céu acima de nós tem brilhado por seis mil anos e fornecido luz, vida, calor e fertilidade a toda a superfície do globo. Não há uma árvore ou uma flor na Europa, na Ásia, na África ou na América que não seja devedora ao sol. E o sol, o grande benfeitor comum da humanidade, continua brilhando, geração após geração, e estação após estação; nascendo e se pondo com regularidade contínua; concedendo a todos, e à vista de todos os olhos, a mesma luz e o mesmo calor que tinha no dia da criação, sem receber nada de ninguém. E o mesmo – se é que existe alguma ilustração capaz de expressar essa realidade – o mesmo se dá com Cristo. Ele continua sendo o "Sol da justiça" para toda a humanidade (Ml 4.2). Milhares de pessoas receberam dEle no passado, e olhando para Ele viveram e morreram com conforto. Diariamente, miríades de pessoas recebem dEle suprimentos de misericórdia, graça, paz, força e socorro e encontram "toda plenitude" que habita nEle. Não duvido de que metade das riquezas disponíveis em Cristo para toda a humanidade ainda seja desconhecida! Certamente que o apóstolo bem pode usar aquela expressão: "As insondáveis riquezas de Cristo".

Agora, deixe-me concluir este artigo com três palavras de aplicação prática. Por conveniência, colocarei essas aplicações em forma de perguntas e convido a cada leitor deste volume a examiná-las com calma e a encontrar uma resposta para elas.

1. Primeiro: O que você pensa de si mesmo? Você tem visto e ouvido o que o apóstolo Paulo pensava sobre ele mesmo. Agora, quais são os seus pensamentos a respeito de si mesmo? Você tem descoberto a grande verdade fundamental de que você é um pecador, um pecador culpado aos olhos de Deus?

Nos dias de hoje, o clamor por mais cultura é intenso e incessante. A ignorância é universalmente considerada como algo deplorável. Mas você pode acreditar que não há ignorância mais comum e mais prejudicial do que a respeito de nós mesmos. Sim, os homens podem conhecer todas as artes, ciências, idiomas, sistemas econômicos, formas de governos, e, ainda assim, serem miseravelmente ignorantes a respeito de seu próprio coração e de sua condição diante de Deus.

Esteja certo de que o autoconhecimento é o primeiro passo em direção ao céu. Conhecer a perfeição indescritível de Deus, bem como a nossa imensa imperfeição e corrupção é o ABC da religião salvadora. Quanto maior for o nosso discernimento espiritual, mais humildes e modestos seremos, e maior será a nossa compreensão a respeito do valor de algo tão desprezado: o evangelho de Cristo. Talvez, o melhor cristão, aos olhos de Deus, seja aquele que pensa o pior a respeito de si mesmo e de seus próprios feitos. Seria bem melhor se muitos cristãos fizessem, de dia e de noite, esta oração: "Senhor, revela-me quem eu realmente sou".

2. Em segundo lugar, o que você pensa sobre os ministros de Cristo? Por mais estranha que esta pergunta pareça, na verdade, creio que o tipo de resposta que um homem der a ela, se falar honestamente, será um teste decisivo sobre o estado de seu coração.

Observe que não estou perguntando o que você pensa sobre um pastor indolente, mundano e inconsistente; um vigia dorminhoco e um pastor infiel. Não! Estou perguntando o que você pensa sobre um ministro fiel de Cristo, que desmascara o pecado e causa remorsos à sua consciência. Considere como você irá responder a essa pergunta. Hoje em dia, muitos preferem aqueles ministros que profetizam coisas aprazíveis e deixam os pecados do povo intocáveis; que adulam o orgulho do homem e divertem o seu intelecto e que, no entanto, não soam o alarme e nunca falam sobre a ira vindoura. Quando Acabe viu Elias, disse: "Já me achaste, inimigo meu?" (1 Re 21.20) Ao citar Micaías, Acabe exclamou: "Eu o aborreço, porque nunca profetiza de mim o que é bom, mas somente o que é mau" (1 Re 22.8). Infelizmente, existem muitos semelhantes a Acabe neste século! Eles preferem um ministro que não os deixe contrariados e que não os envie para casa sentindo-se desconfortáveis. E você? Oh, acredite, o melhor amigo é aquele que diz as maiores verdades! É um mau sinal quando as testemunhas de Cristo são silenciadas ou perseguidas na igreja, e quando os homens odeiam aqueles que os repreendem (Is 29.21). Foi uma palavra muito solene aquela que o profeta disse a Amazias: "Sei que Deus resolveu destruir-te, porque fizeste isso e não deste ouvidos ao meu conselho" (2 Cr 25.16).

3. Finalmente, o que você pensa a respeito do próprio Cristo? Ele é importante ou insignificante aos seus próprios olhos? Na sua opinião, Ele vem em primeiro ou em segundo lugar? Ele vem antes ou depois da igreja, dos ministros, das ordenanças? Aos seus olhos, onde está Ele em seu coração?

Afinal, esta é a pergunta das perguntas! Perdão, paz, consciência tranqüila, esperança na morte, o próprio céu – tudo isso depende da sua resposta. Conhecer a Cristo é ter a vida eterna. Estar sem Cristo é estar sem Deus. "Aquele que tem o Filho tem a vida; aquele que não tem o Filho de Deus não tem a vida" (1 Jo 5.12). Os amigos da educação teórica secular; os entusiastas advogados da reforma e do progresso; os adoradores da razão e do intelecto, da mente e da ciência, poderão dizer que se alegram em fazer todo o possível para melhorar este mundo. Entretanto, descobrirão que seu trabalho foi em vão, se não considerarem a queda do homem; se não houver lugar para Cristo em seus planos. Existe uma doença dolorosa no coração da humanidade que frustrará e arruinará todos os seus planos, e esta doença é o pecado. Oh! Se as pessoas ao menos pudessem ver e reconhecer a corrupção da natureza humana, e a inutilidade de todos os esforços que não estejam fundamentados no sistema medicinal do evangelho para melhorar o homem! Sim, a praga do pecado está no mundo, e nenhum tipo de água poderá curá-la, exceto aquelas que fluem da fonte para todo pecado – um Cristo crucificado.

Para encerrar, onde está, pois, a arrogância? Como disse um grande teólogo em seu leito de morte: "Todos nós estamos somente meio acordados". O melhor cristão entre nós conhece pouquíssimo o seu glorioso Salvador, mesmo depois de ter aprendido a crer. Enxergamos através de um vidro opaco. Não conseguimos perceber as riquezas insondáveis que há nEle. Quando acordarmos no outro mundo, conforme a sua semelhança, ficaremos surpresos por ter conhecido a Cristo de forma tão imperfeita e por termos amado tão pouco ao Salvador. Que possamos conhecê-Lo melhor hoje e viver em comunhão mais íntima com Ele. Vivendo dessa forma, não sentiremos necessidade de ter sacerdotes humanos e confessionários terrenos. Nosso sentimento será: "Recebi tudo e tenho abundância; não preciso de mais nada. Cristo morreu por mim na cruz; Cristo sempre intercede por mim à destra de Deus; Cristo habita em meu coração pela fé; Cristo logo virá novamente para me reunir a todo o seu povo, para nunca mais nos separarmos – Cristo me basta. Tendo a Cristo, tenho riquezas insondáveis".

O bem que desfruto, de seu tesouro provém,
O mal é somente o que Ele crê ser melhor para mim;
Com este Amigo, sou rico sem nem um vintém,
Sem Ele sou pobre, mesmo tendo riquezas sem fim,
Tudo pode mudar, vencerei ou me conformarei,
Enquanto eu for dEle, e meu Ele for, feliz eu serei.

Discerni-Lo em parte e adorá-Lo em parte; que pesar!
Enquanto cá estou, conheço somente a metade de seu amor;
Mas no reino celeste, quando eu lá O encontrar,
Anelo Lhe dar mais amor; prestar-Lhe mais louvor;
E em meio ao coro divino, poder sentir e dizer assim:
Agora pertenço totalmente a Ele, e Ele a mim.

(My Beloved is mine, and I am His – John Quarles)

Capítulo 19

As necessidades das épocas[1]

Conhecedores da época.
1 Crônicas 12.32

Estas palavras foram escritas a respeito da tribo de Issacar, nos dias em que Davi começou a reinar em Israel. Ao que parece, após o triste episódio da morte de Saul, algumas das tribos de Israel estavam indecisas a respeito do que fazer. A pergunta do dia na Palestina era: "A qual rei nos submeteremos?" Os homens tinham dúvidas se deveriam permanecer fiéis à família de Saul ou aceitar Davi como rei. Alguns estavam relutantes e não queriam se comprometer, outros se voluntariaram corajosamente e se declararam a favor de Davi. Entre estes últimos, estavam muitos dos filhos de Issacar; e o Espírito Santo lhes dá uma palavra especial de louvor. Ele diz que aqueles homens eram "conhecedores da época".

1 Este artigo contém material de um sermão pregado em junho de 1879, na Igreja de Santa Margarete, em Ipswich, por ocasião de um encontro para ministros evangélicos residentes nos municípios do oeste. Ele foi impresso quase que da mesma forma como preguei, com a adição de alguns poucos parágrafos sobre santidade pessoal, os quais fui obrigado a omitir na pregação devido à falta de tempo.

Não duvido que esta frase, assim como cada frase das Escrituras, tenha sido escrita para o nosso ensino. Aqueles homens de Issacar são colocados diante de nós como um padrão a ser imitado e um exemplo a ser seguido, porque a coisa mais importante a se fazer é compreender o tempo em que vivemos e saber o que este tempo requer de nós. Os sábios na corte de Assuero "entendiam dos tempos" (Et 1.13). O Senhor Jesus Cristo censura os judeus por não reconhecerem a oportunidade de sua visitação e não discernirem "os sinais dos tempos" (Lc 19.44; Mt 16.3). Cuidemos para não cair no mesmo pecado. O homem que se contenta em sentar-se ao lado de sua lareira, envolvido em seus próprios afazeres, sem ter um olhar crítico para aquilo que acontece na igreja e no mundo, é um péssimo patriota e um cristão medíocre. Além de nossa Bíblia e de nosso próprio coração, nosso Senhor quer que ponderemos sobre a época em que vivemos.

Agora me proponho a considerar nestas linhas aquilo que a nossa época requer de nossa parte. Todas as gerações têm seus problemas peculiares aos cristãos e, conseqüentemente, cada um deles exige uma atenção especial e providências específicas. Peço a meus leitores que me dêem um minuto de sua atenção, enquanto tento demonstrar o que o tempo presente requer dos crentes ingleses e, principalmente, dos pastores ingleses. Há cinco pontos que me proponho a apresentar a vocês, sobre os quais pretendo falar de forma clara e sem reservas. "Se a trombeta der som incerto, quem se preparará para a batalha?" (1 Co 14.8)

1. Antes de tudo, a nossa época requer que mantenhamos toda a verdade do cristianismo de modo corajoso e inabalável, bem como a autoridade divina da Bíblia.

Vivemos em uma geração onde há incredulidade abundante, ascetismo e, temo que devo acrescentar, infidelidade. É provável que nunca, desde os dias de Celsus, Porfírio e Juliano, a verdade da religião revelada por Deus tenha sido atacada de forma tão aberta e descarada; e esse ataque nunca foi tão razoável e plausível como tem sido hoje. As palavras que o bispo Butler escreveu, em 1736, podem ser curiosamente aplicadas aos nossos dias: "Muitas pessoas têm tomado por certo que o cristianismo não é mais um assunto a ser questionado; e agora, sem reservas, chegaram à conclusão de que ele deve ser considerado como algo fictício. E conseqüentemente, na presente geração, há um consenso entre muitas pessoas para considerá-lo como tal; não restando mais nada a fazer, senão estabelecer o cristianismo como o tema preferido para zombaria e escárnio; como se esta fosse uma forma de represália por ele ter atrapalhado o mundo de desfrutar do prazer por tanto tempo".[2] Sempre tento imaginar o que o bom bispo teria dito, se tivesse vivido em 1879.

Em resenhas, revistas, jornais, palestras, ensaios e, às vezes, até mesmo em sermões, inúmeros autores inteligentes estão incessantemente travando guerra contra os fundamentos genuínos do cristianismo. Constantemente nos dizem que nenhuma pessoa instruída deve realmente acreditar em uma religião sobrenatural, na inspiração total das Escrituras ou na possibilidade de milagres. Doutrinas antigas, tais como a doutrina da Trindade, da divindade de Cristo, da pessoa do Espírito Santo, da expiação, das obrigações do dia de descanso, da necessidade e eficácia da oração, da existência do diabo e da veracidade da punição futura, são tranqüilamente deixadas de lado como se fossem almanaques velhos ou são descartadas com desdém como se fossem sucatas! E tudo isso é feito de forma tão engenhosa, com uma aparência tal de imparcialidade e tolerância, e com tantos elogios à capacidade e dignidade da natureza humana, que multidões de cristãos instáveis são levados, como que por uma correnteza, tornando-se parcialmente enfraquecidos; isso quando não naufragam na fé totalmente.

A existência dessa praga chamada incredulidade não deveria nos surpreender nem por um momento. Isso nada é senão o velho inimigo usando uma roupa nova, uma velha doença com uma forma nova. Desde o dia em que Adão e Eva caíram, o diabo não tem cessado de tentar o homem para que ele não creia em Deus; e o inimigo sempre tem dito, de forma direta ou indireta: "É certo que não morrereis", ainda que você não creia (Gn 3.4). Somos advertidos pelas Escrituras para esperar uma safra abundante de incredulidade, principalmente nos últimos dias: "Quando vier o Filho do Homem, achará, porventura, fé na terra?" "Os homens perversos e impostores irão de mal a pior". "Nos últimos dias, virão escarnecedores" (Lc 18.8; 2 Tm 3.13; 2 Pe 3.3). Aqui na Inglaterra, o ceticismo é uma repercussão natural advinda do semicatolicismo e da superstição, o qual muitos homens sábios predisseram e já aguardavam há muito tempo. Este é o balançar do pêndulo que muitos estudantes da natureza humana anteciparam e pelo qual estavam esperando; e ele finalmente chegou.

Entretanto, ao mesmo tempo em que digo que você não deve se surpreender com a propagação do ceticismo, também devo persuadi-lo a não se deixar abalar por isso, nem a se demover de sua firmeza. Não há motivo verdadeiro para se alarmar. A arca de Deus não está em perigo, embora os bois pareçam sacudi-la.

2 BUTLER, *Analogy of Religion, Natural and Revealed to the Constitution and Course of Nature*, London: Knapton, 1736. Introdução.

O cristianismo tem sobrevivido aos ataques de Hume, Hobbes, Tindal, Collins, Woolston, Bolingbroke, Chubb, Voltaire, Payne e Holyoake. Estes homens fizeram um grande alarde em seus dias e atemorizaram muitas pessoas vulneráveis; entretanto, não conseguiram obter uma influência maior do que a de viajantes ociosos que arranharam seus nomes nas grandes pirâmides do Egito. Você pode crer que o cristianismo igualmente sobreviverá aos ataques dos autores engenhosos de nossos dias. A alarmante novidade das muitas objeções modernas à revelação de Deus, sem dúvida, as fazem parecer mais convincentes do que elas realmente são. Entretanto, não devemos concluir que nós apertados não possam ser desatados, somente porque nossos dedos não conseguem desamarrá-los; ou que questões dificílimas não possam ser explicadas, somente porque não podemos enxergar através delas e explicá-las. Quando não conseguir responder a um cético, esteja contente por esperar receber maior iluminação; porém, nunca se esqueça de um grande princípio. Na religião, bem como em muitas outras questões científicas, conforme afirmou Faraday: “A mais alta filosofia é freqüentemente uma suspensão judicial de um julgamento”. Aquele que crê não se precipita, dá-se ao luxo de esperar.

Quando os céticos e infiéis disserem tudo aquilo que puderem dizer, não devemos esquecer que há três fatos grandiosos a respeito dos quais eles nunca deram uma satisfação; não conseguem dar e jamais darão. Falarei rapidamente sobre eles. São fatos bem simples e qualquer cidadão comum pode compreendê-los.

a. O primeiro fato é o próprio *Senhor Jesus Cristo*. Se o cristianismo é uma mera invenção humana, e se a Bíblia não vem de Deus, como os infiéis explicam Jesus Cristo? Eles não podem negar sua existência na história. Como seria possível que, sem usar a força ou suborno, sem ter autoridade nem dinheiro, Ele pudesse marcar o mundo de forma tão imensa e profunda como de fato marcou? Quem era Ele? O que era Ele? De onde veio? E por que nunca houve alguém como Jesus, nem antes nem depois dEle, desde o início da história? Eles não podem explicar isso. Nada pode explicar isso, senão o grande princípio fundamental da religião revelada de que Jesus Cristo é Deus e o evangelho é toda a verdade.

b. O segundo fato é a própria *Bíblia*. Se o cristianismo é mera invenção humana, e se a Bíblia não possui mais autoridade do que qualquer outro livro não inspirado, como explicar que a Bíblia seja de fato o que ela é? Como explicar que um livro escrito por alguns judeus em um lugar remoto do mundo; escrito em diferentes períodos, sem nenhum acordo prévio ou conluio entre os autores; escrito por membros de uma nação que comparada aos gregos e romanos, nada fez pela literatura – como explicar o fato de que este livro permanece completamente único, sem que nada se aproxime dele em sua visão elevada de Deus, em sua visão verdadeira a respeito do homem, em sua solenidade de pensamento, em sua excelência doutrinária e em sua pureza e moralidade? Como os infiéis prestam contas a respeito desse livro tão profundo, tão simples, tão sábio, tão livre de defeitos? Eles não podem explicar sua existência e a natureza de seus princípios. Somente aqueles que crêem que esse livro é sobrenatural e que ele veio de Deus podem explicar esse fato.

c. O terceiro fato é *o efeito que o cristianismo tem produzido no mundo*. Se o cristianismo é uma invenção humana e não a revelação divina e sobrenatural, como poderia ter feito uma mudança tão completa no estado da humanidade? Todo homem instruído sabe que a diferença moral entre a condição do mundo antes que o cristianismo fosse implantado e depois dele ter lançado raízes é como a diferença entre o dia e a noite, entre o reino do céu e o reino do maligno. Agora, desafio a qualquer um a olhar para o mapa-múndi, e comparar os países onde os homens são cristãos com os países onde os homens não são cristãos e a negar que esses países sejam tão diferentes entre si quanto a luz difere das trevas e o branco difere do preto. Como os infiéis podem explicar esse fato baseando-se em seus próprios princípios? Eles não podem. Este fato só pode ser explicado por aqueles que crêem que o cristianismo veio de Deus e que ele é a única religião divina revelada.

Sempre que você for tentado a ficar inquieto por causa do avanço da falta de fé, olhe para estes três fatos que acabei de mencionar e lance fora os seus temores. Tome sua posição, corajosamente, atrás das trincheiras destes três fatos e se defenderá dos piores esforços dos céticos modernos. Eles geralmente farão uma centena de perguntas as quais você não pode responder e inventarão problemas sobre vários textos, ou inspiração, ou geologia, ou a origem do homem, ou a idade do mundo, problemas esses que você não pode solucionar. Eles poderão irritá-lo com especulações e teorias extravagantes, cuja falácia você não poderá comprovar no momento, embora possa pressenti-la. Porém, mantenha a calma e não tema. Lembre-se dos três grandes fatos que citei e tenha coragem para desafiar os céticos a explicá-los. As dificuldades a respeito do cristianismo são grandes, sem dúvida, mas são insignificantes quando comparadas às dificuldades da falta de fé.

2. Em segundo lugar, a nossa época requer que tenhamos uma visão distinta e resoluta das doutrinas cristãs.

Não posso abrir mão de minha convicção de que a igreja do século XIX seja mais prejudicada pela frouxidão e confusão a respeito de suas próprias doutrinas do que pelos céticos e descrentes que estão do lado de fora. Miríades de cristãos, hoje em dia, são completamente incapazes de distinguir entre coisas que diferem entre si. Assim como os portadores de daltonismo, cristãos são incapazes de distinguir o verdadeiro do falso e o que é sensato daquilo que é insano. Se um pregador religioso é inteligente, eloqüente e fervoroso, parecem pensar que ele está completamente certo, por mais estranho e incoerente que seu sermão possa ser. São aparentemente destituídos de censo espiritual e não conseguem detectar o erro. Catolicismo ou protestantismo; uma expiação ou nenhuma expiação; um Espírito Santo Pessoal ou nenhum Espírito Santo; um castigo eterno ou nenhum castigo eterno; uma igreja "excelente" ou uma igreja "deficiente", ou uma igreja "liberal"; Trinitarianismo; Arianismo ou Unitarianismo; nada é impróprio para eles; mesmo que não consigam digerir tudo isso, conseguem engolir tudo! Levados por uma noção fantasiosa de generosidade e amor, pensam que todos estão certos e que ninguém está errado; que todos os ministros são sensatos e que nenhum deles é insensato; que todos serão salvos e que ninguém se perderá. A religião deles é feita de conceitos errôneos, e a única certeza que podemos ter a respeito deles é que têm aversão a tudo o que é absoluto e pensam que todo ponto de vista extremado, determinado e dogmático é perverso e muitíssimo inconveniente!

Essas pessoas vivem em meio a uma neblina ou nevoeiro. Não enxergam com clareza e não têm conhecimento sobre as coisas que acreditam. Não conseguem processar mentalmente nenhuma grande questão do evangelho e parecem estar contentes em fazer parte de todas as escolas de pensamento. Não conseguem dizer por si só o que crêem a respeito da justificação ou da regeneração, ou da santificação, ou da ceia do Senhor, ou do batismo, ou da fé, ou da conversão, ou da inspiração das Escrituras, ou do estado futuro da alma. Estão consumidos por um sentimento de temor mórbido de causar controvérsia e de uma antipatia ignorante pelo "espírito de partidarismo"; nem eles mesmos sabem o que realmente querem dizer com essas palavras. A única coisa que podemos perceber é que admiram o fervor, a inteligência e a caridade e não conseguem acreditar que um homem inteligente, fervoroso e caridoso possa, em algum momento, estar no erro! Assim, vivem de forma irresoluta e geralmente vão irresolutos para o túmulo, sem conforto em sua religião, e temo que geralmente sem esperança.

A explicação para este estado de alma preguiçoso, abatido e vacilante não é difícil de se achar. Para começar, o coração do homem está naturalmente em trevas no que diz respeito à religião; ele não possui intuição sobre a verdade e de fato *necessita* de ensino e de iluminação. Além disso, o coração natural da maioria dos homens detesta dedicar-se à religião e, de forma amigável, sente uma aversão pelo questionamento paciente e constante. Acima de tudo, o coração natural geralmente gosta de receber o louvor dos outros, de evitar conflitos e de ser considerado como caridoso e generoso. O resultado disso é um tipo de religião tolerante e agnóstica, a qual satisfaz a um grande número de pessoas e agrada principalmente aos jovens. Eles ficam contentes em lançar fora toda questão controversa, como se fosse um entulho, e se você os acusa de indecisos, dizem: "Não tenho a pretensão de compreender as controvérsias; recuso-me a examinar as questões controversas. No final, tudo vai dar no mesmo". Quem não sabe que existem multidões desse tipo de pessoa em todo lugar?

Imploro para que todos os meus leitores tomem cuidado com esse estado mental vacilante no que diz respeito à religião. Esta é uma "peste que se propaga nas trevas" e uma "mortandade que assola ao meio-dia" (Sl 91.6). É uma disposição de espírito preguiçosa e indolente que, sem dúvida, livra o homem da dificuldade de ter de pensar e investigar; porém, é uma disposição de espírito que não se justifica pela Bíblia; nem mesmo pelos artigos do livro de orações da igreja da Inglaterra. Para o bem de sua própria alma, ouse decidir sobre aquilo que você crê e ouse ter uma visão absoluta sobre a verdade e o erro. Nunca, nunca tenha medo de defender opiniões doutrinárias categóricas; e não deixe que o temor do homem e o receio de ser considerado como partidarista, intransigente ou controverso faça com que você se contente com um cristianismo sem doutrina, morno, pálido, insípido, apagado e sem vida.

Note o que digo. Se você quer fazer um bem para esta geração, precisa lançar fora a indecisão e adotar uma religião categórica, inconfundível e que possua doutrinas estabelecidas. Se sua fé for pequena, aqueles para quem você deseja fazer o bem não terão fé alguma. As vitórias do cristianismo, onde quer que tenham acontecido, têm sido conquistadas através de uma teologia doutrinária distinta; anunciando a morte vicária e o sacrifício de Cristo aos homens; expondo-lhes sobre a substituição feita por Cristo na cruz e seu precioso sangue; ensinando-os sobre a justificação pela fé; convidando-os a crer no Salvador crucificado; pregando sobre a ruína do pecado, a redenção através de Cristo e a regeneração através do Espírito; levantando a serpente de bronze e pedindo aos homens que olhem para ela, a fim de que vivam, se arrependam e se convertam. Este, este é o único tipo de ensino que Deus tem honrado com sucesso nesses dezoito séculos, e continua a honrar no presente, em nossa pátria e no exterior. Que os advogados engenhosos da teologia liberal e sem doutrinas – os pregadores do evangelho da emoção e das boas intenções com moralidade inexpressiva – que eles nos mostrem hoje alguma vila inglesa, algum distrito, alguma cidade ou metrópole que tenha sido evangelizada sem "doutrinas", através dos princípios em que eles se baseiam. Eles não podem fazê-lo, nem jamais poderão. O cristianismo sem doutrina distinta é algo ineficaz. Pode parecer bonito para algumas pessoas, mas é infrutífero e estéril. Não há como ignorar os fatos. O bem que é feito na terra pode ser comparativamente insignificante. O mal pode proliferar e a impaciência ignorante pode reclamar e gritar que o cristianismo tem falhado. Entretanto, você pode acreditar que, se quisermos "fazer o bem" e transtornar o mundo, teremos de lutar com as mesmas velhas armas apostólicas e apegar-nos às "doutrinas". Sem doutrina, sem frutos! Nenhuma doutrina evangélica absoluta, nenhuma evangelização!

Uma vez mais, note o que digo. Os homens que mais têm trabalhado pela igreja da Inglaterra e marcaram os seus dias e a sua geração de forma mais profunda têm sido aqueles que mais possuem uma visão doutrinária resoluta e categórica. São homens corajosos, decididos e francos, como Capel Molyneux ou o nosso grande e idoso herói do protestantismo Hugh McNeile, que deixaram marcas profundas e levaram as pessoas a pensar, e "transtornaram o mundo". Foi a "doutrina", na era apostólica, que esvaziou os templos pagãos e abalou a Grécia e Roma. Foi a "doutrina" que despertou a cristandade de seu sono na época da Reforma e despojou o papa de um terço de seus súditos. Foi a "doutrina" que reavivou a Igreja da Inglaterra cem anos atrás, nos dias de Whitefield, Wesley, Venn e Romaine e reascendeu o nosso cristianismo morto, transformando-o em chamas flamejantes. É a "doutrina" que neste momento dá poder a toda obra missionária de sucesso, quer seja em nossa pátria ou no exterior. É a doutrina – doutrina, doutrina em alto e bom som – que semelhante aos chifres de carneiro em Jericó, subjuga a oposição do diabo e do pecado. Apeguemo-nos a uma visão doutrinária resoluta, não importando o que os outros se agradem em dizer; e assim faremos bem a nós mesmos, bem aos outros, bem à Igreja da Inglaterra e bem para a causa de Cristo no mundo.

3. Em terceiro lugar, a nossa época requer de nós uma percepção aguçada e mais intensa a respeito do caráter antibíblico e destruidor da alma que há no romanismo.

Este é um assunto difícil, mas que necessariamente exige explicações claras.

Os fatos sobre esse assunto são bem simples. Nenhum observador inteligente pode deixar de ver que a intensidade do sentimento público a respeito do romanismo, na Inglaterra, tem passado por uma grande mudança nos últimos quarenta anos. O padre Oakley, o famoso pervertido e aliado do cardeal Newman, afirma isso vitoriosamente em uma edição recente do periódico *Contemporary Review*

(Retrospectiva Contemporânea). Lamento dizer, mas a meu ver, ele disse a verdade. Já não há mais aquele desagrado generalizado, aquele receio e aquela aversão ao papismo que havia nesse reino, quase que de forma universal. Os limites do antigo sentimento britânico sobre o protestantismo parecem estar enfraquecidos e atenuados. Alguns se admitem cansados de toda controvérsia religiosa e estão prontos a sacrificar a verdade de Deus em prol da paz. Alguns olham para o romanismo como sendo apenas uma dentre as muitas formas religiosas inglesas; nem melhor, nem pior do que as outras. Alguns tentam nos persuadir de que o romanismo mudou e não é mais tão ruim como costumava ser. Alguns apontam os erros dos protestantes com ousadia e proclamam em alta voz que os romanistas são tão bons quanto nós. Alguns consideram como um ato de bondade e de generosidade manter a posição de que não temos o direito de pensar que alguém está errado, se ele for sincero com relação ao seu credo religioso. Entretanto, os dois grandes fatos históricos, (a) que a ignorância, a imoralidade e a superstição reinaram de forma suprema na Inglaterra quatrocentos anos atrás sob o papismo, (b) que a Reforma foi a maior bênção que Deus já concedeu a esta terra – são fatos que ninguém pensava em contestar cinqüenta anos atrás, senão os papistas! Infelizmente, hoje, é conveniente esquecer esses fatos, e isso está na moda! Em resumo, do jeito que as coisas andam, não ficarei surpreso se, em breve, propuserem a revogação da Ata de Estabelecimento e permitirem que a coroa da Inglaterra seja usada por um papista.

As causas dessa triste mudança de pensamento não são difíceis de se descobrir.

a. Isso se deve, em parte, ao zelo incansável da própria Igreja Católica. Os seus representantes não descansam, nem dormem. Eles rodeiam o mar e a terra para fazer um prosélito. Eles se movem para todos os lugares, assim como as rãs no Egito, e não deixam sequer uma pedra sem ser revolvida, seja no palácio ou nos albergues, para promoverem sua causa.

b. Esse pensamento tem sido imensamente promovido pelos partidários do ritualismo na Igreja da Inglaterra. Esse grupo eficiente e ativo tem difamado a Reforma e escarnecido do protestantismo durante muitos anos, com muito sucesso. Ele tem corrompido, levedado, cegado e envenenado a mente de muitos ministros, distorcendo os fatos. Ele tem levado as pessoas a se familiarizarem gradativamente com cada uma das doutrinas e práticas específicas do catolicismo: a transubstanciação; a missa; a confissão e a absolvição sacerdotal; o caráter sacerdotal do ministro; o sistema monástico e o estilo pomposo, sensorial e artístico da adoração pública. E a conseqüência natural disso é que muitas pessoas sem discernimento não vêem nenhum mal considerável em um catolicismo sincero e genuíno! Em último lugar, mas não menos importante, a falsa generosidade dos dias em que vivemos tem contribuído para essa tendência romanista. Agora está na moda dizer que todas as religiões são iguais; que todos os credos devem ser considerados com igual favor e respeito e que, no fundo, todas as religiões possuem uma verdade em comum, quer seja budismo, islamismo ou cristianismo! O efeito disso é que miríades de pessoas ignorantes começam a pensar que na doutrina dos papistas não há perigo maior do que há na doutrina dos metodistas, dos independentes, dos presbiterianos ou batistas e que deveríamos deixar o catolicismo em paz e jamais expor o seu caráter antibíblico e infame.

Ouso dizer que as conseqüências dessa mudança de pensamento serão ainda mais desastrosas e prejudiciais, a menos que seja refreada. Uma vez que deixemos que o papismo escravize a Inglaterra novamente, chegará o fim de nossa grandeza nacional. Deus nos abandonará, e desceremos ao mesmo nível de Portugal e da Espanha. A leitura da Bíblia será desencorajada; o aprendizado pessoal diretamente das Escrituras será proibido; o caminho para a cruz de Cristo será estreitado e obstruído; o sacerdócio será restabelecido; o confessionário será instituído em cada paróquia; monastérios e conventos se espalharão por todo território; mulheres se ajoelharão em toda parte aos pés dos clérigos como se fossem servas e escravas; homens rejeitarão a fé e se tornarão ascéticos; as escolas e as universidades serão transformadas em seminários de jesuítas; a liberdade de expressão será denunciada e considerada anátema; com tudo isso, a dignidade e a independência do caráter britânico irão minguar, murchar, definhar e serão destruídas; e a Inglaterra será arruinada. Creio firmemente que todas essas coisas nos sobrevirão, a menos que o velho sentimento a respeito do protestantismo seja reavivado.

Exorto a todo aquele que lê estas linhas e particularmente a meus colegas ministros, que a nossa época requer que você esteja vigilante e em guarda. Tome cuidado com o romanismo e com qualquer outro ensino religioso, que de forma intencional ou não, pavimente o caminho em direção a ele. Imploro que você perceba o fato doloroso de que o protestantismo está gradualmente em declínio em nosso país e rogo-lhes que, como cristãos e patriotas, resistam à crescente tendência de esquecer as bênçãos da Reforma na Inglaterra.

Por causa de Cristo, por causa da igreja da Inglaterra, por causa de nosso país, por causa de nossas crianças, não nos deixemos levar novamente pela ignorância, pela superstição, pelo sacerdócio e pela imoralidade do catolicismo. Nossos pais provaram o papismo muito tempo atrás, durante séculos, e livraram-se dele com repugnância e indignação. Não queiramos voltar no tempo e retornar ao Egito. Não façamos as pazes com Roma até que ela renuncie aos seus erros e esteja em paz com Cristo. Até que isso aconteça, a presunçosa reunião das igrejas do oeste, da qual alguns falam, exigindo a nossa atenção, será um insulto ao cristianismo.

Leiam sua Bíblia e abasteçam sua mente com argumentos bíblicos. A leitura da Bíblia pelos leigos é a defesa mais infalível que uma nação possui contra o erro. Eu não teria qualquer temor em relação ao protestantismo da Inglaterra, se os leigos ingleses tão somente cumprissem a sua obrigação. Leiam os *Trinta e nove artigos da religião* e a *Apologia dos judeus* e observe o que esses documentos tão negligenciados falam a respeito das doutrinas romanistas. Temo que nós, ministros evangélicos, infelizmente sejamos os culpados disso. Nós geralmente quebramos a regra número um, a qual nos ordena pregar contra a supremacia do papa quatro vezes ao ano! Geralmente nos comportamos como se o "Gigante Papa" estivesse morto e enterrado e nunca o citamos. Geralmente, devido ao medo de ofender, somos negligentes em mostrar ao nosso povo a verdadeira natureza e o verdadeiro mal do papismo.

Rogo a meus leitores que, além da Bíblia e dos *Artigos*, leiam também história e vejam o que Roma fez no passado. Leiam como ignorou os direitos dos cidadãos de seu país; saqueou os bolsos de seus antepassados e manteve toda a nação na ignorância, na superstição e na imoralidade. Leia como o arcebispo Laud arruinou a Igreja e o Estado e levou o rei Carlos I e a si mesmo à morte, por causa de sua tolice, obstinação e do esforço para tornar a igreja da Inglaterra menos protestante em sua liturgia; esforço esse que desagradou a Deus. Leia como o último rei papista da Inglaterra, Jaime II, perdeu a coroa devido a sua tentativa audaciosa de eliminar o protestantismo e reintroduzir o papismo. E não se esqueça que Roma nunca muda. Ela se orgulha e se gloria de ser infalível e de continuar sendo sempre a mesma.

Se você não quiser ler história, leia os fatos que são evidentes na face do globo neste mesmo minuto. O que tem feito a Itália e a Sicília serem o que têm sido até agora? O papismo. O que tem feito os países da América do Sul serem o que são? O papismo. O que tem feito a Espanha e Portugal serem o que são? O papismo. O que tem feito a Escócia, os Estados Unidos e a nossa amada Inglaterra serem os países poderosos e prósperos que eles têm sido, e eu oro a Deus para que continuem sendo? E eu respondo sem hesitação: o protestantismo, a Bíblia livre e os princípios da Reforma. Oh, pense bem antes de deixar os princípios da Reforma de lado! Pense bem, antes que você abra caminho para essa tendência prevalecente em favor do papismo e acabe voltando para Roma.

A Reforma encontrou os ingleses mergulhados na ignorância e deixou-os como portadores do conhecimento; encontrou-os sem Bíblias e deixou uma Bíblia em cada paróquia; encontrou-os em trevas e, em comparação, deixou-os na luz; encontrou-os dominados pelos padres e os deixou se regozijando na alegria que Cristo lhes concedeu; encontrou-os como estranhos ao sangue da expiação, à fé, à graça, à santidade verdadeira e deixou-os com as chaves para essas coisas em suas mãos; encontrou-os cegos e os fez ver; encontrou-os escravos e deixou-os livres. Que possamos dar graças a Deus pela Reforma para todo o sempre! Ela acendeu a chama da vela, a qual nunca deveríamos ter permitido que se apagasse ou que se atenuasse. Com certeza, tenho o direito de dizer que a nossa época requer de nós uma sensibilidade reavivada com relação aos males do romanismo, bem como em relação ao enorme valor da Reforma Protestante!

4. Em quarto lugar, a nossa época requer que tenhamos um padrão mais elevado de santidade pessoal e uma atenção crescente à religiosidade prática em nossa vida diária.

Preciso declarar honestamente a minha convicção de que, desde os dias da Reforma, nunca houve tanta profissão de fé sem prática; tanto falatório sobre Deus sem que as pessoas andem com Ele; tanta gente ouvindo as palavras de Deus sem cumpri-las, como há na Inglaterra no presente momento. Nunca houve tanto bronze que soa e tantos címbalos que retinem! Nunca houve tanta formalidade e tão pouca sinceridade. A sensibilidade mental dos homens parece ter diminuído no que diz respeito ao cristianismo prático. Os velhos e valiosos padrões condizentes com o comportamento de uma mulher ou de um homem cristão parecem ter se degradado e se degenerado. Você pode ver centenas de pessoas denominadas religiosas constantemente fazendo coisas que seriam consideradas totalmente incoerentes com a religião viva nos tempos passados. Eles não vêem mal algum em coisas como: jogar baralho, ir ao teatro, dançar, ler romances em excesso e viajar aos domingos; eles nem mesmo podem compreender o que você quer dizer quando faz objeções a essas coisas! A antiga sensibilidade de consciência a respeito dessas coisas parece ter morrido e se tornado extinta, assim como o pássaro dodô; e quando você se arrisca a censurar os congregantes que praticam tais coisas, eles o olham como se você fosse uma pessoa antiquada, intransigente e fossilizada, e dizem: "Que mal há nisso?" Em resumo, a inconstância de idéias entre os rapazes, e a "malícia" e a leviandade entre as moças, são características muito comuns entre a geração de cristãos que está se formando.

Não quero me equivocar ao dizer essas coisas. Desaprovo o mais insignificante desejo de recomendar uma religião asceta. Mosteiros, conventos, isolamento total do mundo e a recusa em cumprir nossa obrigação nele: considero tudo isso antibíblico e uma panacéia prejudicial. Também nunca tive a clara intenção de impor aos homens um padrão ideal de perfeição para o qual não vejo um fundamento bíblico, ou seja, um padrão inatingível nessa vida e que cede espaço a que os negócios da sociedade estejam nas mãos de pessoas más e ímpias. Não, sempre desejei promover uma religião benigna, valorosa e que satisfaz; uma religião que pode ser levada pelos homens por onde quer que forem e, ainda assim, glorificar a Cristo.

O caminho para um padrão de santidade mais elevado, ao qual recomendo que meus leitores dêem atenção, é muito simples. Tão simples que posso imaginar muitos sorrindo com desdém por causa disso. Embora seja simples, ele tem sido lamentavelmente abandonado e já está coberto de mato; e está mais do que na hora de conduzir os homens de volta para ele. Por esta razão, precisamos examinar mais de perto os nossos velhos e bons amigos: os Dez Mandamentos. As duas tábuas da lei, que foram esmiuçadas e desenvolvidas de forma muito apropriada pelo bispo Andrew e pelos puritanos, são uma mina perfeita da religião prática. Creio que é mau sinal em nosso tempo que muitos ministros negligenciem a exposição dos mandamentos nas igrejas novas ou reorganizadas e digam friamente: "Eles não são mais necessários hoje!" Acredito que os mandamentos nunca foram tão necessários quanto hoje! Precisamos examinar mais de perto algumas porções dos ensinamentos de Cristo, tais como o sermão do monte. Como esse discurso maravilhoso é rico em alimento para alma! Que frase impressionante é aquela: "Se a vossa justiça não exceder em muito a dos escribas e fariseus, jamais entrareis no reino dos céus!" (Mt 5.20) É lamentável que esse texto raramente seja usado! Em último lugar, mas não menos importante, precisamos estudar mais de perto a última parte de quase todas as epístolas do apóstolo Paulo às igrejas, as quais são ainda mais desprezadas e negligenciadas. Uma porção de leitores da Bíblia está bem familiarizada com os onze primeiros capítulos da epístola aos Romanos, mas sabem bem pouco sobre os cinco últimos. Quando Thomas Scott expôs a carta aos Efésios na antiga capela de Lock, notou que o público começou a diminuir quando ele chegou na parte prática daquele livro abençoado! Uma vez mais eu digo, você pode pensar que minhas recomendações são bastante simples, contudo, não hesito em afirmar que, com a bênção de Deus, prestar atenção a elas é a coisa mais útil que se pode fazer pela causa de Cristo. Acredito que isso elevaria o padrão do cristianismo na Inglaterra para um grau que raramente é atingido hoje em dia em questões como: religião em família, separação do mundo, diligência no cumprimento das obrigações, altruísmo, temperamento equilibrado e uma boa disposição mental e espiritual.

Há uma reclamação constante de que nesses últimos anos existe uma necessidade de poder no cristianismo moderno, e que a verdadeira igreja de Cristo, o corpo do qual Cristo é o Cabeça, não tem abalado o mundo neste século como costumava fazer outrora. Querem que eu diga claramente qual é a razão disso? É o estilo de vida vulgar que prevalece entre muitos crentes. Precisamos de mais homens e mulheres que andem com Deus e diante dEle, assim como Enoque e Abraão. Apesar do número de evangélicos ser bem maior hoje do que nos dias de nossos antepassados, creio que estamos muito aquém deles no que diz respeito ao nosso padrão de cristianismo prático. Onde estão a abnegação, a diligência no uso do tempo, o desapego ao luxo e ao comodismo, a evidente separação das coisas mundanas, a atitude declarada de estar sempre cuidando das coisas do Mestre, a sinceridade no olhar, a simplicidade na vida familiar, o nível elevado nas conversas entre as pessoas, a paciência, a humildade, a cortesia em todos os lugares, que marcaram muitos dos nossos precursores setenta ou oitenta anos atrás? Sim, onde estão? Herdamos os seus princípios e usamos a armadura deles, mas temo que não tenhamos herdado suas práticas. O Espírito Santo vê essas coisas e se entristece; o mundo vê essas coisas e nos despreza. O mundo vê essas coisas e pouco se interessa pelo nosso testemunho. A vida – uma vida santa, consagrada, semelhante a Cristo – é que influencia o mundo. Estejamos decididos, com a bênção de Deus, a nos livrar do opróbrio. Despertemos e tenhamos uma visão clara do que a nossa época requer de nós nessa questão. Que o nosso alvo seja um padrão muito mais elevado de fé prática. Que os anos passados já tenham sido suficientes para nos contentarmos com essa mescla de santidade. Que nos esforcemos por andar com Deus nos dias futuros; para sermos "íntegros" e inconfundíveis em nossa vida diária e para silenciar este mundo zombador, se não pudermos convertê-lo.

5. Em quinto e último lugar, o nosso tempo requer de nós uma perseverança mais regular e constante nos antigos métodos para beneficiar nossa alma.

Creio que nenhum inglês perspicaz deixa de ver que tem havido um aumento considerável daquilo que chamarei de "religião pública do país", por não encontrar um termo mais apropriado. Cultos religiosos de todos os tipos estão se multiplicando de modo incomum. Estabelecimentos para adoração são inaugurados para a prática de oração, pregação e ministração da ceia do Senhor, em um ritmo pelo menos dez vezes maior do que nos últimos cinqüenta anos. Cultos em auditórios de catedrais, encontros em amplos locais públicos como o Agricultural Hall (Pavilhão de Exposições Agrícolas) e o Edifício Mildmay para conferências, com cultos missionários acontecendo dia após dia e noite após noite – todas essas coisas têm se tornado comuns e familiares. Esses eventos são a moda do momento, e as multidões que costumam freqüentá-los são a prova de que eles são bem populares. Em resumo, nos vemos face a face com o fato inegável de que os últimos vinte e cinco anos deste século têm sido uma era com uma quantidade imensa de religião pública.

Não estou querendo criticar essas coisas. Que ninguém pense isso nem por um momento. Ao contrário, sou grato a Deus pelo reavivamento do velho plano apostólico de "agressividade" na religião e pela propagação evidente do desejo de "por todos os modos, salvar alguns" (1 Co 9.22). Sou grato a Deus pelos cultos de curta duração, pela evangelização nos lares e movimentos evangelísticos, como os de Moody e Sankey. Qualquer coisa é melhor do que o entorpecimento, a apatia e a inércia. Se Cristo está sendo pregado, eu "me regozijo, sim, sempre me regozijarei" (Fp 1.18). Os profetas e os homens justos da Inglaterra desejaram ver essas coisas e jamais as viram. Se Whitefield e Wesley tivessem ouvido falar que chegaria um tempo em que os arcebispos e bispos ingleses não somente dariam autorizações para que se fizessem cultos missionários, mas que tomariam parte neles de forma ativa, imagino que eles jamais acreditariam. Em vez disso, penso que seriam tentados a dizer, assim como o nobre samaritano do tempo de Eliseu: "Ainda que o SENHOR fizesse janelas no céu, poderia suceder isso?" (2 Rs 7.2)

Mas, conquanto sejamos gratos pelo aumento da religião pública, nunca devemos nos esquecer que, a menos que seja acompanhada da religião pessoal, não terá qualquer valor genuíno e poderá produzir efeitos ainda mais nocivos. A corrida incessante atrás de pregadores sensacionais; a freqüência constante a encontros animados para multidões, que terminam tarde da noite; a ânsia incessante por novas emoções e por novidades muito interessantes no púlpito – é possível que todas essas coisas produzam um estilo de cristianismo doente e, temo que em muitos casos, termine por arruinar a alma completamente. Isso se dá porque infelizmente muitos daqueles que fazem da religião pública a coisa mais importante, após alguma grande exibição de oratória eclesiástica, geralmente são levados a professar muito mais do que aquilo que eles realmente sentem, pela simples emoção do momento. Depois disso, a única coisa que podem fazer é tentar se manter no mesmo nível espiritual que imaginam ter alcançado, através de uma sucessão constante de emoções religiosas. Pouco a pouco, assim como os viciados em ópio e em bebidas alcoólicas, chega um tempo em que a dose que eles consomem perde o efeito, e um sentimento de exaustão e descontentamento começa a tomar conta de sua mente. Fico apreensivo porque geralmente o desfecho de toda a questão é uma recaída em uma completa indiferença e incredulidade, bem como um completo retorno ao mundo. E tudo isso resulta do fato de nada possuírem além de uma religião pública! Oh! que as pessoas possam lembrar que não foi o vento ou o fogo, ou o terremoto que revelou a presença de Deus a Elias, mas um "cicio tranqüilo e suave" (1 Rs 19.12).

Agora, quero levantar uma voz de advertência em relação a esse assunto. Lembre-se de que não desejo ver uma diminuição do público religioso; mas realmente desejo promover o crescimento daquela religião pessoal – particular entre o homem e seu Deus. A raiz de uma planta ou de uma árvore não promove espetáculo algum acima do solo. Se você cavar e examiná-la, verá que ela é uma coisa desajeitada, suja e com uma aparência grosseira; não é tão bela aos olhos quanto um fruto, uma folha, ou uma flor. Entretanto, aquela raiz desprezada é a verdadeira fonte de toda a vida, saúde, vigor e fertilidade e sem ela a planta ou a árvore logo morreria. A religião pessoal é a raiz de todo cristianismo verdadeiro. Sem ela, até poderemos realizar um magnífico espetáculo no ajuntamento ou na plataforma e cantar alto, derramar muitas lágrimas, ter a aparência de pessoas vivificadas e receber os elogios dos homens. Mas sem ela, não teremos as vestes nupciais e estaremos "mortos diante de Deus". Quero deixar claro aos meus leitores que a época em que vivemos requer de nós uma atenção especial à nossa religião pessoal.

a. Sejamos mais fervorosos em nossas orações particulares e dediquemo-nos mais à oração. Existem orações vivas e orações mortas; orações que nada nos custam e orações que nos custam pranto expressivo e lágrimas. Que tipo de oração é a sua? Quando cristãos apostatam publicamente, e a igreja fica perplexa e chocada, a verdade que está por detrás disso é que há muito tempo eles apostataram de seus joelhos. Eles negligenciaram o trono de graça.

b. Sejamos mais diligentes e nos esforcemos mais em nossa leitura particular da Bíblia. A ignorância a respeito das Escrituras é a raiz de todo erro e deixa o homem sem esperança nas mãos do maligno. Creio que hoje há menos leitura bíblica particular do que costumava haver nos últimos cinqüenta anos. Não acredito que tantos homens e mulheres ingleses teriam sido "levados ao redor por todo vento de doutrina" – alguns caindo no ascetismo, outros correndo para um fanatismo desvairado e intransigente, outros se voltando para Roma – se eles não tivessem cultivado um hábito de leitura das Escrituras de modo superficial, descuidado, preguiçoso e sem profundidade. "Errais, não conhecendo as Escrituras" (Mt 22.29). A Bíblia no púlpito não deve substituir a Bíblia em casa.

c. Cultivemos o hábito de meditar mais na Palavra e ter maior comunhão com Cristo. Sejamos resolutos em separar tempo para estar à sós de vez em quando, para conversar com nossa alma, assim como fez Davi; para derramar nosso coração diante de nosso grande Sumo Sacerdote, Advogado e Confessor que está à destra de Deus. Precisamos de mais confissão em segredo – não da confissão ao homem. O confessionário do qual precisamos não é uma cabina na sacristia, e sim o trono de graça. Vejo alguns cristãos sempre correndo atrás de alimento espiritual; sempre em público e sempre estão sem fôlego e com pressa, nunca se permitem tirar um tempo livre para sentar calmamente para fazer a digestão e avaliar sua condição espiritual. Não me surpreenderei se tais cristãos tiverem uma religião anã e atrofiada e se não tiverem crescimento, tal como as vacas magras do faraó; e se não tiverem uma aparência melhor após o seu banquete de religião pública, e sim parecerem piores ainda. A prosperidade espiritual depende imensamente de nossa religião particular e a religião particular não pode florescer, a menos que estejamos determinados, com a ajuda de Deus, a separar tempo para meditar, ler a Bíblia e ter comunhão particular com Cristo, custe o que custar. É lamentável que aquelas palavras de nosso Mestre tenham sido tristemente negligenciadas: "Entra no teu quarto e, fechada a porta..." (Mt 6.6).

Os nossos antepassados evangélicos tiveram bem menos oportunidades do que nós. Ambientes lotados e multidões são coisas das quais eles nem tinham conhecimento, exceto de vez em quando, quando homens como Whitefield, ou Wesley, ou Rowlands pregavam em uma igreja ou no campo. A conduta deles não era de acordo com os modismos, nem era popular e, com freqüência, lhes trazia mais perseguição e insultos do que elogios. Apesar de disporem de poucas armas, eles as usavam bem. Mesmo fazendo menos barulho e obtendo menos aplausos, eles deixaram marcas a respeito de Deus muito mais profundas em sua geração do que nós, com todas as nossas conferências e encontros, classes de missões, auditórios e múltiplos mecanismos religiosos. Imagino que seus novos convertidos eram como as roupas antigas e como o linho; eles se corrompiam menos; duravam mais; desbotavam menos e mantinham a cor; eram mais estáveis, tinham raízes mais profundas e eram melhor fundamentados do que muitos bebês na fé hoje em dia. Qual era a razão para isso? Creio que era simplesmente porque davam maior atenção à religião particular do que costumamos dar. Andavam bem próximos a Deus e honravam-No em particular, e por isso Ele os honrava em público. Oh! Que os imitemos em sua forma de seguir a Cristo! Que possamos fazer o mesmo.

Deixe-me concluir com umas poucas palavras de aplicação prática.

1. Antes de tudo, quer compreender o que o nosso tempo requer de você em relação à sua própria alma? Ouça; eu lhe direi. Você vive em um tempo de um perigo espiritual típico. Nunca houve tantas armadilhas e ciladas no caminho que conduz ao céu; certamente que jamais houve tantas armadilhas com iscas tão atraentes e ciladas tão engenhosamente planejadas. Considere sua própria situação. Note bem suas atividades. Pondere os caminhos de seus pés. Tome cuidado antes que você vá para a desgraça eterna e arruíne a sua alma. Tome cuidado com a infidelidade prática por detrás do conceito de liberdade de pensamento. Cuidado com esse estado de indecisão sem esperança a respeito das verdades doutrinárias; esse estado de indecisão que se esconde por detrás da idéia plausível de não ter um espírito partidário e por detrás da influência perniciosa daquilo que é chamado de generosidade e caridade. Tome cuidado para não desperdiçar a sua vida desejando, almejando e esperando pelo dia da decisão até que a porta se feche, e você seja entregue a um estado de consciência morta e morra sem esperança. Acorde para perceber o perigo em que se encontra! Levante-se e procure, com diligência cada vez maior, confirmar a sua vocação e eleição, de outra forma, você deixará este mundo na incerteza. O reino de Deus está bem próximo. Cristo, o Salvador Todo-poderoso, Cristo, o Amigo de pecadores, Cristo e a vida eterna estão à sua disposição, se você tão somente vier a Cristo. Levante-se e lance fora as desculpas; Cristo o chama hoje mesmo. Se você não tem quem o acompanhe nisso, não espere até que tenha; não espere por ninguém. Esse tempo, repito, é desesperadamente perigoso. Se poucos estão no caminho estreito, decida, com a ajuda de Deus, que você estará entre esses poucos.

2. Em segundo lugar, você quer compreender o que o nosso tempo requer de todos os cristãos em relação à alma de outro? Ouça; eu lhe direi. Você vive em uma época de grande liberdade e de oportunidades abundantes para fazer o bem. Nunca houve tantas portas abertas para sermos úteis; tantos campos branquejando para a ceifa. Cuide para que você utilize essas portas abertas e tente ceifar esses campos. Tente fazer algum bem antes de morrer. Empenhe-se em ser útil. Esteja determinado, com a ajuda de Deus, a fazer com que este mundo seja um mundo melhor no dia de seu sepultamento do que o era no dia em que você nasceu. Lembre-se da alma de parentes, amigos e companheiros; lembre-se de que Deus costuma usar instrumentos fracos e, com simplicidade, tente levá-los a Cristo. O tempo é curto: a areia da ampulheta deste mundo está se esvaindo; por isso redima o tempo e se esforce para não chegar ao céu sozinho. Sem dúvida, você não pode garantir que será bem-sucedido. Não existe garantia de que seus esforços em

fazer o bem sempre farão o bem aos outros, mas de uma coisa pode ter certeza: eles sempre farão bem a você. Exercitar, exercitar, este é um grande segredo para a saúde do corpo e da alma. "Quem dá a beber será dessedentado" (Pv 11.25). Aquela palavra proferida por nosso Mestre é preciosa e profunda, mas seu significado é raramente compreendido: "Mais bem-aventurado é dar que receber" (At 20.35).

3. E, em último lugar, quer saber o que a nossa época requer de você em relação à Igreja da Inglaterra? Ouça; eu lhe direi. Sem dúvida, você vive em um tempo em que nossa antiga e renomada igreja está em uma situação crítica, perigosa e desoladora. Seus remadores a levaram para as águas turbulentas. A sua própria existência foi colocada em perigo pelos papistas, pelos infiéis e pelos liberais de fora da igreja. O seu sangue vital foi esgotado pelo comportamento dos traidores, dos falsos amigos e dos seus próprios ministros. No entanto, enquanto a Igreja da Inglaterra permanecer firmemente apegada à Bíblia, aos Artigos e aos princípios da Reforma Protestante, eu o aconselho a permanecer apegado à igreja. Quando os Artigos forem lançados para fora do barco, quando a antiga bandeira for arriada, então, e não antes disso, será a hora de você e eu lançarmos os botes salva-vidas e abandonarmos o barco. Mas no presente, que possamos nos apegar ao antigo barco.

Por que a abandonaríamos agora, sendo covardes, somente porque ela está em dificuldades e a verdade não pode ser mantida em seu seio sem que haja problemas? Como poderemos nos aperfeiçoar? Para quem iremos nós? Onde encontraremos orações melhores? Em qual comunidade religiosa encontraremos maior bem sendo feito, apesar da existência de muitas coisas ruins? Não há dúvida de que temos muito pelo que lamentar; mas não há uma igreja visível na Inglaterra hoje que esteja fazendo melhor. Não existe nenhuma comunidade religiosa onde tudo seja sereno e não haja nuvens. "Em toda parte, o mal está misturado com o bem"; o trigo nunca cresce sem o joio. Mas, em tudo isso há muito pelo que ficarmos contentes; temos mais pregações evangélicas do que jamais tivemos nessa terra; muito mais trabalho evangélico sendo realizado em nossa pátria e nos exterior. Se o velho William Romaine, de Saint Anne, em Blackfriars, que permaneceu firme sozinho, juntamente com meia-dúzia de homens em Londres, no século passado, tivesse vivido para ver o que os nossos olhos vêem hoje, ele nos repreenderia duramente por nossa covardia e ingratidão. Não, apesar do semi-papismo e do ascetismo, a batalha da igreja reformada da Inglaterra ainda não está perdida; por mais que os espectadores invejosos de fora da igreja e os murmuradores de dentro dela se alegrem em dizer que sim. Conforme disse Napoleão no campo da Batalha de Marengo, às quatro horas: "Ainda há tempo para vencer a batalha". Se os membros verdadeiros e fiéis da igreja tão somente a defenderem corajosamente; não olharem com frieza uns para os outros e não se recusarem a trabalhar no mesmo carro do corpo de bombeiros ou a manejar o mesmo bote salva-vidas – se eles não ficarem brigando e discutindo, e se não "se desviarem do caminho", a igreja da Inglaterra não morrerá e será uma bênção para os filhos de nossos filhos. Que possamos firmar os nossos pés e resistir em nossa posição. Não nos precipitemos a abandonar o barco somente por causa de pequenos vazamentos; em vez disso, tiremos a água e mantenhamos o bom barco flutuando. Continuemos a trabalhar, a lutar, a orar e a nos apegar à Igreja da Inglaterra. Creio que os ministros que seguem estas diretrizes são os que "conhecem as épocas".

Capítulo 20

Cristo é tudo

Cristo é tudo.
Colossenses 3.11

As palavras do texto no início desta página são poucas, breves e facilmente proferidas, mas contêm grandes verdades. São singularmente ricas e sugestivas, tais como aquelas áureas declarações: "Para mim o viver é Cristo!" "Já não sou eu quem vive, mas Cristo vive em mim!"(Fp 1.21; Gl 2.20)

Estas três palavras formam a essência e a substância do cristianismo. Se nosso coração realmente concorda com o que elas dizem, então, tudo corre bem com a nossa alma. Caso contrário, podemos ter a certeza de que ainda nos resta muito a aprender.

Que meus leitores me permitam tentar explicar em que sentido Cristo é tudo. Enquanto estiverem lendo, peço que julguem honestamente por si mesmos, a fim de não naufragarem no julgamento do último dia.

Propositalmente, estou encerrando o presente volume com um comentário e uma exposição sobre esse notável texto bíblico. Cristo é a mola-mestra tanto do cristianismo doutrinário quanto do cristianismo prático. Um correto conhecimento de Cristo é essencial para o acertado conhecimento tanto da santificação quanto da justificação. Aquele que quiser seguir a santificação não conseguirá obter qualquer progresso, enquanto não conferir a Cristo o lugar que Lhe é de direito. Dei início a esse volume com uma clara afirmação a respeito do pecado. Quero encerrá-lo com uma declaração igualmente cristalina a respeito de Cristo.

1. CRISTO É TUDO NOS CONSELHOS DE DEUS

Em primeiro lugar, cumpre-nos entender que Cristo é tudo em todos os conselhos de Deus acerca do homem.

a. Houve tempo em que esta terra não existia. Por mais sólidos que pareçam ser os montes, ilimitados como pareçam ser os oceanos, distantes como pareçam ser as estrelas no firmamento, houve um tempo em que nada disso existia. O homem, com todos os exaltados pensamentos que agora forma sobre si, era, então, uma criatura desconhecida.

E onde estava Cristo?

Cristo estava "com Deus", "era Deus" e era "igual a Deus" (Jo 1.1; Fp 2.6), ainda assim, Ele era o amado Filho do Pai. Ele declarou: "Porque me amaste antes da fundação do mundo!" "Glorifica-me, ó Pai, contigo mesmo, com a glória que eu tive junto a ti, antes que houvesse mundo" e também: "Desde a eternidade fui estabelecida, desde o princípio, antes do começo da terra" (Jo 17.24, 5; Pv 8.23). Ainda assim, Cristo era o Salvador predeterminado e fomos escolhidos "nele antes da fundação do mundo" (Ef 1.4), conquanto Ele mesmo fosse "conhecido, com efeito, antes da fundação do mundo" (1 Pe 1.20).

b. Chegou o tempo em que esta terra foi criada em sua presente ordem. O sol, a lua, as estrelas, o mar, a terra seca e todos os seus habitantes foram chamados à existência, libertos do caos e da confusão. E, por último, o homem teve o seu corpo formado do pó da terra.

E onde estava Cristo?

Eis o que dizem as Escrituras: "Todas as coisas foram feitas por intermédio dele, e sem ele nada do que foi feito se fez" (Jo 1.3). "Pois, nele, foram criadas todas as coisas, nos céus e sobre a terra" (Cl 1.16). "No princípio, Senhor, lançaste os fundamentos da terra, e os céus são obras das tuas mãos" (Hb 1.10). "Quando ele preparava os céus, aí estava eu; quando traçava o horizonte sobre a face do abismo, quando firmava as nuvens de cima, quando estabelecia as fontes do abismo; quando fixava ao mar o seu limite, para que as águas não traspassassem os seus limites; quando compunha os fundamentos da terra: então, eu estava com ele e era seu arquiteto!" (Pv 8.27-30) Poderíamos admirar-nos que o Senhor Jesus, em sua pregação, extraísse continuamente lições do livro da natureza? Quando Ele falava sobre as ovelhas, os peixes, os corvos, o trigo, os lírios, as figueiras, a videira falava sobre coisas que Ele mesmo havia criado.

c. Houve um dia em que o pecado entrou neste mundo. Adão e Eva comeram do fruto proibido e caíram em pecado. Perderam sua natureza santa com a qual foram inicialmente formados. Foram interrompidos a amizade e o favor de Deus, e eles tornaram-se pecadores culpados, corruptos, indefesos e sem esperança. O pecado ergueu-se como uma barreira entre eles mesmos e o santo Pai, nos céus. Se o Senhor os tivesse tratado conforme mereciam, então nada haveria diante deles exceto a morte, o inferno, a ruína eterna.

E onde estava Cristo?

Naquele mesmo dia, Cristo foi revelado aos nossos trêmulos primeiros pais como a única esperança de salvação. No mesmo dia em que eles caíram, foi-lhes dito que o descendente da mulher haveria de esmagar a cabeça da serpente, que um Salvador, nascido da mulher, haveria de vencer o diabo, obtendo para o homem pecador, o direito à entrada na vida eterna (Gn 3.15). Cristo foi apontado então como a verdadeira luz do mundo, no mesmo dia da queda de Adão e Eva. E, desde aquele dia, ainda não apareceu outro nome pelo qual importa que sejamos salvos, ao não ser pelo nome de Cristo. Por meio dEle é que têm entrado no céu todas as almas salvas, desde Adão até hoje. E, sem Ele, ninguém jamais conseguiu escapar do inferno.

d. Houve tempo em que o mundo parecia estar afundado e sepultado na sua ignorância sobre Deus. Após quatro mil anos, as nações da terra pareciam ter se esquecido totalmente de que foi Deus quem fez os homens. Os impérios egípcio, assírio, persa, grego e romano nada haviam feito, senão espalhar superstições e idolatria. Poetas, historiadores e filósofos haviam provado que, a despeito de todo o seu brilhantismo intelectual, não tinham qualquer conhecimento correto de Deus, e que o homem, deixado entregue a si mesmo, torna-se completamente corrupto, "o mundo não o conheceu por sua própria sabedoria!" (1 Co 1.21). Exceto alguns poucos e desprezados judeus, perdidos em um cantinho do mundo, a humanidade inteira estava morta na ignorância e no pecado.

Então, o que foi que Cristo fez?

Ele deixou a glória em que vivera por toda a eternidade, na companhia do Pai, e desceu a este mundo, a fim de prover a salvação aos homens. Assumiu a nossa natureza humana sobre Si e nasceu como homem. Feito homem, Ele cumpriu a vontade de Deus Pai de modo perfeito, o que nenhum de nós jamais conseguiu fazer. Sendo homem, Cristo sofreu, na cruz, a indignação de Deus que nós deveríamos ter sofrido. Ele trouxe para nós, a eterna retidão. Ele redimiu-nos da maldição da lei desobedecida. Ele abriu uma fonte purificadora de todo pecado e impureza. Em seguida, ascendeu à destra de Deus e, agora, encontra-se ali assentado, aguardando até que todos os seus inimigos tornem-se capacho de seus pés. Ali se encontra Cristo assentado, oferecendo a salvação a todos quantos queiram vir a Ele, intercedendo por todos quantos nEle confiam, e gerenciando, por determinação de Deus Pai, tudo quanto diz respeito à salvação das almas.

e. Aproxima-se agora o tempo em que o pecado será expelido deste mundo. A iniqüidade não ficará florescendo impune para sempre; Satanás não continuará reinando indefinidamente; nem a criação ficará gemendo, sobrecarregada e aflita, para sempre. Chegará o tempo da restauração de tudo. Haverá um novo céu e uma nova terra, onde a retidão fixará residência; e este mundo ficará repleto do conhecimento do Senhor, assim como as águas cobrem o mar (Rm 8.22; At 3.21; 2 Pe 3.13; Is 11.9).

E onde estará Cristo, então? O que fará Ele?

O próprio Cristo será o Rei. Ele retornará a este mundo e haverá de renovar todas as coisas. Ele virá nas nuvens do céu, revestido em grande poder e glória, e os reinos deste mundo se tornarão o seu reino. Os gentios serão dados a Ele, como sua herança, e as extremidades da terra serão sua possessão. Diante dEle, se dobrará todo joelho, e toda língua haverá de confessar que Ele é o Senhor. Seu domínio será um domínio eterno que não passará a outrem, e o seu reino jamais será destruído (Mt 24.30; Ap 11.15; Sl 2.8; Fp 2.10, 11; Dn 7.14).

f. Chegará o dia quando todos os homens serão julgados. O mar entregará os mortos nele sepultados; e o hades e a morte não reterão os mortos que neles se encontram. Todos quantos dormem nos sepulcros despertarão e sairão, e cada um será julgado de conformidade com suas obras (Ap 20.13; Dn 12.2).

E onde estará Cristo?

O próprio Cristo será o Juiz. "O Pai a ninguém julga, mas ao Filho confiou todo julgamento." "Quando vier o Filho do Homem na sua majestade... então, se assentará no trono da sua glória; e todas as nações serão reunidas em sua presença, e ele separará uns dos outros, como o pastor separa dos cabritos as ovelhas!" "Porque importa que todos nós compareçamos perante o tribunal de Cristo, para que cada um receba segundo o bem e o mal que tiver feito por meio do corpo" (Jo 5.22; Mt 25.31; 2 Co 5.10).

Ora, se qualquer leitor deste capítulo tem Cristo em pouca conta, que saiba, neste dia, que esse leitor é muito diferente de Deus! Ele tem uma atitude mental, e Deus tem outra. Tal leitor é de um certo parecer, e Deus é de outro. Esse leitor pode pensar que basta prestar um pouco de atenção e honra a Cristo, um pouco de reverência e respeito. Entretanto, em todos os eternos conselhos de Deus Pai, na criação, na redenção, na restauração e no julgamento final – em todas essas coisas, "Cristo é tudo".

Sem dúvida, agiremos bem se considerarmos detidamente sobre essas realidades. Sem dúvida, não ficou registrado em vão que "quem não honra o Filho não honra o Pai que o enviou" (Jo 5.23).

2. CRISTO É TUDO NA BÍBLIA

Em segundo lugar, devemos compreender que Cristo é tudo nos livros inspirados que compõem a Bíblia.

Em toda parte de ambos os Testamentos, podemos achar a pessoa de Cristo — obscura e menos destacada no início, mais clara e destacada no meio, mais plena e de forma inconfundível no fim – mas, real e de forma substancial por toda a Bíblia.

A morte e o sacrifício de Cristo em favor dos pecadores, bem como o reino e a futura glória de Cristo, são a luz que devemos projetar sobre qualquer livro das Escrituras que estejamos lendo. A cruz e a coroa de Cristo são pistas que nos ajudam a avançar, se quisermos achar o caminho em meio às dificuldades que encontramos nas Escrituras. Cristo é a única chave capaz de destrancar muitos dos trechos obscuros da Palavra de Deus. Algumas pessoas queixam-se dizendo que são incapazes de compreender a Bíblia. A razão para isso é muito simples. Elas não usam a chave. Para elas, a Bíblia parece ter sido escrita com os hieróglifos do Egito. Para elas, a Bíblia é misteriosa, simplesmente porque não conhecem e nem empregam a chave.

a. Cristo crucificado era exibido em cada sacrifício do Antigo Testamento. Cada animal morto e oferecido sobre o altar era uma confissão prática de que se esperava um Salvador que morresse pelos pecadores – um Salvador que tirasse o pecado do homem, sofrendo como seu Substituto e Portador do pecado, em lugar do pecador (1 Pe 3.18). É absurdo supor que uma matança sem sentido, de animais inocentes, sem qualquer objetivo distinto em vista, pudesse agradar ao Deus eterno!

b. Abel estava olhando para Cristo, quando ofereceu um sacrifício melhor que o de Caim. Não somente o coração de Abel era melhor que o de seu irmão, mas ele também demonstrou que tinha conhecimento sobre o sacrifício vicário e que tinha fé na expiação pelo pecado. Ao oferecer as primícias, o mais seleto dentre o seu rebanho, ele declarou a sua crença de que, sem o derramamento de sangue, não há remissão de pecados (Hb 11.4).

c. Foi a respeito de Cristo que Enoque profetizou nos dias em que a iniqüidade era abundante, antes do dilúvio. Disse ele: "Eis que veio o Senhor entre suas santas miríades, para exercer juízo contra todos e para fazer convictos todos os ímpios" (Jd 14, 15).

d. Era para Cristo que Abraão olhava, quando habitava em tendas, na Terra Prometida. Ele acreditava que dentre os seus descendentes, na pessoa de Alguém que nasceria de sua família, todas as nações da terra seriam abençoadas. Pela fé, ele contemplava o dia de Cristo e se regozijava (Jo 8.56).

e. Jacó falou a seus filhos a respeito de Cristo, quando jazia moribundo. Jacó assinalou a tribo da qual o Cristo haveria de nascer e predisse a nossa reunião com Ele, o que ainda haverá de se cumprir. "O cetro não se arredará de Judá, nem o bastão de entre seus pés, até que venha Silo; e a ele obedecerão os povos" (Gn 49.10).

f. Cristo era a essência da lei cerimonial que Deus entregou ao povo de Israel, pelas mãos de Moisés. Os sacrifícios matutinos e vespertinos, o contínuo derramamento de sangue, o altar, o propiciatório, o sumo sacerdote, a páscoa, o dia da expiação, o bode expiatório – todas essas coisas eram representações simbólicas, tipos e emblemas de Cristo e de sua grande realização. Deus teve compaixão das fraquezas de seu povo. Ele lhes ensinou a respeito de "Cristo" linha após linha, conforme ensinamos aos nossos filhos, através de comparações e símiles. Foi especialmente nesse sentido que a lei "nos serviu de aio para nos conduzir a Cristo" (Gl 3.24).

g. Foi para Cristo que Deus chamou a atenção dos israelitas, mediante todos os milagres diários que foram realizados diante dos olhos deles, no deserto. A coluna de fogo e de nuvem que os guiava, o maná que caía do céu e que os alimentava a cada manhã, a água que jorrou da rocha ferida que os seguia – todas essas coisas e cada uma delas era um símbolo de Cristo. A serpente de metal, naquela memorável ocasião em que a praga das serpentes peçonhentas foi enviada contra Israel, também era um emblema de Cristo (1 Co 10.4; Jo 3.14).

h. Todos os juízes eram tipos de Cristo. Josué, Davi, Gideão, Jefté, Sansão e todos os demais a quem Deus levantou para livrar Israel do cativeiro – todos esses homens eram símbolos de Cristo. Embora fracos, instáveis e falhos, como eram alguns, eles foram postos como exemplos de coisas melhores em um futuro distante. Todas aquelas personagens tinham o propósito de relembrar às tribos de Israel de que ainda viria ao mundo um Libertador muito maior do que todos aqueles vultos.

i. Davi foi rei como um tipo de Cristo. Ungido e escolhido quando alguns poucos lhe davam honra; desprezado e rejeitado por Saul e por todas as tribos de Israel; perseguido e forçado a fugir para escapar com vida; um homem de tristezas a sua vida inteira, mas, afinal de contas, um vencedor – em todas essas coisas, Davi representava a Cristo.

j. A respeito de Cristo é que falaram todos os profetas, desde Isaías até Malaquias. Eles viam as coisas como que através de um espelho fosco. Algumas vezes, demoravam-se a meditar sobre os seus sofrimentos e, em outras, sobre as glórias que se seguiriam (1 Pe 1.11). Nem sempre assinalaram para nós a distinção entre a primeira e a segunda vinda de Cristo. Como duas velas em linha reta, uma por detrás da outra, algumas vezes eles viam ambos os adventos como se fossem um só e falavam a respeito de ambos de uma vez. Algumas vezes, eram impelidos pelo Espírito Santo a escreverem sobre o período do Cristo crucificado e, em outras, falavam sobre o reino de Cristo, nos últimos dias. O pensamento mais importante em sua mente era ou o Cristo crucificado, ou o Cristo reinante.

1. É de Cristo – nem seria necessário dizê-lo – que o Novo Testamento está repleto. Nos quatro evangelhos encontramos Cristo vivo, falando e movendo-se entre os homens. No livro de Atos vemos Cristo sendo pregado, divulgado e proclamado. As epístolas expõem, exaltam e explicam a pessoa de Cristo e suas realizações. Mas, do começo ao fim, do primeiro ao último livro da Bíblia, há um nome que está acima de todos os demais, e esse é o nome de Cristo.

Exorto a cada leitor deste capítulo que indague de si mesmo, com freqüência, o que a Bíblia significa para você. Será que a Bíblia nada representa para você, senão um livro de bons preceitos morais e de conselhos razoáveis? Ou ela é a Bíblia onde você encontra Cristo? É ela uma Bíblia onde Cristo é tudo? Caso contrário, digo claramente ao meu leitor que, até o momento, você tem usado a Bíblia com um propósito bem pobre. Você está agindo como um homem que, ao estudar o sistema solar, não se importa com o sol, o centro desse sistema. Não admira, pois, que a Bíblia seja um livro enfadonho para você!

3. CRISTO É TUDO, NA RELIGIÃO DE TODOS OS CRENTES VERDADEIROS

Em terceiro lugar, compreendamos que Cristo é tudo na religião de todos os verdadeiros crentes da terra.

Ao falar assim, quero evitar ser mal compreendido. Defendo a absoluta necessidade da eleição, por parte de Deus Pai, e da santificação, por parte de Deus Espírito, para que se concretize a salvação de todos aqueles que são salvos. Afirmo que há uma perfeita harmonia e concordância na ação das três pessoas da Trindade, quando se trata de conduzir qualquer ser humano à glória, e que todos os três cooperam e trabalham conjuntamente, livrando os pecadores do pecado e do inferno. Assim como é Deus Pai, assim também é Deus Filho, e assim também é Deus Espírito Santo. O Pai é misericordioso. O Filho é misericordioso. O Espírito Santo é misericordioso. Os mesmos três que lá no princípio, disseram: "Façamos" (Gn 1.26), também disseram: "Redimamos e salvemos". Afirmo que todos aqueles que chegarem ao céu haverão de atribuir toda a glória por sua salvação, igualmente ao Pai, ao Filho e ao Espírito Santo; às três Pessoas que há no único Deus.

Ao mesmo tempo, porém, vejo provas claras nas Escrituras, que o pensamento da bendita Trindade é que Cristo seja proeminente e distintamente exaltado na questão da salvação das almas. Cristo é revelado como o Verbo, por meio de quem o amor de Deus pelos pecadores se torna manifesto. A encarnação e a morte expiatória de Cristo, na cruz do Calvário, servem de grande pedra de esquina que dá forma e estabilidade a todo o plano da salvação. Cristo é o caminho, é a porta, o único mediante o qual podemos nos aproximar de Deus. Cristo é a raiz na qual precisam ser enxertados todos os pecadores eleitos. Cristo é o único lugar onde podem reunir-se Deus e o homem, entre o céu e a terra, entre a Santa Trindade e algum pobre e pecaminoso descendente de Adão. Foi a Cristo que Deus Pai selou e nomeou para transmitir vida eterna a uma humanidade morta (Jo 6.27). Foi a Cristo que Deus Pai deu um povo que Lhe redundará em glória. É acerca de Cristo que o Espírito de Deus testifica, e a quem Ele sempre conduz as almas, para que recebam perdão e paz. Em suma, "aprouve a Deus que, nele, residisse toda a plenitude" (Cl 1.19). Aquilo que o sol representa em nosso firmamento é o que Cristo representa para o verdadeiro cristianismo.

Tenho dito essas coisas como uma forma de explicação. Desejo que os meus leitores compreendam claramente que, quando digo que "Cristo é tudo", não estou excluindo a obra do Pai e a obra do Espírito Santo. Mas, agora, permitam-me mostrar o que quero dizer.

a. Cristo é tudo, na justificação dos pecadores, diante de Deus. Somente por meio de Cristo podemos ter paz com o Deus santo. Somente por intermédio dEle podemos ser admitidos à presença do Deus Altíssimo, para ali permanecermos sem temor. "Pelo qual [Cristo] temos ousadia e acesso com confiança, mediante a fé nele"; "Para ele mesmo [Deus] ser justo e o justificador daquele que tem fé em Jesus" (Ef 3.12; Rm 3.26).

Qualquer homem mortal pode apresentar-se diante de Deus munido do quê? O que podemos trazer, como apelo da absolvição, perante aquele glorioso Ser, aos olhos de quem nem os próprios céus são puros?

Poderíamos alegar que temos cumprido nossos deveres para com Deus? Diríamos que temos cumprido nossas obrigações para com o próximo? Apresentaremos diante dEle nossas orações, nossa moderação, nossa moralidade, nossas mudanças de comportamento, nossa freqüência aos cultos? Pediríamos para sermos aceitos, em face de qualquer dessas coisas?

Qual dessas coisas é capaz de resistir à perscrutadora inspeção dos olhos rastreadores de Deus? Qual delas seria capaz de justificar-nos realmente? Qual dessas coisas nos faria atravessar incólumes o julgamento divino, fazendo-nos pousar na glória, com toda a segurança?

Nenhuma, nenhuma, nenhuma dessas coisas! Tomemos qualquer um dos dez mandamentos e deixemo-nos sondar por ele. Temos quebrado esse mandamento por repetidas vezes. Não poderíamos justificar nenhuma das acusações, entre mil que Deus nos fizesse. Examinemos criteriosamente a qualquer um de nós e veremos que não passamos de meros pecadores. Há somente um veredicto: todos somos culpados, todos merecemos o inferno, todos devemos morrer. Com o que, pois, nos aproximaríamos de Deus?

Precisamos aproximar-nos em nome de Jesus, sem contar com qualquer outro fundamento, sem apresentar qualquer outro apelo além deste: "Cristo morreu na cruz pelos ímpios, e eu confio nEle. Cristo morreu por mim, e eu creio nEle".

As vestimentas de nosso Irmão mais Velho, a retidão de Cristo, essas são as únicas vestes que são capazes de nos cobrir, as únicas que nos podem capacitar a permanecer sob a luz dos céus, sem qualquer vergonha.

O nome de Jesus é o único pelo qual obteremos entrada pelos portões da glória eterna. Se chegarmos diante daqueles portões em nosso próprio nome, estaremos perdidos, jamais seremos admitidos, bateremos em vão pedindo entrada. Porém, se chegarmos em nome de Jesus, isso será um passaporte e uma senha segura, e assim seremos admitidos e viveremos.

A marca deixada pelo sangue de Cristo é a única que pode salvar-nos da destruição. Quando os anjos estiverem separando os filhos de Adão uns dos outros, no derradeiro dia, se não formos achados marcados com aquele sangue expiatório, melhor seria que nunca tivéssemos nascido.

Oh, que nunca nos esqueçamos que Cristo deve ser tudo para aquela alma que quiser ser justificada! Temos de contentar-nos em ir para o céu como meros mendigos, salvos pela graça divina gratuita, simplesmente confiando em Jesus, porquanto, de outra maneira, nunca poderemos ser salvos.

Haverá alguma alma mundana e irrefletida entre os leitores deste livro? Haverá algum desses leitores que pensa chegar ao céu dizendo precipitadamente, no último instante: "Senhor, tem misericórdia de mim?" Mas isso, sem Cristo? Amigo, você está semeando a miséria para você mesmo colhê-la; e, a menos que modifique o seu rumo, acabará despertando na lamentação eterna.

Haverá alguma alma orgulhosa e formal entre os leitores deste livro? Haverá alguém que está pensando em fazer-se apto para o céu, em tornar-se suficientemente bom para ser aprovado diante de Deus mediante os seus próprios feitos? Amigo, você está construindo uma torre de Babel para si mesmo, mas nunca chegará ao céu em sua atual condição de espírito.

Por outro lado, há algum, dentre os meus leitores, cuja alma esteja exausta e sobrecarregada? Haverá algum que queira ser salvo e se sente um vil pecador? A esse tal, portanto, é que me dirijo: "Venha a Cristo e Ele o salvará. Venha a Cristo e deixe com Ele a carga de sua alma. Não tema: creia somente".

Você teme a ira? Cristo pode livrá-lo da ira vindoura. Você sente o peso da maldição de uma lei transgredida? Cristo é poderoso para redimi-lo da maldição da lei. Você se sente alienado e distante? Cristo sofreu a fim de achegá-lo a Deus. Você se sente impuro? O sangue de Cristo pode purificar a sua alma de todos os seus pecados. Você se sente imperfeito? Você poderá tornar-se alguém perfeito e completo em Cristo. Você se sente como se fosse um nada? Cristo será tudo em todos para a sua alma. Nenhum santo jamais chegou ou chegará ao céu com outra história, além desta: "Lavaram suas vestiduras e as alvejaram no sangue do Cordeiro" (Ap 7.14).

b. Novamente, porém, Cristo não somente é tudo quanto a justificação do cristão verdadeiro; mas Ele também é tudo em sua santificação.

Não quero que alguém me entenda mal. Nem por um momento sequer quero desvalorizar a obra do Espírito. Porém, digo o seguinte: Nenhum homem é verdadeiramente santo, enquanto não vem a Cristo e se une espiritualmente a Ele. Até então, suas obras são obras mortas, e ele não tem qualquer santidade digna do nome. Antes de tudo, o pecador precisa estar unido a Cristo e, então, sim, será santo. É conforme disse Jesus Cristo: "Porque sem mim nada podeis fazer" (Jo 15.5).

E ninguém pode crescer na santidade, a menos que permaneça em Cristo. Cristo é a grande raiz da qual todo crente precisa extrair forças para poder prosseguir. O Espírito Santo é o dom especial de Cristo, o presente mais dileto que Cristo adquiriu para seu povo. Segundo Paulo, eis como devem andar os crentes: "Como recebestes a Cristo Jesus, o Senhor, assim andai nele, nele radicados, e edificados" (Cl 2.6, 7).

Você quer ser santo? Então, Cristo é o maná que você terá de comer todos os dias, à semelhança de Israel, na antigüidade. Você quer ser santo? Então, Cristo deve ser escolhido como a Rocha de onde você terá de beber diariamente a água viva. Você quer ser santo? Então, jamais deverá desviar os olhos de Jesus, contemplando a sua cruz, e descobrindo novos motivos para andar sempre mais e mais perto dEle, considerando o seu exemplo e tomando-O como seu grande modelo. Olhando para Cristo, você se tornará semelhante a Ele. Olhando para Cristo, seu rosto começará a brilhar sem que você o perceba. Olhe menos para você mesmo e olhe mais para Cristo; você descobrirá que pecados teimosos estarão sendo abandonados, ao passo que seus olhos serão mais e mais iluminados, a cada novo dia (Hb 12.2; 2 Co 3.18).

O verdadeiro segredo para alguém sair do deserto consiste em apoiar-se sobre o Amado (Ct 8.5). O verdadeiro modo de alguém tornar-se forte consiste em tomar consciência de suas próprias fraquezas e, então, sentir que Cristo deve ser tudo em sua vida. A verdadeira maneira para alguém se desenvolver na graça consiste em fazer uso de Cristo como uma fonte para satisfação de todas as necessidades espirituais. Devemos lançar mão dos préstimos de Cristo, assim como a mulher ajudada pelo profeta se utilizou do azeite – não somente para pagarmos as nossas dívidas, mas também para vivermos por meio dEle. Deveríamos esforçar-nos até sermos capazes de dizer: "Já não sou eu quem vive, mas Cristo vive em mim; e esse viver que, agora, tenho na carne, vivo pela fé no Filho de Deus, que me amou e a si mesmo se entregou por mim" (2 Rs 4.7; Gl 2.20). Tenho dó daqueles que tentam ser santos sem Cristo! Todos os esforços deles são inúteis. É como quem despeja dinheiro em uma sacola sem fundo. É como quem derrama água em uma peneira. É como quem tenta fazer rolar uma gigantesca pedra colina acima. É como quem tenta construir uma parede sem cimento na argamassa. Creia-me, ele está começando pelo lado errado. Antes de tudo, o homem precisa vir a Cristo e, então, Cristo lhe dará o seu Espírito santificador. Todos nós precisamos aprender a afirmar, juntamente com Paulo: "Tudo posso naquele que me fortalece" (Fp 4.13).

c. Reafirmo, porém, que Cristo não somente é tudo em nossa santificação, se somos verdadeiros crentes, mas também é tudo em nosso presente consolo.

Uma alma salva tem de passar por muitas aflições e tristezas. Um homem salvo também tem coração, tal como os outros, e, muitas vezes, um coração mais sensível que o de outros. Ele precisa enfrentar provações e perdas, tal como todos os homens, e, com freqüência, mais ainda. Ele tem a sua dose de solidão, de mortes, de desapontamentos, de cruzes. Existe um mundo a resistir, uma posição social na vida que lhe convém preencher de modo inculpável, parentes não-convertidos aos quais tem de suportar com paciência, perseguições a sofrer e uma morte a ser experimentada.

Mas, quem é suficiente para essas coisas? O que é capaz de habilitar um crente a suportar tudo isso? Nada, senão a consolação que ele encontra em Cristo (Fp 2.1).

Jesus, na verdade, é o nosso Irmão nascido para a adversidade. Ele é o Amigo que permanece mais achegado que um irmão, e somente Ele é capaz de realmente consolar o seu povo. Ele demonstra simpatia conosco, em nossas debilidades, porque Ele mesmo se viu cercado de sofrimentos (Hb 4.15). Ele sabe o que significa sofrer, porquanto foi o Homem de dores. Ele sabe o que é ter o corpo dolorido, pois o seu corpo foi traspassado de dores. Jesus clamou: "Derramei-me como água, e todos os meus ossos se desconjuntaram" (Sl 22.14). Ele sabe o que significa a pobreza e o cansaço, pois com freqüência chegou à exaustão, sem ter onde reclinar a cabeça. Ele sabe o que é sofrer por causa da falta de gentileza dos familiares, porquanto seus próprios irmãos não criam nEle. Cristo não era honrado em sua própria casa.

Ora, Jesus sabe exatamente como consolar o seu povo afligido. Ele sabe como derramar azeite e vinho sobre os ferimentos do espírito, como preencher o vácuo de um coração vazio, como dizer uma palavra oportuna aos cansados, como sarar o coração partido, como afofar o nosso leito de enfermidade, como se aproximar de nós quando estamos desmaiando a fim de dizer-nos ternamente: "Não temas" (Lm 3.57).

Dizemos que a empatia é coisa agradável. Não há empatia como a de Jesus Cristo. Em todas as nossas aflições, Ele é afligido. Ele conhece as nossas tristezas. Em todas as nossas dores, Ele também sente dor; e, tal como um bom médico, Ele não nos deixará passar por uma gota de tristeza, além do que somos capazes de tolerar. Escreveu Davi, certa ocasião: "Nos muitos cuidados que dentro em mim se multiplicam, as tuas consolações me alegram a alma" (S1 94.19). Muitos crentes, estou certo, poderiam dizer outro tanto. "Não fosse o SENHOR, que esteve ao nosso lado... águas impetuosas teriam passado sobre a nossa alma" (Sl 124.2, 5).

O modo como um crente consegue atravessar vitorioso por todas as suas tribulações é algo que nos parece admirável. Parece incompreensível a forma como ele é sustentado ao passar pelo fogo e pela água. Porém, a verdadeira explicação para isso é apenas esta: Cristo não é apenas a justificação e a santificação do crente, mas também é a sua consolação.

Oh! Vocês todos que anelam por um consolo infalível, recomendo que se socorram em Cristo! Somente Ele nunca falha. O rico fica desapontado com seus tesouros. O sábio fica desapontado com seus livros. O marido fica desapontado com sua esposa. A mulher fica desapontada com o seu marido. Os pais ficam desapontados com seus filhos. Os políticos sentem-se desapontados quando, após tantas lutas, eles, finalmente, atingem posições de autoridade. Todos acabam descobrindo, para sua própria tristeza, que há mais dores do que prazeres, que tudo quanto o homem faz é desapontamento, aborrecimento, tribulação incessante, preocupação, inutilidade e aflição de espírito. Porém, nenhuma pessoa jamais ficou desapontada com Cristo.

d. Ademais, assim como Cristo é tudo, no que tange ao consolo dado aos verdadeiros crentes na vida presente, assim também é Cristo, nas suas esperanças relativas ao porvir.

Suponho que poucos homens e mulheres possam ser encontrados, os quais não embalem alguma esperança no que concerne à sua alma. Porém, as esperanças da maioria das pessoas nada mais são do que vãs fantasias. Tais esperanças foram erguidas sem qualquer alicerce sólido. Nenhum ser humano vivo, exceto os reais filhos de Deus – crentes sinceros, que vão até às últimas conseqüências – pode apresentar uma explicação razoável da esperança que ele mantém. Nenhuma esperança é razoável, se não estiver fundamentada na Bíblia.

Um verdadeiro crente mantém uma boa esperança quando contempla o futuro. O homem mundano não tem esperança alguma. O crente verdadeiro vê a luz à distância. Mas o homem mundano vê somente trevas. Qual é a esperança do verdadeiro crente? É precisamente a seguinte: Jesus Cristo em breve voltará, sem nenhum pecado, em companhia de todo o seu povo, a fim de enxugar toda lágrima, a fim de ressuscitar os corpos do seu povo de suas sepulturas, a fim de acolher perto de Si toda a sua família espiritual, a fim de que os remidos estejam com Ele para todo o sempre.

Por que o crente mostra-se paciente? Porque está aguardando o retorno do seu Senhor. Ele é capaz de suportar coisas incômodas sem murmurar. O crente sabe que o tempo é curto. E está esperando tranqüilamente pelo seu Rei.

Por que o crente é moderado em todas as coisas? Porque ele está esperando o seu Senhor, que em breve haverá de voltar. O seu tesouro está no céu; as coisas boas do crente ainda jazem no futuro. Este mundo não é o descanso do crente, mas apenas uma hospedaria à beira do caminho; e uma hospedaria não é um lar. O crente sabe que "Aquele que vem virá, e não tardará" (Hb 10.37).

Verdadeiramente, essa é uma "bendita esperança" (Tt 2.13). Por enquanto, estamos freqüentando uma escola; mas, então, desfrutaremos de um eterno feriado. Agora somos sacudidos pelas águas agitadas de um mundo perturbador; então, haveremos de aportar em um porto seguro e tranqüilo. Agora é o tempo de espalhar; porém, haverá o tempo de recolher. Agora é o tempo da semeadura; logo, será o tempo da colheita. Agora é o tempo de trabalhar; logo, será o tempo de recebermos os galardões. Agora é a cruz; naquele dia, receberemos a nossa coroa.

As pessoas referem-se às suas "expectativas" e esperanças neste mundo, mas nenhuma delas embala expectações sólidas no tocante à salvação de sua alma. No entanto, todas as pessoas deveriam dizer, juntamente com o salmista: "Somente em Deus, ó minha alma, espera silenciosa, porque dele vem a minha esperança" (Sl 62.5).

Em toda religião salvadora verdadeira, Cristo é tudo! Ele é tudo na justificação, é tudo na santificação, é tudo no consolo e é tudo na esperança. Bendito é o homem que tem conhecimento desse fato, e mais bem-aventurado ainda é aquele que assim sente. Quisera que os homens provassem a si mesmos, verificando o que já sabem sobre Cristo, em benefício de sua própria alma!

4. CRISTO SERÁ TUDO NO CÉU.

Adicionarei uma coisa a mais e, com isso, encerrarei este assunto. Compreendamos claramente que Cristo será tudo no céu.

Não posso escrever muito quanto a esse particular. Falta-me poder para tanto, mesmo que me sobrasse tempo e espaço. Mal posso descrever coisas invisíveis e um mundo para mim desconhecido. Porém, isto eu sei: Todos os homens e mulheres que chegarem ao céu descobrirão que até mesmo ali Cristo é tudo.

Da mesma forma que o altar do templo de Salomão, Cristo crucificado e ressurreto será a figura central no céu. Aquele altar causava admiração a todos quantos o contemplavam ao entrarem pelas portas do templo de Jerusalém. Era um grande altar de bronze, com dez metros de largura, tão longo quanto a parte frontal do próprio templo (2 Cr 3.4; 4.1). Por semelhante modo, o resplendor de Jesus ofuscará os olhos de todos quantos chegarem à glória celeste. No meio do trono, cercado pelos anjos e pelos santos que O estarão adorando, ali estará "um Cordeiro como tendo sido morto". E, além disso, o Cordeiro será a "lâmpada" da nova Jerusalém (Ap 5.6; 21.23).

O *louvor* prestado ao Senhor Jesus será o cântico eterno de todos os habitantes do céu. Todos eles dirão, em vozes retumbantes: "Digno é o Cordeiro, que foi morto... ao Cordeiro seja o louvor, e a honra, e a glória, e o domínio pelos séculos dos séculos" (Ap 5.12, 13).

O *serviço* prestado ao Senhor Jesus será a eterna ocupação de todos os residentes do céu. Haveremos de servi-Lo "de dia e de noite no seu santuário" (Ap 7.15). Bendito é esse pensamento de que haveremos, finalmente, de servi-Lo sem a mínima distração, que haveremos de trabalhar para Ele sem o mínimo cansaço.

A *presença* de Cristo em pessoa será o aprazimento eterno de todos quantos estiverem habitando os céus. Contemplaremos "a sua face" e ouviremos a sua voz, e falaremos com Ele, como um amigo fala com seu amigo (Ap 22.4). Doce é o pensamento que mostra que, sem importar quem esteja ausente por ocasião das bodas, o próprio Senhor Jesus estará presente. A sua presença satisfará todas as nossas necessidades (Sl 17.15).

Quão doce e glorioso lar será o céu para aqueles que tiverem amado ao Senhor Jesus Cristo com toda a sinceridade! Aqui neste mundo, vivemos pela fé nEle, e encontramos a paz, embora não O vejamos. Ali O veremos face a face, e descobriremos que Ele é totalmente amável. "Melhor", no entanto, será "a vista dos olhos do que o andar ocioso" do desejo de ver a Cristo (Ec 6.9).

Infelizmente, porém, quão pouco preparados para o céu estão muitos que falam em "ir para o céu" quando morrerem, ao mesmo tempo em que não manifestam qualquer fé salvadora e nem qualquer real conhecimento pessoal de Cristo. Esses não honram a Cristo neste mundo. Neste mundo, eles não têm qualquer comunhão com Ele. Não amam a Cristo. O que esses tais poderiam fazer no céu? O céu não seria lugar apropriado para eles. As alegrias celestiais não alegrariam essas pessoas. A felicidade celeste não poderia ser compartilhada por elas. As atividades que caracterizam o céu seriam uma canseira e um enfado para o coração dessas pessoas. Se você está entre esses, arrependa-se e mude a sua atitude antes que seja tarde demais!

Confio que fui capaz de mostrar quão profundos são os alicerces daquela breve expressão: "Cristo é tudo".

Facilmente poderia acrescentar mais alguma coisa, pois o assunto de forma alguma se esgotou. Meramente, caminhei pela sua superfície. Existem profundas minas de preciosas verdades vinculadas a esse assunto e que deixei inexploradas.

Eu poderia ter mostrado como Cristo deveria ser tudo para uma igreja visível. Templos públicos esplêndidos, numerosos cultos religiosos, cerimônias esplendorosas, exércitos de homens ordenados ao ministério — tudo, tudo isso é como nada aos olhos de Deus, se o próprio Senhor Jesus, em todos os seus ofícios, não estiver sendo honrado, magnificado e exaltado. Aquela igreja onde Cristo não é tudo não passa de uma carcaça.

Poderia ter mostrado como Cristo deve ser tudo no ministério cristão. A grande realização que cabe aos homens ordenados ao ministério consiste em exaltar a pessoa de Cristo. Compete-nos sermos parecidos com o poste sobre o qual foi elevada a serpente de metal, no deserto. Seremos úteis somente enquanto estivermos exaltando Cristo, o grande objeto da nossa fé. Cabe-nos ser embaixadores que anunciam as boas novas da salvação a um mundo rebelde contra o Filho do Rei. E se ensinarmos os homens a pensarem mais sobre nós mesmos e sobre nosso ofício eclesiástico do que sobre Jesus Cristo, então seremos indignos do lugar de ministros do evangelho. O Espírito de Deus nunca honrará àqueles ministros que não testificam de Cristo, que não fazem Cristo aparecer como o todo suficiente!

Poderia ter mostrado nas Escrituras como a linguagem humana parece haver exaurido sua força de expressão, ao descrever os vários ofícios de Cristo. Poderia ter descrito como os símbolos usados na tentativa de exibir Cristo em sua plenitude parecem intermináveis. O Sumo Sacerdote, o Mediador, o Redentor, o Salvador, o Advogado, o Pastor, o Médico, o Noivo, o Cabeça da Igreja, o Pão da Vida, a Luz do mundo, o Caminho, a Porta, a Videira verdadeira, a Rocha, a Fonte das bênçãos, o Sol da Justiça, o nosso Precursor, a nossa Garantia, o Capitão, o Príncipe da Vida, o Amém, o Todo-poderoso, o Autor e Consumador da Fé, o Cordeiro de Deus, o Rei dos Santos, o Deus Forte, o Maravilhoso Conselheiro, o Bispo das almas – todos esses títulos, e muitos outros, são nomes que as Sagradas Escrituras atribuem a Cristo. Cada um desses títulos é uma fonte de instrução e consolo para todos aqueles que estão dispostos a beber dela. Cada um desses títulos oferece-nos material para muita meditação proveitosa.

Porém, confio que disse o bastante para projetar luz sobre o ponto que desejo calcar sobre a mente de todos quantos chegarem a ler este livro. Confio que tenho dito o bastante para mostrar a imensa importância das conclusões práticas com as quais desejo, agora, encerrar este assunto.

1. Cristo é tudo? Então, aprendamos o quão irremediavelmente inútil é a religião destituída de Cristo.

Há um número incrível de homens e mulheres batizados, mas que, para todos os efeitos práticos, nada conhecem a respeito de Cristo. A religião deles consiste em algumas poucas e vagas noções e expressões vazias. Esses confiam que "não são piores que os outros homens". Eles são "fiéis freqüentadores de suas respectivas igrejas". Eles procuram "cumprir os seus deveres". Eles "não fazem mal a ninguém". Eles esperam que Deus "terá misericórdia deles". Esses confiam que o "Todo-poderoso haverá de perdoar os seus pecados, levando-os para o céu, por ocasião da morte". Mas é em coisas semelhantes a essas que consiste a religião deles!

Entretanto, o que essa gente conhece sobre Cristo, na prática? Nada, nada em absoluto! Que familiaridade experimental eles têm com os ofícios e a realização de Cristo, com o seu sangue, com a sua retidão, com a sua mediação, com o seu sacerdócio, com a sua intercessão? Nenhuma, absolutamente nenhuma! Basta que lhes perguntemos sobre a fé que salva, sobre o ter nascido de novo mediante as operações do Espírito, e, em seguida, sobre a santificação em Cristo Jesus. Que tipo de resposta obteremos da parte dessas pessoas? Para elas, parecerá estarmos falando em alguma língua estrangeira. E reparemos que essas são perguntas bíblicas simples. Porém, experimentalmente falando, não sabem mais sobre essas coisas do que qualquer budista ou muçulmano. Não obstante, essa é a religião de dezenas de milhões de pessoas que a si mesmos se chamam cristãs, ao redor do mundo!

Se algum leitor deste livro é uma pessoa que se acha nessas condições, então, eu o advirto claramente que esse tipo de cristianismo jamais levará alguém ao céu. Talvez pareça aceitável aos olhos dos homens. Talvez seja plenamente aprovado na sacristia, nas empresas comerciais, na câmara dos deputados ou nas ruas e praças. Porém, jamais conseguirá consolar e satisfazer a quem quer que seja. Nunca satisfará à consciência do pecador. Nunca conseguirá salvar-lhe a alma.

Aviso claramente que todas as noções e teorias a respeito de Deus, que dizem que Ele é misericordioso independentemente de Cristo, como se Deus agisse fora de Cristo, são destituídas de base, são meras ilusões, fantasias ocas. Essas teorias são meros ídolos de invenção humana, tais como os ídolos hindus. Todas essas idéias são da terra, são terrenas, não procedem do céu. O Deus do céu selou e nomeou Cristo como o único Salvador, como o único Caminho para a vida eterna, e todos quantos quiserem ser salvos terão de contentar-se em deixar-se salvar por Cristo, pois, do contrário, nem ao menos poderão ser salvos.

Que todo leitor preste atenção a esses fatos. Estou avisando neste dia, com toda a sinceridade. Uma religião sem Cristo é impotente para salvar a sua alma.

2. Permita-me dizer ainda uma outra coisa. Cristo é tudo? Então, que você aprenda que é pura insensatez querer atrelar qualquer coisa a Cristo, como necessária à salvação da alma.

Existem multidões de homens e mulheres batizados, que professam honrar a

Cristo; mas que, na realidade, desonram-No da maneira mais vergonhosa. Dentro do sistema religioso deles, concedem a Cristo uma certa participação, mas não o lugar que Deus tencionou que Ele preenchesse. Cristo, com exclusividade, não é tudo para a sua alma. Não! Para essas pessoas o que vale é Cristo e a igreja, ou Cristo e os sacramentos, ou Cristo e os seus ministros devidamente ordenados, ou Cristo e o remorso deles, ou Cristo e a bondade deles, ou, então, Cristo e a sinceridade e a caridade deles — coisas essas sobre as quais as suas almas descansam.

Se algum leitor deste livro é um cristão dessa categoria, então advirto-o também, mui claramente, que essa forma de religião apenas ofende a Deus. Você está modificando o divino plano da salvação e substituindo-o por um plano que você mesmo esquematizou. Para todos os efeitos práticos, você está depondo Cristo do seu trono, dando a outrem a glória que pertence exclusivamente a Ele.

Em nada me importa quem esteja ensinando esses conceitos religiosos errados, nem de quem é o ensino sobre o qual você está edificando a sua vida. Não importa que seja um papa ou cardeal, um arcebispo ou um bispo, um padre, um diácono, um pastor, um episcopal, um presbiteriano, um batista, um pentecostal ou um metodista - quem quer que acrescente qualquer coisa a Cristo, estará ensinando o erro.

Também não me importa o que alguém esteja acrescentando à suficiência de Cristo. Quer se trate da necessidade de unir-se à Igreja Católica Romana, ou de unir-se aos episcopais, ou de tornar-se um eclesiástico independente, ou de desistir da liturgia, ou de ser batizado deste ou daquele modo - tudo quanto os homens disserem que é mister adicionar a Cristo, a fim de que possa haver a salvação da alma, serve somente para desonrar a Cristo.

Tenha cuidado com o que está fazendo. Acautele-se para não dar, aos que se dizem servos de Cristo, a honra que pertence exclusivamente a Cristo, o Senhor. Cuidado para não fazer o peso de sua alma descansar sobre qualquer coisa que não seja Cristo, e exclusivamente em Cristo.

3. Deixe-me dizer-lhe ainda outra coisa. Cristo é tudo? Então, que todos aqueles que querem ser salvos, apelem única e diretamente para Cristo.

Há muitos que ouvem falar sobre Cristo com os ouvidos e acreditam em tudo quanto lhes é dito acerca dEle. Eles admitem que não há salvação exceto em Cristo. Reconhecem que somente Cristo pode livrá-los do inferno, apresentando-os impecáveis diante de Deus.

No entanto, parecem nunca ir além desse reconhecimento geral. Nunca se apegam definitivamente a Cristo em prol de sua própria alma. Antes, permanecem o tempo todo em um estado de desejo e de querer, de sentir e de tencionar, mas nunca passam desse ponto. Percebem o que queremos dizer e reconhecem que tudo quanto dizemos é a pura verdade. Têm esperança de que um dia venham a obter o pleno benefício de tudo; mas, no momento, não extraem de Cristo qualquer benefício espiritual. O mundo é o tudo deles. A política é tudo quanto lhes interessa. Os prazeres preenchem tudo quanto querem. Os negócios são toda a atividade deles. Mas Cristo não representa coisa alguma para eles. Se algum leitor deste livro pode ser classificado como uma pessoa desse tipo, aviso-o claramente, por igual modo, que se encontra em um péssimo estado de alma. Em sua presente condição, tal pessoa está deslizando para o inferno tão certo quanto Judas Iscariotes, o rei Acabe ou Caim. Creia-me o tal que é necessário exercer fé viva em Cristo, pois, de outra forma, no caso desse leitor, Cristo morreu em vão. Não é olhando para o pão que um homem faminto se alimenta, e, sim, quando ele, realmente, o ingere. Não é contemplando o bote salva-vidas que um marinheiro náufrago conseguirá salvar-se de perecer afogado, e, sim, quando se dispõe a entrar nele. E não é sabendo que Cristo é o Salvador, e acreditando nisso, que a alma de meu leitor descuidado poderá ser salva, a menos que haja um real relacionamento entre a sua alma e Jesus Cristo.

O pecador precisa ser capaz de dizer: "Cristo é o meu Salvador, porquanto eu vim a Ele, mediante a fé, e O aceitei como meu próprio Redentor". Dizia Martinho Lutero: "Grande parte da religião consiste em o homem ser capaz de usar pronomes possessivos. Tirai de mim a palavra 'meu', e tirareis de mim o próprio Deus!"

Ouça o conselho que dou nestas páginas e passe a agir de acordo com ele. Não continue paralisado, esperando por algum acontecimento e por sentimentos que nunca surgirão em sua alma. Não continue hesitando, embalado pela idéia que, antes de tudo, terá de obter o Espírito, para então vir a Cristo. Levante-se e venha a Jesus Cristo tal e qual se encontra. Ele está esperando por você, e Cristo é tão poderoso quanto disposto a salvá-lo. Ele é o Médico designado por Deus para curar a alma enferma pelo pecado. Trate com Ele como trataria com um médico a respeito da cura de uma enfermidade física qualquer. Apele diretamente a Cristo, e diga-Lhe quais são todas as necessidades de sua alma. Apresente-se diante dEle com palavras escolhidas neste dia, conforme fez o ladrão na cruz. Faça conforme aquele homem, e clame: "Jesus, lembra-te de mim..." (Lc 23.42). Diga-Lhe que tem ouvido que Ele acolhe aos pecadores e que você é um deles. Diga-Lhe que você quer ser salvo, e peça-Lhe que Ele o salve. Não dê descanso a si mesmo enquanto não tiver provado, por você mesmo, que o Senhor é gracioso. Faça isso e, então, você descobrirá, mais cedo ou mais tarde, se você realmente estiver empenhado em encontrar-se com Ele, que Cristo é tudo.

4. Ainda desejo acrescentar algo. Cristo é tudo? Nesse caso, que todo o seu povo convertido trate com Ele como quem realmente acredita nisso. Que os crentes dependam de Cristo e confiem nEle muito mais do que o têm feito até agora.

Infelizmente, há muitos daqueles que pertencem ao povo do Senhor vivendo muito abaixo dos seus legítimos privilégios! Há muitas almas verdadeiramente crentes que furtam a si mesmas de sua própria paz, esquecidas das misericórdias divinas que têm recebido. Há muitas pessoas que insensivelmente somam Cristo à sua própria fé, ou à obra do Espírito em seu próprio coração; e, desse modo, perdem a plenitude da paz do evangelho. Há muitas pessoas que fazem bem pouco progresso na busca pela santidade e brilham com uma luz bem ofuscada quanto a esse particular. Mas, por que acontece tudo isso com elas? Simplesmente porque de cada vinte casos, dezenove não fazem de Cristo o seu tudo.

Dirijo-me agora a todo leitor deste livro que já é crente. Imploro a esses, tendo em vista o próprio bem deles, que se certifiquem de que Cristo é, de fato, o tudo em suas vidas. Evite a todo custo permitir a mistura de qualquer coisa que seja propriamente seu com a pessoa de Cristo.

Você tem fé? Essa é uma bênção de valor incalculável. Bem felizes são aqueles que estão dispostos e prontos a confiar somente em Jesus. Todavia, tenha cuidado para que esse Jesus não seja feitura sua. Não descanse sobre a sua própria fé, e sim sobre Cristo.

O Espírito de Deus tem operado em sua alma? Dê graças a Deus por isso. Essa é uma obra espiritual que jamais será anulada. Porém, cuidado para que, sem perceber, você venha a fazer da obra do Espírito, um Cristo! Não repouse sobre a obra do Espírito, e, sim, sobre o próprio Cristo.

Você tem experimentado sentimentos íntimos de religiosidade, e da atuação da graça divina? Dê graças a Deus por isso. Milhares de pessoas não têm mais sentimento religioso do que um gato ou um cachorro. Mas, de todos os modos, evite transformar os seus sentimentos e sensações em um Cristo! Essas são coisas pobres e incertas, que dependem tristemente de nós mesmos e de nossas circunstâncias externas. Isso posto, não dependa nem um pouquinho de seus sentimentos. Dependa somente de Cristo.

Imploro-lhe que você aprenda a contemplar, cada vez mais atentamente, o grande objeto de nossa fé, Jesus Cristo. E não deixe a sua mente desviar-se dEle. Assim fazendo, você descobrirá que a fé, e todas as outras graças cristãs, estarão em pleno desenvolvimento, embora, por enquanto, esse crescimento possa parecer imperceptível para você mesmo. Aquele que tenciona ser um hábil arqueiro não pode ficar olhando para a flecha, e sim, para o alvo.

Lamentavelmente, temo que ainda se manifeste muito orgulho e incredulidade apegados ao coração de muitos crentes! Poucos crentes parecem perceber o quanto precisam do Salvador. Poucos crentes parecem compreender quão completamente endividados estão diante de Cristo. Poucos parecem entender o quanto necessitam dEle, a cada dia que passa. Poucos parecem sentir a forma como deveriam deixar suas almas se apegarem a Cristo; com simplicidade, como se fossem crianças. Poucos parecem tomar consciência de quão cheio de amor é Cristo por seu povo pobre e fraco, e quão pronto Ele está para ajudá-los! E, por isso mesmo, poucos parecem experimentar aquela paz, satisfação, força e poder que os capacitaria a viver uma vida piedosa, que só se tem em Cristo.

Prezado leitor, mude os seus planos, se, porventura, sua consciência lhe segreda que você é culpado; altere os seus planos e aprenda a confiar mais em Cristo. Os médicos muito apreciam quando pacientes vão consultá-los; faz parte do ofício deles dar acolhida aos enfermos, e, se possível, curá-los. Um marido gosta que sua mulher confie nele e dependa dele; o seu deleite consiste em compartilhar das coisas com ela e promover o conforto dela. E Cristo ama o seu povo e quer que eles dependam dEle, descansem nEle, invoquem o seu nome e permaneçam nEle.

Que aprendamos mais e nos esforcemos para realizar mais e mais em favor de Cristo. Vivamos, pois, para Cristo. Vivamos em Cristo. Vivamos com Cristo. Assim fazendo, mostraremos a todos que percebemos plenamente que Jesus Cristo é tudo. Assim fazendo, seremos invadidos por uma profunda paz e atingiremos aquele nível de santidade, sem a qual ninguém, jamais, verá o Senhor (Hb 12.14).

Capítulo 21

Trechos de autores antigos

As passagens de Traill e de Brooks que compilei sobre o assunto da santidade me pareceram tão valiosas que não farei uma apologia para apresentá-las.

Elas são o produto de uma era em que, sou obrigado a dizer isso, a religião prática era estudada com maior profundidade e era muito mais compreendida do que é no momento.

A - REVERENDO ROBERT TRAILL, OUTRORA MINISTRO EM CRANBROOK, KENT, 1696:

Há três coisas que desejo falar sobre a santificação.
O que é a santificação.
Em que ela se assemelha à justificação.
Em que ela difere da justificação

1. O QUE É A SANTIFICAÇÃO?

Sentir a santificação é uma tarefa bem mais fácil do que explicá-la.

A santificação é o mesmo que regeneração; o mesmo que a renovação do homem como um todo. Santificação é o processo de formação e moldagem da nova criatura; é implantar e esculpir a imagem de Cristo em uma alma insignificante. É pela santificação que o apóstolo suspirava: "Até ser Cristo formado em vós" (Gl 4.19); para que eles pudessem "trazer também a imagem do celestial" (1 Co 15.49).

Há somente dois homens a quem o mundo pode se assemelhar; e o mundo irá proceder do mesmo modo que eles. Ou ele procederá conforme um ou conforme o outro – conforme o primeiro Adão ou conforme o segundo Adão. Por natureza, todo homem é semelhante ao primeiro Adão e ao diabo; pois o primeiro Adão caído e o diabo são semelhantes entre si. Diz o Senhor Jesus: "Vós sois do diabo, que é vosso pai", e ele é "homicida desde o princípio" (Jo 8.44). Todos os filhos do primeiro Adão são filhos do diabo, sem distinção. Todos os filhos do segundo homem são semelhantes a Jesus Cristo, que é o segundo Adão; e quando eles forem completamente conformados à sua imagem, eles serão completamente felizes. "E, assim como trouxemos a imagem do que é terreno, devemos trazer também a imagem do celestial" (1 Co 15.49). Por favor, observe: nós trazemos a imagem do que é terreno ao nascermos em pecado e em miséria; nós trazemos a imagem do que é terreno ao vivermos no pecado e na miséria; nós trazemos a imagem do que é terreno ao morrermos no pecado e na miséria; nós trazemos a imagem do que é terreno na putrefação do sepulcro; nós trazemos a imagem do Adão celestial quando somos santificados pelo seu Espírito. Esta imagem se fortalece em nós de acordo com o nosso crescimento na santificação, e nós traremos a imagem do Adão celestial de modo perfeito quando formos exatamente semelhantes ao Homem Jesus Cristo, tanto no corpo como na alma; e seremos completamente felizes e completamente santos quando tivermos vencido a morte pela sua graça, visto que Ele a venceu pelo seu próprio poder. Não se pode conhecer o quão semelhantes a Jesus Cristo os crentes serão até que eles ressuscitem, no tempo em que se levantarão de seus sepulcros, como pequenos sóis resplandecendo no esplendor da glória. Oh! Como serão semelhantes a Cristo, mesmo que a glória pessoal transcendente seja uma prerrogativa e uma característica inerente de Cristo por toda a eternidade!

2. EM QUE A SANTIFICAÇÃO E A JUSTIFICAÇÃO SE ASSEMELHAM?

Eu respondo: em muitas coisas.

Primeiramente, são semelhantes entre si porque possuem o mesmo autor; é Deus que justifica e é Deus quem santifica. "Quem intentará acusação contra os eleitos de Deus? É Deus quem os justifica" (Rm 8.33). "Eu sou o SENHOR, que vos santifica" é uma expressão muito comum no Antigo Testamento (Êx 31.13; Lv 20.8).

Em segundo lugar, são semelhantes em sua origem, sendo que ambas provêm da livre graça; a justificação é um ato da livre graça; a santificação também o é. "Não por obras de justiça praticadas por nós, mas segundo sua misericórdia, ele nos salvou mediante o lavar regenerador e renovador do Espírito Santo" (Tt 3.5). Ambas se derivam da graça.

Em terceiro, elas se assemelham pelo fato de ambas serem concernentes às mesmas pessoas. Um homem jamais pode ser justificado sem que seja santificado; e jamais pode ser santificado sem que seja justificado; todos os eleitos de Deus, todos os redimidos, recebem essas duas graças como possessão.

Em quarto lugar, são semelhantes em relação ao tempo[1] em que se dão; ambas acontecem ao mesmo tempo. É uma tarefa árdua tentar dizer algo e pensar na questão do tempo, quando tratamos das obras de Deus; essas suas obras salvadoras sempre se dão em um mesmo momento; um homem não é justificado antes de ser santificado. Embora possamos pensar nessas obras separadamente, a fim de compreender as suas naturezas, ainda assim, a mesma graça opera essas duas obras. "Tais fostes alguns de vós", disse o apóstolo, "mas vós vos lavastes, mas fostes santificados, mas fostes justificados em o nome do Senhor Jesus Cristo e no Espírito do nosso Deus" (1 Co 6.11).

Em quinto lugar, elas são idênticas porque são operadas através dos mesmos meios, ou seja, através da Palavra de Deus: somos justificados pela Palavra, que nos dá a sentença de vida eterna pela promessa, e somos santificados pelo poder desta mesma Palavra. "Vós já estais limpos pela palavra que vos tenho falado" (Jo 15.3). O apóstolo disse: "Para que a santificasse, tendo-a purificado por meio da lavagem de água pela palavra" (Ef 5.26).

Em sexto e último lugar, elas são idênticas pelo fato de que ambas são igualmente necessárias para possuirmos a vida eterna. Não digo que são idênticas em sua natureza, mas em sua necessidade, ou seja, visto que está determinado que nenhum homem seja salvo sem ser justificado, assim também está determinado que nenhum homem seja salvo sem ser santificado; o homem não justificado não será salvo, o homem não santificado não será salvo. Ambas as graças são necessárias a fim de que se obtenha a vida eterna.

---

1 O autor aqui demonstra que a justificação e santidade, conquanto distintas em essência, ocorrem ao mesmo tempo. Assim, a santidade ocorre, indicativamente e declarativamente junto da justificação, todavia, imperativamente, a santificação deve ser um processo constante e diário na vida do cristão. Nota do Editor.

3. EM QUE A SANTIFICAÇÃO E A JUSTIFICAÇÃO DIFEREM ENTRE SI?

Essa é uma matéria de extrema importância para ser praticada e exercitada pelas pessoas diariamente – em que elas diferem. Elas se assemelham em muitas coisas, conforme acabamos de declarar, entretanto, elas diferem amplamente.

a) A justificação é um ato de Deus em relação ao *estado* do homem, e a santificação é a obra de Deus em relação à *natureza* do homem; essas duas coisas são bem diferentes, conforme tentarei ilustrar pela comparação. A justificação é um ato de Deus na posição de juiz em relação ao transgressor, absolvendo-o de uma sentença de morte; mas a santificação é um ato de Deus em relação a nós, no qual Deus tem a posição de um médico, curando-nos de nossa doença mortal. Há um criminoso que chega à corte acusado de alta traição; esse mesmo criminoso tem uma doença mortal, da qual ele irá morrer, mesmo que não haja na tribuna um juiz que lhe confira a pena de morte pelo seu crime. Este é um ato de Deus que absolve o homem da sentença da lei, de forma que ele não sofra a morte por causa da traição – é um ato que salva a vida do homem. Contudo, a menos que sua doença seja curada, ele morrerá rapidamente, logo após, apesar de todo perdão concedido pelo juiz. Por essa razão, digo que a justificação é um ato de Deus como um gracioso juiz; a santificação é um ato de Deus como um médico misericordioso; Davi, no Salmo 103, reúne essas duas pessoas em uma só: "Ele é quem perdoa todas as tuas iniqüidades; quem sara todas as tuas enfermidades" (Sl 103.3). Em Ezequiel 18.30, temos a promessa de que "a iniqüidade não vos servirá de tropeço". Ela não nos servirá de tropeço em relação à *culpa* que carrega – isso é justificação; e ela não será um tropeço em relação ao poder que exerce – aqui repousa a santificação.

b) Justificação é um ato da graça de Deus em benefício da justiça em nosso favor, mas a santificação é uma obra de Deus que transmite a santidade em nós. Existe uma grande diferença entre essas duas obras; a primeira é feita através da imputação, a segunda é feita através da transmissão.

Na justificação, a sentença de Deus é dada dessa maneira: a justiça que Cristo exerceu através de sua vida e morte e a sua obediência à lei de Deus são contabilizadas em favor do pecador culpado, para que ele seja absolvido; dessa maneira, quando o pecador comparece à corte de Deus, quando é feita a pergunta: "Este homem quebrou a lei de Deus?" Deus diz: "Sim, quebrou"; e a consciência do pobre pecador diz: "Sim. Eu a tenho quebrado por inúmeras vezes". "E a lei de Deus não lhe condena à morte por causa de sua transgressão?" "Sim", diz o homem, e "sim", diz a lei de Deus; e a lei não tem nenhuma certeza além dessa: "A alma que pecar, essa morrerá". Bem, então não há esperança nesse caso? Sim, há, e o evangelho da graça revela esta esperança. Existe Alguém que tomou o pecado sobre Si e morreu por causa dos nossos pecados; e a sua justiça é contabilizada em favor dos pobres pecadores, para que sejam justificados e, desta forma, nós somos absolvidos. Somos absolvidos na justificação, porque Deus considera aquilo que Cristo fez e sofreu por nós como sendo um crédito em nossa conta, para o nosso benefício, para o nosso proveito.

Na santificação, o Espírito de Deus transmite a santidade para a alma. Não vou dizer que Ele transmite a justiça, porque quero que essas duas palavras "justiça" e "santidade" sejam mais bem distinguidas do que geralmente são. Nesse caso, "justiça" e "santidade" devem permanecer bem separadas. A nossa justiça está fora de nós; nossa santidade está dentro de nós e é nossa; o apóstolo deixa esta distinção bem clara: "Não tendo justiça própria" (Fp 3.9). A santidade é nossa, não originalmente, mas agora nós a temos; não é nossa como se fosse advinda de nossas próprias ações, mas é nossa porque está habitando em nós. Já a nossa justiça não é nossa por natureza; nem inerente a nós; nem realizada por nós e, tampouco, habita em nós; mas ela é obra de Jesus Cristo e habita nEle eternamente; e as pobres criaturas devem somente suplicar por ela. Mas a nossa santidade, embora não seja nossa por natureza, é transmitida a nós e habita em nós: esta é a distinção feita pelo apóstolo: "E ser achado nele, não tendo justiça própria, que procede de lei, senão a que é mediante a fé em Cristo, a justiça que procede de Deus, baseada na fé" (Fp 3.9).

c) A justificação é completa, mas a santificação é incompleta, e aqui está a grande diferença entre elas. Digo que a justificação é completa e não admite graus; não admite declínio; não admite interrupção; entretanto, a santificação admite todas essas coisas. Quando digo que a justificação é completa quero dizer que todos os homens justificados são igual e completamente justificados. O crente mais insignificante do mundo hoje é tão justificado quanto o apóstolo Paulo o foi; e cada crente verdadeiro é tão justificado agora quanto o será daqui mil anos. A justificação é completa para todos quantos são participantes dela e será assim para toda a eternidade; ela não admite graus. E a razão evidente para isso é esta: o fundamento dessa justificação é a justiça perfeita de Jesus Cristo, e conceder essa justiça a nós é um ato de Deus, o juiz gracioso; e este é um ato que permanece para sempre; e se Deus justifica, quem é que poderá condenar? (Rm 8.33) Porém, a santificação é algo imperfeito, incompleto e variável. Um crente é mais santificado do que outro. Eu sou propenso a acreditar que o apóstolo, em sua primeira hora de conversão, era mais santificado do que qualquer outro homem deste mundo nos dias de hoje.

O grau de santificação difere muito entre as pessoas que são participantes desse processo e é diferente também em um mesmo homem, visto que um crente verdadeiro, um homem realmente santificado, pode ser mais santo e santificado em um dado momento do que em outro. Existe um esforço que é requerido de nós – aperfeiçoar a nossa *santidade* no temor do Senhor (2 Co 7.1). Entretanto, em nenhum lugar é requerido que aperfeiçoemos a nossa *justiça* aos olhos de Deus, pois Deus realizou a justiça perfeita, na qual estamos firmes; no entanto, precisamos ser prudentes e diligentes para aperfeiçoar a nossa santidade no temor de Deus. Um crente que já está na glória é mais santificado do que jamais fora, porque ele está em um estado de perfeição; mas ele não é mais justificado do que era antes. Tampouco um crente que está no céu é mais justificado do que um crente que está na terra; ele apenas compreende melhor esse fato; e a glória da luz pela qual ele pode ver isso, revela esse fato de forma mais radiante e evidente para ele.

Extraído do sermão de Robert Traill sobre 1 Pedro 1.1-3, in TRAILL, Robert. *The works of the late reverend Robert Traill, A. M.*. Edinburg: Geo. Caw Printer, 1810; Banner of Truth Trust, 1975

B - REVERENDO THOMAS BROOKS, PASTOR DA IGREJA DE SANTA MARGARETE, NA RUA FISH HILL, EM LONDRES, 1662.

Considere a necessidade de santidade. É impossível que você seja feliz, a menos que seja santo. Se não houver santidade aqui, não haverá felicidade na vida por vir. As Escrituras nos falam sobre três pessoas que habitam o céu corporalmente: Enoque, que viveu antes da lei; Elias, que viveu sob o regime da lei; e Jesus Cristo, que viveu sob o evangelho; todos eles, notáveis por sua santidade, para nos ensinar que, como regra, não há como ir para o céu sem santidade. Neste momento, há milhares e milhares de pessoas no céu, mas não há entre elas sequer uma pessoa que não seja santa; não há um pecador entre todos aqueles santos; nenhum bode em meio a todas aquelas ovelhas; nenhuma erva daninha entre todas aquelas flores; nenhum espinho entre todas aquelas rosas; nenhum cascalho em meio a todos aqueles diamantes reluzentes. No céu, não há um Caim sequer entre todos aqueles Abéis; nenhum Ismael entre todos aqueles Isaques; nenhum Esaú entre todos aqueles Jacós. Não há nenhum Cam entre todos aqueles patriarcas; nenhum Saul entre todos aqueles profetas; nenhum Judas entre todos aqueles apóstolos; nenhum Demas entre todos aqueles pregadores; nenhum Simão, o mágico, entre todos aqueles cristãos verdadeiros.

O céu é somente para o homem santo, e o homem santo é somente para o céu; o céu é uma vestimenta de glória que combina apenas com aquele que é santo. Deus, que é a própria verdade e não pode mentir, disse que sem santidade, ninguém verá o Senhor. Note essa palavra "ninguém". Sem santidade, o homem rico não verá o Senhor; sem santidade, o homem pobre não verá o Senhor; sem santidade, o nobre não verá o Senhor; sem santidade, o plebeu não verá o Senhor; sem santidade, o príncipe não verá o Senhor; sem santidade, o camponês não verá o Senhor; sem santidade, o governador não verá o Senhor; sem santidade, o cidadão do povo não verá o Senhor; sem santidade, o homem culto não verá o Senhor; sem santidade, o homem iletrado não verá o Senhor; sem santidade, o marido não verá o Senhor; sem santidade, a esposa não verá o Senhor; sem santidade, o pai não verá o Senhor; sem santidade, o filho não verá o senhor; sem santidade, o amo não verá o Senhor; sem santidade, o servo não verá o Senhor; pois fiel e poderoso é o Senhor dos exércitos que o disse (Js 23.14).

Hoje em dia, alguns exaltam um tipo de ritual, outros exaltam outro; uns exaltam certo tipo de cargo na igreja, outros exaltam outro; alguns exaltam um caminho, outros exaltam outros; mas é certo que o caminho da santidade é o antigo e bom caminho (Jr 6.16); ele é o caminho do Rei dos reis que conduz ao céu e à felicidade: "E ali haverá bom caminho, caminho que se chamará o Caminho Santo; o imundo não passará por ele, pois será somente para o seu povo; quem quer que por ele caminhe não errará, nem mesmo o louco" (Is 35.8). Alguns homens dirão: "Veja, o caminho é por aqui"; outros, dirão: "Veja, o caminho é por ali"; mas certamente que o caminho da santidade é o mais certo, mais seguro, mais fácil, mais nobre e o mais curto para a felicidade.

Entre os pagãos, ninguém poderia entrar no templo da honra sem antes atravessar o templo da virtude. E não há como entrar no templo da felicidade, a menos que você entre pelo templo da santidade. A santidade precisa entrar em você antes que você entre no Monte Santo de Deus. Assim como Sansão clamou por água para não morrer, ou como Raquel clamou: "Dá-me filhos, senão morrerei", a alma insatisfeita deve clamar: "Senhor, dá-me santidade, senão morrerei: dá-me santidade, senão morrerei eternamente". Os anjos, aqueles príncipes da glória, quando decaíram de sua santidade foram excluídos da alegria e da bem-aventurança eterna. Adão, quando decaiu de sua pureza no paraíso, logo foi expulso da presença da glória divina. Agostinho não queria ser um homem ímpio, nem mesmo por uma hora, porque ele não sabia se morreria naquela hora; porque ele sabia que, se morresse sem santidade, estaria para sempre separado do Senhor e da glória do seu poder.

Oh, senhores, não enganem a sua própria alma! A santidade é absolutamente necessária; sem ela, vocês jamais verão o Senhor (2 Ts 1.8-10). Não é absolutamente necessário que você seja importante ou rico neste mundo, mas é absolutamente necessário que seja santo; não é absolutamente necessário que você tenha saúde, força, amigos, liberdade, vida; mas é absolutamente necessário que você seja santo. Um homem poderá ver o Senhor sem que tenha prosperidade terrena, mas ele jamais verá o Senhor, a menos que seja santo. Um homem pode ir para o céu, para a felicidade, sem que tenha honras e glórias terrenas, mas jamais poderá ir para o céu, para a felicidade, sem santidade. Se não houver santidade aqui, não haverá céu na vida futura. "Nela, nunca jamais penetrará coisa alguma contaminada" (Ap 21.27). No final, Deus fechará as portas da glória para todo aquele que não tiver pureza de coração.

Senhores, a santidade é uma flor que não cresce no jardim de nossa natureza. Os homens não nascem com santidade em seu coração da mesma forma que nascem com língua em sua boca; a santidade é um fruto divino; é uma pérola de muito valor, que não pode ser encontrada em nenhuma natureza, a não ser na natureza regenerada; não pode ser achada em nenhum coração, a não ser em um coração santificado. Não há sequer uma centelha ou uma faísca de santidade em um homem natural, do mundo. É "continuamente mau todo desígnio do seu coração" (Gn 6.5). "Como seria puro aquele que nasce de mulher?" (Jó 25.4) Esta pergunta traz consigo uma forte negação: "Como seria puro?" Isso quer dizer que o homem nascido de mulher não pode ser puro; o homem nascido de mulher nasce no pecado e nasce debaixo da ira e da maldição da lei. E "quem da imundícia poderá tirar coisa pura?" (Jó 14.4) "Mas todos nós somos como o imundo, e todas as nossas justiças, como trapo da imundícia" (Is 64.6). "Não há justo, nem um sequer, não há quem entenda, não há quem busque a Deus" (Rm 3.10, 11). Todo homem que vem para esse mundo nasce com sua face voltada para o pecado e para o inferno, e com suas costas voltadas para Deus e para a santidade.

A nossa natureza é tão corrupta que, quando algum bem divino lhe é oferecido, ela a recebe com o mesmo entusiasmo com que o fogo recebe a água ou com que a flauta molhada recebe o som. Mas, quando o pecado lhe é oferecido, é como se alguém lançasse fogo na palha; como o tolo Sátiro,[2] que se apressa para beijar o fogo; é como uma substância oleosa, que conforme dizem os estudiosos das ciências naturais, suga e atrai o fogo para si e é consumida por ele. Todos os homens nascem pecadores, e não há nada que possa torná-los santos, senão um poder infinito. Todos os homens desejam ser felizes, mas todos têm aversão à santidade. Através de tudo isso, você pode perceber claramente que o alimento não é mais necessário para a preservação da vida natural do que a santidade é necessária para a preservação e salvação da alma. Se um homem tivesse a sabedoria de Salomão, a força de Sansão, a coragem de Josué, a diplomacia de Aitofel, a nobreza concedida a Hamã, o poder de Assuero e a eloqüência de Apolo; todas essas coisas não poderiam salvá-lo, se ele não tivesse santidade. Os dias e a época em que estamos vivendo gritam por santidade. Se você considerar a nossa época como a era da graça, a qual outro povo Deus impôs um compromisso maior e mais elevado com a santidade do que aquele que Ele impôs sobre nós, que desfrutamos de muitos meios, métodos e auxílios para nos tornar santos? Quanto trabalho, cuidado e zelo Deus tem demonstrado e demonstra a cada dia por nós, e que alto preço Ele pagou, a fim de nos tornar santos! Ele não enviou e continua enviando seus mensageiros, que levantam cedo e dormem tarde, somente para motivá-lo a ser santo? Não têm eles gastado tempo, forças, vitalidade e a própria vida para fazê-lo santo? E o que os mandamentos exigem, senão coração santo e vida santa? O que os dias de luz exigem, senão que andemos na luz e lancemos fora as obras das trevas? A voz de todos os meios da graça nos diz: "Oh, labute para ser gracioso". A voz do Espírito Santo nos diz: "Oh, labute para ser santo". E a voz de todos os milagres da misericórdia de Deus nos diz: "Seja santo, seja santo". Oh, senhores, o que Deus poderia fazer que Ele ainda não tenha feito para torná-los santos? Ele não o tem elevado até o céu no que diz respeito a todo auxílio necessário para a santidade? Ele não o tem acompanhado de perto com ofertas de santidade, com súplicas por santidade, com conselhos santos e com encorajamento santo; tudo com o propósito de torná-lo santo? E, apesar disso, você continua insensato, orgulhoso, mundano, malicioso, invejoso, briguento e ímpio? E o que é tudo isso, senão provocar a Deus para que Ele apague todas as luzes do céu e espalhe seus mestres para os cantos do mundo; e remova o seu candeeiro; e envie seu evangelho eterno, o qual tem se mantido disponível a você por um longo tempo, para um povo que o tenha em mais alta conta, e que o ame com mais afeto, e que o defenda de forma mais resoluta, e que

2 Nota do tradutor: Sátiro é um personagem da mitologia grega, que recebe o fogo como presente de Epimeteu, e que apesar das advertências para manter-se afastado de seu presente, insistiu em beijá-lo e teve a sua barba queimada.

o pratique muito mais do que você? (Ap 2.4; Is 42.25) Suponho que nada seja mais claro do que o fato que nossos dias e a época em que vivemos estão gritando para que todos busquem a santidade e lutem em favor dela. Não se queixem da época, parem de fazer o mal, empenhem-se em fazer o bem, e tudo ficará bem; procurem ter coração melhor e vida melhor e logo verão tempos melhores (Is 1.16-19).

Extraído de *Crown and glory of christianity*, or, *holiness the only way to happiness*. in BROOKS, Thomas. *Works of Thomas Brooks*. Edinburg: Grossart, 1866. v. 4, p 151-153, 187-188

O Ministério Fiel tem como propósito servir a Deus através do serviço ao povo de Deus, a Igreja.

Em nosso site, na internet, disponibilizamos centenas de recursos gratuitos, como vídeos de pregações e conferências, artigos, *e-books*, livros em áudio, blog e muito mais.

Oferecemos ao nosso leitor materiais que, cremos, serão de grande proveito para sua edificação, instrução e crescimento espiritual.

Assine também nosso informativo e faça parte da comunidade Fiel. Através do informativo, você terá acesso a vários materiais gratuitos e promoções especiais exclusivos para quem faz parte de nossa comunidade.

Esta obra foi composta em Chaparral Pro Regular 12, e impressa
na Promove Artes Gráficas sobre o papel Apergaminhado 75g/m²,
para Editora Fiel, em Setembro de 2021